国家哲学社会科学成果文库
NATIONAL ACHIEVEMENTS LIBRARY
OF PHILOSOPHY AND SOCIAL SCIENCES

日本平成时期经济增长与周期波动研究

崔岩 著

社会科学文献出版社
SOCIAL SCIENCES ACADEMIC PRESS (CHINA)

崔岩 经济学博士,辽宁大学日本研究所教授,现任《日本研究》杂志主编,兼任中华日本学会副秘书长。曾在日本京都大学、明治大学等外国学术机构做访问学者及担任客座教授。主要研究领域为世界经济理论、日本经济、东亚经济及区域经济关系等。近年来主持完成了十余项国家级、省部级立项课题及国际合作项目的研究工作。获"孙平化日本学学术奖励基金优秀研究成果奖"等学术奖励。在《世界经济》《日本学刊》等国内外期刊上发表四十余篇学术论文,出版《日本的经济赶超》(经济管理出版社 2009 年出版)《中日韩装备制造业发展与东北亚国际分工》(辽宁大学出版社 2012 年出版)等十余部专著。

《国家哲学社会科学成果文库》
出版说明

　　为充分发挥哲学社会科学研究优秀成果和优秀人才的示范带动作用，促进我国哲学社会科学繁荣发展，全国哲学社会科学规划领导小组决定自2010年始，设立《国家哲学社会科学成果文库》，每年评审一次。入选成果经过了同行专家严格评审，代表当前相关领域学术研究的前沿水平，体现我国哲学社会科学界的学术创造力，按照"统一标识、统一封面、统一版式、统一标准"的总体要求组织出版。

全国哲学社会科学规划办公室

2011 年 3 月

摘　　要

本书从需求角度以经济增长与周期波动为主线，对自 1989 年开始的日本平成时期的主要宏观经济问题进行了系统研究。

绪论和第一章对全书的分析纲要和立题做了总论性的阐述。日本的长期经济停滞存在着结构和需求两方面的原因，研究需求因素的影响是一项重要的课题。

第二章至第五章，分别研究了日本泡沫经济、经济周期波动、金融危机和通货紧缩等主要经济问题。日本泡沫经济的产生有多重复杂的因素，但是日本崛起为经济大国对国际经济秩序造成的影响反过来构成了对日本的制约，这可以说是泡沫形成的主要因素。泡沫经济的形成与崩溃对日本经济周期变动产生了重要的影响，并成为日本跌入长期低增长的契机。深刻的金融问题贯穿于日本平成时期最初的十余年，对日本经济产生了重要的影响。从不良债权的产生，到不良债权处理的拖延和经济停滞的长期化，最终引发了严重的金融危机。通货紧缩是日本长期经济停滞期间难以克服的痼疾。日本的货币政策对此应该承担一定的责任，同时，金融体系的长期不稳定所形成的货币供应紧缩也是重要原因。

第六章与第七章分别研究了平成时期的财政政策和货币政策。对日本财政政策的比较研究表明财政政策的施行有一定效果，但日益严重的潜在财政危机制约着积极财政政策的实施。实证研究表明，量化宽松货币政策的实施，其效果更多地表现在对经济景气复苏的促进上面，而对扩大货币供给和抑制通货紧缩方面则比较弱。

当然，诸多深刻的结构问题是制约日本社会经济发展的深层原因。为使读者对此有所了解，本书第八章对日本的人口问题、增长潜力以及国际竞争力等问题做了概要性分析。

前　言

我国实施改革开放政策之后，日本经济成为我国外国经济研究中的热点研究对象。二战后日本实现经济现代化的成功经验是我国推进经济改革和经济建设学习和借鉴的重要内容，加之中日两国经济关系的快速发展，中国的日本经济研究在 20 世纪 80 年代取得了丰硕的研究成果。但是随着泡沫经济的破灭，日本经济陷入长期停滞，原来具有的魅力逐渐消失，日本经济研究作为我国外国经济研究主要对象的地位出现了下滑，日本经济增长的乏力和面临的一系列严峻问题使其丧失了从其身上寻找成功发展经验的吸引力。

诚然，20 世纪 90 年代的日本经济被冠以"失去的十年"，常常用"大萧条"等词来表述。但是实际上，日本经济研究在我国外国经济研究中的地位并没有因为日本经济增长乏力乃至长期停滞而有所下降；而且因为日本经济出现了非常复杂的现象和较特殊的经济运行机制，其已成为当今世界经济中极典型的研究样板，这使得日本经济研究无论是从学术角度还是现实应用角度都具有更加重要的意义。对平成时期日本宏观经济进行较为全面的研究，解读日本经济的长期停滞并揭示其成因，分析泡沫经济、金融危机、通货紧缩等经济现象的产生机制和经济影响，以及在此期间日本政府实施的宏观经济政策及其效果，既可以改进很多经济学理论中存在的欠缺，为完善经济学理论体系做出努力，又可以得出很多对现实经济运行和政策调控具有重要应用价值或政策含义的结论。

正是着眼于上述目的，本书对 20 世纪 80 年代末期到 21 世纪初期的日本宏观经济进行了系统和全面的分析。按照最初的构想，笔者试图用经济增长和周期波动来总括日本平成时期最初十几年宏观经济发展的情况，从泡沫经济时期的"平成景气"到泡沫破灭引发的"平成萧条"这一经济周期波动开始，分析之后十几年间日本经济增长和周期波动的特点，并扩展到此期间的主要经济问题的产生、经济影响和主要宏观政策调控的内容及效果。日本经济存在着很多值得研究的问题，从大的方面就可以分为结构问题和需求及周期运行问题。本书将重点放在后一个方面。下面按照篇章安排和主要结构构成，简要介绍各部分的主要研究内容和重要观点。

第一部分为本书的概论性研究，包括绪论"平成时期日本经济分析纲要"和第一章"日本经济长期停滞的成因之争"。在概论性分析的第一部分，笔者曾发表了名为《平成日本经济论析——经济增长与周期波动变异的影响因素》的论文，即从经济增长和周期波动这两大宏观经济研究主题出发，来对本书的研究对象加以总括。从"泡沫景气"到"泡沫萧条"，从实体经济的高涨到急速衰退再到停滞的长期化，20 世纪 90 年代的日本经济可以用长期停滞或超低速增长和微弱化的波动加以概括。而造成这一特点的原因包括泡沫经济、金融危机与不良债权、通货紧缩等。关于日本经济长期停滞的原因，日本国内外学者进行了大量的研究，但是由于研究的侧重点不同和依据的理论基础不同，不但没有形成一致的意见，甚至还存在着很大的争论。在概论性研究的第二部分，笔者参考了大量日本学者的研究成果，对"需求因素影响派"和"结构因素影响派"这两大派别关于经济停滞成因的争论进行梳理和评析。最终得出的结论是：日本的长期经济停滞存在着结构和需求两个方面的原因。深层次的结构因素对增长的影响是不可否认的，但是在运行层面上仍然是需求因素主导的。促使日本经济摆脱萧条、步入正常发展的轨道还是应该首先从需求调节上努力。

第二部分为主要经济问题的研究，包括四章：第二章"日本泡沫经济分析"，第三章"平成时期日本经济的周期波动"，第四章"金融危机与不良债权"，第五章"通货紧缩的发生及其经济影响"。

平成时期始于 1989 年，但是平成经济分析必须上推到前平成时期，即日本泡沫经济形成及泡沫景气时期。日本泡沫经济作为非常重要的经济现象，是理解平成时期以来日本经济发展不可缺少的关键词之一，对其发生背景和形成的基本原因的研究已经非常多。本书在系统分析泡沫经济形成背景和评析以往研究成果的基础上，对泡沫经济形成的原因进行了再思考，提出了更深入的分析视角和观点：必须重视日本崛起为经济大国对国际经济结构及秩序的影响，以及发生转变的日本经济受到的外部制约增强等因素。这是一个没有受到足够重视的分析视角。从国际政策协调开始到日元升值、宽松的金融货币政策的持续实施，以及金融自由化改革和日本金融市场资金供求结构的变化等导致的金融机构行为的变化，这些导致资产泡沫形成的直接因素或间接因素，都是以上述新视角描述的变化为基础产生的。

日本作为资本主义市场经济国家，很早就形成了经济周期波动的统计分析系统。在这一相关内容的研究中，笔者首先介绍日本经济周期的测定方法，并分析了二战结束以来日本经济周期波动的主要特征，并在此基础上重点分析了泡沫经济影响下的经济周期波动，特别是研究了日本泡沫经济对宏观经济波动的影响机制。这部分就资产价格的财富效应、泡沫经济对企业投资的影响即资产泡沫对宏观经济波动的直接影响，做了总结性的实证分析。结果表明，两种影响在现实中一定程度上是存在的，但是其影响并不是特别大，仅仅局限于此的分析还不能充分说明资产泡沫对宏观经济波动产生的深刻影响。

深刻的金融问题贯穿于日本平成时期的最初十余年，对日本经济产生了重要的影响。有人甚至将20世纪90年代初泡沫经济破灭后直至21世纪初期的长期经济停滞称为"平成金融危机"。实际上，这一时期日本金融问题经历了逐渐深化的过程。从最初的不良债权的产生，到不良债权处理的拖延和经济停滞的长期化，到最终导致金融危机的发生。金融体系存在的问题和金融危机对经济产生了深刻的影响，是促成日本经济停滞深化的主要原因之一。日本在金融问题处理上有着很深刻的教训，政府直到金融危机深化并导致经济严重衰退之时，才采取了强有力的对策。这一点为后来的以美国为源头的国际金融危机的治理带来了很多启示。

通货紧缩是日本长期经济停滞期间又一难以克服的痼疾。无论是从经济学理论角度，还是从日本经济的实际分析，都表明通货紧缩作为一种货币现象，同货币供给之间存在着密切的关系。在这方面日本的货币政策应该承担一定的责任，但是也不能将责任全部归咎于日本银行，金融体系的长期不稳定所形成的货币供应紧缩可能是重要原因。通货紧缩的经济影响是非常深刻的，步入通货紧缩螺旋式下降通道的经济，会发生物价与总需求相互作用循环缩减的恶性循环。所以制止通货紧缩是日本经济政策的重要课题。

第三部分为宏观经济政策研究，包括两章：第六章"财政政策调控及其政策效果"，第七章"货币政策调控及其政策效果"。

在 20 世纪 90 年代前半期泡沫经济破灭引发的经济衰退中，日本政府实施了以财政政策为主的宏观经济调控，使用规模不断扩大的紧急财政对策来应对不断加深的经济衰退现象。学术界对于财政政策调控的效果存在着不同的认识，很多研究表明财政政策效果在 20 世纪 90 年代有所下降。本书比较分析了 20 世纪 90 年代和 21 世纪最初十年的财政政策的效果，结果表明：前一时期的财政政策并非完全失效，是有一定效果的。但是对于日本财政而言，重要的不是财政政策是否有效果，而是日益严重的潜在财政危机制约着积极财政政策的实施。

货币政策是本书宏观经济政策分析的又一重点内容。第七章首先分析日本金融及货币体系和政策的一般性问题及其历史演变，然后进入研究的重点部分，即对货币政策从传统的短期利率调控到量化宽松货币政策的政策转型的研究。时间序列计量分析表明，20 世纪 90 年代日本以短期利率调控为手段的传统货币政策失效，甚至受到零利率的制约无法继续实施。面对严峻的金融危机、经济衰退深化和通货紧缩局面，日本银行不得不实施非传统的货币政策——零利率政策和量化宽松货币政策，来加大货币供给和放宽金融环境，使经济走出困境。以向量自回归（VAR）模型为基础的实证分析表明，量化宽松政策的实施，其效果更多地表现在对经济景气复苏的促进作用上，而对扩大货币供给和抑制通货紧缩的作用则比较弱。实际上，日本在 20 世纪 90 年代末到 21 世纪初的几年间，微观经济层面特别是在金融领域经历了深度结构调整，这对促进日本经济复苏、走向自律性增长发挥了巨大作用，是宏观分析不应忽视的。

目　　录

Contents

绪　　论

平成时期日本经济分析纲要

　　1989 年 1 月 7 日日本裕仁天皇（昭和天皇）去世，新天皇即位，随即改年号为"平成"。日本延续了 63 年之久的昭和时代宣告结束，进入了平成时代。在平稳发展的现代日本社会，天皇及其年号的更迭，并不像过去那样具有重要的时代意义和历史价值，只是年代表记发生了变化而已。现在几乎没有人使用像昭和时代那样的词语来分析日本社会经历的重大时代变迁。但是，对于平成元年（1989 年）以来的日本经济而言，平成时期仍然可以作为一个新的历史发展时期，在平成时期的前几年和平成时期开始后的十几年内，日本经济乃至整个社会发生了转折，并发生了长期的经济停滞，这就是所谓的"失去的十年"。

　　尽管日本经济在进入 21 世纪之后的几年里已经挣脱了长期停滞的局面，进入了正常发展的轨道，关于"失去的十年"的研究不再具有日本经济现实动态分析的意义；但是这一问题的研究在理论上具有的重要价值是不言而喻的。日本经济从持续的高速增长突然变为长期超低增长，其间发生了战后经济发展中没有出现过的一些特异现象，如泡沫经济、金融动荡等，这些现象的产生机制如何，它们是如何影响日本宏观经济的，这些问题的探讨都具有重要的理论意义。

第一节　关于研究课题的预备性说明

　　中国自 20 世纪 70 年代末期实行改革开放政策以来，外国经济问题研究一直受到高度重视并得到了大力推进，研究世界经济及国别经济发展的一般规律与经验，并将其应用到我国经济发展的实践之中，是中国推进经济体制改革同时将经济发展提升为国家的中心任务和重视经济发展规律的必然要求。在外国经济研究中，日本作为中国的近邻和亚洲唯一的发达国家，由于在历史文化背景和相对后发经济方面与中国存在着一定的相似性及地理条件的接近，使得其成功经验可能更易于在中国应用。因此，改革开放以来日本经济研究一直是中外经济问题研究的热点领域之一。但是，从20世纪90年代以来，日本经济出现了长期的低迷状态，日本经济的相对实力也有所下降，而中国经济的持续高速增长和经济实力的提高，使得人们对日本经济研究的意义产生了质疑，研究的热度也有一定程度的下降。本书是以20世纪80年代末期以来的日本经济增长和周期波动为主题进行的专项研究。对此，一般的读者可能会产生以下的疑问：这一研究主题是在什么样的背景下提出来的？其研究意义何在？日本经济在二战后实现了成功赶超和重新崛起，在20世纪50年代至70年代初创造了高速增长的辉煌奇迹，平成时期的日本经济发展与所谓的"日本奇迹"之间存在什么样的关系？本节以"关于研究课题的预备性说明"为题目，对上述可能产生的疑问做出简要的论述。

一　问题的提出及研究意义

20世纪50年代之后，日本经济再次实现了从战争的废墟中崛起，经过自50年代中期到70年代初期的持续高速增长和快速的重化学工业化的发展，日本成为在世界经济中占有举足轻重地位的经济大国，从而受到了全世界的关注。不仅如此，在70年代以后世界经济发生了一系列重大的结构变化之后，日本经济仍然连续克服多重困难，实现了优于其他西方国家的良好成绩，从而使得国际学术界更加关注日本经济体制的独特构成，从制度层面来研究日本经济具有发展活力的内在原因。但是，在20世纪80年代后期日本出现了严重的泡沫经济；在90年代初期泡沫经济崩溃之后日本经济一蹶不振，出现了长期的超低经济增长或长期停滞的局面；迄今为止可以说由于受到国内外诸多因素的影响，日本仍然没有摆脱经济增长低迷的态势，从"失去的十年"演变为"失去的二十年"。本书就是在这一背景下将研究主题定为"日本平成时期经济增长与周期波动"的，并从需求层面重点研究导致日本经济在比较长的时间内经济停滞和特殊化的周期波动的主要影响因素。

由于日本经济的长期低迷和经济实力的相对下降，在我国出现了一种观点，认为日本经济研究的现实意义已经减弱，日本经济发展的经验对我国而言值得借鉴的价值已经大幅度下降。长期以来，中国学术界对日本经济的研究，重点是对现实课题的研究，其中对日本经济发展成功经验的总结又成为一种倾向，以图对我国经济发展提供可资借鉴的经验。很显然，过度地偏重于现实问题的研究，同时又将重点放在对所谓成功经验的总结，当研究对象经济出现问题时就会产生一种失落感，即使在学者中间也会感到在日本经济增长低迷、存在很多问题时，值得研究的课题很少并且研究价值下降。实际上，在我国的政界、学术界存在的这一认识是不正确的，存在着较大的偏误。① 经济研究的重点在于分析经济发展及经济增长的内在机制，揭示经济发展的规律，存在着理论和现实两个不同的研究方向，即使是现实问题的研究，其重点也是在揭示一般发展规律上面，而不是主观地或者片面地研究所谓的成功经验。

对于一个或若干经济体经济发展取得的成功经验的研究，往往会将该经验总结为"某某模式"，深入研究这一模式产生的前提条件、内在发展机制。关于日本经济问题的这方面的研究成果同样也是对所谓的"日本模式"的研究，具体到日本式经济体制、日本式经营以及日本经济发展的政治经济学研究等，其研究的重点是二战后日本高速经济增长时期的经济体制构成及经济发展模式。尤为重要的是战后形成的日本式经济发展模式。这种模式又被移植到东亚国家及地区，形成了广受关注的所谓的"东亚模式"。这种现实研究显然不同于上述单纯的对成功经验的总结，片面的或单纯的经验总结是难以揭示一般性的发展规律的；而上述的关于发展模式的研究，在理论建树和学术研究的进步方面所做的贡献是非常重要的。

经济学作为社会科学的一个重要分支，任何理论及学说的形成都是以特

---

① 从 2010 年开始中国的 GDP 超过日本，中国与日本在世界经济中的排名发生了更替，使得上述观点有了更进一步的强化。实际上，即便是中国在经济总量上超过了日本，但是两国间以人均 GDP 等为代表的经济指标还存在着巨大的差距，表明两国经济发展还处于不同的发展阶段。因此，深入研究日本经济发展问题，无论是在理论方面还是在实践方面都具有重要的意义。

定的社会发展条件为背景的，特别是以揭示或解决特定时期出现的新的社会经济问题为指向的，不论是在理论研究方面还是在应用研究方面都是如此。社会经济出现的重大结构性变化，往往是促成学术研究重大进步的重要催化剂。这一点在经济学说发展史上反映得非常清楚，是毋庸赘述的。对平成时期日本宏观经济的研究具有的深刻意义，不仅仅是在其出现很多问题并寻找解决问题的办法上面，尤为重要的是这一时期构成了日本进入现代经济增长阶段以来重要的转折期。对转折期出现的新的经济现象的研究，在理论和实践方面都是具有重要价值的。这正是本书以经济增长和周期波动为主线，对日本经济长期低迷时期发生的与此相关的主要宏观经济问题进行深入分析的原因所在。其可能具有的重要研究价值可以从以下几个方面来加以理解。

第一，日本发生的问题对后发国家经济发展及其阶段变化具有的意义。

20 世纪 70 年代世界经济就已经发生了重大的转折，对于日本而言这一转折具有双重意义。一是日本成为世界经济大国，开始从原来的以模仿创新为主的赶超型发展阶段，进入成熟化的自主创新发展阶段；二是日本作为经济大国与世界经济之间的联系更为密切，日本经济发展更多地受制于国际环境。实际上 20 世纪 80 年代之后日本经济出现的诸多新现象，都是上述转折期的表现。如 80 年代发生的日美贸易摩擦、日元升值和日本泡沫经济的形成等。这一点对于崛起的后发经济体而言具有非常重要的借鉴意义。在开放经济条件下后发经济体的发展，对国际环境的依赖程度更大，其迅速成长对国际经济的影响也非常大，因此在增长过程中必须注意增强发展的自主性并力争降低对国际环境的依赖程度，从而减弱来自国际环境的风险。

当时日本所面临的很多问题与当今中国面临的问题都非常相似，包括货币升值问题、过高的外需依赖度以及货币供给及物价问题等，都是在中国经济持续高速增长以及与世界经济的联系进一步密切并且对后者产生重要影响的条件下出现的。及早地从经济大国崛起受到的国际环境的制约这一角度，研究后发国家经济实力增强过程中面临的一系列新问题，具有的现实意义是不言自明的。

第二，日本作为发达国家的一员，特别是从赶超发展阶段进入到成熟化发展阶段之后，其经济体制及结构更多地具有发达经济的一般性，所以其存在的问题如泡沫经济的产生、金融危机等，在发达经济体中是共性的问题。

因此，对日本经济现象的研究也具有普遍性的理论及现实意义。

　　20 世纪 80 年代以来，世界上不同类型的国家出现了许多新的经济现象，泡沫经济就是其中之一。表现为资产价格膨胀的泡沫经济不同于一般商品价格上涨的通货膨胀，这一现象虽然在近代经济史上已经存在很久，是资本主义市场经济条件下资本市场过度发展的产物；但是泡沫经济对宏观经济产生的全面影响，从来没有像今天这样严重。一段时间以来，尽管世界上一些国家都相继出现了泡沫经济现象，但是只有日本在 20 世纪 80 年代后期产生的泡沫经济最为严重，影响也最为深刻，同时也存在着不同于其他国家的深刻的社会经济背景。由于长期以来泡沫经济不再作为宏观经济调控的主要对象，所以资产价格的快速膨胀问题的严重性并没有被政策当局重视，以致产生严重的后果。泡沫经济崩溃后日本经济一蹶不振，并在 20 世纪末期引发了严重的金融危机和长期的通货紧缩。这些都是资本主义社会很长时期没有发生的经济现象。为了摆脱金融危机和通货紧缩，日本政府实施了一系列宏观经济调控政策，并试图推进社会经济的结构改革，实现经济发展的健全化。

　　在 20 世纪 90 年代，与陷入长期停滞、超低增长的日本经济不同，美国经济在所谓的新经济现象的作用下出现了持续景气高涨，不仅同日本经济形成明显的差别，而且甚至被看作开启了历史上新的经济发展阶段。日本经济的长期停滞被作为个案，是日本经济社会具有的特殊性造成的。如前所述，这一时期日本确实面临着深刻的社会经济发展转型，面临着社会经济体制的重大调整；但是日本作为发达国家经济步入成熟化发展阶段，在相当程度上日本经济更多地具备西方发达国家的一般性。所以日本发生的问题不应该仅仅是个案，而应该是具有普遍性的现象。这一点已经被后来美国发生的 IT 泡沫破灭、次贷危机，以及以后者为源头引发的国际金融危机所证明。在应对严重的金融危机时，人们才想起日本曾经发生并且至今还没有完全解决的问题。研究稍早时期的日本经济，不仅是要吸取教训，而且还要学习日本在应对金融危机时的一些经验。在世界大危机来临之时，诸如国家投入公共资金救助大企业和银行等金融机构、努力维持金融秩序和实现金融的健全化、推出历史罕见的量化宽松型货币政策等，都是当年日本做法的翻版。在 2008 年国际金融危机爆发后，尽管日本金融、经济也受到了严重的冲击，但是日本金融表现出相对的稳健性，所发生危机的严重程度不仅低于美国、欧洲，而且还低于 90 年代末期日本自身发生的金融危机。对较早时期日本经济现象进行研究，不仅是对个案的分析，而且这种研究具有普遍性的理论意义。从今天来看其现实性研究价值不仅没有降低，反而更加重要了。

二　日本实现战后经济赶超、成为经济大国与平成时期的日本经济

经济发展在某些时段可能会表现为跳跃式的，但是从长期的角度看，它是一个连续的过程。任何历史时期的发展与前期都有着密切的联系，并受到来自历史因素的重要影响。如果能够把握历史发展的脉络和更深入的社会历史背景，那么就能够更深入地洞察某一特定历史时期的经济发展。

日本从 19 世纪末期走上资本主义道路，到进入现代经济增长发展阶段以及对发达国家经济的赶超式发展，从前资本主义社会到成为发达国家及世界经济大国，走过了极为艰难曲折的道路。日本军国主义发动的对外侵略扩张打断了日本经济实现现代化目标的正常进程，二战后日本又延续了这一进程，并取得了良好的发展绩效。近年来有很多经济史著作从不同角度分析了日本经济发展的长期历史进程，如大野健一的《从江户到平成——解密日本经济发展之路》，就是从发展经济的角度来分析日本经济长期发展历史的；[①] 渡边健一的《日本经济及其长期波动》[②]，则是从长周期的经济周期角度分析了日本资本主义的周期波动，并以此为基础解释了进入平成时期后日本经济的低迷现象。本书不是经济史研究，而是关于特定时期宏观经济的专题性研究，尽管如此，对长期经济发展的历史给予总结并从这一角度来为特定时期的经济发展定位，可以从更深的社会经济层面来理解这一时期经济变化的机制。

二战后日本经济的发展是从战后经济重建开始的。从战后经济重建、高速经济增长到经济大国目标的实现和向后工业化、经济成熟化转型，这一时期构成了第二次世界大战之后日本经济发展的几个重要阶段。这一历史时期

---

① 大野健一著作的日文原名直译应为《从江户到平成——发展中国家日本的足迹》，从这一题目即可看出其研究重点侧重于经济发展。参见大野健一《从江户到平成——解密日本经济发展之路》，中信出版社 2006 年版。

② 渡边健一『日本経済とその長期波動——21 世紀の新体制へ』、多賀出版、2003 年。

的一个重要分期是 20 世纪 70 年代初期。在此之前日本经济在一定的层面上表现出了后发国家经济赶超的特质，经济本身的特征和发展模式都具有双重特性。在此之后日本成为世界经济大国，开始从赶超发展到自主发展转变、从工业化到后工业化或信息化转变的过程。平成时期的经济发展在与这一时期国内外复杂因素作用之间存在着非常重要的联系。

对外侵略战争的失败，使得日本难以实现世界综合实力大国之梦，所以二战后将国家发展战略的重心放在了发展经济、实现经济赶超和经济大国的目标上面。战后日本并没有完全抛弃战争时期的总动员体制，而是适当加以改变，继续了政府对经济发展的深入干预，形成了以产业政策为核心包括微观规制等在内的政府经济管理体制面对日本经济发展水平的相对落后，日本政府运用这一体制实施了通过引进模仿大力实现经济赶超的赶超经济发展模式。这就是所谓的"赶超经济"以及"政府主导型发展模式"的由来。战后日本经济的这种特征，越在其经济发展早期表现得越明显，同时也被归结为日本实现经济腾飞的成功经验。但是赶超式发展需要具备相应的条件：其一，是经济相对落后，可以借助后发优势模仿发达国家的发展模式和引进先进技术、培育制度实现快速发展；其二，是政府具有经济控制权。可以看出，这两个条件都是具有时效性的，随着时间的变化经济发展水平提高，同时由于民间经济力量的成长使得民间企业与政府等不同经济主体之间的权利结构发生变化，于是政府对经济的干预度开始下降，赶超型发展模式逐渐走向终结。如果稍加深入地研究战后日本经济发展史，就可以很清楚地了解这一变化趋势。

但是，赶超发展的转型不是可以自然而然地实现转变的，主要原因在于经济增长至上的理念和快速的经济增长与结构变化和制度变化的缓慢性之间存在矛盾。早在 20 世纪 70 年代初期，日本已经成为世界经济大国。因此丧失了以模仿创新为主的赶超型发展所需要的基础条件，必须向自主发展模式转变。但是经济发展的惯性和制度变化的路径依赖，使得日本未能在环境条件发生变化的情况下，很好地实现发展模式的转变。这种基础条件发生结构性变化后与传统发展模式之间的矛盾，导致了经济结构及制度体制中出现问题并逐渐积累，有学者称之为"赶超后现象"，并试图以此解释 90 年代日本经济的长期低迷。如徐平等指出：伴随着经济增长和经济结构的不断升级，日本的经济发展没有步入先行国那样不断进行制度创新的良性循环过程，相反却积淀了许多难以解决的问题。它表明："赶超后"所面临的问题同经济赶超过程中遇到的问题一样，仍然困扰着已步入"赶超后"的国家，或还将困扰即将步入"赶超后"行列的国家。"赶超后"现象的主要表现是：产业结构调整缓慢；市场体制、政府体制等经济体制僵化，难以调整；等等。①

对于这种观点，笔者在相当程度上是持赞成态度的，同时也在笔者发表的其他成果中进行过相关论题的系统研究。但需要指出的是，日本发生的问题不完全是其自身的原因，当然也不能将日本经济结构和经济体制的僵化和调整滞后绝对化。日本在 20 世纪 70 年代到 80 年代的产业结构发生了很大的变化，以产业政策为核心的政府经济干预已经发生了根本性的变化，为适应国际金融自由化的浪潮日本也进行了深刻的金融改革。对经济赶超结果的另一种观察是：经济大国的崛起对既有国际经济格局产生影响从而引发了国际经济体系的调整，这种调整反过来对后起大国发展形成制约。这也可以说是另一种"后赶超"发展观。

从 20 世纪 70 年代初开始，国际经济发生了深刻的变化，最主要的是战后形成的布雷顿森林体系瓦解，美元停止与黄金挂钩，国际汇率体系从固定汇率制走向了浮动汇率制。国际经济体制的重大变化本质是国际经济结构即各大国经济实力对比变化的结果。一方面是战败国日本、联邦德国的重新崛起；另一方面是美国经济实力的相对衰弱，使得美国仅依靠自身力量无法维持战后以美国绝对实力为基础的国际经济体制。这种变化引起的国际经济结构的调整，对日本等国意味着极大的外部冲击。从美元停止兑换黄金开始，到两次石油危机，再到 80 年代后发生的不断加剧的美日贸易摩擦、日元升级，等等，都是日本经济崛起过程中对既有国际经济结构产生影响并反过来受制于主导国家对国际体制的调整的表现，而后发国在这一过程中出现的多种新的经济现象，在很大程度上也是这些表现的延伸。比如日本在 20 世纪 80 年代末期发生的严重的泡沫经济，就同美国主导的国际经济协调机制下

---

① 徐平、金明善：《"赶超后"现象：对日本经济持续低迷原因的另一种解释》，《世界经济与政治》2004 年第 1 期。

日元升值之间存在着密切的关系。对于实现赶超发展的后发国家而言，不仅要注意自身增长模式、经济结构和经济体制的调整，还要注意崛起过程中其对外部产生的影响以及外部调整对自身发展的制约，这是非常重要的。

三　研究的重点与方法：以总需求分析为中心的宏观经济专题研究

日本经济在 20 世纪 90 年代初期告别了以往骄人的增长绩效，陷入了长期低迷甚至可以说是长期停滞的状态。这不仅在近现代日本经济发展史上是极为少见的，在二战后西方发达国家的长期发展中更是从来没有发生过的事情。因此，探讨日本经济长期超低增长之谜成为日本经济研究的热点问题。这也是本书将研究主题定为这一时期的经济增长与周期波动分析的重要原因。但是，如前所述，从战后日本经济的长期历史发展进程看，平成之前即 20 世纪 70—80 年代，是日本经济的重要转型期，这一时期在经济结构、经济体制等诸多方面积累了许多难以解决的矛盾。90 年代以后日本经济的长期停滞和这些问题是密不可分的。但是，本书作为一项日本宏观经济问题的专题研究，是以宏观经济学的研究方法和主要研究对象为限度，将研究的重心放在总需求分析上，没有涉及影响长期经济增长的因素。为什么将研究局限于以总需求为中心的宏观经济现象上，而不去研究可能对长期经济增长产生更深刻影响的其他问题？这是存在理论和现实基础的。

第一，宏观经济学为研究主题提供了理论基础。

宏观经济学是一门具有特定研究对象和研究方法的经济学分支，它与其他经济学分支如微观经济学、经济增长理论以及发展经济学等，由于在研究对象和研究方法上存在着较大的差异，因此形成了各自的分工。但是人们往往将不同的问题混为一谈，错将应本属于其他领域的问题视为宏观经济问题。关于宏观经济学研究对象及研究方法的界定及其与其他经济学分支之间的联系与区别，樊纲在其《经济学与开放的中国》[①] 一文中，做了非常清晰和深入的阐释。

关于宏观经济学的性质，樊纲很明确地指出：宏观经济学不是"宏大

[①]　这篇文章是樊纲为美国著名经济学家杰弗里·萨科斯与菲利普·拉雷恩合著的《全球视角的宏观经济学》的中文版所写的序。参见杰弗里·萨科斯与菲利普·拉雷恩合著的《全球视角的宏观经济学》，费方域译，上海三联出版社、上海人民出版社 2004 年版，第 1—15 页。

的、包罗万象的"学问，而只是经济学宏大体系中的一个组成部分；它不能说明许多问题，而只能说明经济生活中特定的一类或一组问题；它只是对复杂的、多面体的经济问题和经济现象，从特定的侧面、特定的角度进行研究与解析。在对宏观经济学主要研究问题进行简单总结的基础上，他对这一学科给出了如下定义：宏观经济学是在给定的经济制度条件下，在经济长期增长的背景下，研究某一比较短期内由各经济行为主体的行为所决定的经济总量之间的关系、名义变量与实际变量之间的关系，研究能够减小经济波动、实现紧急稳定增长的调节政策，以改进经济的"跨期效率"。应该说宏观经济研究的对象是在相对短期内的经济增长及经济波动问题，决定时间的长短是以是否存在既定的经济制度和供给能力作为判断标准的。在相对短期内供给能力不变的前提下，需求决定了现实的经济增长，需求的波动也是引起宏观经济波动的主要因素。

与宏观经济学不同，经济学中的经济增长理论是研究长期经济增长问题的学科分支，它是以研究经济增长的长期趋势和最优增长率等问题为主的。长期增长率是以决定经济产出的生产要素的长期变化趋势为基础的，如人口增长率和技术进步等的长期发展是如何决定长期经济增长变化趋势的。与长期增长率相对应的是"潜在增长率"。与此不同，宏观经济学研究的经济增长是在既定供给结构条件下的短期经济增长，是现实经济增长。经济增长理论与宏观经济学另外一个重要的不同是：前者主要研究"真实变量"及其相互关系，如收入、消费、储蓄、投资、人口增长、技术进步等；而宏观经济学则更进一步研究名义变量，如货币、金融资本、信用、通货膨胀、汇率等，以及它们与真实变量之间的关系。樊纲认为，从一定意义上可以说，没有像货币这样的名义变量，就没有宏观经济学。

既然宏观经济学具有特定的研究方法和研究对象，那么以此为基础的宏观经济现象的研究在对象方法上也应该以此为基准，而不是无所不包的。诸如人口增长的长期趋势、经济制度改革及经济结构的调整等问题，应该属于影响长期经济增长的因素，对它们的分析也应该属于其他课题的研究任务。

第二，日本经济总需求波动的新现象为总需求研究提供了现实基础。

现实经济增长与经济波动以及为稳定经济增长实施的经济政策作为短期经济现象，构成了宏观经济学研究的主要对象。很多人也将经济学中的短期理解为在普通意义上的时间概念，如2—3年的时间。日本经济从20世纪90年代初期开始陷入低迷状态，持续时间超过了十年。于是人们产生了一个很大的疑问：日本经济长期停滞现象是不是短期现象？用短期的以总需求为中心的宏观经济分析能否解释经济增长长期停滞？显然，从一般意义的时间概念来看，十几年甚至20年的时间，已经远远超过2—3年的短期，而是演变为长期经济增长问题了，对其解释已经不能仅仅局限于短期的宏观经济学分析范围，而必须扩大到关于长期经济增长及影响总供给因素的研究。

实际上，日本学术界及政府研究机构，对于经济停滞的原因以及与此密切相关的采取什么样的经济政策，也存在着很大的争论。由于这一问题直接关系到本书的立论以及它是否具有重要价值，因此在后面专门用一章的篇幅，总结"需求因素影响派"与"结构因素影响派"各自的研究内容、主要主张，并从宏观经济学理论和研究期限内日本经济的现实出发，对两者的观点进行评述，提出笔者的主张。在此，先简要地阐明笔者的观点。首先，笔者赞同以下观点：经济学中的"短期"概念并非是一般的时间概念，不能用通常的时间长度来加以衡量。前面已经说过，经济学中的长期与短期的判断标准是看影响经济增长的要素数量是否发生变化，如人口增长、技术进步等是否发生改变。从现实上看，虽不能完全否定这一时期日本在技术进步方面的变化，但是产业结构表现了相当的稳定状态，可以认为在相当长的时期内日本经济是符合经济学中短期的判断标准的。其次，从20世纪80年代末以来，日本经济的波动乃至停滞，都和一系列的与总需求相关的新经济现象联系在一起，其中很多是受到重要的名义变量影响而产生的，包括泡沫经济、金融危机、通货紧缩等，对这些现象的研究也构成了本书的主要内容。这些现象大多是在相当长的历史时期内在发达国家没有出现过，或者没有达到如此严重程度的，是非常值得研究的重要内容。正因为如此，以总需求为中心的研究具有重要的现实基础。

当然，笔者不否定日本经济存在着重要的结构问题，这些结构问题对于经济增长的低迷是存在重要影响的。从20世纪50年代到目前，日本经济的平均增长率逐步下降，这是日本经济从后发经济形态逐渐进入成熟发展阶段的结果，是符合一般发展规律的。但是在经济步入成熟化发展阶段之后，如何处理传统体制与新的发展环境、新的发展需求之间的矛盾，加快制度改革等，是后发国家转型面临的主要问题。从长期角度看，日本经济还面临着人口出生率低、老龄化造成的消费需求减少、需要更多的创新实现产业结构调整等一系列问题。这些都是需要认真研究的问题，同时对我国的发展也具有重要借鉴意义。

最后，就本书的研究方法做简要的说明。其一，本书作为专项的课题研究，研究对象的主体是 20 世纪 90 年代的日本经济，虽然稍稍偏离了当前日本经济的现实发展，但是如前所述，这一研究还是存在着很重要的现实意义的。当前日本乃至整个世界经济都面临着如何走出金融危机摆脱经济低迷的重要课题。尽管本书研究对象在时间上稍前，但是它不是经济史的专著，仍然是现实问题的专题研究。这一点从研究内容、结构设计上反映得十分清楚。它不是依照时间顺序对重大历史事件的分析，而是从经济变化的内在结构角度，对重要经济现象所做的研究，各章分析的内容相互之间存在着紧密的内在关系。其二，作为一项现代经济学的专项研究课题，尽管本研究是以现实经济作为分析对象，但是紧密联系经济学理论、以现代经济学理论为基础展开研究，特别是运用现代经济学的实证分析方法，对理论命题和新的假说进行分析和检验，力图使研究具有更一般的经济学意义和得出较高学术价值的结论，这是本书研究努力追求的。

第二节　日本平成时期的经济增长与周期波动

1989 年日本的年号由昭和改为平成，这一改变并不意味着日本社会发生了重大的历史转折。但是恰好在 20 世纪 80 年代后期，日本经济产生了二战后没有过的、严重程度超出其他发达国家发生过的泡沫经济。作为"平成元年"的 1989 年恰好是泡沫经济的高峰。泡沫经济崩溃之后，日本经济一蹶不振，陷入了长期萧条的局面。所以分析平成时期的日本经济，必然要以 80 年代后期的泡沫经济时期作为开端，在论及产生泡沫经济的原因时甚至还要追溯到更早的时期。

经济增长和周期波动通常是用总产出增长率及其变动来表现的。从 20 世纪 50 年代以来日本长期经济增长的情况看，日本经济经历 50 年代中期至 70 年代初期的高速经济增长阶段；70 年代中期直至 80 年代末期，一直表现为较为稳定的低增长，经济增长率保持在 2%—6% 之间，平均增长率同高速增长时期的 10% 的水平相比大幅度降低了；但是从 90 年代初期泡沫经济崩溃之后，日本进入了长期停滞状态，在十余年的时间内，日本经济的平均增长率仅为 1% 左右，被称为长期停滞期或超低增长时期。

从长期经济增长率变动的情况看，战后日本经济经历了高速增长阶段、低速增长阶段和长期停滞的超低速增长阶段，从高速增长阶段到超低速增长阶段平均增长率呈现出大幅度下降的趋势。随着经济成熟化程度的提高，潜在经济增长率的降低导致现实经济增长率大幅度下降，即经济增长率向发达国家的低增长水平收敛，这是符合经济发展规律和西方发达国家发展经验的。但是，日本在 20 世纪 90 年代以来经历的长期经济停滞，其增长率的变动趋势大幅度低于前期。不仅如此，这一时期日本的经济增长率也低于美国和大部分欧洲国家。在前两个阶段，日本经济的增长绩效明显地好于欧美发达国家。如果说 20 世纪 60—70 年代日本的高速增长是由于日本作为后发的资本主义国家，在战后实现赶超发展的话，那么在 70 年代日本完成了在经济上赶超欧美国家的任务、成为经济大国后，在同其他发达国家面临相似的内外部环境的条件下，日本则取得了明显好于其他发达国家的经济绩效。从这两方面比较看，90 年代日本经济的超低增长不是单纯的长期经济增长趋势下降的结果，而是一个不正常的增长状态。80 年代日本经济增长率的下降，可以用增长率的趋势下降和对发达国家增长率的收敛来解释，但是 90 年代的长期停滞就无法以此来说明了。有学者计算过，如果在 90 年代日本经济按照原来的增长趋势保持 3% 的增长率的话，那么在 2001 年日本实际 GDP 就不是现实的 530 万亿日元，而是 640 万亿日元。在这 11 年中日本失掉的 GDP 累计值高达 550 万亿日元。因此，20 世纪 90 年代被称为"失去的十年"。①

从总体上看，战后日本经济经历了高速增长、低速增长和超低速增长三个阶段，这只是从平均增长率来考察的。由于经济存在着周期波动，在每个增长阶段内周期波动都呈现不同的模式和特征。比如在高速经济增长时期，日本经济的周期波动表现为"增长型波动"，即使在周期的低谷时期，经济

---

①　原田泰、岩田規久男編著『デフレ不況の実証分析：日本経済の停滞と再生』、東洋経済新報社、2002 年、第 1 頁。

增长仍保持在 6% 以上。尽管平成时期日本经济的主要特征表现为泡沫经济崩溃以后的长期停滞，但是仍然存在着周期波动现象。结合日本政府公布的景气变动基准日期和经济增长率的变动情况，可以总结出 20 世纪 60—90 年代日本经济周期波动的特点（见图 0 – 1）。

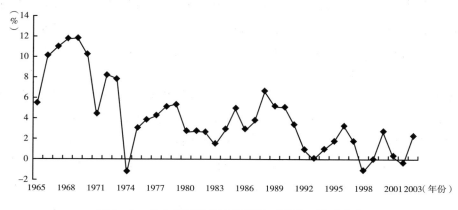

图 0 – 1　日本经济增长率的变动（1965—2003 年）

资料来源：根据日本国民经济计算数据绘制。

根据日本内阁府的景气波动报告，自 20 世纪 80 年代中期以来，日本经历了战后以来的第 11 个、第 12 个、第 13 个、第 14 个经济周期（景气循环）。第 11 个周期始于 1986 年 11 月，于 1991 年 2 月达到顶峰，在 1993 年 10 月下降到谷底，结束了该循环。这一周期的扩张阶段就是所谓的"平成景气"时期，也是泡沫经济时期。而随后到来的经济收缩阶段就相应被称为"平成萧条"，也是泡沫经济崩溃时期。第 12 个周期和第 13 个周期的起始时间分别为 1993 年 10 月和 1999 年 4 月、1999 年 4 月和 2002 年 1 月。作为多种经济指标合成的景气动向指数（DI），只能准确地确定经济扩张和衰退的转折点，进而确定经济周期的划分，但是它不能分析经济波动的幅度。而由多种经济指标合成的合成景气指数（CI），其相对值的变化能够反映出经济周期的波动幅度。从第 11 个周期开始即第一个谷底的 1986 年 11 月到 1991 年初的顶峰，合成指数 CI 的变动幅度达到了 25% 左右，随后的衰退期也经历了同样幅度的大波动。而后来的第 12 个周期和第 13 个周期，波动幅度则大幅度缩小，周期波动趋于平缓化。这一点在经济增长率的变动上也能够清楚地反映出来。在第 11 个周期，在泡沫经济的推动下，日本经济在 80 年代末期增长率达到了 6%，这一时期是日本高速增长结束后经济增长的一个高峰期。正是由于泡沫经济的形成和破灭，使得日本经济经历了大起大落的动荡。泡沫经济崩溃后日本经济的长期停滞，使得后来的周期波动呈现出平缓化的特征。

综上所述，进入平成时期以来，日本经济增长和周期波动表现出了不同以往的特征：一是在 90 年代经济增长率大幅度下降，陷入了长期停滞的状态。二是尽管存在周期性波动，但是在长期的经济停滞期内由于没有出现过像样的经济复苏，周期波动平缓，波动大幅度缩小；相反，在平成景气和平成萧条时期，经济经历了大起大落的波动。经济增长和波动的这些特征在战后以来其他时期是没有出现过的，可以说是经济增长和周期波动出现的异动。

第三节　增长与波动变异的主要影响因素

对于以长期经济停滞为主要特征的平成时期日本经济而言，探讨导致长期停滞的原因因而采取正确的对策一直是相关人士努力的目标。但是迄今为止在这一问题上不同的学派之间仍然存在着不同乃至截然对立的观点。显然这一问题并非因为日本经济已经摆脱停滞就意味着得到了答案，不同派别的学者进行的理论和实证性研究极具启示意义。笔者认为，研究导致平成经济的大起大落和超长期停滞的原因，应该从这一时期日本经济出现的若干特殊现象着手，分析这些现象出现的原因和它们同宏观经济之间存在的内在关系，进而全面揭示经济特异变动的内在原因。纵观从 20 世纪 80 年代后期到 21 世纪初期的日本经济，泡沫经济的生成和破灭、作为泡沫经济后遗症的不良债权的出现和由此引发的金融不稳，以及长期持续难于消解的通货紧缩，是困扰日本经济的几个重要问题。这些问题的生成机制及其同宏观经济波动之间的关系等，存在着许多难解之谜。

一　泡沫经济的形成与崩溃

如前所述，日本从 20 世纪 80 年代中后期到 90 年代初期处于战后的第 11 个经济周期。在此期间内，日本经历了泡沫经济的形成和崩溃。与此相应的是经济的大幅度波动。

关于泡沫经济形成的原因，已经有了很多的研究。概括起来主要有以下几个方面。一是受到80年代日本金融自由化的影响。金融自由化使大企业可以通过证券市场筹集资金，不再依靠银行融资；作为主要金融主体的银行不得不面向中小企业，融资的风险度提高；金融自由化条件下原有的政府规制被大幅度地放松了，但是新的政府监管体制没有形成。这三个方面合起来，使得金融领域出现了广泛的道德风险问题，构成了形成泡沫经济的基础。二是"广场协议"之后日本为应对日元升值，持续实施了宽松的货币金融政策。宽松的金融环境为资产价格大幅度提高创造了条件。这一时期日本出现了罕见的泡沫经济，还可以从金融制度的变化和政策失误两个方面来加以解释。

关于泡沫经济形成的基本原因，人们并没有太大的争议。同样，过度高涨的资产价格即经济泡沫必然会破灭，这也没什么奇怪的。问题在于，资产价格急剧高涨和下落的泡沫经济，同宏观经济之间存在什么样的关系，或者说泡沫经济的产生和崩溃是怎样影响实体经济的？在泡沫经济破灭的初期，日本各界开始检查以往对泡沫经济的忽视，对其经济影响的分析主要是着眼于泡沫作为资产价格变动产生的资产效应对宏观经济的作用。

所谓的资产效应，是指资产价格的变动或资产余额的变化对经济总量的影响，主要有两个方面：一是对居民消费产生的影响，被称作"财富效应"；二是通过企业资产选择行为对企业投资产生的影响。莫迪利安尼等人提出的生命周期理论认为，人们的财富和收入共同决定消费行为。而在家庭财富总量中，股票等金融资产和房地产占据了较大的份额，因此，这些资产余额的变化或者因价格变化导致的数量变化，对消费需求产生影响。所谓的资产选择行为，是指在既定的资产风险和预期收益率下，资产所有者为谋求风险和预期收益率的最佳组合所决定的资产配置行为。这种行为不仅局限于存量的配置，而且还会对作为流量的投资行为产生影响。比如，由于某种原因某种实物资产的预期收益率提高，那么资产所有者就会通过市场增购该资产，结果导致该资产的价格上升。这时如果投资品的购入成本没有发生变化，那么投资的效率就会提高，从而会相应地促进企业的投资（如设备投资和住宅投资）。在股票价格上涨的情况下，企业股权融资成本下降，因此会促进企业增加设备投资。股票价格变动对设备投资的这一影响被称作托宾 q 效应。

　　日本经济企划厅编写的《1991 年度经济财政报告》，对资产效应进行了实证分析。在财富效应方面，以实际民间最终消费支出的增长率为被解释变量，分别以实际金融资产净值增长率、可支配收入增长率和实际金融资产净值增长率、实际土地资产净值增长率为两组解释变量以及把上述两组合并为一组解释变量，对三个模型进行了回归分析。结果表明：第一个模型的分析最具说服力。两个说明变量的系数分别是 0.8942 和 0.0594，也就是说，以股票为主的金融资产的价格上涨 10%，消费支出增加 0.6%。财富效应是存在的。在影响消费支出的两个主要因素中，收入增长仍然占主要地位。在 1987 年以后的景气扩张阶段，消费物价的稳定和股票价格的大幅度增加，使得实际金融资产的财富效应增大了。[①]

　　资产价格的上涨对企业的影响可以从企业的资金筹措和投资行为两个方面来分析。首先，由于金融市场自由化、国际化的进展，企业可以在国内外资本市场上获得融资。特别是 80 年代后期，股票价格的上涨大幅度降低了企业在证券市场的融资成本，企业通过发行可转换债券、附加认股权债券等，筹措大量的资金。土地价格的上涨，增加了拥有土地企业的净资产量，一方面为谋取最佳的资产负债结构，企业增加银行的贷款；另一方面土地价格的提高相当于增加了土地作为贷款担保资产的数量，能够获得更多的贷款。因此，拥有土地的企业能够以较低的成本获得自由度较高的银行融资。其次，在资金运用方面，股票价格的上涨导致其收益率的下降，最终会低于实物资产的收益率。因此，企业就会增发股票并增加设备投资。土地投资也属于企业投资的范畴，土地价格的上涨应该对设备投资起到抑制作用。但是，这一时期伴随着获得土地的设备投资，大多是以研究开发为中心的投资，所以其负效应较小。而且土地价格大幅度上涨对此前存有土地的企业，形成了极大的设备投资激励。

　　1986—1989 年间，日本法人企业的资金筹措量达 81.2 万亿日元，比 1980—1985 年增加了 2.13 倍。其中来自银行等金融机构的贷款增加 1.77

---

① 　日本经济企画厅『1991 年度经济财政报告』，http：//wp. cao. go. jp/zenbun/keizai/。

倍，而增资和发行债券筹资分别增加了 2.95 倍和 4 倍。显然，通过资本市场筹资增加的幅度加大。在前一时期，设备投资达 33.3 万亿日元，比后一时期增加了 1.59 倍。但是这一时期金融投资与设备投资的比例高达52.3%，对金融资产和土地的投资在设备投资中所占的比例达到了79.9%。[①] 可见，无论从企业资金的筹措还是资金使用上，都不能否定资产价格的提高对企业投资产生的影响，资产价格的提高在一定程度上促进了企业设备投资的扩大。但是，上述数据表明，企业对股票、债券等金融资产和土地的投资比例已经在总投资中占有较高的份额，这是导致投资扩大的主要原因。

在泡沫崩溃后，资产价格的急剧下跌，以"逆资产效应"的方式对消费需求和投资需求产生了相反方向的作用。限于篇幅，具体情况在此不能详细展开。上述分析表明，泡沫经济的出现和破灭是同企业等经济主体的行为紧密地联系在一起的，两者之间可能构成了互为因果的关系。不可否认，资产效应对实体经济的波动产生了重要的影响。但是，单纯从资产效应看，它并不能完全解释这一时期宏观经济的大幅度波动，尤其是泡沫经济崩溃后日本经济出现的长期停滞现象。

二 不良债权与金融体制的动荡

如果资产泡沫只是个人或企业等微观经济主体使用自己的资金参与投机形成的，那么，泡沫的崩溃只是在不同所有者之间进行的财富再分配而已。但是实际情况并非如此。如前所述，日本在 20 世纪 80 年代后期至 90 年代初期出现的资产泡沫，很大程度上是由于银行资金的进入造成的。由于大企业的资金需求开始通过资本市场获得，使得银行失去了大量优良客户。在宽松的金融环境下，银行以土地作为担保向中小企业融资，特别是银行资金通过非银行金融机构，大量流向了房地产业、建筑业和流通业。泡沫崩溃后，大量参与资产市场投资的企业，由于股价和地价的大幅度下跌，不能通过套利得到利润，而且原来以土地上升为前提制订的开发计划无法实施，使得经营收益大幅度减少，甚至面临严峻的经营困境，因此无法偿还银行贷款的利

---

① 日本财务省『法人企业统计季报』、转引自田中隆之『现代日本経済 バブルとポストバブルの軌跡』、日本評論社、2002 年 5 月、第 93 頁。

息和本金，使大量的银行债权成为不良债权。在泡沫崩溃之初，由于金融信息的非公开性，加上对不良债权的认识不足、界定不明确等原因，只有部分不良债权被披露，政府和银行对不良债权的处理不力，错过了最佳时机，使得不良债权问题被拖延开来。尽管后来加大了对不良债权的处理力度，但是由于在经济萧条的条件下不断有新增的不良债权出现，使得不良债权问题成为困扰银行及整个金融系统的主要问题。众多的金融机构因此面临经营危机而破产，甚至演变为整个金融系统的动荡和危机。如图 0 - 2 所示，在 90 年代前半期，不良债权余额仅为十几万亿日元。之后尽管每年都进行不良债权处理，其余额却大幅度增加。

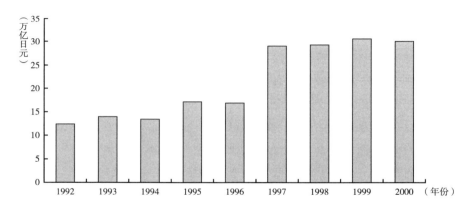

图 0 - 2　不良债权余额的变化

注：1992—1996 年度为破产企业债权额和拖延偿还债权额的合计。

1997 年以后为风险管理债权（除前两项外还包括拖延 3 个月以上偿还的债权和放宽条件债权）。

资料来源：『経済セミナー』2001 年第 9 期。

1994 年东京协和信用组合、安全信用组合的破产，拉开了由于不良债权而导致金融机构破产的序幕。到 1997 年末，破产的金融机构已经超过了 20 家。从三洋证券公司的破产开始到 1997 年 11 月，山一证券、北海道拓殖银行等大型金融机构的破产，是日本金融体制动荡的第一阶段。后来，日本长期信用银行、日本债券信用银行等大型金融机构陆续出现经营危机，被实施公共管理，政府不得已对大银行投入公共资金。这是日本金融体制动荡的第二阶段。

不良债权问题及其引发的金融体制的机能下降甚至体制动荡，对实体经济产生了重要影响。金融业在现代经济中占据着中枢地位，其金融中介机能对于合理资源配置和宏观经济运行都是不可替代的。在产生大量不良债权和金融体制不安的情况下，日本金融体制的机能下降主要表现在两个方面：一是银行的"惜贷"；二是银行对经营困难企业进行的"追加贷款"。银行不仅不能收回大量的贷款，还要动用资本金或其他盈利来处理不良债权，一方面是自身经营实力受到影响，另一方面担心新贷款再度不良化，因此银行面向企业的贷款谨慎化，此即为所谓的银行"惜贷"现象。银行的"惜贷"使得对银行资金高度依赖的大量中小企业陷入财务困境，经营难以为继。在原有客户企业面临经营困难时，银行为了使其贷款不成为真正的"呆账"或"坏账"，对企业进行追加贷款，试图使企业度过困难时期恢复正常经营。这种行为对于个别银行可以说是理性的，但是如果大部分银行都实施这种行为，那么从宏观上看，它使得"过剩投资经济"得以延续，这种不合理的资源配置不仅无法改变甚至加重了经济的低效率。两种行为对实体经济的影响可以总结为下述关系：（1）惜贷论：不良债权的存在→惜贷→投资低迷；（2）追贷论：对非效率企业追加贷款（＝新不良债权的发生源）→资源配置的扭曲、宏观生产率低下→地价持续下降→需求持续低迷。关于不良债权和惜贷、追贷对宏观经济的影响，日本学术界进行了大量的实证研究。结果表明：在90年代前半期，惜贷的影响是有限的，只是在90年代末期才开始加重；相反，对非效率企业的追加贷款导致的资源配置的非效率性，可能是造成日本经济停滞长期化的主要原因。[①]

三　通货紧缩与货币政策的失误

伴随着20世纪90年代日本经济长期停滞的另一重要的经济现象，是从90年代中前期开始的通货紧缩。所谓的通货紧缩，是指总体物价出现的全面、持续下降，在古典型资本主义经济危机时代通常是与产出的收缩相伴生的。最为典型的就是20世纪30年代世界大危机的出现。由于在二战后西方

---

① 参见宫尾龍藏「銀行機能の低下と90年代以降のデフレ停滞」、浜田宏一、堀内昭義、内閣府経済社会総合研究所編『論争　日本の経済危機』、日本経済新聞社、2004年出版，第217—238頁。

资本主义国家纷纷使用了凯恩斯主义的宏观调控政策，大幅度地降低了经济周期的波动幅度和经济衰退的程度，通货紧缩不再是经济运行的主要矛盾，相反其主要矛盾表现为通货膨胀。但是，在 20 世纪末期日本经济出现的长期停滞，却伴生了慢性的难以消除的"通货紧缩"。

　　80 年代末以来，日本的物价变动同以前相比，出现了很大的变化。从泡沫经济开始直到 90 年代初，物价上涨率逐渐提高，出现了通货膨胀倾向。从 1991 年开始，物价上涨率开始下降，增长力度弱化，转向了通货紧缩趋势。从消费者价格指数（CPI）的情况看，CPI 的上涨速度在 1990—1991 年达到最高，此后开始降低。1995 年在微弱的景气回升之后首次出现了负增长。批发物价的变化也大致经历了相似的过程。泡沫经济崩溃后的平成萧条期，日本批发物价大幅度下降。在 1993 年景气到达谷底后直到 1997年初的"微小循环"期间，由于设备投资增加、日元汇率变动等的影响，国内批发物价出现了较大幅度的波动。在 1995 年之前，受到日元大幅度升值的影响，日本国内批发物价加速下降。1995 年以后日元汇率达到最高值，此后开始转向下降的趋势，批发物价的降低幅度缩小。

　　1997—1998 年是泡沫经济崩溃以来日本经济出现重大转折的时期。如前所述，在 90 年代中期，日本经济出现了平成萧条之后的经济复苏，由于经济恢复的力度非常微弱，所以这一时期的经济上涨被称为"微小景气"。日本政府在这时实施了不适当的结构改革政策，加之后来发生的东亚金融危机，使得日本经济的复苏受到了巨大的影响。于是，以这一时点为转折点，日本经济再次陷入了严重的衰退之中。实际上，在 90 年代的前半期，尽管日本物价出现了下跌的现象，但是大部分时间只是增长速度的大幅度下降，严格来讲还不能说是出现了通货紧缩。1997 年以后，无论是消费者物价还是批发物价都出现了慢性的下跌，日本经济真正进入了慢性通货紧缩的状态。尤为严重的是，临近了物价下跌和需求不足互为促动的"通货紧缩旋涡"。

　　在国际经济学界，对通货紧缩内涵的界定是存在争议的。大致可以分为两个派别，即"价格派"和"货币派"。前者将通货紧缩定义为一般物价水平或总体物价水平的持续下降。后者则认为，不能将通货紧缩仅仅看作物价水平的持续下降。通货膨胀作为一种货币现象，在物价下跌的同时，还包含着货币数量的减少及货币流通速度的下降，进而还存在与此相伴的经济萧条现象。① 两派关于通货紧缩定义的分歧表现为两个方面：一是通货紧缩是否作为一种货币现象，并伴随着货币数量的变化；二是通货紧缩是否包含着经济衰退及经济萧条。后一点是两者的根本分歧所在。是否将经济萧条包含在通货紧缩的含义之内，关系到通货紧缩作为宏观经济现象，是将它看作在诸多复杂的微观因素的影响和作用下形成的宏观经济的结果，还是看作一种微观层面的经济现象。作为一种货币现象，它的出现，通过相应的渠道对实体经济产生影响，进而导致实体经济的衰退及萧条。正是这样两种不同的逻辑，导致了对日本经济长期停滞原因的不同认识。以日本银行为代表的"结构派"倾向于将通货紧缩视为宏观经济现象，认为它是多种经济因素综合影响的结果。因此，主张长期经济停滞是由日本经济存在的"结构问题"造成的。与此相反，被称为"货币派"的学者，对"结构派"的观点给予全面的批驳，极力主张通货紧缩作为一种货币现象，是由日本银行的金融政策的失误造成的。通货紧缩是日本经济长期停滞的主要原因。

通货紧缩对实体经济的影响主要存在两个通道：其一，导致高水平的实际利率，使得企业作为债务者增加了债务负担；其二，由于存在工资的向下刚性，而通货紧缩使得实际工资水平提高，从而提高了企业的生产成本并降低了利润，企业不得不缩减产量甚至减少雇佣，因此导致了实体经济的衰退。实际上，通货紧缩不仅会降低企业的投资欲望，而且由于人们有较高的期望实际利率，个人也会因此减少消费支出。这样使得需求进一步减少，导致供求缺口进一步扩大。需求的下降反过来进一步促使物价水平走低，通货紧缩形势再趋严重。这就是所谓的"通货紧缩旋涡"。而与通货紧缩紧密关联的需求不足即供求缺口的恒定化，被称为"通货紧缩陷阱"。

通货紧缩作为一种货币现象，它的产生被认为是日本央行的货币政策失误造成的。对此，野口旭等人进行了深入的分析。在 90 年代后期，日本银行一再降低政策性利率，最后实施了"零利率政策"。由于政策性利率不能再进一步下降，所以日本央行的货币政策机能陷于瘫痪，面对慢性的通货紧缩和经济萧条无法应对。之所以如此，在于在 90 年代的上半期特别是 1994—1995 年，日本银行实施了紧缩性货币政策，或者说拖延了宽松货

---

① 范从来、汪志村：《日本通货紧缩问题研究》，《世界经济》2003 年第 4 期。

币政策的实施。1994 年，日本消费者物价上涨率持续下降，7 月转为负增长，GDP 紧缩指数也下降为零，基础货币增加率为 4% 左右，货币供应量仅维持在 2%—3% 的低水平上。即使在这样的情况下，日本银行仍然逐渐提高银行间拆借利率，隔夜拆借利率在 1994 年 6 月为 2.06%，到 12 月已经提高到 2.29%。对此，美国联邦储备委员会的报告指出："对于货币政策而言，1993—1994 年是最为关键的时期，因为在此以后，通货膨胀率没有超过零以上的适度水平，这时无论如何降低政策性利率，也不能充分地降低短期实际利率。"[①] 对于通货紧缩通过上述路径对实体经济产生的影响，很多学者进行了大量的实证分析。如原田泰等人分析了工资刚性和货币政策之间的关系，首先证明了在经济长期停滞期间，存在实际工资提高的现象，主要是由于劳动时间缩短和通货紧缩。而通货紧缩的产生恰好是紧缩性货币政策的结果。在此基础上，使用 AD-AS VAR 模型、宏观计量模型、一般均衡模型对实际工资造成的生产停滞的影响程度进行计量分析。不同模型的分析结果都支持了存在影响的观点。[②]

小　　结

在被论及的造成 20 世纪 90 年代日本长期经济停滞的诸多原因中，除了本书中涉及的泡沫经济、不良债权和通货紧缩之外，被归结为结构问题大类里的诸多因素没有纳入本书的纲要分析之中。实际上，不良债权引发的金融体制的动荡和资源配置的扭曲，是属于结构问题范畴的，它介于周期因素的影响和结构因素之间。根据周期循环因素和结构因素的影响何者是长期停滞的主导因素来分，可以将日本经济危机的争论划分为更大的两个派别，即周期循环性的"需求因素影响派"和"结构因素影响派"。下一章将详细介绍两大派别之间展开的争论。

---

① 野口旭、岡田靖「金融政策の機能停止はなぜ生じたのか」、岩田規久男、宮川努編『失われた10年の真因は何か』、東洋新報社、2003 年出版、第 79—105 頁。
② 原田泰等「賃金の硬直性と金融政策の重要性」、浜田宏一、原田泰、内閣府経済社会総合研究所『長期不況の理論と実証：日本経済の停滞と金融政策』、東洋経済新報社、2004 年出版、第165—181 頁。

第 一 章
日本经济长期停滞的成因之争

前面对日本经济在 20 世纪 90 年代的发展动态（包括经济增长和周期波动）做了概要的描述，可以发现，不论是从经济停滞的时间上还是从其严重程度上看，日本发生的这次长期经济萧条可以说是历史罕见的，在日本近代经济发展史以及世界经济史上都可以说是有重大影响和深刻意义的经济现象。从 90 年代初日本经济进入经济衰退开始，到整个长达十余年之久的经济停滞的过程中，乃至到脱离长期萧条之后，包括政府、企业界等日本社会各界，尤其是经济研究界，围绕着如何认识长期经济停滞的原因、机制和采取什么样的政策才能使经济摆脱长期停滞状态、进入正常发展的轨道，展开了激烈的讨论。这些讨论，对于认识经济长期停滞的产生机制、原因以及正确的政策决定，应该说产生了重要的影响。尤为重要的是，不同学派从不同的理论角度提出的观点、从理论到实证层面展开的分析，对于理解错综复杂、多种因素交互作用形成的长期经济停滞的机制，有着重要的理论意义。因此，本章将各学派围绕长期经济停滞成因及政策主张展开的争论的主要情况、观点做一概要的归纳和评述，以有助于后面对具体领域及具体问题的分析。

在长期经济停滞成因的大论战中，不同学派或从不同的理论角度出发，或将不同的经济现象作为分析的主要矛盾，提出了非常多的甚至是截然对立的观点。如早在 90 年代初期日本经济转入萧条时，很多学者就相继提出了诸如"复合萧条""制度疲劳""政策失误"等观点。随着经济停滞的延长和衰退深化，很多观点又被进一步深入阐述；或在原有的基础上围绕着新的经济形势和经济现象，又提出了很多新的观点。根据宫川努的总结，这些观点主要包括以下几类：（1）传统的财政扩张政策不足及政策实施时机的错误；（2）宽松货币政策的滞后和不充分；（3）不良债权的累积和金融中介机能的下降；（4）与 IT 化等技术革新相对应的产业结构转变的滞后；（5）中国、韩国等国家的技术赶超，日本产业国际竞争力的下降。[①] 不同学者的主张所依据的理论基础不同，据此又被划分为不同的学派，如"结构派""通货再膨胀派"等。但是，纵观整个论战及主要的派系分歧，可以看出这场争论的主线，主要是围绕着导致长期经济停滞的是需求方面的因素或经济周期因素，还是供给方面的因素展开的。因此，从大的方面，可以把参与论战的学者划分为"供给因素影响派"或"结构因素影响派"（简称"结构派"），以及与其相对的"需求因素影响派"（简称"需求派"）。下面对这两个派别各自的核心分析逻辑和主要主张进行总结和简要评述。

第一节　"需求因素影响派"的观点及其政策主张

在日本，很大一部分研究者将长期经济停滞归结为需求因素的影响。这些人从凯恩斯经济学出发，认为是有效需求不足导致了经济停滞，而需求不足的产生同政府的宏观经济政策又是密切相连的：由于政策失误没有能够有效地刺激需求或消除经济紧缩因素，才导致了经济停滞的长期化。这一派别可以称为"需求因素影响派"。尽管从总体上可以将很多人归入这一派别，但是由于具体的分析角度、侧重点和最终观点的不同，还可以划分为不同的子派别，如：有人从财政政策失误的角度分析长期停滞的原因，还有很大一部分学者从货币政策及通货紧缩方面分析长期经济停滞的形成。这些人通过大量的著述对日本银行（中央银行）的传统的货币政策进行了批判，主张货币政策的失误导致的通货紧缩才是日本经济停滞的"主犯"，政策的要点在于实施更为宽松的货币政策，消除通货紧缩。因此，这一派别又被称为"通货再膨胀派"。

一　财政政策失误与长期经济停滞

长期的经济增长主要是由供给因素决定的，如果将 20 世纪 90 年代十余

---

① 宫川努『長期停滞の経済学——グローバル化と産業構造の変容』、東京大学出版会、2005 年出版、第 11 頁。

年的日本经济看作完全的停滞或超低增长的话，那么可能分析的重点必然是要以经济增长及供给因素为依据。坚持从需求不足这一角度分析 20 世纪 90年代日本经济长期停滞的学者，认为虽然这一时期的经济状况被统称为"长期停滞"，但是仍然存在着周期波动，所以需求仍然是影响经济扩张及收缩的主要因素。在需求不足影响下的经济衰退期，财政政策作为主要的景气对策手段，发挥着主导的作用。因此，财政政策出现问题没有能够有效发挥作用，影响了经济的复苏。

一种观点认为，20 世纪 90 年代后期财政政策的失误是导致经济停滞长期化的主要原因，持有这一观点的代表人物是山家悠纪夫。[①] 山家悠纪夫系统地分析了 90 年代日本经济周期波动的各个阶段，及相应时期财政政策的内容和效果，认为 90 年代的长期经济停滞期可以以 1997 年为界划分为两个阶段：从 90 年代初期到 1997 年是泡沫景气后的反向萧条及其恢复期，而1997 年以后直到 21 世纪初期是新的停滞期。在前一时期，日本年平均实际经济增长率为 1.5%（1991—1996 年）。仅从这一数据看是比较低的，但是将它和泡沫时期的增长率联合起来计算，年平均增长率为 3.2%，这一水平与 80 年代前半期基本上是相同的。90 年代后半期的年平均增长率为 0.5%（1997—2002 年），所以日本经济真正的停滞始于 1997 年中期。按照上述的时期划分，在不同时期财政政策的方向和效果也是不同的。在前一时期，持续实施的大规模景气刺激对策，发挥了扩张需求的效果，到 1996 年日本经济出现了较好的回升。导致日本经济在 1997 年后半期再次步入衰退并出现深度停滞的，是当时的桥本内阁实施的紧缩性财政政策。[②]

还有人更全面地分析了日本财政政策存在的问题。但是同前述观点相比，他们只是认为财政政策存在的问题是导致长期经济停滞的次要因素而不是主要因素。如中里透分析了 90 年代日本财政政策作为景气刺激政策的效

---

① 山家悠紀夫「長期停滞期における財政政策の効果について」、浜田宏一、内閣府経済社会総合研究所編『論争　日本の経済危機』、日本経済新聞社、2004 年出版、第 81—106 頁。

② 当时的桥本内阁制订了所谓的"六大结构改革计划"，其中以消除潜在的财政危机、实现健全的财政体制为目标的"财政结构改革"是这一计划的重要内容。在财政结构改革政策之下出台的 1997年预算及税制改革政策，一改以往的扩张型财政的政策方向，而实施了以提高消费税、缩减财政支出的紧缩型财政政策。在 1997 年后期日本经济再次陷入衰退和发生金融危机后，财政政策很快就转为扩张型的政策。

果、赤字财政政策的可持续性以及财政政策存在的非凯恩斯效果等相关问题，其结论是：90 年代日本的财政政策是存在各种问题的，但是它只是影响长期经济停滞的次要因素，并非决定因素。首先，中里透综合了有代表性的关于 90 年代财政政策作为景气刺激对策的效果的实证研究，认为政策效果是比较差的，只是发挥了从底部支持景气下降的作用，而未能发挥更大的作用。其次，从财政赤字政策的可持续性角度看，实施大规模的、持续的财政刺激对策，缺乏相应的经济条件，其可行性是值得怀疑的。再次，中里透认为桥本内阁的财政结构改革所谓的"失政"，是导致衰退深化的主要原因；而长期实施扩张性财政政策产生的大量财政赤字，增加了人们对其将负担转给未来和其可持续性的担心，影响了现实的消费和投资支出，存在非凯恩斯的政策效果。[①]

二　通货紧缩与货币政策

同样从需求不足角度来解释长期经济停滞原因的另一学派，也是极为活跃的一个学派。不同于前面所讲的从财政政策视角的分析，他们是将其分析重点放在了通货紧缩和中央银行的货币政策方面，认为日本长期经济停滞的本质是由于总需求不足即通货紧缩缺口的存在，而间接的根源则在于日本央行实施的货币政策的失败。[②]

利率是影响总需求即居民消费和企业投资的重要变量。利率的变动一方面是受金融市场交易行为的影响，另一方面也是受中央银行的货币政策调控的。央行通过政策利率的变动波及市场利率，影响微观经济主体的行为，进而实现调控宏观经济的政策目标。但是在 90 年代日本经济长期停滞期间，形成了一种常态化的通货紧缩缺口，即总需求长期低于潜在的总供

---

① 中里透「財政運営における「失われた 10 年」」、岩田規久男、宮川努編『失われた 10 年の真因は何か』、東洋経済新報社、2003 年出版、第 115—132 頁。

② 在我国，中央银行实施的有关调节货币量数量和利率水平的政策通常被称为货币政策，但是在日本大多习惯使用金融政策。为适应我国读者的习惯，本书一律使用货币政策。日本学者对日语中两个名词的区别也做过阐述，如浜田宏一指出：所谓的货币政策，通常是指改变货币量的宏观政策；而金融政策则大多是指包含改变货币量在内的各种金融条件的政策，特别是影响利率的政策。参见浜田宏一、原田泰、内閣府経済社会総合研究所編『長期不況の理論と実証：日本経済の停滞と金融政策』、東洋経済新報社、2004 年出版、第 10 頁。

给，因而导致了物价下降和失业率的大幅度提高。日本银行实施的传统的宽松的货币政策，没有能够实现有效地消除通货紧缩现象和扩大总需求的目标。以原田泰、岩田规久男、浜田宏一、野口旭等人为代表的、在日本经济学界非常活跃的一些经济学者认为：日本货币政策的失败和通货紧缩是导致日本长期经济停滞的根本原因，并主张要突破日本央行传统的货币政策框架，以新形式的货币政策消除通货紧缩现象、提升总需求，最终使日本经济摆脱长期停滞。在与所谓的"结构派"展开的大论战中，这一派别的经济学者发表了大量的研究成果，对"结构派"或日本银行研究者的观点进行了批驳。具有代表性的作品有：（1）原田泰、岩田规久男编著的《通货紧缩萧条的实证分析：日本经济的停滞与再生》（东洋经济新报社2002 年出版）；（2）岩田规久男著《通货紧缩的经济学》（东洋经济新报社 2001 年出版）；（3）野口旭、田中秀臣著《结构改革的误解》（东洋经济新报社 2001 年出版）；（4）浜田宏一、原田泰、内阁府经济社会综合研究所著《长期萧条的理论与实证：日本经济的停滞与金融政策》（东洋经济新报社 2004 年出版）；（5）岩田规久男著《日本 90 年代的金融政策》[《周刊东洋经济》（临时增刊，2000 年 8 月 2 日）]等。下面参照野口旭的一篇论文《金融政策的机能为什么会发生停止》①，对该学派的核心主张和分析逻辑做简要的总结。

首先，从宏观经济政策的作用看，野口旭等人认为：在 20 世纪 70 年代国际货币体系进入浮动汇率制以后，货币政策替代了原来的财政政策成为调控宏观经济的主要政策手段。在此之前的固定汇率制时期，货币政策主要被用于稳定汇率，财政政策则用于稳定国内经济。但是进入浮动汇率制度之后，发达国家政府不再有保持稳定汇率的责任，货币政策依靠其灵活有效的政策手段，通过调整利率实现物价稳定和最小限度的失业。这时财政政策的主要任务是实现公共产品和服务的供给。

其次，在 90 年代前半期，日本银行实施宽松货币政策的滞后及放松程度的不充分，导致了慢性的通货紧缩。美国联邦储备委员会及其他学者的研

---

① 野口旭「金融政策の機能停止はなぜ生じたのか」、岩田規久男、宮川努編『失われた10 年の真因は何か』、東洋経済新報社、2003 年出版、第 79—105 頁。

究表明，1993—1994 年对于货币政策而言是具有决定性的时期，但是这时日本银行宽松货币政策的推出较为缓慢。这一时期宽松货币政策的失误，导致了一般物价水平包括批发物价上涨率和 GDP 平减指数等，除特殊时期外都呈现缓慢下降的态势，即产生了通货紧缩。特别是从 1998 年开始，日本的消费者物价从原来的上涨率下降变为负增长，进入了更为严格意义上的通货紧缩阶段。

再次，通货紧缩使得预期实际利率居高不下，因而使微观经济主体的需求收缩。尤为严重的是由于前期货币政策的失误，使得名义利率下降到接近于零的水平，这一状态使得预期通货紧缩幅度进一步增大，这就意味着实际利率将进一步上升。因此民间的投资和消费更加减少，通货紧缩缺口进一步扩大，通货紧缩进一步发展，这就是所谓的"通货紧缩陷阱"或"通货紧缩旋涡"。在名义利率接近于零而不存在进一步下调余地的情况下，传统的以市场利率为间接调整目标的货币政策，已基本上丧失了宏观经济的调控机能。

通过上述的基本逻辑和其他大量的实证分析，这一派别认为，总需求不足导致的通货紧缩缺口的长期存在，以及日本银行货币政策的失误导致的通货紧缩，是长期经济停滞的主要原因，而消除通货紧缩这一主要经济矛盾的手段仍然是货币政策。他们主张：在传统的货币政策框架已经基本失效的情况下，必须突破传统的政策框架，用更积极的新的货币政策强化宏观经济的调控力度。[1]

三 综合的宏观政策分析

在"需求因素影响派"中，除上述分别侧重财政政策和货币政策的两个子派别外，还有学者从综合角度对宏观经济政策进行分析。值得一提的是伊藤隆敏、休·帕特里克（Hugh Patrick）等日本和美国学者联合进行的研究。他们开展的以日本经济面临的急需解决的问题、实现可持续的充分就业的增长的政策选择为主题的研究项目，对 90 年代以来日本经济政策进行了

---

[1] 在此仅对这一学派的研究及主张做简要的总结性介绍，在后面专门的货币政策分析一章中，还要对相关内容做进一步分析。

系统的分析。该研究成果也可以看作从需求角度分析经济停滞的代表性研究。[1] 在该成果的序言中，伊藤明确指出：日本的低增长的确存在着供给因素变化的影响，但是他认为经济停滞的主要原因还是总需求不足从而无法充分使用劳动及其他生产资源。其基本思想包括以下几个方面：第一，自 90 年代初期开始日本政府确实实施了空前的景气刺激政策，但是在异常的经济环境条件下这些政策并没有发挥充分的效果。从 90 年代初期开始到 21 世纪初，日本的 GDP 增长率远低于潜在增长率，宏观经济政策虽然阻止了类似于 20 世纪 30 年代的大萧条的出现，但是其成效并不显著，而且政策失误还产生了严重的影响。第二，在宏观经济政策扩大总需求方面，仍存在进一步扩张的余地。继续扩大总需求是必不可少的，只有扩张需求才能消除供求缺口，恢复充分就业，终止通货紧缩。扩张需求的宏观政策是给日本经济的未来带来光明预期的关键。

　　关于宏观经济政策进一步扩张的余地及其可持续性等问题，是持不同观点者争论的焦点问题。在上述的研究中，各位学者就这一问题进行了饶有兴趣的分析。比如在财政政策方面，流行于坊间的观点通常认为，巨额财政赤字导致了潜在的财政危机，政治制度的影响导致的公共资源配置的低效率，构成了财政政策的枷锁，因此财政政策的进一步扩张已经达到了界限。但是，美国学者博罗达（Christian Broda）、温恩斯坦（Davitd Weinstein）的论文给出了不同的结论。首先，他们认为政府净债务（而不是总债务）是衡量政府财务的正确指标。按照这一指标，日本政府的净债务与 GDP 之比只有 64%（2003 年 3 月）。其次，他们定义了更广义的公共部门，联合计算的公共部门的净债务比仅为 62%。只要净债务与 GDP 以相同比例上升，就不会产生问题。将人口数量的长期变化及其对政府收支的影响等因素考虑在内进行严密计算，结果表明：日本并没有面临财政危机。如果不追求与欧洲国家同等的福利水平的话，日本的税率只要小幅度地提高就可以，完全没有到预计的绝望的水平。

　　在货币金融政策方面，哈里干（James Harrigan）、库特涅（Kenneth

---

　　① 伊藤隆敏、H. パトリック、D. ワインシュタイン編、祝迫得夫 監訳『ポスト平成不況の日本経済』、日本経済新聞社、2005 年出版。

N. Kuttner）比较分析了美日两国泡沫崩溃后的经济状况和货币金融政策，认为日本银行的金融缓和滞后，为长期经济停滞的形成提供了机会。其他的货币政策也存在值得讨论的问题，特别是 2000 年 8 月的提高利率和直到 2001 年 3 月才实施的数量型宽松货币政策。伊藤敏隆和米石金（Frederic S. Mishikin）认为，终结通货紧缩必须继续实施超宽松的货币金融政策，并提出了综合性的一揽子政策方案。

国际知名的经济学家保罗·克鲁格曼也非常关注 90 年代日本出现的长期经济停滞现象，并参与了经济停滞成因及相关政策的讨论。他从正统的经济学理论出发，认为日本经济问题的本质是零利率下的需求不足。也就是说，尽管最短期的交易品利率降低到接近于零的程度，但是民间希望的储蓄额仍然超过企业希望的投资额。为此他提出了进一步实施扩张性宏观政策的建议：第一，至少要继续坚持扩张性的财政政策；第二，要实施超过传统框架的大规模的公开市场操作，引入传统的货币政策不曾有的政策信号，迅速地扩大基础货币；第三，发布通货膨胀目标，目标通货膨胀率必须达到相当高的水平。[①]

第二节　"结构派"与结构改革论

与前述的认为需求因素是导致长期经济停滞的原因相对立的，有学者从供给角度出发，认为受到限制的供给因素或日本经济中存在的结构性问题，是长期经济停滞的根本原因。持有这一类观点的派别被称为"结构派"或"结构主义"。同前面一样，尽管很多学者被归入"结构主义"派别，但是在具体的供给因素分析方面还存在着很大的差异；尽管同为供给因素分析，但是还存在着不尽相同的主张。具有代表性的观点包括：（1）在经济赶超终结条件下出现的"制度疲劳"问题；（2）日本实现信息技术化等技术革新方面出现的产业结构升级的滞后；（3）经济全球化条件下，新兴经济体的赶超导致了日本产业国际竞争力的下降等。

---

① ポール.クルーグマン「流動性のわなと日本のマクロ経済政策―問題提起」、吉川洋、通商産業研究所編集委員会編著『マクロ経済政策の課題と争点』、東洋経済新報社、2001 年出版、第 5—14 頁。

一　基于供给因素影响的"结构派"观点

在有关供给因素影响的定性分析中，野口悠纪雄是提出此类观点的代表性人物之一。他率先提出了"1940 年体制"一词，深入分析了 90 年代日本产生制度疲劳的体制历史起源。① 所谓的"1940 年体制"，是指二战期间日本政府为调集全部资源投入战争而建立的国家总动员体制，其核心特征是官僚对经济活动的广泛干预和中央集权主义、生产第一主义。野口认为，"1940 年体制"并没有因为战争结束而消亡，而是在战后被很大程度地继承下来。战后体制继承了"1940 年体制"的基本特征：政府对经济进行广泛的干预。这一体制对战后的经济高速增长起到了积极的促进作用。但是政府此类作用的发挥是以经济发展水平相对落后、实施赶超战略为条件的。在完成经济赶超、逐渐步入成熟化发展阶段之后，上述体制反而成为经济发展的制约因素，并成为现在诸多结构问题的源泉。如在原来的"护卫舰队式的金融体制"下，对低效率金融机构的保护；在政府严格规制体制下对低生产率产业的保护；等等。

野口悠纪雄等人不仅关注到日本国内对供给因素产生的制约，而且还从经济全球化和信息技术革命等对国际经济结构生产的影响及其引发的结构变化角度，分析了日本经济所面临的结构供给约束及应推进结构改革的重点。如野口悠纪雄在其后来的著作中，② 进一步明确指出日本经济低迷是源于实物性因素，具体表现为：一方面是以中国为代表的亚洲国家迅速的工业化进程，另一方面是以美国为代表的发达国家迅速发展的信息技术产业，而日本相应的结构变化则表现得相对滞后，从而使日本的潜在竞争力下降。这些经济内部产生的深层次问题，既不能用日元贬值对策及通货膨胀目标对策加以解决，也不能通过处理不良债权来加以根本解决。野口悠纪雄强调必须将以促进企业治理的变化为中心的结构改革作为优先的政策课题。

"结构派"的主张很多出于对社会经济现实的分析和批判，所以在很大程度上容易得到社会公众和媒体的认同。不仅如此，在传统的宏观经济政策

---

① 野口悠纪雄『1940 年体制』、東洋経済新報社、1995 年出版、第 167—185 頁。
② 野口悠纪雄『日本経済：企業からの革命—大組織から小組織へ』、日本経済新聞社、2002 年出版、第 89—96 頁。

失效、无法使经济走出长期经济停滞时，结构改革的政策主张也成为政府官厅学派经济政策分析的重点，甚至对政策制定产生了重要的影响。尽管如此，在两大派别的论战中，来自主张需求因素影响的学院派的批判仍然不绝于耳，一个重要的指责就是认为"结构派"的分析不是规范的经济学分析，单纯的定性分析不能将供给因素同长期经济停滞联系起来，缺乏定量分析的支持。后来，"结构派"的部分学者从供给因素影响论的主张出发，运用经济增长等理论模型，对供给因素与长期经济停滞之间的关系进行了实证研究，进一步深化了这场关于长期经济停滞成因的大讨论。

林文夫、宫川努等人的研究，力图证明日本经济的长期停滞是由于供给因素特别是全要素生产率的下降造成的。林文夫和帕累斯考特于 2002 年发表的论文和林文夫 2003 年的论文[1]，分别用汉森（Hansen）的最佳增长模型和索洛的新古典学派增长模型，论证了 90 年代日本劳动时间减少和全要素生产率的增长率（TFP 增长率）下降，导致了均衡增长路径的下移，因此出现了长期经济低迷的现象。在后一篇论文中，林文夫首先使用经济增长理论估算了从 20 世纪 60 年代到 90 年代不同要素投入和全要素生产率对经济增长的贡献，结果表明 90 年代的全要素生产率的增长率从 80 年代的2.8%下降到 0.3%。不仅如此，在这一期间，周均劳动时间也出现了大幅度的减少。索洛模型可以证明，在这种情况下均衡的经济增长路径会出现下移，因此会导致经济增长率的长期低迷。

宫川努从产业结构方面进一步研究了各产业全要素生产率增长率增长的差异及资源配置等原因对整体经济效率产生的影响，其要点如下:[2]

首先，进入 90 年代之后日本经济的生产率出现了明显的下降，这一点在各个产业中表现得十分清楚。在《国民经济计算》中统计的 22 个产业中，90 年代的 TFP 增长率与 80 年代相比，几乎全部产业都表现为增长幅度减小。而且其中的 8 个产业 TFP 增长率由 80 年代的正增长转为负增长，但

---

[1]　参见 Hayashi Fumio and Edward C. Prescst，"The 1990s in Japan：A lost Decade,"*Review of Economic Dyanmics*，2002，pp. 206 - 235。林文夫「構造改革なくして成長なし」、岩田規久男、宮川努編『失われた10 年の真因は何か』、東洋経済新報社、2003 年出版、第 1—16 頁。

[2]　宮川努「失われた10 年と産業構造の転換」、岩田規久男、宮川努編『失われた10 年の真因は何か』、東洋経済新報社、2003 年出版、第 39—61 頁。

是从各产业的就业结构看，并没有出现高生产率部门就业比例上升的现象；相反低生产率部门如建筑业尽管生产率出现了下降，但是就业比例仍然上升，即存在低生产率部门吸收大量的生产资源，从而导致了资源配置扭曲的现象。

其次，宫川努测算了资源配置、全要素生产率增长率和资本积累对生产率变化造成的影响。市场流动性的低下是导致资源配置扭曲的重要原因。

塞尔昆（Syrguin，1986）从产业结构的角度建立的增长核算模型表明，经济整体劳动生产率的增长率，不仅仅依赖于各产业的资本深化和全要素生产率的增长率，而且还受到产业间劳动力比例的变化即再配置效应的影响。[①] 这一模型的计算结果表明，从 80 年代后半期到 90 年代，日本全要素生产率增长率的下降，主要是由资本积累率和 TFP 增长率下降造成的，但是资源再配置效应低下的影响也是不可忽视的。将制造业和非制造业分开进行比较可以发现，80 年代制造业劳动生产率的上升，几乎全部来自 TFP 增长的贡献，而再配置效应是负的。但是 90 年代资本积累的贡献则增大了。在非制造业，80 年代再配置效应尽管是正的，但是进入 90 年代之后却大幅度减少。从 80 年代到 90 年代，非制造业的劳动生产率增长率大幅度下降，一方面是由于各产业 TFP 增长率出现了大幅度的下降，另一方面是再配置效应低下的影响。

---

① 该模型的推导过程如下：

$$劳动生产率：y = Y/L$$

$$y = \sum_{i=1}^{n} y_i S_{Li}$$

其中，n 为产业个数，S 为各产业的就业比例。
于是劳动生产率的变化率为：

$$\frac{\triangle y}{y} = \sum_{i=1}^{n} \frac{\triangle y_i}{y} S_{Li} + \sum_{i=1}^{n} \frac{y_i}{y} \triangle S_{Li}$$

$$= \sum_{i=1}^{n} \frac{Y_i}{Y} \frac{\triangle y_i}{y} + \sum_{i=1}^{n} \frac{y_i}{y} \triangle S_{Li}$$

$$= \sum_{i=1}^{n} \frac{Y_i}{Y} \left(\alpha \frac{\triangle k_i}{k_i} + \frac{\triangle TFP_i}{TFP_i} \right) + \sum_{i=1}^{n} \frac{y_i}{y} \triangle S_{Li}$$

其中，k 为资本劳动比率，α 为资本分配率，TFP 为全要素生产率。
公式中最后等号后的两项中的后一项表示劳动资源的再配置效应，即意味着劳动力向高生产率的部门转移，将提高经济整体的劳动生产率。

　　宫川努还使用了生产资源流动性指标（Lilien measure）分析了90年代日本资本市场和劳动市场的流动性，认为两个市场流动性的下降，是导致资源再配置效应低下的主要原因。

　　再次，90年代日本产业竞争力的变化还表现为以IT产业为代表的新兴的高技术产业发展滞后。单纯从IT产业的资本积累上看，90年代日本的IT投资也处于高水平，但是在IT产业的发展对整个经济的影响方面日本与美国相比却存在着明显的差距，甚至被认为其所谓的IT高峰是虚构的。宫川努认为，产生这一现象的原因在于，IT革命及其产生广泛的经济效果不仅在于IT资本的积累，而且在于促进积累的其他市场的支持。从80年代开始，美国就形成了利用IT设备投资振兴新产业的教育系统和对此给予支持的直接金融体制，以及通过具有流动性的劳动市场促进人才易于向新市场流动的新体制。相反，在90年代的日本，劳动市场、资金市场却表现为流动性下降甚至是陷于僵化的状态。日本的IT产业发展是在异于美国的条件下，即没有来自其他市场支持的状况下展开的，因此没有形成自律式的发展高潮。

　　在主张结构问题是影响经济复苏的派别中，除了前述的民间经济学者之外，政府部门及其研究机构的研究者即所谓的"官厅学派"，往往基于维护政府政策正确性的立场，或者为宣传结构主义改革政策的理论基础和合理性，在不同时期大力倡导结构主义改革论。其中，主管货币政策的日本银行及主管财政政策的财务省的官员及研究者发表的研究成果占主导地位。

　　原日本银行的研究员后来担任了日本银行行长的白川方明的观点就非常具有代表性。2000年，白川方明在著名杂志《钻石》周刊上发表的文章[1]，论述了金融政策和结构改革政策各自分担的任务，认为并非宏观经济政策的不积极导致了经济的长期停滞；恰恰相反，在90年代金融政策和财政政策的积极化都达到了前所未有的程度，而景气不能实现复苏恰恰就说明了结构因素的存在及其影响。经济长期停滞主要是由潜在经济增长率下降造成的，但又同诸多的结构问题联系在一起。白川方明在文章中指出，潜在的经济增

---

[1]　白川方明「金融政策は構造政策までは代替できない」、『ダイヤモンド週刊』2000年1月29号。

长能力是除劳动、资本等要素之外的因素对经济增长做出的贡献，主要是由全要素生产率增长率决定的。而所谓的全要素生产率实际上是整个社会对不断发生的各种变化的应对能力的表象化。这些变化包括：技术进步，产品、服务等相对价格的变化，宏观经济冲击，等等。企业要应对上述变化或超越这些变化，就必须开发新产品、调整生产和销售方式方法。不仅如此，企业对外界变化的应对，还取决于它所处的社会经济制度环境，它们构成了企业谋求变革的约束条件。因此，为了促进企业创新必须为其提供宽松的外部条件，如对包括税收制度、法律、会计制度、公共管制在内的制度体系进行改革。90 年代长期经济停滞过程中不良债权处理的滞后，就是上述两个方面应对能力低下的表现。

　　日本内阁府每年发布的年度经济财政报告即经济白皮书，是政府对各年度经济运行情况、面临的主要经济问题和经济政策的理论与实际进行的综合性总结和阐述，其内容集中反映了政府经济管理部门的经济理论倾向和政策主张。在 90 年代末期到 21 世纪初期各年度的经济白皮书中，散见地提出了日本经济存在的结构性矛盾和推进结构改革的政策主张，其中尤以《2001 年度经济财政报告》为典型。[①]

　　《2001 年度经济财政报告》区分了短期潜在增长率和长期潜在增长率，认为由于长期经济停滞的影响，2—3 年内的短期潜在增长率是很低的，其中劳动投入的减少可以用劳动时间缩短、少子化等人口变动等原因加以说明；但是资本投入和生产率（TFP）增长率的下降则要追溯到结构性因素上。企业预期增长率的下降，以及企业实施的减量经营，加上银行的不良债权因素、企业持有的过剩债务等，使得企业的设备投资增长停滞；不良债权问题的存在降低了金融体系的中介机能，使得资本、劳动力等生产要素大量停留在低生产率部门难以向高生产率部门转移，是导致 TFP 增长率下降的主要结构性原因。

　　尽管短期的潜在增长率只有 1% 左右，但是《2001 年度经济财政报告》认为，中长期的潜在增长率并不等于短期的潜在增长率，通过实施有效的结构改革，将会较大幅度地提高潜在增长率。这些改革包括三个

---

　　①　日本内閣府『平成 13 年度経済財政報告』。

方面：（1）解决不良债权问题，确保公共事业的效率性，实施恢复非制造业生产率增长率的政策；（2）推进增加女性及高龄者参与社会的改革和创造新的就业机会；（3）通过解决企业过剩债务问题实现产业再生，确保资本积累的充分增加等。考虑到结构改革带来的生产要素投入增加和生产率提高等情况，2001 财年的经济白皮书认为这些改革的有效实施，将会使中长期的潜在增长率从短期的 1% 提高到 2%。其中生产率对增长的贡献降为 0.5%，劳动投入的贡献为零或大于零，资本投入的贡献约为 1.5%。

总之，90 年代末期以后，日本官厅学派的观点转向了结构因素导致长期经济停滞的立场。从上面引述的 2001 财年经济白皮书的论述内容可以看出，其基本逻辑是认为结构性因素的累积使潜在的经济增长率下降，但是日本的潜在增长率并非一成不变的，或者说它并不总是表现在短期的低水平上。通过结构改革消除影响潜在增长率低下的因素，就能够实现中长期潜在增长率的上升，从而为提高现实经济增长率创造条件。

二　对金融结构问题的分析

上述的结构因素影响论主要是从制度原因和技术创新、产业结构升级滞后以及国际竞争的加剧等方面，来分析潜在生产率下降的原因。除此之外，还有另外一种观点，就是从贯穿于整个 90 年代的不良债权和金融不稳定的角度来分析结构因素影响，即认为银行机能的下降是导致长期经济停滞的主要原因。

90 年代初期泡沫经济崩溃后，日本发生了逐渐严重化的银行不良债权问题。由于资产价格的大幅度下跌和景气衰退，企业收益下降和担保资产贬值，使得很多企业无法正常返还银行的贷款，因此产生了不良债权即不良贷款问题。日本商业金融机构特别是银行债权的不良化问题，始于泡沫经济的崩溃，但是因为没有得到及时解决而延续十余年之久，在 90 年代末期经济衰退深化、爆发金融危机时愈加严重。不良债权问题和金融体系特别是银行系统机能下降之间存在着紧密的联系，是受到极大关注和令日本各界感到特别棘手的问题。那么，与不良债权相关联的银行机能的下降，对宏观经济产生了什么样的影响？其影响机制是怎么样的？它究竟是不是导致日本经济长期停滞的主要结构性因素之一？应该说，金融体系所具有的重要现实性及其同实体经济之间存在的密切关系，使它成为 90 年代日本经济研究的重要题目之一。

不良债权与银行机能下降之间的关系并不是表现在单向的或单一方面的，两者之间的关系可以区分为两个方面：一是以不良债权为始点即由于银行不良债权的增加，导致了银行对外贷款行为的谨慎化，即所谓的"惜贷"现象；二是在企业的经营业绩下降、银行贷款发生呆账的可能性增大的情况下，银行对原有的贷款客户继续追加贷款即"追贷"现象，但企业短期内不能改善经营从而导致不良贷款的增加。显然，银行出现的"惜贷"行为，主要表现为对需求因素的影响上面。银行紧缩信贷，使企业和家庭难以从银行筹措资金，因此导致企业投资和家庭消费的减少即总需求的下降。从这一点看，不良债权的累积和表现在"惜贷"意义上的银行机能下降，对宏观经济的影响主要表现在总需求方面，应该归属于需求因素影响上面。但是，银行的"追贷"行为则与"惜贷"的作用效果截然不同，它表现为资源配置效率的低下即供给因素影响经济增长，完全可以划为供给因素影响派。金融理论概括的银行功能主要表现在两个方面：一个是银行的信用中介机能，即在资金供给方和资金需求方之间起到中介作用，将民间零散的剩余资金集合起来供给需求企业；另一个是银行的信息生产机能，通过银行收集到的企业经营信息，将资金贷放给最好的企业投资项目。银行的上述机能从需求和供给两个方面影响宏观经济：一是通过对资金需求方的企业发放贷款，满足其投资需求从而扩大总需求；二是通过优化贷款项目实现资源的最优配置，提高经济增长能力。在特殊的条件下，如企业治理结构存在缺陷、公共监管体系不完备等情况下，银行对低效率产业的企业、项目不断地追加贷款，一方面是挤占了大量的资金资源使优良的投资项目难以从银行筹措到资金；另一方面是使低效率的产业、企业继续存在而不退出市场，占有大量的人力、资金资源。两者都会因资源配置的扭曲导致宏观经济效率的下降。

宫尾龙藏总结了日本学者对上述两个方面问题的实证研究成果，对 90 年代日本长期经济停滞期间"惜贷"和"追贷"现象的存在及其经济影响做了基本的评估，并且从供给角度分析了"追贷"现象贯穿于供给和需求两个方面，对长期经济停滞产生的影响。①

日本在 90 年代有两个时期银行贷款出现了显著下降，一是泡沫崩溃后的 1992—1993 年间；二是发生金融危机的 1997—1998 年间。一些研究成果证明，在两个时期都出现了不同程度的"惜贷"现象，更主要的是出现在后一时期，所有的实证分析结果都支持这一结论。但是关于"惜贷"现象对宏观经济的影响特别是对企业设备投资影响的分析结果表明，只是在 1997—1998 年的金融危机时期，银行贷款的减少对企业设备投资产生了显著的影响，前一时期的影响是不显著的。因此，笼统地说银行机能的下降是 90 年代长期经济停滞的原因是不能成立的。

很多实证研究成果都支持"追贷"现象的存在，如樱川昌哉的研究，以地价上涨率作为房地产业相关融资收益率的代理变量，估计了收益率与融资份额之间的关系。结果表明，1992 年之前的收益率的系数是正的，其后变为具有显著性影响的负值，即尽管收益率下降，但是贷款份额也是增加的，表明存在"追贷"现象。②

"追贷"对宏观经济的影响的实证分析，主要可以沿着下述两个方面进行：一是对绩效差的产业和企业的继续贷款会挤占有限的资金资源，妨碍优良投资项目获取资金；二是"追贷"姑息了经营效率低下的企业，可能导致整个企业部门成为低收益、低生产率结构，从供给角度对景气复苏构成压力。银行对各行业不同规模企业的贷款数量的变化及有关的实证研究成果，并没有对上述影响的存在给出一致的结论；尽管不能完全否定对绩效差的不良产业的"追贷"对其他产业不会产生影响，但是总体上这一效应并不是非常显著的。

90 年代日本存在着明显的资源不合理配置，表现在生产效率不同的产业固定资产份额的变化。被称为"萧条三产业"的建筑、批发零售和房地产三个部门的固定资产占总产业固定资产数量的比例，在整个 90 年代呈现明显的上升和居高不下趋势；相反，制造业固定资产的比例则出现了较大幅

---

① 宮尾龍蔵「銀行機能の低下と 90 年代以降のデフレ停滞」、浜田宏一、堀内昭義、内閣府経済社会総合研究所編『論争　日本の経済危機』、日本経済新聞社、2004 年出版、第 217—238 頁。

② 桜川昌哉「不良債権が日本経済に与える打撃」、岩田規久男、宮川努編『失われた 10 年の真因は何か』、東洋経済新報社、2003 年出版、第 151—171 頁。

度的下降。才田、关根等人通过实证研究认为，进入 90 年代后"追贷"在很大程度上阻碍了资金在部门之间的移动，很可能因此导致实际 GDP 增长率的下降。对此，宫尾龙藏认为，资源配置效率的低下，可能不仅限于银行"追贷"的影响，来自各产业共同面临的宏观冲击的影响也是不可忽视的。但是，从现实来看，日本金融体制存在的"护卫舰队式"行政和大银行客户集中的主银行体制等特征，表明政府金融监管存在着不健全性和银行企业治理的缺失等问题。这从制度层面上为银行"追贷"行为等低效率经营提供了条件。这些问题在 90 年代日本经济长期停滞期间被很大程度地暴露出来。

"结构因素影响派"又被称作"结构主义"。持有类似观点的人坚持认为经济长期停滞的主要原因在于供给因素即结构问题的存在，因此强烈主张：只有推进结构改革，消除结构问题对供给量及生产效率的影响，才能使日本经济实现真正的复苏。实际上，在整个 90 年代，日本政府在实施积极的宏观经济政策的同时，也积极地推进结构改革。特别是在 90 年代中后期，由于经济停滞的长期化，单纯的宏观经济政策的效果不佳，结构改革政策逐渐地成为日本政策体系的重要支柱。早在 1993 年，细川内阁的咨询机构——经济改革委员会，就提出了"废除经济规制"，以"自我责任为原则"将社会规制"限定在最小限度内"的规制改革原则。此后，放松政府规制的规制改革逐步得以全面实施。1997 年桥本内阁推出了包括行政机构、财政、社会保障、经济结构、金融系统和教育等领域在内的"六大改革"政策，并率先实施了财政结构改革。后来的小泉首相从其竞选之时起，就表示了强烈的结构改革主张，将其计划实施的深刻的经济社会变革称为"新世纪维新"，并大力推进了处理不良债权、实施邮政民营化等改革。

第三节　两大派别争论的要点及其评析

从前述的内容可以看出，围绕着 20 世纪 90 年代日本经济长期停滞原因的大讨论，尽管可以将持不同观点的学者概要地划分为"结构派"和"需求派"，但是实际上相互争论的内容是极为广泛的。而且不同派别的学者不是仅仅单纯地论证和阐述自己的主张，而是竭尽全力地批驳对立的观点，进而为自身观点的确立寻找依据。各个学派相互间展开的论争中相互的批驳和主张阐述，尽管涉及极为广泛和深入的内容，但是从中还是可以总结出论战的重大问题及其要点，寻找出它们之间存在的主要差异，在此基础上进行分析评价和给出合理的意见。

一 两大派别争论的理论框架分析

两大派别依据不同的经济理论阐述了各自的观点，分别认为"结构因素"即"供给因素"和"需求因素"是长期经济停滞的主导原因，并提出了各自相应的政策主张。供给与需求是构成经济均衡的两个方面，它们相互作用决定了宏观经济的均衡产量和均衡价格水平。总供给—总需求模型是分析经济均衡水平的基本框架，因此，可以在该分析框架中来讨论"结构派"和"需求派"各自主张的基本内涵。

总供给和总需求模型是以凯恩斯主义的基本理论假设——价格黏性和 IS－LM 模型为基础建立起来的。如图 1－1 所示，总需求曲线是向右下倾斜的，它是 IS、LM 公式中消掉利率而得出的物价与总收入之间关系函数的曲线。由于物价提高使得实际货币余额减少，所以 LM 曲线左移使总收入减少，因此物价与总收入之间是负向相关的。

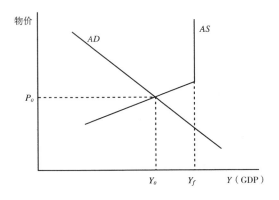

图 1－1　总供给—总需求模型

总供给函数同样是物价与总收入之间关系的函数，但是它是由劳动雇佣决定的产出水平及生产函数决定的。实际工资率等于劳动的边际产出，是企业利润最大化的条件，即在此之前企业会不断地增加劳动雇佣从而提高产出。由于物价上升会导致实际工资率下降，所以雇佣量将增加，总收入提高。因此，物价与总收入之间是正相关的。但是，雇佣量的提高是存在界限的，当其达到最大的劳动供给量时，总产量即总收入就达到了最高水平。所以总供给函数的曲线是折线。在劳动雇佣达到充分就业水平之前为向右上方倾斜，之后则成为横轴的垂线，即达到了最大的固定产出水平 Y_f。

"结构派"认为"结构因素"即"供给因素"是长期经济停滞的主导影响因素，也就是认为潜在 GDP 或潜在经济增长率的下降，导致了现实经济增长率的低下。所谓的潜在 GDP 就是资本、劳动这两大生产要素被充分利用时实现的总产出，也被称为充分就业即与"自然失业率"相对应的总产出，图 1-1 中的最大产出量 Y_f 就是潜在 GDP。当失业率降低到"自然失业率"水平即实现充分就业时，总收入水平达到了其上限。这时，总需求的扩张只能导致物价水平的上涨，而收入水平是不变的。所以潜在 GDP 就是 AS 曲线垂直部分对应的总收入。"结构派"主张的潜在 GDP 及潜在经济增长率的下降造成了经济停滞，实际上就是 AS 曲线左移所导致的总收入水平的减少，如图 1-2 所示。由于结构问题的存在使得供给受到约束，因此总供给曲线 AS 左移到 AS′的位置，这时现实的均衡 GDP 减少，物价上涨，同时通货紧缩缺口（现实产出水平对潜在产出水平的乖离）缩小。限制市场竞争从而难以实现最佳资源配置的因素即所谓的"结构因素"，包括政府规制、垄断、公有企业等。"结构派"基于结构因素是导致长期经济停滞的主导原因这一观点，主张通过"结构改革"，消除影响市场体制效率的各种因素，提高经济增长率。

与"结构派"的观点相反，"需求派"认为 90 年代日本经济的长期停滞的主要原因在于总需求不足及通货紧缩缺口的扩大。如图 1-3 所示，总需求不足在图中表示为总需求曲线左移（AD→AD′），导致现实 GDP 的下降和物价水平的下降，同时通货紧缩缺口（潜在 GDP 与实际 GDP 之差）扩大。

两大派别关于长期经济停滞成因认识的差异，主要是产生于两者依据不同的经济理论，实际上是两大经济学流派的不同在具体问题上的具体表现。显然，"结构派"是站在新古典经济学的立场上，认为有效的市场机制是可以实现充分就业均衡的。而结构因素的存在对市场调节机制的阻碍及生产率

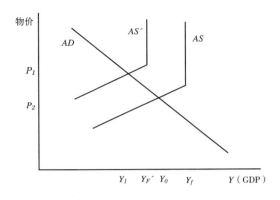

图 1 - 2　总供给受到限制

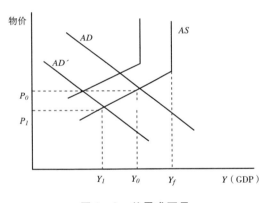

图 1 - 3　总需求不足

的下降，导致了潜在 GDP 水平及潜在经济增长率的下降。相反，"需求派"则是依据凯恩斯理论的基本假设，认为总需求这一周期性因素的存在，是超低经济增长率的主要原因。因此，两派又分别互称对方为"凯恩斯派"和"新古典学派"。

二　基于不同理论流派基本问题的争论

双方的争论是从凯恩斯经济学派和新古典经济学派的基本点开始的。比如，"结构派"认为，凯恩斯主义的总需求分析是短期的，是影响经济周期波动的因素分析。但是 90 年代日本经济长达十余年的长期停滞，已经超过了总需求分析的"短期"经济现象的范畴，总需求不足已经不可能是长期停滞的主导原因，必须在影响潜在供给能力的结构问题上寻找原因。对此，"需求派"则指出，经济学上的"长期"与"短期"，其意义并非"历史与现实的时间"，也就是说它并不能用现实的时间长短如一两年或十年与之相对应，而是经济学意义上的"概念性时间"。90年代初开始的十多年时间内，日本经济一直延续着没有资本积累、工资固定的短期均衡状态。

另一个围绕着经济学基本假设展开的争论是工资黏性问题。大家知道，价格及工资是否存在着充分弹性是古典经济学派与凯恩斯经济学派重要的不同假设之一。前者认为市场经济条件下价格具有充分弹性，通过价格及工资的调节能够实现充分就业，达到潜在GDP的产出水平；后者则认为工资是黏性的，因此它不能有效调节劳动的供给和需求，在工资水平较高的情况下存在劳动供给与需求的缺口即失业现象，因此，现实产出与潜在产出之间是不一致的，存在着GDP缺口。以凯恩斯理论为基础的"需求派"，认为90年代日本经济由于总需求不足而长期存在GDP缺口，特别是90年代末期失业率上升、GDP缺口增大，经济停滞出现了长期化趋势。而GDP缺口的形成和扩大，很大程度上是由于实际工资黏性对现实GDP的抑制造成的。

通常而言，由于日本企业存在奖金等分配制度，奖金的多少会根据经济景气状况特别是企业收益而进行调整，因此，名义工资具有较高的伸缩性，以此提高了实际工资的伸缩性。所以，日本的工资制度能够较好地调节劳动力的供求关系。但是在90年代，这一机制没有发挥作用。实际工资长期处于居高不下的黏性状态。这一方面是由于劳动时间缩短导致的名义工资的增长，另一方面是在通货紧缩状态导致了实际工资居高不下。"需求派"主张者认为，工资的向下黏性是导致90年代超低增长的重要因素。原田泰等人用VAR模型及AD－AS模型对工资与货币供应量、工资黏性与GDP缺口之间的关系进行了实证分析。[①] 结果表明，在90年代以前，货币供给量与名义工资之间存在负相关关系，而实际货币供给量对实际GDP产生影响，实

---

① 原田泰、江川暁夫「賃金の硬直性と金融政策の衝突」、原田泰、岩田規久男編『デフレ不況の実証分析　日本経済の停滞と再生』、東京経済新報社、2000年出版、第165—182頁。

际工资也是随实际 GDP 增长而上升的。但是在 90 年代却表现为实际工资提高的同时，实际 GDP 却处于停滞状态。这可以解释为名义工资的黏性导致了实际工资居高不下，在通货紧缩期间内降低了实际 GDP 水平。他们将其解释为工资黏性与不充分扩张的货币政策之间发生了冲突；主张要实施更加积极的货币政策，消除通货紧缩，恢复实际工作下调的可能性，从而提高经济增长率。

90 年代日本存在的实际工资居高不下现象，似乎是一个不争的事实。但是，与"需求派"基于凯恩斯理论的分析不同，"供给派"则试图从新古典理论的角度来解释这一现象的产生及影响。宫川努从理论和实证两个方面对此问题进行了研究。[①] 在理论上，生产要素价格边界曲线是对原点凸出的曲线。当经济整体的生产率下降时，资本及劳动的边际生产率下降，因此利润率和工资也下降，即要素价格边界曲线向内侧移动。但是这时由于某些制度上的原因，使得实际工资不能同时下调，利润率下降的幅度就会大于通常的水平。工资居高不下会减少雇佣，同时利润率的下降会增加资本的过剩感，降低资本积累率，从而使经济增长率下降。该研究对日本要素价格边界曲线的波动进行了测算，表明存在上述现象。而且进一步的实证分析表明，利润率是资本积累的主要决定因素，而不是"需求派"认为的货币供给量，利润率又是由固有的外部冲击诸如技术革新等外生因素所决定的。

三　潜在 GDP 的估算方法及其争论

如前所述，是潜在 GDP 及其增长率的下降导致了现实 GDP 增长率的下降，还是总需求不足导致的供求缺口扩大引起经济增长率的下降，是"结构派"和"需求派"关于长期经济停滞成因争论的核心，而这一问题必然要涉及潜在 GDP 的估算问题。很明显，只有正确地估算出潜在 GDP 水平及其变动状况，才能得出正确的结论。要搞清楚潜在 GDP 及 GDP 缺口的测算是否正确，首先要从基本原理出发。下面简要介绍一下两种基本的潜在 GDP 的估算方法。

---

① 宫川努『長期停滞の経済学——グローバル化と産業構造の変容』、東京大学出版会、2005 年版、第 19—31 頁。

　　其一，根据新古典经济学的生产函数模型来计算潜在 GDP（GDP 缺口）及其增长率。所谓的潜在 GDP 是指资本、劳动力等生产要素被充分利用情况下的产出水平。根据新古典经济学理论，总产出是资本、劳动两大要素投入的贡献和除此之外的其他要素贡献构成的，后者被称为全要素生产率（TFP）。利用生产函数估算潜在 GDP 和 GDP 缺口的基本步骤是：

　　首先，设定生产函数的形式，如柯布—道格拉斯生产函数：$F = AK^{\alpha}L^{(1-\alpha)}$，$K$、$L$ 分别表示资本、劳动投入，A 为全要素生产率。

　　其次，根据现实 GDP 水平和资本、劳动投入量估算生产函数。由于全要素生产率是资本、劳动两大生产要素投入对产出贡献之外的部分，所以利用生产函数从现实 GDP 减去资本、劳动贡献所得出的"余值"，即为 TFP。

　　最后，利用上面的计算结果，估算出潜在 GDP 和 GDP 缺口。按照潜在 GDP 的定义，要确定潜在的资本和劳动的投入量，即生产要素可能的充分利用水平。劳动投入的潜在水平的测算通常是由潜在就业人数乘以潜在劳动时间（两者都采用相对长期的平均值）。潜在资本要素的投入等于资本存量乘以潜在的最大设备开工率，测算的关键是潜在最大开工率的计算。假定 TFP 不变，将潜在劳动和资本投入量代入前面估算的生产函数中，就可以得出潜在 GDP，而 GDP 缺口则是现实 GDP 对潜在 GDP 的乖离：GDP 缺口 = $(Y - Y^{*})/Y^{*}$，Y、Y^{*} 分别表示现实 GDP 和潜在 GDP。

　　其二，根据奥肯定律测算潜在 GDP。一国的物价水平的波动是同总需求联系在一起的。当总需求过大时，会产生通货膨胀压力。因此，奥肯把最大潜在产出量同通货膨胀联系起来，将一国经济非加速通货膨胀的最大可能产出量定义为潜在产出量；同时它又是与充分就业情况下的失业率相对应的，后者又被称为非加速通货膨胀失业率。奥肯定律表述的就是 GDP 缺口与失业率对非加速通货膨胀失业率的乖离之间存在的数量关系：当 GDP 缺口为正即现实 GDP 大于潜在 GDP 时，经济过热，失业率下降，会产生通货膨胀压力，雇佣逼近充分就业水平；反过来，当 GDP 缺口为负时，需求不足，失业率上升，现实 GDP 及其增长率下降。GDP 缺口与失业率变动率之间的关系可以表示为：$(Y - Y^{*})/Y^{*} = a(U - U^{*})$，$U$、$U^{*}$ 分别表示现实失业率和非加速通货膨胀失业率。

　　上述的奥肯定律又可以表示为增长率模式：

$$ln(\,GDP/GDP^{*}\,) = \alpha + \beta\,(\,U - U^{*}\,) \qquad\qquad (公式\,1-1)$$

上式两端取一阶差分：

$$\Delta GDP/GDP = -\beta\Delta U + \Delta GDP/GDP \qquad\qquad (公式\,1-2)$$

由上式可以看出，现实 GDP 增长率与失业率差分之间存在负线性关系，其截距为潜在 GDP 增长率，即失业率不发生趋势性变化时的现实经济增长率等于潜在经济增长率。显然，奥肯定律不是着眼于潜在 GDP 的绝对量，而是将其变化量即 GDP 缺口及潜在经济增长率同劳动雇佣量之间联系起来，将劳动投入作为最基础的生产要素，来测算可能的产出水平。

如前所述，林文夫、野口悠纪雄等人否定需求不足主导论，认为经济长期停滞的主要原因在于供给因素，并用经济增长理论的实证分析方法测算了增长率低下的原因，认为现实经济增长率的下降是由全要素生产率、潜在 GDP 等下降造成的。

对此，"需求派"给予了反驳。"需求派"认为宏观生产函数方法测算潜在 GDP 水平及其增长率存在着缺陷，因为其中包括了资本存量这一非本源性的生产要素。之所以这样说是因为资本存量是随着设备投资的变化而变化，而后者是随景气状态而波动的。潜在产出水平应该用本源性生产要素即可充分利用的劳动力来测算。所以利用奥肯定律测算潜在 GDP 更为合理。正是因为此，他们认为很多运用生产函数计算的 GDP 缺口过小，存在低估现象。野口旭运用后一种方法计算的潜在经济增长率接近 4%，自 20 世纪80 年代以来日本的潜在经济增长率一直保持这一水平，并没有出现大的变化；自然失业率也同样没有出现通常所说的上升现象，也就是说，潜在增长率只是出现了微小的下降，因此它不可能是长期经济停滞的主导因素。

四　对不良债权性质的不同认识

90 年代初日本泡沫经济崩溃之后，不良债权成为日本经济的一个重要词语。在泡沫经济期间银行的贷款在泡沫崩溃后难以收回本息，产生了大量的呆账。尤为严重的是，泡沫崩溃产生的不良债权问题并没有在短期内得到解决，而是由于经济停滞的长期化和政府相应政策决定的拖延，演变成为一个长期的问题。正是由于不良债权问题是泡沫崩溃及长期经济停滞这一特殊时期存在的特殊经济现象，以及它对消费、投资等总需求具有影响，并且它同银行机能的健全性及整个经济资源配置效率之间存在密切关系，因此对于不良债权性质及其影响的认识，也成为两大派别关于长期经济停滞成因争论的另一个重要问题。

应该说不良债权问题不是日本固有的。在 20 世纪 70 年代以后，不同国家随着经济、金融自由化的迅速发展，金融、经济波动加剧，很多国家都曾出现过程度不同甚至是非常严重的不良债权问题。如在 80 年代的美国、瑞典、韩国等，都曾发生过严重的不良债权问题，使这些国家暂时陷入危机状态。但是这些国家政府对不良债权采取了迅速果断的处理对策，使经济迅速得到了恢复。在美国实施金融自由化过程中对利率限制的撤销，使得专门从事住宅金融贷款的中小金融机构产生了大量的不良债权，其金额达到了 4600 亿美元（约 55 万亿日元，按照 GDP 规模之比相当于日本发生了 30 万亿日元的不良债权）。对于不良债权问题的处理，在最初也曾出现过争论，但是 1989 年美国建立的清理回收机构（RTC），仅用了相当于不良债权总额 2% 的公共资金，就成功地解决了不良债权问题，为 90 年代美国经济的长期增长创造了条件。

与上述国家不同的是，日本对不良债权的处理一再拖延，以致演变为长期的问题。从一开始日本大藏省意识到需要解决不良债权问题就比较晚。在 1992 年股价跌破 15000 日元时，政府才开始公布不良债权数额。该年 3 月公布的数据是，主要 12 家银行的"破产方债权""返还延滞债权"总额约为 8 万亿日元，到该年 12 月公布的数额就增加到了 12 万亿日元。随着关于不良债权定义范围的扩大和金融机构统计对象的扩展，到 1995 年两家信用组合破产之后，不良债权总额已经一跃达到了 40 万亿日元。[①]实际上，尽管意识到了不良债权的严重性和解决的必要性，但是在 90 年代前半期该问题不但没有得到解决，而且表现出了不断恶化的趋势。1998 年日本发生了严重的金融危机，累积的不良债权对金融机构的影响是危机发生的重要原因之一。

---

① 此前公布的不良债权仅为 12 家主要银行的数额，但是这时统计范围扩大到包括农业协同组合在内的所有开展存款业务的金融机构，定义范围也从原来的仅限于破产方债权、返回延滞债权扩展为包括住宅专业公司的"减免利息债权"。

对于严重的不良债权现象的存在，可以说是没有什么争议的，围绕这一问题争论的焦点是对其性质及其影响的不同认识。

在现代经济中，金融体制在实现资源有效配置方面发挥着重要的作用：一国金融体制的健全与否关系着该国资源能否有效配置及生产率水平的高低。"结构派"将不良债权问题作为结构问题，认为对其处理的迟滞是导致经济长期停滞的主要原因，正是从这一角度考虑的。

从 90 年代初期不良债权问题的产生到其长期化进而在 20 世纪末日本发生了金融危机，不良债权的影响表现为从"追贷"到"惜贷"的转变。前面已经论及，在 90 年代前半期，不良债权的影响重点在于"追贷"方面。在泡沫经济时期对房地产、建筑等行业的贷款，产生了大量的呆账。但是银行对明显陷于困境的产业及企业仍然继续追加贷款，这种对低效率行业的"追贷"，会导致资源配置的不合理和降低宏观经济的生产效率。1998 年金融危机发生之后出现的"惜贷"现象，更是加重了金融体系特别是银行中介机能的下降。金融体系的中介机能的"麻痹"会严重影响实体经济的资源配置。①

除上述观点之外，还有一种观点认为不良债权对总供给产生的影响，是过度债务引发的企业间交易网络的破坏。小林庆一郎、加藤创太提出的"债务组织分断假说"认为，企业债务负担过重，会引起企业间的相互猜忌，从而造成企业间经济交易网络的分断乃至崩溃。90 年代前半期以来，日本经济潜在增长率从 4% 下降到稍高于 1%，其原因在于不良债权处理之后导致的组织分断。②

1998 年日本发生金融危机之后，银行"惜贷"行为明显地造成了信贷紧缩，也就是说不良债权对金融机构经营产生了影响，进而造成了整个金融体系机能的下降。不良债权对作为重要社会基础设施的金融体系机能的影响，无疑对日本经济摆脱长期经济停滞是非常不利的。在这种情况下，无论是不良债权处理滞后导致了经济停滞的长期化还是相反，优先处理不良债权

① 认为不良债权处理的迟滞导致了银行中介机能的下降，进而导致了资源配置的低效率和长期经济停滞，这一观点又被称为"银行机能低下元凶论"。

② 小林庆一郎、加藤创太『日本経済の罠：なぜ日本は長期低迷を抜け出せないのか』、日本経済新聞社、2001 年出版、第 234 頁。

问题已经成为实现经济复苏的必要条件。[①]

对于"结构派"的上述观点,"需求派"进行了批驳。他们承认不良债权扩大对减少民间企业设备投资的影响。由于不良债权增加会恶化银行的资产负债表,所以会使企业投资和银行贷款同时减少。其结果会扩大宏观经济供求缺口即通货紧缩缺口,从而导致经济增长率的下降和增长失业。"需求派"认为这些影响的存在,并不意味着可以将不良债权问题作为结构问题,并将解决不良债权作为结构改革的一环的观点是正确的。不良债权有可能导致总需求的减少,是与总需求相关的问题,而结构问题是导致总供给水平下降的问题。野口旭等人从整体上否定了所谓的"加强版的潜在增长率下降论"。由此出发,他认为,将不良债权作为结构问题,并以为其导致日本经济长期停滞的观点也是不成立的。

小　结

本章对有关日本经济长期停滞原因的主要观点及其争论做了概要的综述和评析。如上所述,日本学术界及政府机构是从总需求和总供给两个方面来讨论经济长期停滞的原因的,并且持有不同观点的研究者相互展开了激烈的争论,通过批驳对方的分析来对自己的主张展开论证。"结构派"人士认为,日本经济存在的结构问题,导致了潜在经济增长率的下降,是导致长期经济停滞的主要原因。而"需求派"则是站在凯恩斯主义或货币学派的立场上,认为需求不足是经济长期低迷的主要原因,主张用积极的宏观经济政策扩大总需求,摆脱长期停滞局面,使日本经济进入健康发展的轨道。从上面对两大派别的论证和争论,可以看出双方各自都存在着合理性,而且很难

---

① 吉川洋应该说是有别于"结构派"和"需求派"之外的学者,对于他的主张后面还会论及。但是在面对金融危机时期日本金融的状况,他的观点非常明确:"金融问题和实体经济问题的关系可以说是硬币的正反面,但是其因果关系并不是双向的。事实上持有不良债权的银行行为的扭曲,已经阻碍了日本经济的步伐。如果不解决不良债权问题,那么就不能实现持续的经济增长这一命题成立的话,那么其对偶命题也是正确的,就是说为了使日本经济进入持续增长的轨道,必要条件是解决不良债权问题(即便它不是充分条件)。"吉川洋『構造改革と日本経済』、岩波書店 2003 年出版、第 55—56 頁。这一时期,日本政府和日本银行也都持有相似的观点,并体现在优先处理不良债权的政策上面(参见内閣府『2001 年度経済財政報告』)。

从经济学的学术分析上完全否定对方的分析及主张。由此还可以看出，极端
否定对方观点而坚持自己观点的认识，显然是不全面的。因此，可以说 20
世纪 90 年代日本经济出现的长期停滞，是在包括结构因素和需求因素在内
的综合因素的影响下出现的。只不过不同因素的作用和表现是存在差异的。
毋庸赘言，90 年代以来不论是日本经济自身，还是日本面临的外部国际经
济环境，都发生了重大的结构性变化。这种结构变化以及由此引发的经济结
构问题，对日本经济产生了重要的影响。这是不可否定的。但是，这些结构
问题的出现和影响，是长期的而非短期的，是对长期经济增长趋势变化的影
响，并不能将其看作造成经济低迷的直接原因。相反，这期间影响日本经济
的特殊的经济现象，大多表现为需求因素或由需求不足决定的，如通货紧
缩、总需求不足、GDP 缺口的扩大等。应该说，需求因素是影响经济运行
和增长的主要因素。但是结构因素和需求因素两者之间并非不相关，而是相
互间存在着密切联系的。结构因素起到基础性作用；而需求因素则是在既定
的结构基础之上，决定经济运行的实际状况。对 20 世纪 90 年代日本经济的
分析，是不能脱离发生重大变化的结构性基础的。只有在把握重要的结构变
化的基础上，才能有效地分析影响经济运行的需求性或周期性问题。本书研
究是侧重于后一层面的。

第 二 章
日本泡沫经济分析

在 20 世纪 80 年代后期，日本出现了历史罕见的泡沫经济现象。以这次泡沫经济破灭为契机，日本经济结束了始于 1986 年的长期经济扩张，出现了急剧的经济衰退，并且陷入了长期经济停滞状态。因此，研究平成时期的日本经济，必须从泡沫经济的形成及其破灭开始。日本作为当代发达经济国家，出现了严重且影响深远的泡沫经济，一方面是受到了世界经济的发展潮流、当代发达国家的经济结构特征的影响；另一方面也是由日本自身经济发展阶段的转型、经济体制的特殊性决定的。可以说，在被称为"失去的十年"的 20 世纪 90 年代，日本经济的发展都同泡沫经济崩溃产生的后遗症联系在一起。本章主要研究三个问题：一是对泡沫经济的相关理论问题加以梳理，为后面的分析提供理论准备和铺垫；二是分析从 80 年代中后期开始形成的日本泡沫经济产生的社会经济背景、主要原因及发展过程；三是分析泡沫经济崩溃的相关问题。

第一节　泡沫经济的相关理论

在最近 30 多年来，世界不同类型的国家都出现过泡沫经济现象，即以资产价格的大幅度上涨和急速下降为发端，引发宏观经济动荡和严重的金融、经济危机。可以说，泡沫经济已经成为当代经济发展的重要现象之一，而且成为影响宏观经济稳定的重要因素。因此，无论是从理论方面还是从实证方面，对泡沫经济问题进行深入的研究都是非常必要的。应该说，20 世纪 50 年代以来，国际经济学界已经就资产价格及泡沫问题做了许多理论研究，对于资产定价和资产市场的均衡问题形成了较为系统的研究成果。但是，由于早期资产泡沫问题并没有显现出其严重性和对宏观经济影响的深刻性，因此这些理论至今尚未被纳入宏观经济学的核心理论体系。关于泡沫及泡沫经济的含义、客观存在性及其对宏观经济的影响等诸多问题，无论是在学术界还是在社会生活中，都还存在模糊甚至是错误的认识。下面，既是为了后续的分析做准备，也是为了厘清有关泡沫经济的一些理论问题，笔者对以往的理论研究成果做一简要的梳理和分析。

一　泡沫及泡沫经济释义

人们通常使用"泡沫"一词来形容资产或类似资产的特殊商品出现的虚高价格及其回落。由于资产定价和资产价格变动的复杂性，往往难以用一个准确的概念来定义泡沫经济。所以关于泡沫及泡沫经济的定义，通常是对这一现象的概要描述。如日本学者三木谷良一指出：所谓泡沫经济就是资产价格（具体指股票和不动产价格）严重偏离实体经济（生产、流通、雇佣、增长率等）暴涨，然后暴跌这一过程。[①] 日本政府的官方报告如经济白皮书中，也是使用诸如资产价格偏离经济基础条件上升来定义泡沫经济的。被人们经常引用的是著名经济学家金德尔伯格在《新帕尔格雷夫经济学大词典》中给出的定义："泡沫状态这个名词，随便一点儿说，就是一种或一系列资产在一个连续过程中陡然涨价，开始的价格上升会使人们产生还要涨价的预期，于是又吸引了新的买主——这些人一般只是想通过买卖牟取利润，而对这些资产本身的使用和产生盈利的能力是不感兴趣的。随着涨价通常是预期的逆转，接着就是价格暴跌，最后以金融危机告终。通常'繁荣'的时间要比泡沫状态长些，价格、生产和利润的上升也比较温和一些。以后也许接着就是以暴跌（或恐慌）形式出现的危机，或者以繁荣的逐渐消退告终而不发生危机。"[②]

尽管以上定义不甚严格，但是它们基本上准确地描述了经济生活中的泡沫现象及其发生机制，从中我们至少可以了解到以下几个方面的要点：首

---

① 〔日〕三木谷良一：《日本泡沫经济的产生、崩溃与金融改革》，《金融研究》1998 年第 6 期。

② 参见《新帕尔格雷夫经济学大词典》，第 306 页，转引自徐滇庆等《泡沫经济与金融危机》，中国人民大学出版社 2008 年版，第 2 页。

先，泡沫及泡沫经济的分析对象是资产价格的变动或者其异常变动，而不是普通商品；其次，这种异常的价格变动是以超越由宏观经济基本变量决定的资产基础价格（或称理论价格）来衡量的；最后，资产价格的超常上涨是由人们的预期和投机行为决定的，而预期的改变又决定了价格的回落。

从易于形成泡沫的对象资产而言，其是有别于正常使用的商品的，即它已经蜕变为投机的对象。就是说人们购买它只是为了通过卖出而获利，而不是通过经营获利或者消费获得效用。从这一角度，可以将买卖的对象划分为投机性商品和最终使用性商品。两者的价格变动特征是不同的。虽然存在这种区分，但是它不是绝对的，同一种商品在不同条件下会表现出不同的特性。以住房为例，住房是一种具有使用价值的商品，人们购买可以用于居住，这时它就是最终使用商品；然而当房产成为炒作对象，人们购买不是为了实际使用，而是为了卖出赢利时，它就蜕变为投机对象，其价格变动不再受到需求和供给的影响，更多的是受到人们对其价格预期的推动。

作为能够获取收益的资产，尽管存在着非常复杂的定价机制，但是简单地讲，它也存在着内在的价值，经济学上称之为由宏观经济基本变量决定的资产基础价格。首先，在不卖出某项资产而一直持有的情况下，资产价值的源泉在于从该资产获得的未来收益（如股票的红利、土地或房屋的租金等）的合计。这些收益的高低决定资产现在的价格。资产未来的收益与现值是不同的，是高于现值的，所以必须用某一比例进行折现。通常使用的贴现率是银行存款等安全资产的名义利息率，其贴现值被称为由宏观经济基本变量决定的资产基础价格（也称为资产的理论价格）。在存在购买或租赁资产的选择条件下，市场套利行为会导致两者价格的同一化。其次，在存在转卖资产的情况下，资产的定价是不会受到影响的，市场价格仍然等于由宏观经济变量决定的基础价格。因为如果市场价格高于基础价格，那么就意味着其支付高于未来收益，存在亏损；相反，如果市场价格低于基础价格，那么卖出者损失，不会有人出卖。所以，由宏观经济基本变量决定的资产内在价值即资产的基础价格，构成了衡量资产价格合理与否的标准。

实际上，资产的市场价格是围绕着基础价格波动的。对基础价格的背离表现为一种常态现象。因此，正常的价格波动并不构成泡沫，只有非正常的价格背离才构成泡沫。后面将证明，这种非正常的背离是由预期决定的。如前所述，在通常的情况下人们是不会以高于基础价格进行交易的。但也存在特例，那就是如果投资者以高于基础价格的价格买入资产，他预期能够以更高的价格卖出，这时是可以发生这种交易的。由于通过资产的转卖能够获得收益，所以这时的基础价格不再成为约束条件。对价格将会进一步升高的预期，导致了资产价格对基础价格的偏离，这一偏离被称为"经济学上的泡沫"或"狭义的泡沫"。[①] 其存在可以用理性预期模型给予证明。

在对泡沫经济的含义做更广泛和深入讨论时，还需要对泡沫和泡沫经济、泡沫经济与经济周期的区别进行分析。

经济学理论中对资产定价机制的研究，将资产泡沫定义为对资产基础价格的偏离。在现实中，泡沫现象的产生是较为普遍的，但是并不是某种物品或者单一资产出现的泡沫都构成了泡沫经济。无论是在过去还是在现在，某种特殊的商品都可能成为炒作的对象，因此出现泡沫现象。比如过去的荷兰郁金香泡沫、20多年前中国长春的君子兰泡沫，这些被用于交易的商品，与股票、不动产等资产具有很大的区别：一方面是因为它们并非是能够因为运营而带来收益的资产，它们的内在价值就是其生产成本；另一方面，它们在国家经济中不占有较重要的地位，在它们上面出现的泡沫，并不能对国家经济产生很严重的影响，其影响仅限于财富的分配，可能引起一些社会波动。自从欧洲国家形成股票市场之后，股市泡沫成为一种较为普遍的现象。股市作为资本市场其本身就是一种融资机制，同时它又同整个金融体系密切地联系在一起。当股市出现严重的泡沫时，会对国民经济乃至社会秩序产生深刻的影响。往往是股市泡沫的崩溃伴随着金融危机，然后引起实体经济的急剧衰退。因此，泡沫经济与单一资产出现的价格泡沫现象是不同的，它是指在国民经济中占有重要地位的资产市场通常是股票市场和房地产市场，出现异常的价格波动，并因此对宏观经济产生深刻的影响。近几十年来，之所以在各类国家中泡沫经济频发，是由现代经济结构中出现的重大变化决定的。其中重要的是，金融体系的庞大化及其存在的不稳定性、金融监管的复杂化及政策理念的变化等。

---

① 柳川範之「バブルとは何か　理論的整理」、村松岐夫、奥野正寛編『平成バブルの研究（上）』東洋経済新報社、2002 年出版、第 199 頁。

　　有学者将实体经济中的投资过热即经济周期扩张阶段的过度高涨称为经济泡沫，以示泡沫经济即资产价格的异常波动与经济周期波动之间的区别。[①] 对此加以讨论，其目的不仅在于区分两类易于混淆的经济现象，尤为重要的是，使泡沫经济的含义更为清楚。在市场经济条件下，宏观经济的周期性波动是经济运行的必然规律，它既是微观经济主体在信息不完全条件下采取不当行为的结果，同时也是市场事后调节机制必然产生的。但是表现为经济过热和投资谨慎、需求不足相互更迭的经济周期现象，主要是以对投资品或消费品的需求波动为基础的。即使是为追求盈利进行的过度投资，也主要是因为信息不完全引发对未来的不正确预期，不仅幅度是有限的，而且可以通过完善市场调节机制、改进信息的不完全性、采用宏观经济政策调控降低经济波动的幅度。与此不同的是，泡沫经济表现为资产价格的大起大落，虽然也同信息不完全问题有关，但它不是经济运行中的必然规律，更多地受到偶然因素的影响，是投机行为造成的。但是在现代经济中，泡沫经济越来越成为影响经济周期波动的重要因素。泡沫经济往往与经济的景气波动联系在一起，这时，泡沫经济的崩溃与景气衰退之间的关系成为重要的研究课题。在资本主义发展早期，两者之间的关系是比较清楚的，关联通道也较为简单。尽管泡沫经济的出现也会对经济产生很严重的影响，但是这种影响多表现为对经济秩序的扰乱和局部的影响。在现代金融经济高度发达、财富存量已经在经济生活中占据重要地位的时代，泡沫经济与实体经济之间的关系日益复杂化。因此，研究资产的价格规律及其同宏观经济周期波动之间的关系（如两者之间是否存在因果关系、存在什么样的影响机制），已经成为现代经济研究的主要课题。

二　泡沫的客观存在性

　　关于资产价格泡沫的理论研究，主要集中于合理性泡沫上面，即基于人们的理性预期形成的均衡价格体系中存在的价格波动现象。理性预期是假定

---

　　① 徐滇庆等人对两者的区别做了比较详细的分析。参见徐滇庆等《泡沫经济与金融危机》，中国人民大学出版社 2008 年版，第 3—9 页。还有一种观点，将泡沫经济定义为资产价格的异常高涨及下跌和经济景气过热同时出现的现象。参见田中隆之『現代日本経済 – バブルとポストバブルの軌跡』、日本評論社、2002 年出版、第 92 頁。

人们能够充分利用已有的信息，预测到市场的均衡价格。用数学语言来表示，就是市场主体的主观预期等于市场价格的条件数学期望，可以用公式 2 - 1 来表示：

$$P^e_{t+1} = E[P_{t+1}/I_t]$$ （公式 2 - 1）

其中，P^e_{t+1} 表示主观预期，I_t 代表 t 期的信息集，$E[P_{t+1}/I_t]$ 表示以 I_t 为条件的 $t+1$ 期市场价格的数学期望。可以证明，在给出预期的具体形式的情况下，对市场的预期价格是等于均衡价格的。

在资产市场的定价理论中，存在着多种资产市场的定价模型，其中人们较为熟知的是套利均衡资产市场定价模型。该模型是建立在资产市场与无风险债券市场之间的套利均衡基础之上的。经济主体的资产投资收益包括两部分：一是资产收益流的贴现值；二是市场价格变化导致的资本利得或资本损失，可以表示为：

$$r_t = \frac{p_{t+1} - p_t}{p_t} + \frac{d_t}{p_t}$$ （公式 2 - 2）

其中，r_t 代表 t 期投资的收益率，p_{t+1} 和 p_t 分别代表 $t+1$ 期和 t 期的市场价格，d_t 代表 t 期市场的基础现金流。假设人们具有理性预期并且风险资产的理性预期收益率是一个不随时间变化的常数（它等于同期的债券利率），于是从公式 2 - 2 可以推导出套利均衡价格：

$$p_t = \frac{1}{1+r} \cdot E[p_{1+t}/I_t] + \frac{d_t}{1+r}$$ （公式 2 - 3）

设 $\alpha = 1/(1+r)$，则公式 2 - 3 可变换为：

$$p_t = \alpha \cdot E[p_{1+t}/I_t] + \alpha \cdot d_t$$ （公式 2 - 4）

表示为一般理性预期方程即为：

$$y_t = aE(y_{t+1}/I_t) + aX_t$$ （公式 2 - 5）

通过求解上一方程，可以得出资产的理性泡沫解。对公式 2 - 5 进行重复迭代，可以得到：

$$y_t = \sum_{i=1}^{T+1} a^i E(X_{t+i}/I_t) + a^{T+1} E(y_{t+T+1}/I_t)$$ （公式 2 - 6）

当资产收益率增长低于利率时，无风险资产增值快于资产价格的上升，从而在 T 趋于无穷大时：

$$\lim_{T \to \infty} a^{T+1} E(y_{t+T+1}/I_t) = 0$$

由此得出公式 2 - 5 不存在泡沫的基础解系，表明资产投资收益是预期收益的贴现值之和：

$$y_t = \sum_{i=1}^{T+1} a^i E(X_{t+i}/I_t) \qquad （公式 2 - 7）$$

当公式 2 - 7 不成立即 $\lim_{T \to \infty} a^{T+1} E(y_{t+T+1}/I_t) \neq 0$ 时，公式 2 - 5 还有其他解系，其通式可以表示为 $y_t = y_{t^.} + b$。这时存在泡沫 b_t，它作为随时间变化的趋势项，在理性预期支配下呈现持续上升或持续下降的趋势。

第二节　日本泡沫经济的形成

众所周知，在 20 世纪 80 年代中后期，日本经济出现了历史罕见的大型泡沫经济，其影响也是极为深远的。在理论上，可以用资产价格受到随机因素的影响来证明泡沫的存在；但是在现实中，存在着极为复杂的影响因素，多种宏观经济因素相互作用、相互影响，导致了复杂的泡沫经济的形成机制，特别是泡沫经济的测定还是一个有待解决的理论难题。因此，下面开始转入对日本泡沫经济形成与崩溃的现实分析。

发生于 20 世纪 80 年代中后期的日本泡沫经济，表现为多种资产价格的高涨，有股票、土地与住宅，也包括高尔夫球会员证等；但主要还是表现在前两种资产市场上，其经济影响也是其他投资产品无法比拟的。因此，泡沫经济的分析主要还是集中在对这两种资产市场的分析。

一　股价与地产价格的高涨

从 20 世纪 80 年代中期开始，日本的证券市场和房地产市场出现了大幅度的价格飙升，随后在 80 年代末 90 年代初期出现了急速的下跌，即形成了历史罕见的资产泡沫。由于日本国土面积狭小，可利用的土地是较为稀缺的资源，加之二战后日本工业化、城市化的加速发展，所以总的来看日本的商业用地价格一直不断提高。如图 2-1 所示，从 20 世纪 60 年代中期开始直到 90 年代初期，包括东京、大阪、名古屋等六大城市在内的日本城市土地价格是不断上升的。但是在 80 年代中期之前，其上升是比较缓慢的。从图 2-1 中可以看出，在 1991 年日本的六大城市的土地价格达到了历史最高值，二战结束到 70 年代中期只有最高值的 30% 左右，到 80 年代中期上升至最高值的 40%。也就是说，在 20 多年间日本的城市土地价格只上升了一倍。但是，从 1986 年开始日本的城市土地价格出现了急剧的升高，在 1986—1991 年短短的 5 年内，城市土地价格价格上涨了 120%。其后土地价格出现了急剧的下跌，到 90 年代末期，再次回到了 80 年代中期的水平。

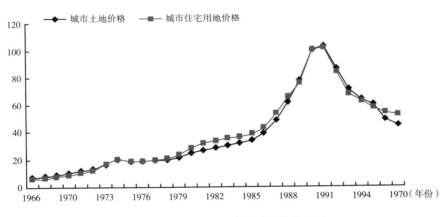

图 2-1　日本六大城市土地价格的变动

注：日本六大城市为东京、大阪、横滨、京都、名古屋、神户。包括两类土地价格：一是城市土地价格（平均价）；二是城市住宅用地价格。

资料来源：根据日本不动产研究所"市街地价格指数"绘制。

在大致相同的时期，日本的股票价格即股市价格指数也出现了相同形状的变化。图 2-2 绘出了日经平均股指的波动情况。从长期趋势看，日经平均股指在 70 年代中期到 80 年代初期是稳步上升的，在 80 年代前期出现了加速上涨的趋势。但是在 80 年代后半期的几年内，日经平均股指出现了急速的上升，在 1989 年达到了这一阶段的历史最高值。以 1989 年的股价指数为 100，70 年代中期至 80 年代前期，股指仅为最高值的 30% 左右，即使在开始急速上涨的 80 年代中期，该指数也仅为 40 左右。达到最高值之后，股票指数出现了急速的下跌。在短短的 2—3 年内，日经平均股指就下跌了 40% 之多。

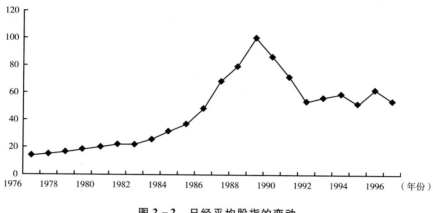

图 2 - 2　日经平均股指的变动

注：以 1989 年为 100。

资料来源：根据日本经济新闻社公布数据绘制。

从日本 20 世纪 80 年代后期地价和股价的波动形态看，存在资产价格快速上涨和极速下跌，符合泡沫经济的定义。但是，仅仅从这一简要的描述性定义来界定日本泡沫经济，显然是不够的。尽管经济基本状况决定的资产理论价格难以清楚地测算出来，但是使用一些替代指标，仍然能够表明两者之间的分离状况。

根据收益还原模型，资产的理论价格等于资产收益除以利率，在土地方面：地价＝地租/（利率－地租增长率）；在股票方面：股价＝投资红利/（利率－红利增长率）。日本有关机构使用一些指标测算了泡沫经济期间土地和股价的理论价格，以此同现实价格相比较，证实了泡沫经济的存在。如 1993 年经济企划厅，为了比较土地的理论价格和现实价格，用房屋租金除以房贷利率作为土地的理论价格，同公布的土地实际价格相比较。结果表明，东京在 1987 年前后、大阪在 1989 年前后、名古屋在 1990 年前后，两种价格出现了明显的偏离。用办公用房租金除以长期利率作为商业用地的理论价格，结果也同样表明，东京在 1986 年前后、大阪在 1988 年前后、名古屋在 1989 年前后，两种价格出现了偏离，也就是说验证了泡沫经济的存在。

经济企划厅使用了利率修正的股价收益率测算了泡沫经济期间股票的理论价格，同样证明了股价泡沫的存在。[①]

田中隆之使用了更为简洁的办法，即使用资产总额与名义国内生产总值的比例来考察资产价格同实体经济之间的偏离。[②] 其依据是，通常认为股价是与企业的名义收益额成比例的，而名义收益又与销售额存在比例关系，名义 GDP 大致等同于企业销售总额，所以，股价与名义 GDP 存在比例关系。土地价格也是通过单位土地的生产率与名义 GDP 联系起来的。计算结果表明，在 1986—1987 年前后，股票总市值和土地总额与名义 GDP 的比值都大幅度地超过以往的数值而急剧上涨，这也表明了泡沫经济的存在。

二　泡沫经济形成的背景

日本在 20 世纪 50 年代至 70 年代初期实现了持续的高速经济增长，这一时期也被称为战后的经济赶超时期。70 年代初期发生的第一次石油危机，结束了日本经济的持续高速增长，进入了低速增长阶段；同时日本经济无论从规模上还是技术上，已经达到了世界一流水平，成为美国之后的世界第二经济大国。所以，人们通常认为在 70 年代初期日本结束了经济赶超阶段，进入了作为发达国家的成熟发展时期。但是，日本经济后来的发展表明，从后发国家的经济赶超到发达国家的成熟发展的转型，并非只是以经济发展水平来衡量的，这一转型必须经历深刻的经济结构调整和制度变革。从 70 年代初到 80 年代末，日本经济尽管增长速度下降了，但是其发展模式和制度结构并没有发生根本性的变化。尽管发生了两次石油危机、日美贸易摩擦等问题，日本仍然实现了优于其他西方国家的良好的经济绩效。但是，在 20 世纪 80 年代日本国内外出现了一系列重大经济结构问题。在日本外部，金融自由化成为世界经济的一个重要潮流，日本、德国经济的崛起对世界经济秩序的冲击引发了新的国际协调机制；在日本内部，传统的经济体制难以适应新的发展要求，暴露出了一系列问题。因此，可以说 80 年代是日本经济转型的重要时期。正是在这样的背景下，日本在 80 年代末期形成了极为严

---

① 日本経済企画庁『1993 年度経済白書』、第 87 頁。
② 田中隆之『現代日本経済 – バブルとポストバブルの軌跡』、日本評論社、2002 年出版、第 116—117 頁。

重的泡沫经济，泡沫经济破灭后出现了长期经济停滞，日本为摆脱经济停滞而开始了艰难的经济结构调整和制度改革。

（一）金融市场结构的变化

20世纪80年代以后，同赶超经济阶段相比，日本的金融经济条件最主要的变化表现在金融市场供求关系发生根本性变化。一方面，由于日本经济长期持续高速增长，国民资产大量积累；另一方面，石油危机之后日本经济进入了低速增长阶段，企业的资金需求下降，因此金融市场由原来的资金供给不足变为资金供给过剩。在资金供给不足的条件下，通过行业限制实行金融机构的分业经营，可以达到对不同行业的金融企业的扶持和保护的目的，并保证有效地分配有限的资金。在资金供给充足的条件下，对金融行业的严格规制已经不再成为推动经济发展的必要条件，这时需要的是引入市场的竞争机制，通过市场机制来实现合理资源配置。

在金融市场总体的供求关系发生根本性变化的同时，不同的经济主体资金盈缺状况也发生了改变。首先，原来的资金短缺部门、对外部资金依赖最大的企业部门，通过高速增长阶段的长期扩张，在企业内部积累了大量的资产，大企业和绩优的中型企业对金融机构特别是银行的资金需求有了相当程度的下降。当然，由于资本市场的发展和金融国际化，企业可以在资本市场上融资，因此，这也是银行的融资在企业外部筹资中所占比例下降的原因。这一点在后面还要进一步阐述。其次，作为最大的资金盈余部门的家庭部门，高速经济增长的结果使家庭或个人资产大量增加，因此资金盈余也大幅度增加。据有关资料统计，1978年日本劳动者家庭的平均年收入为378万日元，到1988年增加到621万日元，扩大到原来的1.6倍。由于日本人的储蓄率高达20%以上，因此随着收入的快速增长，金融资产余额也大幅度增加，从1978年到1988年的十年内，金融资产余额由372万日元增加到893万日元，扩大到原来的2.4倍。[①]

同企业和家庭两个部门的资金盈缺状况的变化相比，政府部门的资金需求状况发生的变化更为深刻，对金融市场产生的影响也更大。第一次石油危机之后，日本出现了严重的经济萧条，此后日本经济转入了低速增长阶段。

---

① 野口悠紀雄『ストック経済を考える』、中央公論社、1999年出版、第8—9頁。

一方面由于经济的不景气导致了财政收入的下降，另一方面政府实施景气刺激政策不断扩大支出，因此财政收支由盈余转为赤字，不得不不断增发国债。在 1965 年日本经济萧条期间，日本政府在战后第一次发行了所谓的"特例国债"，即赤字国债。1973 年第一次石油危机之后国债的发行额急速增加：1978 年发行额达到了 10.79 万亿日元，首次突破了 10 万亿日元大关。翌年，国债发行额达到了 15.27 万亿日元，其中赤字国债为 8.55 万亿日元，超过了总发行量的一半。因此，政府部门由此前的资金盈余部门变成了资金短缺部门。

整个国民财富即资产存量的大幅度增加，被称为"经济存量化"，其核心含义是强调存量资产的有效运用对于经济增长具有的重要意义。由于个人资产的快速增加，如何实现资产的保值增值成为一个重要的课题，因此有人称日本已经迎来了"个人资产运用"的时代。在以间接金融为主体的金融体制下，个人金融资产的主要形式为银行储蓄，从而使个人资产的运用受到了限制。在家庭资产充裕的情况下，要求有多种投资渠道和多样化的金融产品。市场的巨大需求产生了相应的供给，70 年代以后一些具有一定流动性的高收益金融产品被创造出来。1975 年以后，日本家庭对利率、收益率的选择性增强了，增加了对信托、非课税邮政储蓄、国债等高收益金融产品的投资，活期存款、邮政储蓄以外的定期存款的增长速度及其在家庭金融资产中所占的比重明显下降。个人的盈余资金大量地流向长期金融机构的金融债、贷放信托及国债等金融产品的情况，导致了银行吸收存款困难和资金运转困难的现象。

同个人追求资产运用的高收益相同，企业在经营活动的国际化过程中，由于融资渠道的增加，也开始追求最佳融资成本收益比。进入国际市场的企业开始在国外进行借贷、发行外国债券等国际融资活动。业绩优良的企业一方面在内部积累了大量的剩余，另一方面又可以较低的利率在国际资本市场上融资，其对国内金融市场特别是传统的资金供给者——银行依赖的程度大幅度下降。因此，出现了所谓的"企业脱离银行"的现象。银企之间的密切关系以及企业对银行资金的高度依赖，是战后日本金融制度的基础。这一关系的破裂直接导致了日本战后金融制度存在基础的丧失。

日本政府在 70 年代以后财政状况的不断恶化，只有依靠大量发行国债补充财政收入的不足。政府的这一行为产生的影响不仅仅局限于政府的财政体制和政府经济政策实施方面，大量国债的发行还对金融市场造成了深度冲击。在 1977 年以前，政府发行的国债由城市银行认购，然后再出售给投资财团，一年后由日本银行回购。国债在商业银行手中仅持有一年的时间，整个流通过程对银行不构成任何的利益损失。但是，1975 年以后，日本银行的国债回购数量减少，由于大量持有国债城市银行的资金周转出现了困难。政府以前惯用的派发式分配性出售低利率国债的方式难以为继。这样，必然要求政府着手创建以国债为中心的债券发行和流通市场。1977 年，大藏省开始实行国债"流动化"和利率"弹性化"措施，由此为债券市场的发展提供了重要的契机。以国债为中心继而扩展到企业债券等其他金融商品的债券市场的发展，在相当程度上改变了日本战后的以间接融资为主体的金融市场结构，为企业融资和居民的资产运用提供了重要的渠道。

（二）金融自由化

金融体制是战后日本经济体制的重要构成之一，对金融体制实施的严格的公共规制体现了日本赶超经济体制的特色。随着经济赶超阶段的结束，一方面是前述的金融经济结构出现的重要变化，另一方面是从 80 年代开始金融自由化已经成为世界经济发展的重要潮流，日本作为世界发达国家，必须适应世界经济的发展方向，根据内外部变化的需要调整自身的制度。因此，在 20 世纪 80 年代中期，日本渐进地推进了金融自由化改革，主要包括以下几个方面。

1. 存款利率自由化

早在 1979 年，日本商业银行就开始发行大额可转让定期存款这一新的金融商品，即被称为 CD 的定期存款单据，其重要之处不在于它的可转让性，即企业或其他的购买者可以在流通市场上自由买卖，而在于其利率的市场化。CD 的利率同贴现市场等短期利率相联系，不是由政府或日本银行决定，而是由市场的供求关系的变动决定。因此，可以说 CD 的发行开创了日本战后存款利率自由化的先河。最初 CD 的最低发行额被限制在 5 亿日元，期间为 3—6 个月，发行量不能超过金融机构自有资本的 10%。进入 90 年代，CD 发行的上述限制已经大幅度放松了，最低发行额降至 5000 万日元，期限扩至 2 周—2 年，并取消了发行量的限制。90 年代初期，CD 的发行余额迅速增加，已经成为短期金融市场的核心产品。到 80 年代中期，利率自由化商品迅速增多，首先是从对银行经营影响较小的大额定期存款开始，扩展到小额定期存款。在 1991 年，开始发行额度仅为 300 万日元的自由利率定期存款。

2. 资本市场的自由化

第一，发行市场的自由化。

从 80 年代中期开始，日本的股票市场和债券市场等资本市场，以企业筹集资金的重要场所一级发行市场为核心，实现了较大幅度的自由化。1985年，主管部门放开了附加股权认购证债券的发行。由于当时股价处于上升的趋势，因此该债券受到了投资者的欢迎。很快，该债券就和可转换债券一样，成为企业在资本市场筹资的主流方式。在最初放开两种债券发行时，对发行企业的净资产和利润率等方面实施了严格的限制。1988 年上述限制基本上被撤销了，只要企业的资信评价在一定的等级之上，就可以发行两种债券。资本市场的上述自由化措施，对于整个金融市场的影响是很大的。众所周知，日本的金融体制是以"间接金融"为主的。但是，作为直接金融场所的资本市场的自由化，使企业的资金筹措从间接金融的银行借贷转向了资本市场，采用了发行债券、增资配股等直接金融的方式。一方面，市场自由化措施推动了市场结构的变化；反过来，市场结构的变化更进一步动摇了传统金融制度的存在基础，形成了金融制度全面改革的条件。

第二，国债发行与长期利率的自由化。

从 70 年代开始日本的国债发行量不断增加，国债余额的大量累积使其成为债券市场的主力。大藏省为了降低国债的利息负担采用了尽可能地压低发行利率的政策。然而，如果国债的流通利率高于发行利率，那么在流通市场上购买更为有利，这会影响人们购买新国债的愿望。为此，大藏省禁止国债承购集团在市场上出售国债。但是这一做法给积累了大量国债的承购集团增加了巨大的压力，因而使大量新发行的国债的消化吸收受到了限制。不得已，金融主管部门于 1977 年放宽了对出售国债的限制，以此为契机，国债流通市场得以迅速发展。1984 年，城市银行之间的国债购销获得允许，其后扩大了参与买卖的金融机构的范围。流通市场和发行市场是相互关联的，流通市场规模的扩大，使得国债的发行无法忽视流通市场利率的影响，因此，国债的发行条件逐渐地趋向灵活，即依据市场的供求关系确定发行利率。一方面国债在债券市场上占有主导地位，另一方面各种债券的发行条件都是同国债的发行利率相联系的，因此国债的发行利率可以说是整个长期利率体系的中枢，国债发行条件的灵活化成为债券市场利率自由化的关键，同时也意味着整个长期利率体系开始向自由化的方向迈进。

3. 金融市场的对外开放

金融国际化是与金融自由化紧密联系的另一个词语，它包括两个方面的含义。一是国内企业、金融机构对国际金融市场的更大规模的参与。随着国际金融市场自由化程度的迅速增强，各国企业受到利益的驱动积极参与国际金融市场的竞争，是自然的事情。二是国内金融市场的对外开放。与商品市场一样，在参与具有较高自由化和国际化程度的别国金融市场的同时，也必须向其他国家开放本国的金融市场。日本战后金融制度的一个重要特征是国内市场的高度封闭性，主管当局对内外业务实行了严格的分离。在 80 年代由于美日两国贸易摩擦的加剧，开放金融市场成为美国要求日本开放市场、实施结构改革政策的重要内容之一。在强大的外部压力下，日本在 80 年代后期，在证券市场、银行信托等领域推进了金融市场的对外开放，如 1988 年批准 16 家外国公司成为东京证券交易所的会员，同时允许建立外资投资顾问公司及外资信托公司。对外国金融机构开放了国债发行市场，允许外国公司参与国债承购和外国证券公司对国债价格的竞标。

（三）广场协议与扩张型宏观经济政策

20 世纪 80 年代初，美国里根总统上任后实施了自由主义经济政策，大幅度削减税收、压缩政府支出和改革政府对产业部门的公共规制。但是这些政策的实施并没有在短期内获得改善美国经济绩效的效果，相反使美国经济出现了大幅度的财政赤字和经常收支赤字，使美国经济陷入了严峻的发展困境。另外，日本和联邦德国这两个战败国经济的迅速崛起、产业竞争力大幅度提高，对美国经济构成了极大的冲击，改变了西方世界的经济格局。80 年代美日之间发生激烈的经济贸易摩擦，就是这些主要发达国家相对力量变化对既有格局冲击的表现。鉴于此，在 80 年代中期，美国开始寻求政策转变，利用其在西方世界占据的主导地位，在西方发达经济圈内建立国际经济协调机制，试图通过主要国家之间的政策协调，改变美元高估对美国经济发展及其竞争力的影响，形成稳定的国际经济发展机制。

美国主导下的国际经济协调机制主要表现为，西方几个主要国家通过相互协商，在货币汇率和宏观经济政策方面采取协调一致的行动，以缓解由于西方世界经济内部实力格局的改变对原有秩序的冲击以及由此引发的矛盾。广场协议以及后来的一系列文件，就是这一协调机制的产物。1985 年 9 月，美国、日本、英国、法国、联邦德国等五国财长和中央银行行长在纽约广场饭店秘密集会，就货币汇率和宏观经济政策的方向达成了一致意见，世称"广场协议"。其内容主要包括两点：第一，希望美元以外的主要货币，对美元升值（有秩序地升值）。为了纠正美元估值过高，如果有必要各国要协调采取市场干预行动。第二，为了改变对外不均衡状况，各国要实施一整套的宏观政策（日本、德国等收支盈余国要扩大内需，美国等收支赤字国要压缩财政赤字）。

对美国而言，在发达国家中通过国际经济协调来改变自身面临的困境，实际上意味着里根主义政策的重大转变。里根上台后，依靠美国在世界经济中主导国家的地位，特别是利用核心货币国家的地位，放任美元高估、继续扩大军费支出，加上对社会保障的改革滞后等因素，导致了严重的"双赤字"，最后到了这一政策难以为继的地步。以经常收支赤字为例，本来经常收支出现赤字意味着外汇短缺，因而需要实施紧缩财政，但是由于美国是核心货币国家，不存在外汇短缺问题，因而经常收支赤字规模超过了 GDP 的 3%。另一方面，持续的经常收支赤字将使对外债务不断累积，如果产生巨额的对外净负债，那么美元信用将会丧失，从而导致海外资金流入困难。到 1985 年，美国已经成为净债务国，因此越来越面临着这种危险。广场协议就是在以前的政策难以为继的情况下，美国痛下决心转变政策和改变对外经济不均衡局面的产物。

广场协议要求各国采取协调政策改变对外不均衡问题，这对日本而言存在着更为深刻的意义。20 世纪 70 年代后，日本在日元对美元汇率相对较低以及日本产业竞争力不断提高的情况下，形成了外需主导型的经济增长模式，其经常收支盈余也是由这一经济结构所决定的。因此，要改变对外经济的不均衡状态，不仅仅是改变日元汇率，同时必须改变日本经济过度依赖外部需求的外需主导结构，实现由外需主导向内需主导的模式转变。实际上，在广场协议之后，日元出现了大幅度升值，但是并没有很快使日本的经常收支盈余减少，反而在 J 曲线效应的作用下继续增加。更主要的是，要改变对外经济不均衡的问题，必须从内部经济结构着手。为此，当时的日本首相中曾根康弘设立了"为实现国际协调的经济结构调整审议会"这一私人咨询机构。该机构在 1986 年 4 月提出的"前川报告"中，提出了许多具体的政策建议，其核心可以概括为：为了缩小经常收支盈余，要积极扩大内需和推进国内市场的对外开放。由此可见，广场协议对日本而言，不仅仅是改变日元汇率的问题，更重的是为了实现发达国家之间的经济均衡，要改变其内在的经济结构，同时还要通过推进结构改革来扩大国内市场的对外开放。这意味着要改变以往的制度和商业惯例，即实施深刻的制度改革。

按照广场协议，五个发达国家协调一致对外汇市场实施干预，主要是买进日元和德国马克、卖出美元，从而导致美元贬值、日元和马克升值。日元的升值，对于较大程度上依赖外需的日本经济而言，是一个重大的冲击。特别是日元的大幅度升值，对日本的出口产业产生了极大的影响。这也是日本政府和产业界最为担心的问题。广场协议之后，日本长时期实施了宽松的宏观经济政策（主要是货币金融政策和财政政策），一方面是为了应对日元升值对日本经济产生的影响；另一方面更主要的是为了推动经济结构由外需主导向内需主导型转变，改变对外经济的不均衡状态。恰恰是持续较长时间的过度宽松的宏观经济政策，为泡沫经济的形成创造了条件。

广场协议达成后在各国对外汇市场的干预下，出现了大幅度的日元升值。在协议之前日元对美元汇率为 1 美元兑 230 日元，协议达成之后汇率就上升到 1 美元兑 200 日元，1 年之后的 1986 年 10 月，达到了 155 日元，日元升值达 33%（1988 年 11 月日元对美元汇率已经达到 121 日元，升值约47%）。日元如此快速大幅度的升值，远远超出了政策当局最初的预料。因此，1987 年各国达成了"罗浮宫协议"，一致同意终止日元对美元的升值。[①]但是此后日元一直没有摆脱升值的压力。在罗浮宫协议之后的 1987 年 4 月，日元对美元汇率突破了 1 美元兑 140 日元的水平。日元的大幅度升值，对日

---

① 　1987 年 2 月 22 日，西方七国财政和央行行长在法国巴黎罗浮宫召开会议，就稳定汇率达成一致意见，称为"罗浮宫协议"。协议决定，美元贬值超过了预期，需要协调干预以稳定主要货币汇率。采取一致行动使当前汇率在 2.5% 水平内波动，当波动幅度超过 5% 时，实行协调的宏观经济政策。

本制造业，特别是对出口占较大比例的机械制造业，产生了较大的冲击。因此日本经济在 1985 年第三季度就转入了景气下降的局面，被称为"日元升值萧条"。为了克服日元升值对日本经济产生的不利影响和扩大内需，日本政府和央行实施了持续时间较长的宽松货币政策和扩张型财政政策。

在达成广场协议 4 个月后的 1986 年 1 月，日本银行（中央银行）开始下调再贷款利率，并在该年内四次下调该利率。1 月将再贷款利率由 5% 下调至 4.5%，3 月又下调为 4.0%，4 月调整为 3.5%，11 月下调至 3.0%。1987 年 2 月，日本经济已经走出低谷。开始新一轮的景气上升期后，日本银行再次将再贷款利率下调为 2.5%，形成了当时历史性的超低利率水平。日本政府也在 1985 年 10 月和 12 月出台扩大内需的经济政策之后，在第二年 4 月、5 月和 9 月，连续实施了经济刺激政策。虽然在此期间日本经济出现了被称作"日元升值萧条"的景气衰退，在 1987 年发生了被称为"黑色星期一"的美国股市大跌，两者对日本经济和世界经济造成了一定的恐慌，但是实际上这些事件的影响是有限的，而政府对它们采取了过度的应对措施。

第三节　对泡沫经济形成原因的再思考

如上所述，20 世纪 80 年代中期，日本经济及其所处的国际政治经济环境都发生了很大的变化。甚至有人认为，从这时开始日本经济进入了二战后经济发展的新阶段——"资产膨胀与贬值"的新时期。前述的自 80 年代开始日本及世界经济发生的诸多方面的重大变化，应该说都与日本在 80 年代后期形成历史罕见的泡沫经济存在密切的联系，或者说其中的因素直接或间接地构成了泡沫经济形成的背景，为泡沫经济的形成创造了条件，因此也可以说是导致泡沫经济的原因。在日本泡沫经济形成过程中和泡沫破灭之后，社会各界对泡沫经济的形成原因进行了多角度的分析，可以说在很大程度上揭示了在这样一个特殊的历史时期形成泡沫经济的机制，甚至在一些方面达成了共识。由于存在较多的研究文献，这里仅举几个例子来简要说明。

作为资产价格异常变动的泡沫经济，就其本质而言是与通货膨胀相同的，它作为一种货币现象是由于过度的货币供给造成的。因此，货币条件以及与其密切相关的货币政策就成为追究泡沫经济形成原因的重要对象。早在泡沫经济刚刚破灭的 1993 年，日本学者铃木淑夫就指出，在初次体验的国际政策协调机制下，不得已而为之的长期超低利率，导致了大量过剩的货币供给，从而形成资产价格暴涨（泡沫产生）的货币性条件。其后对泡沫的消解成为引发资产价格暴跌的导火索，日本陷入了深度资产紧缩。[①] 这一观点在后来被广泛接受。但是，在过度扩张政策导致的流动性过剩问题的背后，并非完全是政策当局的错误，而是前述的在西方集团内部谋求形成国际协调机制的情况下，国际范围内实施的政策协调对日本国内货币政策以极大的束缚，甚至使其偏离了货币政策的应有方向。日本银行实际上并不是没有意识到泡沫经济存在的重大危害，1989 年上任的日本银行副总裁三重野康甚至多次用"面临烈火的干柴"来比喻资产价格高涨存在的巨大风险。在论及这一问题时，日本银行的经济学者翁邦雄、白川方明等人指出，尽管日本银行对景气过热极为担心，但是当时国际范围的政策协调、阻止日元升值和通过扩大内需来缩小经常收支盈余的政策思想居于支配地位，因此延误了泡沫时期的紧缩货币对策的出台。[②]

早在日本泡沫经济破灭后就提出了"复合萧条"观点的宫崎义一，在论及泡沫形成原因时更主要地倾向于金融自由化。宫崎发现，20 世纪 90 年代初发生的日本经济衰退和前期的美国的经济衰退中，有一个共同的现象即金融经济先于实体调整并波及实体经济。以此为基础宫崎义一提出了"复合萧条说"。尽管这一观点主要是针对 20 世纪末期以来发达国家出现的新经济衰退性质的界定，但是在论及金融先行调整及泡沫形成及破灭的原因时，宫崎义一还是将其归结为金融自由化，认为"复合萧条是金融自由化的归宿"[③]。他从几个方面论述了理由，如金融自由化使资金从金融中介机构转向了直接投资，丧失了媒介；80 年代末的东京股市下跌，是和金融自由化条件下东京证券市场国外投资者的进入带来的新的投资方式有关；等等。

还有学者列举了金融自由化、宽松的货币金融政策以及税制的扭曲等多

---

① 鈴木淑夫『日本の金融政策』、岩波書店、1993 年出版、第 82 頁。

② 野口旭「バブル経済の貨幣的条件——国際経済協調下の金融政策」、『経済セミナー』2005 年 9 月。

③ 〔日〕宫崎义一：《泡沫经济的经济对策——复合萧条论》，陆华生译，中国人民大学出版社 2006 年版，第 9 页。

方面的因素，认为泡沫经济的产生是多种因素共同作用的结果。如深尾光洋在论及资产价格泡沫发生的原因时认为，在 80 年代世界很多国家都经历了资产价格的上升和下降。其共同原因是在金融自由化政策的推进下，出现了宽松的货币政策，从而导致了流动性过剩。同时在日本还存在着推动土地等资产价格大幅度波动的因素——税收制度的扭曲，由于存在着有利于房地产投资的税收制度，使得大量的过剩资金进入了房地产行业，推动了土地价格的上升。[①] 更有甚者，日本银行的经济学家翁邦雄等人，认为 8 点原因导致了泡沫经济的形成，包括：（1）金融机构行为的积极化；（2）金融自由化的推进；（3）金融机构风险管理的延迟；（4）自有资本比例规制的导入；（5）长期的宽松货币政策；（6）国民的自信、陶醉；（7）加速土地价格上升的税制、规制的扭曲；（8）经济机能向东京一极集中，"国际金融中心"化。他们认为，导致泡沫经济的原因不是单一的，而是上述相互关联的多种因素综合作用的结果。[②] 我国学者也对日本泡沫经济的产生原因做过较多的研究，对此提出了各种不同的观点。如冯维江、何帆试图从更深刻的政治经济层面上来分析日本股市和房地产泡沫的起源和崩溃的原因，认为日本泡沫经济时期企业系统和金融系统出现了效率冲突即两者错配，同时由于日本政治体制的制约导致了政府政策决策的失误，这两点构成了泡沫经济产生的原因。[③]

20 世纪 80 年代中后期，世界许多国家都曾经产生过程度不同的泡沫经济，多个国家在大致相同的时期出现泡沫经济，无疑存在着共同的或相似的原因。但是不同国家泡沫经济的严重程度存在着很大的差异，尤其是泡沫经济对国民经济的影响程度更是不同。从日本泡沫经济的经济后果看，以泡沫经济崩溃为契机引起了长达十余年的长期经济停滞，不仅在第二次世界大战结束以来是绝无仅有的，而且在其他发达国家也没有出现过。因此，分析日本泡沫经济的形成原因，必须从国际和国内两个方面着手；必须就多种因素

---

① 深尾光洋「1980 年代後半の資産価格バブル発生と90 年代の不況の原因」、村松岐夫、奥野正寛編『平成バブルの研究　上　バブルの発生とその背景構造』、東洋経済新報社、2003 年出版。

② 翁邦雄、白川方明、白塚重典「資産価格バブルと金融政策－1980 年代後半の日本の経験と教訓」、『金融研究』2002 年 12 月。作者在该文中，将资产价格的急速上升、经济过热和货币、信用扩大这三大经济现象来定义泡沫经济，这同通常的泡沫经济的定义是不同的。

③ 冯维江、何帆：《日本股市与房地产泡沫起源及崩溃的政治经济解释》，《世界经济》2008 年第 1 期。

之间的相互作用这样一个综合机制来分析产生深刻影响的泡沫经济的形成原因。前面已经将 20 世纪 80 年代中期日本经济自身发生的结构变化、国际政策协调、金融自由化等重大事件作为形成泡沫经济的宏观背景。在以往的研究中这些因素实际上也被看作泡沫经济形成的原因。但是，从总体看，从这些因素相互作用角度或综合机制的角度，研究日本泡沫经济的形成还不充分，尤其是对日本自身经济结构的变化以及由此引发的国际经济关系的变化所产生的影响，还需要更深入的思考。

一 泡沫经济形成的宏观影响因素

（一）货币供给的增加

作为资产价格波动的泡沫经济，其实质同普通商品的通货膨胀一样，是一种货币现象，引发资产价格大幅度上涨的直接原因应该是货币供给的增加。

如前所述，在达成广场协议之后，日本政府和央行实施了持续的宽松的宏观经济政策，特别是过度宽松的货币政策，形成了宽松的金融环境并导致了流动性过剩。这是产生泡沫经济的直接原因之一或可称之为基础性原因。

图 2－3 根据 80 年代日本货币供给量增长率的季度数值绘制而成。从中可以看出，在 1987—1989 年日本的货币供给增长率出现了大幅的提高，因而在这一期间货币供给量也出现了大幅度的增加。但是，同 70 年代货币供给量出现的较大幅度的增长相比，这一时期的货币供给量的增长并不是特别突出。因此，有人认为仅据此并不能判断是否出现了货币政策的过度放宽。判断货币供给是否过剩通常使用货币供应量与名义 GDP 之比，即"马歇尔值"作为判断标准。田中隆之计算了自 20 世纪 60 年代开始的马歇尔值。从该值的趋势变化看，1986 年之后其增长趋势明显超过平均增长趋势，由此可以证明出现了流动性过剩的问题。[①]

日本央行在这一时期实施的持续的低利率政策，不仅扩大了货币供给量，而且在低利率政策的影响下，日本的长期利率水平也明显低于其他发达国家，从而形成了宽松的金融环境（见表 2－1）。

---

① 田中隆之『現代日本経済－バブルとポストバブルの軌跡』、日本評論社、2002 年出版、第 34—35 頁。

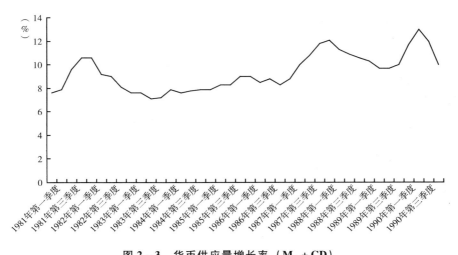

图 2 - 3　货币供应量增长率（M₂ + CD）

资料来源：根据日本银行《经济统计月报》及《经济统计年报》绘制。

表 2 - 1　名义利率、实际利率水平的国际比较

年份	1985	1986	1987	1988	1989	1990
贴现率						
日　本	5.0	3.0	2.5	2.5	4.25	6.0
	(3.0)	(2.4)	(2.4)	(1.8)	(1.95)	(2.9)
美　国	7.5	5.5	6.0	6.5	7.0	6.5
	(4.0)	(3.6)	(2.3)	(2.4)	(2.2)	(1.1)
德　国	4.0	3.5	2.5	3.5	6.0	6.0
	(1.9)	(3.6)	(2.3)	(2.2)	(3.2)	(3.3)
长期利率						
日　本	6.5	5.1	5.0	4.8	5.2	7.0
	(4.5)	(4.5)	(4.9)	(4.1)	(2.9)	(3.9)
美　国	10.6	7.7	8.4	8.8	8.5	8.6
	(7.1)	(5.8)	(4.7)	(4.7)	(3.7)	(3.2)
德　国	7.2	6.3	6.4	6.6	7.1	8.7
	(5.1)	(6.4)	(6.2)	(5.3)	(4.3)	(6.0)

注：上行的数字为名义利率，括号中的数字为实际利率。贴现率为年末值，长期利率为年中平均值。

资料来源：*OECD Economic Outlook*（各年版）；日本银行：《国际比较统计》（各年版）。

（二）关于宏观政策失误的相关争论及其根本原因

如果认为是日本银行长期实施的过度宽松的货币政策，导致的过剩流动性引发了泡沫经济，那么必然会将泡沫经济的原因归咎为宏观政策的失误。不可否认，这一时期日本政府及央行都存在着相当程度的政策失误，表现在多个方面。但是政策失误既不是引发泡沫经济的全部原因，也不是终极原因。即使沿着政府决策的路径来看，也存在着更根本的特殊因素，在这一时期构成了日本宏观政策的约束条件，导致了政策的失败。这方面，也存在着许多争论。

关于政策失误的讨论首先是围绕着政策本身展开的。宽松的货币政策导致了过量的货币供给，引发了资产价格的高涨。这一政策失误被认为是"重视货币供给政策的失败"。在第一次石油危机之后，日本发生了剧烈的通货膨胀。其直接原因被认为是日本银行的宽松货币政策导致了货币供给量的急剧增加：1971 年和 1972 年，日本的货币供给量增长率分别达到了 20.5% 和 26.5%，这正是日本银行为应对 1971 年"尼克松冲击"和后来的日元升值等不能预料的事态而采取过度反应的结果。此后，日本政府从这一失败中吸取了教训，将货币政策的目标转向了"优先稳定物价，重视货币供给"。直到 80 年代中期，日本的物价和货币供给都保持稳定状态。在物价稳定的同时，日本经济取得了高于其他发达国家的增长率。铃木淑夫认为，这一良好经济绩效的取得是"重视货币供给政策的成果"。但是，1987 年以后，货币供给的增长率再度超过了 10%，过度的货币供给构成了"泡沫经济的货币条件"，同样这也意味着"重视货币供给政策的破绽"。[①]对此，有人持有不同的观点。如田中隆之认为，进入 20 世纪 90 年代以后，几乎没有哪个国家将货币供给量作为货币政策的中间目标，货币供给量与实体经济、物价之间的关系未必是稳定的，因此，货币政策的目标也不是万能的。[②]

其次，宽松货币政策的过度宽松主要表现为低利率的长期化，即政策调整的拖延，因此政策失误不是源于对泡沫经济的忽视，其背后还存在着更深

---

① 铃木淑夫『日本の金融政策』、岩波书店、1993 年出版、第 107 页。
② 田中隆之『現代日本経済 – バブルとポストバブルの軌跡』、日本評論社、2002 年出版、第 36页。

刻的原因。拖延问题，在舆论上受到了较大的关注。有人认为，即使不能预防泡沫的发生，但是只要在80年代后期较早地实施紧缩货币政策，那么就能使泡沫自律性崩溃提前，就能够减轻泡沫崩溃后的不良影响。有人甚至认为，拖延现象导致了泡沫的发生和其后遗症的长期化，也许可以说它是导致90年代成为"失去的十年"的原因。井堀利宏在专门分析"拖延现象"的文章中认为，80年代后期日本货币政策存在的拖延问题，主要是由于对泡沫现象认识的迟滞和政策实施迟滞造成的。资产价格泡沫存在的复杂性，导致了对其认知的迟滞；即使认识到了政策调整的必要性，但是由于政策调整受到各种因素的制约和没有合适的政策方案，使得政策调整中出现了"实施迟滞"。政策转换的制约因素包括决策体制的非协调性、政策决定的外部制约因素等。①　实际上，并非是日本政策当局对泡沫经济没有认识，即认知滞后，更主要的还是因为存在着如井堀利宏所指出的"实施迟滞"。早在1986年，时任日本银行副总裁三重野康就屡屡用"易燃的干柴"来表示对资产泡沫风险的担心，并在这一时期对过度的宽松金融进行过反复多次的警告。尽管如此，作为当时过剩货币供给的"元凶"、被称作"历史上最低利率"的2.5%的官方贴现率，仍一直持续到泡沫经济的最高峰时期。

最后，国际政策协调是导致日本宏观经济政策特别是货币政策失误的最主要原因，这是大多数关于泡沫经济形成原因的研究都必然涉及的，也是无法回避的重要因素。如前文多次引用的《日本的金融政策》一书中，铃木淑夫认为日本银行之所以持续实施低利率政策，是因为政策制定受到了"国际政策协调的束缚"。从最初的实现日元、马克升值的广场协议，到1987年为阻止美元贬值的罗浮宫协议，都是国际政策协调框架的产物。本来在1987年日本经济已经度过了日元升值危机，开始了景气的上升阶段，这时就应该实现宏观经济政策的调整，向紧缩方向转变。但是同年11月发生的纽约股市暴跌扰乱了这一进程。为了阻止美元的进一步贬值，在国际政策协调的框架下日本银行一直持续实施低利率政策。这期间，日本的国内经济政策目标和国际政策协调目标之间出现了很大的矛盾。田中隆之认为，是

---

① 井堀利宏「先送り現象の分析」、村松岐夫、奥野正寛編『平成バブルの研究　下　崩壊後の不況と不良債権の処理』、東洋経済新報社、2003年出版，第51—82頁。

国际政策协调扭曲了日本货币政策的目标。

沿着"国际政策协调—过度宽松的货币政策—流动性过剩—资产价格泡沫"这样一个分析路径，可以认为，在宏观层面上，导致资产价格膨胀的直接原因是货币政策的失误导致的货币供给过剩。同时也不能否认，日本银行在政策判断和实施方面存在着这样那样的失误。但是，究其根源，导致政策失误的根本原因还是要追溯到国际政策协调这一特殊的因素上。

二　泡沫经济形成的中观与微观影响因素

在 80 年代中期日本在国际经济自由化迅速发展的影响下，进行了金融自由化、国际化改革，金融自由化的大幅度推进和这一时期日本金融市场结构发生的重大变化，构成了日本泡沫经济产生的另一个重要背景或重要影响因素。金融行业的结构变化是连接宏观经济和金融企业微观层面的中间层次，笔者称之为中观因素。金融体制和金融市场结构发生的重大变化，对金融企业的经营行为产生了直接的重要影响，即影响了金融机构的资金流向。在宽松的金融环境条件下，金融机构的贷款增加及其流向，决定了实体经济部门的过热或资产市场的价格膨胀，构成了形成资产价格泡沫的另一个直接原因。日本 80 年代金融市场供求结构的变化和渐进的金融自由化改革，其基本情况在前文已经作为泡沫经济的背景做了阐述。这里仅就这三者之间关系的内在逻辑和实际影响状况加以分析。

金融行业的作用就是将资金剩余部门的资金通过金融市场转向资金不足部门。在长期的经济发展过程中，日本最大的资金不足部门是企业部门，而居民部门则是最大的资金剩余部门。而且在第二次世界大战后的日本，证券市场的发展受到限制，形成了以银行的信用中介为主体的以间接金融为主的金融体系。所以，企业的发展特别是资金需求较大的大企业对银行资金有较强的依赖性。但是到 20 世纪 80 年代以后，日本的大企业实力得到了长足发展，内部积累雄厚，而且在金融自由化条件下，大企业能够以较低的成本在国内外资本市场上筹集资金，对国内银行信贷的依赖度大大降低了。这一现象被称为企业"背离银行"。80 年代日本大企业的资金筹措情况清楚地反映了这一状况（见表 2 - 2）。

表 2 - 2 大企业资金来源结构的变化

单位：万亿日元

	稳定增长后期(1980—1985 年)	泡沫经济时期(1986—1989 年)
外部筹措	7.8	21.7
增资	2.1	6.5
债券	1.3	5.1
金融机构借入	4.4	7.6
短期其他借入	0.0	2.5
内部资金	12.8	25.3
资金需求总额	20.3	46.2

资料来源：日本财务省『法人企業統計季報』、转引自田中隆之『現代日本経済 バブルとポストバブルの軌跡』、日本評論社、2002 年 5 月、第 95 頁。

据日本财务省《法人企业统计季报》的统计数据，日本在 1973 年以后，全部法人企业的资金需求中，内部资金已经占 60% 左右。在外部筹措的资金中，金融机构的贷款所占比例从 1973—1979 年的 80% 逐渐下降，到了泡沫经济时期该比例已经下降至 58.8%。大企业的情况更是如此。在稳定增长期后期（1980—1985 年），大企业外部筹资中，金融机构贷款所占比例为 56.4%；到了泡沫经济时期（1986—1989 年），该比例已经降为 35.0%，相应的，发行债券和在股票市场上增资所占的比例占外部融资的近 70%。这一特征在制造业的大企业中表现得更加突出。从作为资金需求方的企业来说，一方面是企业内部积累大幅度增加；另一方面是由于金融自由化和国际化的推进，能够在证券市场上筹措资金。因此减轻了大企业对银行资金的依赖。

另外，对于供给资金的金融机构特别是在金融业占据主导地位的银行来说，一方面是金融自由化加剧了金融市场的竞争；另一方面更重要的是大企业脱离银行，使银行减少了大量的优良客户，给银行的经营带来了严重冲击。在这种情况下，以银行为主的金融机构在市场竞争加剧、优良经营资源减少的情况下，要积极扩展市场、开发新的客户群。于是，金融机构的资金转向了信用度较低的中小企业。特别是在对经济良好预期的情况下，信贷资金大量进入了房地产、建筑和非银行金融业等行业，最终流向了股票市场和房地产市场，导致了股票、房地产价格的大幅度上涨，促成了泡沫经济。据日本银行的统计，早在 80 年代前中期，日本商业银行的年度贷款净增加额中，对制造业的贷款就开始稳定在相对较低的水平上；相反，对非制造业和个人的贷款却大幅度增加，特别是对被称为"泡沫三行业"的建筑业、房地产业和金融业（包括非银行金融机构）的贷款。在 1986 年对制造业的贷款净增额已经为负值，而对"泡沫三行业"的贷款则有较大幅度的增长。从资金流向上看，流向泡沫行业的资金不仅仅限于商业银行对房地产业的直接贷款；银行的资金还通过非金融机构的迂回融资，进入泡沫行业中。据统计，1989 年末面向"泡沫三行业"融资的 43%、面向全产业融资的 10% 都来自对非银行金融机构的贷款；而到 1991 年 9 月末，从非金融机构流向房地产业的贷款占贷款总额的 38%。

与金融机构积极的资金供给相对应的是企业极大的资金需求。在对经济有较好预期的情况下，特别是对资产价格上涨的预期，导致了企业和个人对资产市场的积极投资，更准确地说是为了获得升值收益进行的投资。这是推动泡沫形成的最核心的原因。无论金融机构还是进行投机性投资的企业和个人，实际上是都受到了这一利益的驱动。这一点，从企业的资金运用方面看表现得非常清楚。20 世纪 80 年代后半期，日本企业的资金运用在整体规模上有了较大幅度的增加。同时，尤为重要的是，资金运用的结构也发生了明显的重要变化，如表 2 - 3 所示。企业尽管扩大了资金筹集规模，但是这些增加筹措的资金并没有被主要用来进行设备投资，设备投资的增加是比较少的；相反，其他方面如现金及存款、购买股票和土地的资金却有明显的增加。在现金、存款方面，无论是制造业还是非制造业的大企业都有明显的增加。在两大泡沫资产的运用方面，制造业的大企业积极地涉足股票市场，股票投资成为其资金运用的一个重要领域。同时，非制造业的大企业及中小企业，也积极地投资股市。在地产方面，主要是以中小企业的投资为主导的。制造业和非制造业的差别比较小。

但是，这里笔者还是将金融机构在金融自由化这一特殊条件下的经营行为作为产生泡沫经济的主要因素。这是因为如果在原有的金融市场结构下，银行主要对有良好业绩的大企业贷款，不会因为市场竞争的加剧而开展高风险、高收益的贷款。即使是对经济有良好的预期，通常与实体经济过热联系

表 2 - 3　企业的资金运用（20 世纪 80 年代后半期）

单位：万亿日元

用　途	企业类型	制造业	非制造业
存　款	大企业	0.8→4.0	0.6→5.4
	中小企业	0.5→1.0	1.7→2.4
股　票	大企业	0.9→2.7	0.5→2.2
	中小企业	0.1→0.4	0.3→2.2
土　地	大企业	0.4→0.7	0.4→1.5
	中小企业	0.4→1.0	1.2→2.8
设备投资	大企业	6.0→7.9	6.2→10.8
	中小企业	3.2→4.5	5.5→10.1

资料来源：日本财务省『法人企業統計季報』、转引自田中隆之『現代日本経済 バブルとポストバブルの軌跡』、日本評論社、2002 年 5 月、第 96 頁。

在一起，金融机构过度放款的结果也只会导致通货膨胀，而不是资产价格泡沫。当然，银行对高风险行业过度贷款也同商业银行自身风险管理制度的弱化、日本政府信用监管制度在金融自由化之后没有及时建立起来有关（这一点将在后面阐述）。但是应该说日本的商业银行在这一时期经营行为的改变，从根本上说还是在于它面对竞争加剧的经营环境做出的反应。

三　对日本泡沫经济成因的再思考

关于 80 年代后期日本泡沫经济形成的原因，以往的研究既有从某种视角和侧面进行的较深入的分析，也有从整体上对资产泡沫形成机理的分析。从总体上看，应该说，无论是从单一侧面的分析还是从综合角度的研究，对产生泡沫经济的原因和机理都有较深入的研究，很多研究已触及生成泡沫经济的深层次原因。如前面提到的具有较大影响的日本银行经济学者翁邦雄、白川方明等人的论文，就是以这一时期的重要经济条件为基础，来综合解释泡沫经济形成原因的代表性研究成果，其归纳的泡沫经济形成原因如图 2 - 4 所示。

显然，从图 2 - 4 中可以看出，翁邦雄等人对泡沫产生原因的分析，也是从两条主线出发的：一是在金融自由化条件下金融机构经营行为的积极化，

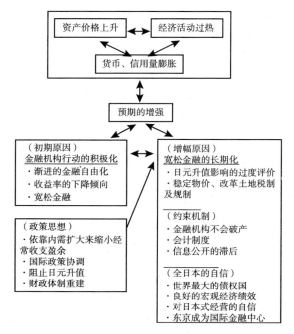

图 2 - 4　日本泡沫经济的生成

资料来源：翁邦雄、白川方明、白塚重典「資産価格バブルと金融政策 – 1980 年代後半の日本の経験と教訓」,『金融研究』2002 年 12 月。

称其为泡沫经济产生的初期原因；二是过度宽松金融的长期化和在土地税制、金融约束机制等方面存在的问题，以及日本全体产生的自信，它们构成了泡沫经济增幅的原因。或许说以往的研究对泡沫形成原因和机制的分析是非常深入和全面的。但是，笔者认为，以往的研究在主导性因素的分析方面还存在欠缺和不足之处。这不但表现在关于直接原因和根本原因之间的关系上面，更主要的是对隐藏在表面现象背后起根本作用的因素的影响揭示得不够深刻。

　　首先，对产生政策失误进而走向泡沫经济的根本原因——"国际政策协调"作用的分析，在认识的高度和分析深度上是不够的。

　　从表面上看，为了纠正美元汇率的失衡，维护以美国为首的西方发达国家集团，进而维护整个世界经济秩序，在该集团内部实施的"国际政策协调"，在相当程度上使日本货币政策丧失了独立性，扭曲了货币政策的应有目标。从 70 年代石油危机之后，日本央行的货币政策目标一直是抑制通货膨胀和实现稳定的经济增长。稳定增长期间日本经济的主要矛盾已经不是高速增长时期的国际收支失衡的问题，而是转到国内经济的平衡上面来了。但是，在泡沫经济时期，"纠正对外失衡"再次成为日本银行货币政策的目标。其实质是为了在国际政策协调的框架下，实现主要国家之间的汇率（主要是美元与日元、德国马克）平衡以及国际收支平衡。因此，这时日本央行的货币政策不再是独立的，而是在国际宏观政策协调的框架制约之下寻求国内经济的稳定。宽松的货币政策始于应对广场协议实施后发生的日元升值给日本经济带来的冲击，低利率政策的持续又是为了阻止美元过度贬值采取的国际协调低利率政策。正如翁邦雄等人指出的那样：尽管日本银行当时对景气过热非常担心，但是仍然延迟了泡沫期紧缩金融政策的实施，其理由只能从当时居支配地位的"国际性政策协调、阻止日元升值和通过内需来缩小经常收支盈余这三大政策思想"中寻找。①

更深入地看，由于日本、德国经济力量的增强导致了既有国际经济格局的变化，从而迫使在世界经济中占据主导地位的美国开始寻求一种新的机制，谋求保护其自身利益和国际经济秩序的稳定，国际政策协调正是在这样的背景下产生的。实际上，日本经济的不稳定不是在此之后出现的。从 20 世纪 70 年代初期开始，国际经济格局的变化就已经引发了国际经济秩序的一系列变化，这种变化反过来对新兴经济大国日本产生了严重的影响。如前所述，由于国际汇率制度从固定汇率转向浮动汇率，日本银行为了防止日元升值实施了宽松的货币政策，在 70 年代初货币供给增长率一度达到了 20% 以上，加上后来发生的第一次石油危机使日本制造成本大幅度提高，因此日本在第一次石油危机后出现了奔腾式的通货膨胀。至此，日本经济结束了持续的高速经济增长，进入了稳定增长阶段。在实现经济大国化的过程中，日本自身经济实力的增强对国际经济格局产生了重大的影响，将打破既有的国际经济的平衡和给国际经济秩序带来冲击；反过来在谋求新的国际经济秩序和平衡时，又要受制其中，付出相当的代价。

---

① 翁邦雄、白川方明、白塚重典「資産価格パブルと金融政策 – 1980 年代後半の日本の経験と教訓」、『金融研究』2002 年 12 月号。

其次，金融自由化以及与此相关联的金融机构由此面临的严酷的竞争环境，还有变化了的金融业，包括金融监管、金融企业内部风险管理等制度转变和建立的迟缓，都构成了生成泡沫经济的初始原因和泡沫增幅的原因。但是，这些问题的产生，也不是仅从日本经济自身就可以得到解释的，必须从国际经济的变化即外部环境来加以说明。

日本自 20 世纪 70 年代初期结束了高速经济增长并成为经济大国，被认为是在经济领域完成了赶超西方发达国家的历史任务，因此也被认为应该由二战后形成的赶超经济体制转向发达国家自主发展的经济体制。但是，在克服了两次石油危机及西方世界面临的经济滞涨等困难后，日本经济仍然依靠传统体制取得较好绩效，上述的转型没有成为急迫的任务而被搁置起来。在 80 年代前期由于日本经济竞争力的增强引发了剧烈的美日贸易摩擦，美国开始逼迫日本改革传统的具有日本特色的经济体制；加上欧美国家为应对经济滞涨实施了包括金融自由化在内的大规模的自由化改革，对日本造成了很大的冲击。可以说，80 年代中前期日本发生的金融自由化、国际化改革，不是日本在国内经济条件成熟或者依靠自身动力的情况下展开的，而是在外部压力和影响下实施的。尽管这一改革是渐进的，但是由于日本自身的准备不足，从政府的金融监管体制到金融企业自身风险管理体制，都没有与金融市场的自由化进行相应的改革和调整，使得金融企业在不健全的内部管理体制和外部金融安全网欠缺的条件下谋求规模扩张。依靠土地等资产担保来消解信息不对称情况下的代理成本，其结果极大地助推了资产泡沫的产生。

综合上述情况，笔者将在 20 世纪 80 年代后半期日本出现的泡沫经济的原因归结为三个方面，即国际政策协调下导致的日本宏观政策的失误、金融自由化和日本金融市场结构的变化引起的金融机构经营行为的变化，以及诸如税制扭曲等日本自身存在的问题，前两个方面是促成泡沫经济的主要原因（见图 2－5）。通过上面的分析，可以看到，对泡沫经济产生起决定性作用的前两个方面，其共同之处就是它们不是日本经济自身所决定的，相反它们都是受国际经济这一外部因素影响或外部因素起到了决定作用。非常重要的是，由于日本经济实力的增强，对既有的国际经济格局产生很大的冲击，导致原有格局的失衡；反过来，在国际经济格局谋求达成新的均衡时，作为其中的一员，日本的发展必然受到其制约。金融自由化、国际化是如此，国际政策协调也是如此。日本的体制改革、宏观政策的制定都需要考虑国际经济环境的约束。这一点，对于后起的新兴大国来说是具有重要启示和需要深入思考的问题。

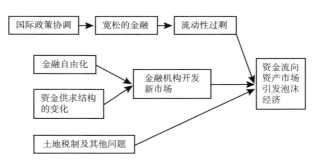

图 2 – 5 泡沫经济产生的主要原因

第四节 日本泡沫经济的崩溃

以股票、地产为主的日本资产价格泡沫在 20 世纪 80 年代末期达到了最高峰，此后在政府政策的作用下，股票价格和土地价格相继出现了大幅度的下跌。泡沫经济崩溃的直接表现是资产价格由高峰值开始急速下跌。但是与泡沫经济形成一样，它也受到宏观经济条件、国家经济政策等综合因素的影响，是在宏观经济条件发生的情况下微观经济主体采取特定行为所产生的结果。

一 股价、地价的相继下跌

日本泡沫经济的崩溃始于 1990 年的股票市场价格的急速下跌。作为日本股票市场价格的代表性指标的日经平均股价（225 种）在 1989 年末（12 月 29 日）达到了最高值（38915 日元），在进入 1990 年之后开始快速下降。在 1990 年 3 月降至 3 万日元以下，10 月跌破了 2 万日元。其后在 2.2 万日元到 2.6 万日元之间波动。在 1991 年末又开始进一步下跌，在 1992 年 8 月跌破了 1.5 万日元大关，达到了 14309 日元的低点。

与股价泡沫的崩溃相伴随的是金融系统出现的不稳定，如大型证券公司遭受了严重的损失、银行等金融机构的不正当贷款问题的暴露等。究竟是金融问题引发了股市泡沫的崩溃，还是股市泡沫的破灭引发了金融系统的动荡，这是一个很重要的问题，在这方面也存在着不同的观点，这一问题将在其他部分展开论述。但是比较明显的问题是，股价的急速大幅度下跌，无论是对金融经济而言，还是对实体经济而言，都会产生非常不利的影响。因此，虽然它的发生是政府政策作用的结果，但是政府是不会坐视不管的。早在 1990 年 10 月日经平均股价一度跌破 2 万日元大关时，日本政府就实施了缩短期货、选择权交易时间的救市对策，后来还实施了运用公共资金购买股票的托市政策（PKO，股价维持政策）。在 1992 年 8 月日经平均股价跌破 1.5 万元大关时，大藏省发表了《当前金融行政的运营方针》，呼吁国民冷静地对待当前的股市大跌；同时在该月底出台了《综合经济对策》，承认邮政储蓄、简易保险基金可以无限制地进入股市，从而使得机动性公共资金能够进入股市。尽管如此，日本股市在泡沫崩溃之后，在很长时期一直在低位运行，长期呈现下降趋势，股价的最低点不断被更新。如在 1995 年再度跌破 1.5 万日元；在 1997 年 10 月创出了 12879 日元的新低；在 2001 年 9 月受到美国 IT 泡沫破灭和 "9·11" 事件的影响，跌破了 1 万日元的大关。

与急剧上涨的股价相比，地价的大幅度上涨以及由此带来的住房价格的提高，对人们生活的影响更大。土地价格的高涨极大地增加了住房成本，使得希望拥有自己房产的人买不起房子，从而成为严重影响人们生活的社会问题。因此，在社会舆论的压力下，日本政府在 90 年代初开始采取措施抑制土地价格的高涨，导致了土地泡沫的破灭。日本土地泡沫的破灭比股市泡沫破灭晚一年，土地价格是在 1991 年开始下跌的。

据日本国土厅发布的地价公示价格，日本的商业用地价格和住宅用地价格在 1991 年初达到了最高值，分别是 1983 年的 2.27 倍和 2.02 倍。从图 2－6 中可以看出，以此为分界点，日本两类土地价格由上升转为下降。土地价格的下降一直延续至 21 世纪。其中住宅用地价格在 20 世纪 90 年代初期和 20 世纪末期下降比较快；商业用地价格在 1993—1995 年间，以两位数的速度下降，此后下降速度一直在 6%—9% 之间，保持了较高速度的下降。2001 年，商业用地的价格已经低于 1983 年的水平，而住宅用地价格也由 1983 年的 2.02 倍的最高值下降到 1983 年的 1.5 倍的水平。

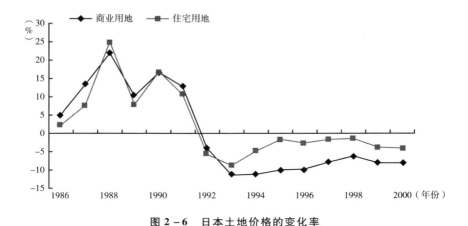

图 2-6　日本土地价格的变化率

资料来源：根据日本国土厅《土地价格的变化与分析》（各年度）数据绘制。

二　泡沫经济崩溃的直接诱因——经济政策的转变

1989 年 5 月，日本银行开始转换货币政策的方向，由原来的宽松的货币政策转向紧缩型政策。在该月将原来的历史上最低水平的 2.5% 的再贷款利率提高至 3.25%；其后，又 6 次变更利率；最后提高至 6%。这一利率水平一直持续到 1991 年 7 月，持续时间达 10 个月。也就是说，从 1989 年 5 月到 1992 年 7 月，紧缩金融政策延续了两年零两个月。

如前所述，日本尽管实施了过度宽松的货币金融政策，但是政府及央行并非没有意识到资产泡沫的严重性，甚至用"守在易燃的干柴堆边"来形容面对资产价格高涨的焦急心理。但是，在货币政策方面，由于政策目标一直是以稳定物价为中心的，因此资产价格的膨胀并没有成为政策针对的重点，以致直到转换政策方向采取紧缩货币政策时，虽然政策实施的最终效果导致了股票市场的泡沫破灭，但是政策的目标仍然是抑制经济过热、降低通货膨胀预期。所以，日本银行实施的紧缩货币政策尽管与后来出台的低价抑制政策一同被称为泡沫经济对策，但是其真实目标并非如此。这一点，在每一次做出提高利率的政策决定时金融政策委员长谈话的要点中都表现得非常清楚。在每一次谈话中，"对稳定物价做出贡献、谋求实现以内需为中心的持续增长"这一内容都构成谈话的要点。尽管如此，紧缩货币政策的实施的确起到了刺破泡沫的作用。在转向紧缩金融的 1989 年 12 月，日本股市达到了高峰，随后就开始了快速的大幅度下跌。

虽然在政策决策中并没有直接表示通过紧缩货币政策来达到抑制地价上涨的目的，但是在其他日本银行关于土地价格的文件中，还是暗示土地价格的上涨并非完全与日本银行的政策无关，从而表明一种可能，即在紧缩货币政策中，主要的政策目的是为了稳定物价、维护金融市场秩序，抑制地价上涨还是被置于次要的政策目标。因此，政策实际上达到了抑制土地价格过度上涨的效果。

土地价格特别是城市商业用地和住宅用地价格的大幅度上涨，对经济和国民生活产生了严重的影响。土地泡沫问题在社会上引起极大的反响。进入 20 世纪 90 年代以后土地问题成为日本的重要社会问题：在社会中占有重要地位的白领阶层都惊呼"终生都买不起房子了"。因此，通过系统的泡沫对策和综合的土地政策治理地产泡沫成为当时日本政府重要的课题之一。与紧缩金融政策相比，日本大藏省实施的抑制地价政策包含了多方面的内容，是直接的刺破资产泡沫的政策。由于土地价格的上涨存在着比产生股票价格泡沫更为复杂的原因，因此，抑制土地价格上涨和刺破地产泡沫，需要采取多样的综合性政策措施，主要包括以下几个方面。

第一，对土地交易实施直接限制，即对地价实施监视制度。

政府要求在买卖土地时有义务向都、道、府、县知事申报，后者对"不适当的高价交易"劝告改正。实际上，在 1974 年制定的《国土利用计划法》中，就存在着关于土地交易的管制措施，如规定：（1）都、道、府、县知事可以指定"规制区域"，对区域内的土地交易制度实行许可制度。（2）对一定规模以上的土地交易实行对都、道、府、县知事的申报制。但是这一制度从来没有启用过。在 1987 年国土法修正时，引入了"土地交易监视区域制度"。

第二，房地产贷款总量限制。

1990 年 3 月，在日本银行第三次提高贴现率之后，大藏省实施了限制房地产业贷款数量的"融资总量规制"制度，要求各金融机构：（1）将每季度对房地产业贷款的增长率限制在贷款总量的增长率之下；（2）要求各金融机构有义务就其面向房地产、建设业和非银行金融业这三行业的融资向大藏省报告。受到管制的金融机构除全国的银行之外，还包括信用金库、信用组合、人寿保险公司、财产保险公司等。

对房地产行业的贷款实施数量限制，是最直接的抑制地价的政策。实际上，金融与资产泡沫之间存在着相互推动、相互扩大的机制，这一问题还将在其他章节进行系统分析。金融机构对特定行业的贷款数量进行限制，是在日本特定金融监管制度下实施的。负责制定和实施货币政策的日本银行，通过变换贴现率等政策手段调节货币供给量和贷款总量，实现稳定宏观经济的政策目标。与此相对应的是，负责对金融行业实施监管的日本大藏省（现经济财政省），则使用行政指导的方式，对金融机构的贷款实施直接控制。可以说，这是从金融方面抑制地价上涨、刺破资产泡沫的一剂猛药。

第三，土地税制改革与加强城市土地利用规制。

1987年行政改革审议会设置的土地对策检讨委员会，就草拟了抑制地价对策的中期咨询意见。后来这些政策主要出现在1989年颁布的《土地基本法》和1991年出台的《综合土地政策推进要纲》等法律法规上面。以公共福利优先、适当且有计划地利用、抑制投机性交易和与收益相适应的负担为基本理念的《土地基本法》，为运用金融、税收手段抑制地价提供了法律基础。在此基础上，政府通过一系列的税收制度调整和加强土地利用规制，使抑制地价政策具体化。

首先，在土地税制方面实施的改革主要表现在对土地保有课税、土地让渡收益课税和土地取得课税三个方面：（1）保有土地不承担或只承担较低的成本，为以地价升值赚取收益为目的的土地保有提供了条件，可以说是土地投机性投资的土壤，这种土地占有妨碍了土地的有效利用。为此，日本新设了地价税并加强了对农地的课税。1992年引入的地价税主要是对大规模的土地拥有征收国税，税率为地价的0.3%。而对所有者的居住用地、出租住宅用地以及具有公益性质的建筑物用地、农地、森林以及继承税评价额在每平方米3万日元以下的土地则免予课税。（2）在土地让渡收益课税方面，原来的税法中对居住用地、企业用地的更新都存在免税特例。如居住方面，出卖居住了十年以上的房屋或宅地，然后用其收入购买新的住宅和土地，原来资产的让渡收益是免税的。这一特例被认为鼓励了人们住更宽敞的房子，是导致城市周边土地价格上涨的原因之一，因此在此次规制调整中被废止。

（3）通过提高继承税评价额，加强了对土地继承等土地取得的课税。

其次，通过进一步细化城市的土地用途区域，加强对提高地价的限制。原来的《都市计划法》只规定了 8 个用途区域，其中的"居住区域"不仅是住宅专用地区，在住宅之外还包括办公建筑、超市、酒吧、大学等，是承认"混合型土地利用"的地区。这就为开发商将原本是住宅用地的价格提高至办公楼用地的水平提供了条件。1992 年出台的《新都市计划法》，将土地用途区域进行了细化，由原来的 8 项增加至 12 项，其中的居住区域只包括 2 项，这样就限制了开发商随意提价的行为。

三　资金流向与经济主体的行为

与泡沫经济的形成一样，资产价格变化的最终决定因素还是微观经济主体的行为。在宏观经济环境条件下，企业、家庭、金融机构等经济主体对市场走向的预期，决定了它们的行动方向和具体行为，也决定了资产价格的变化。通过分析各类经济主体资金流向的变化，可以窥视出其市场预期和经营行为的动向，从而从微观层面上来理解资产价格泡沫的破灭。与泡沫形成相反，在泡沫崩溃时期各类企业及金融机构总体上的支出出现了缩减。尤其重要的是，流向股票市场和房地产市场的资金出现了明显减少。

首先，在政府紧缩经济政策的影响下，金融机构特别是银行的贷款出现了明显减少。由于政府实施了前述的房地产贷款总量限制、对土地交易的限制以及导入 BIS 自有资本规制等政策，使得银行的贷款增速在 1990 年开始出现大幅度的下降。在泡沫经济期间，银行对企业的贷款增长率一直在10% 左右，但是从 1990 年开始快速下降，1994 年以后变为负增长。[①]

其次，在企业方面，大企业的以资产运作来获得财富的"财技术"行为得以终结，主要表现在企业资产负债表规模出现了大幅度的缩小。在泡沫经济期间，大企业的最主要的资金运用是现金及存款，泡沫崩溃期其数量已经出现了大幅度的减少，由原来的 9.3 万亿日元下降为 4.0 万亿日元。在资

---

　　①　在泡沫崩溃以及后泡沫时期，银行对企业的贷款并没有出现与泡沫期间大幅度增长相对称的大幅度下滑，其原因被认为存在着决定银行贷款的复杂机制。银行的对外贷款不仅由银行单方面的意愿决定的，还需要综合考虑作为借方的企业的情况，不能因为企业暂时效益下降就停止对企业贷款。甚至为了使企业不倒闭，还要在企业困难时"追加"贷款。

金筹措方面，依靠债券、增资方式筹措的资金数量也大幅度减少。全部法人企业的投资额减少了一半，但是大企业的投资仍然没有回到泡沫经济之前的水平。非制造业企业从银行的借款出现了大幅度的减少，同时对土地资产的投资也出现了下降。但是由于土地投资的复杂性（不同于金融资产，土地作为实物资产是同企业的设备投资需求联系在一起的），在泡沫经济期间对土地价格上升起主要助推作用的非制造业的中小企业，其土地投资并没有出现大幅度的下降。

小　　结

泡沫经济的出现在相当长时期内对日本经济的发展产生了重要的影响，是分析平成时期日本经济最为重要的问题之一。本章重点分析了泡沫经济理论和日本泡沫经济的形成与崩溃背后的背景、机制。实际上泡沫经济问题的研究，不仅仅限于泡沫经济的形成和破灭，更为重要的是分析泡沫经济的影响，如泡沫经济破灭后引发了金融危机及长期化的不良债权问题、资产价格变动与实体经济波动即经济周期之间的关系等，都是非常重要的问题。这些问题的研究将在其他章节中进行。

第 三 章

平成时期日本经济的周期波动

　　以市场经济制度为基础的现代经济体系，一个重要的特征是宏观经济会发生周而复始的周期性运动，即经济运行始终表现为以扩张和收缩相交替的周期性经济波动。第二次世界大战之后，西方国家普遍以凯恩斯主义理论为基础，运用宏观经济政策进行经济干预，极大地缩小了经济周期波动的幅度及其影响，甚至消除了与周期波动相伴随的剧烈的金融动荡和严重的经济危机。因此，西方经济学界的权威对宏观经济波动的治理持有极为乐观的态度，如诺贝尔经济学奖获得者罗伯特·卢卡斯在 2003 年美国经济学年会的主席发言中就曾指出：宏观经济学是"大萧条"催生出来的一门学科，这个学科已经走到了告别过去、另辟天地的时刻，"预防萧条的核心问题，实际上已经解决"①。实际上，持有上述观点的学者们对于日本在 20 世纪最后十几年所发生的事情并没有给予认真的关注，对 20 世纪末东亚发生的经济动荡也没有给予重视。这些含义深刻的经济动向，最后发生在了美国身上，并波及全球。本章以经济周期波动为着眼点，首先，对 20 世纪 50 年代以来日本经济周期的测定方法及其历史状况做简要的总结；其次，分析 80 年代中期以来以泡沫经济的形成和破灭为背景的经济周期波动；最后，对资产泡沫与宏观经济波动之间的关系进行初步的分析。

第一节　日本经济周期的测定及历史状况

　　以市场经济制度为基础的现代经济，发生周期性经济波动是其主要规律

---

① 〔美〕保罗·克鲁格曼：《萧条经济的回归和 2008 年经济危机》，刘波译，中信出版社 2009 年版，第 1 页。

之一。经济的周期性波动是社会经济组织及个人最为关注的事情。人们根据景气状况安排家庭的资产组合，企业根据景气的未来走向进行生产经营决策，政府则需要通过对经济周期走向的判断制定相应的经济政策。因此，对宏观经济走势及经济周期变化的研判成为现实经济分析的一项重要内容。在当今发达国家，存在着较为成熟的宏观经济分析指标系统和监测组织，通过对各类经济指标来研判宏观经济走势和周期变动的局面。日本作为当代发达的市场经济国家，通过经济调查数据、景气指标体系以及计量经济模型等分析和预测宏观经济走向和经济周期波动，既有官方的即政府官厅的景气分析体系，也有众多民间咨询机构和研究机构的预测分析系统。第二次世界大战结束后经过近十年的经济恢复期，日本经济开始步入正常发展的轨道：在1952年就已经呈现出了周期波动的规律，到2002年已经出现了14个经济周期。尽管在不同时期经济周期表现出了不同的特征，特别是在20世纪90年代的超低经济增长阶段，经济周期波动受到了许多特殊因素的影响并发生了很多的变化。但是，二战后日本经济在长期发展过程，在经济周期方面也形成了许多历史特征。本节主要对日本经济周期的分析指标系统和经济周期的历史状况做以总结和归纳。

一　经济周期的几个基本问题

经济周期问题是一个既古老又现实的话题。传统上，经济周期又称为商业周期，是用不同的商业周期阶段来表述商业状况，如景气、萧条等。在现代，经济周期已经同宏观经济的波动混同使用，通常是指经济状况发生的周期性波动。随着现代经济理论研究的深入，经济周期作为经济学理论的重要构成，已经形成了较为系统的经济学理论分支。不仅如此，由于经济发展机制总是随着时代迅速地发生变化，所以经济周期理论作为探讨经济周期性变化新机制的理论也总是不断地发展和进步。在此，仅就经济周期几个基本问题如经济周期种类、经济周期的阶段划分、经济周期的测度等进行简要的归纳和分析。

（一）经济周期的种类

从宏观角度考察现代经济，通常是从国民收入的生产、分配和支出这三个侧面来把握的。但是，市场经济制度构成了现代经济基本的或核心的制度基础，所有的经济活动都是通过市场完成的。现代经济学的供求理论对市场调节机制的分析，在某种程度上揭示了国民经济再生产过程中出现的经济循环波动现象。生产者和消费者在市场上通过交换，实现了各自的供给和需求目的。但是，市场并不能自动保证供给量和需求量的均衡。当两者不一致时就会引发价格变动，或通过库存变化改变产量，或者企业会根据利润的变化进行生产量的调整。也就是说，只要市场不处于均衡状态，就会发生价格的调整和产量的调整，这种调整构成了市场经济条件下景气循环的微观机制。

不仅如此，深入的研究还表明，市场的调整过程一方面保持了各种市场变动在某种程度上的一致性，另一方面还显示了循环性波动的趋向，并且经济的循环波动还是以某种既定的时间间隔即周期发生的。于是，人们把在产品、资金、劳动力三个市场中发生的物价、利息率、工资率等价格变量的变化率，以及产量、资金量、雇佣量等数量变量的变化率，几乎同时出现的具有稳定的一年以上周期的循环性变动状况，称之为周期性经济波动。迄今为止，学者提出了不同周期长度的经济周期种类，普遍被承认并被广泛应用的主要有以下几类。（1）朱古拉周期（Juglar cycle）。很早以前，就有人注意到从 15 世纪以来大约每十年左右就会爆发经济危机的现象。后来，朱古拉对这类现象进行了深入研究，通过美国、法国、英国等国家的物价、利息率的变动以及法国、美国等国家银行的资金借贷表各项目变动情况的分析，提出了经济活动存在高涨期—危机—调整期这样的循环运动模式。他首次将危机前后期间的经济活动统合起来作为一个循环周期，周期长度约为 7 年到10 年，被熊彼特称为朱古拉周期。（2）基钦周期（Kitchin cycle）。20 世纪20 年代，基钦分析了美国和英国 1890—1922 年的票据交换额、物价、利息率的变动，发现了不同于朱古拉周期的长度为 40 个月的经济周期，人们称之为基钦周期。一个朱古拉周期由三个或两个基钦周期构成。（3）康托拉耶夫周期。人们在关注周期短于十年的短周期的同时，发现还存在波长长于朱古拉周期的循环波动。1913 年调查物价波动的荷兰学者格尔德兰（J. V. Geldenren），在发现平均 10 年周期的物价波动之外，也发现了上升和下降需要数十年的长期波动。此后在 1922 年，俄国人康托拉耶夫分析了英国、法国、美国等国家的批发价格指数、公债价格、工资率、进出口额以及煤炭、铁等的生产量，认为存在 50 年前后的长周期波动。熊彼特将康托拉耶夫周期纳入他的分析之中，认为从 18 世纪末期到 19 世纪末期西方国家经历的两次长周期波动，恰好和两次产业革命相对应。（4）瓦德－库兹涅茨周期。在 20 世纪 20 年代末期到 30 年代初期，人们实际上已经发现了另一种周期波动，但是没有得到重视或进一步的确认。如在 1927 年瓦德维尔（Charles A. R. Wardwell）分析了美国经济的十种系列，发现了稍短于 15 年的主循环。在 1930 年，西蒙·库兹涅茨对美国、英国、德国、法国等国家的各类商品产量和价格的长期系列中除去趋势变动之后，发现了平均期间稍长于 20 年的周期。可是他当时却认为是与康托拉耶夫周期同类的长期波动。后来，有人从建筑和交通等行业的发展方面对 20 年前后的周期做出了解释，称之为交通—建筑循环。为纪念其最初发现者，也称为瓦德—库兹涅茨周期。

现代经济存在的周期性波动特征主要是基于投资的循环性，不同类型的投资其生命周期不同，因而引发了各自对应的经济周期。如上所述，瓦德—库兹涅茨周期的主角是建设以及建筑投资，因而它又被称为建筑周期（building cycle）。基钦周期又称为库存周期，因为它同库存投资的变动过程存在着密切的关系。同样，设备投资发挥主要作用的朱古拉周期也可称为设备投资周期。因此，三种经济周期与三种投资形态相对应，可以看作三种投资循环，即库存投资周期、设备投资周期和建筑投资周期。迄今为止，还没有与康托拉耶夫周期相对应的投资形态，该周期变动的物质基础被认为是科技革命及产业革命。

（二）经济周期的阶段划分

经济周期作为对经济状况周期性波动的描述，是由不同的阶段构成的。在不同的周期阶段经济状况有着截然不同的表现。关于经济周期阶段有着不同的划分。众所周知的马克思提出的资本主义经济危机理论认为，资本主义经济危机是周期地爆发的，从一次危机到另一次危机之间周而复始的阶段性，称作资本主义再生产的周期。每个周期包括危机、萧条、复苏和高涨四个阶段。这一类的经济周期阶段划分法称为四阶段分类，即将经济周期的构成分为四个阶段。此外还有六阶段分类和两阶段分类。

常用的是如图 3－1 所示的经济周期的两阶段分类，就是在一个经济周期中，包括经济扩张期和经济衰退期这两个阶段。从经济活动低迷期的谷底到经济活动高潮期的峰顶是扩张期,从山峰到谷底是经济衰退期,从一个谷底到另一个谷底构成了一个完整的经济周期。图 3 - 1 中还例示了另一种两阶段分类,即将周期阶段分为景气期和萧条期。图 3 - 1 中的横线代表经济活动波动幅度的平均水平,从 A 点到 B 点的经济活动水平在平均水平之上,为景气期;从 B 点到 C 点的经济活动水平在平均水平之下,为萧条期。这是熊彼特的两阶段划分法。

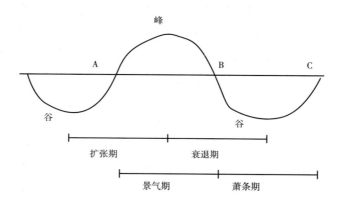

图 3 - 1　经济周期的两阶段划分

　　经济周期阶段的划分还同经济增长之间存在着密切的关系。在一个增长的经济中,单纯地进行经济周期阶段划分,实际上周期循环会表现出一种增长的趋势,因此产生了由存在趋势波动和纯粹的周期波动而导致的阶段转换点上的差异。由此,经济周期又根据是否去掉经济增长趋势而被分为古典周期和增长周期。前者是指不考虑增长趋势的变动而单纯从经济指标中检测出来的经济周期;后者则是考虑到增长趋势的影响,将经济指标中的趋势波动去掉得出的周期波动。

(三) 经济周期的测度

　　对宏观经济的周期性变动的研判主要是以宏观经济状况的变化为依据,或者说其本身就是宏观经济状况的分析。所以,使用表征宏观经济状况的经济指标来分析经济周期的阶段或状况,是理所当然的事情。但是经济周期作为宏观经济状况综合变化的代表,又有别于对宏观经济单一侧面状况变化的分析,其是对宏观经济的综合分析。因此,对经济周期的测度:一是使用综合性的宏观经济指标，如实际 GDP、实际 GNP 等；二是选择一系列经济指标对其加以综合，制成专门的经济周期动向指数，用于经济周期及景气状况的分析。

作为表示宏观经济总体的实体活动的单一指标，最具代表性的仍然是实际国内生产总值。实际上在美国等国家，基本上是以实际 GDP 的变化来判断经济周期的变化的。日本对库兹涅茨长周期的检出也是以实际 GNP 增长率为基准的。但是以实际 GDP 作为经济周期的分析指标，也存在一些问题，最主要的是实际 GDP 预测和估值的时效性问题。在大部分国家，GDP 估值通常是一个季度公布一次的季度数据，这对于每个月都会发生变化的景气状况来说是比较滞后的。通常需要 GDP 的月度数据来分析经济状况的变化，但是这又比较困难。除了 GDP 本身实际数值之外，GDP 供求缺口即"总需求与总供给之差"，也是判断宏观经济景气状况的重要指标。其中总需求用实际 GDP 来表示，总供给能力则是用潜在 GDP 来推算。当然，潜在 GDP 的计算同样存在一定的困难。一种补救的方法，是使用能够反映 GDP 缺口的一些月度统计指标，如反映生产领域供求缺口的"开工率指数"、销售领域的"库存指数"、劳动市场的"有效求人倍率"等。这些指标就是表示局部供求缺口的指标，它们对于判断宏观经济状况比综合的 GDP 缺口更能发挥作用。

专门的经济周期分析指标就是使用一系列的经济指标合成的指数化的专用指标，被称为景气动向指数，包括 DI（Diffusion Index）指数和 CI（Composite Index）指数。

DI 指数是最为传统的经济周期分析指数，在以前一直作为主要的经济周期状况分析指标。其基本原理是根据经济周期波动的扩散性，利用经济指标变化的比率来对经济景气的变化方向做概率性分析。因此，这一指数是非量化的，是对经济周期走向的判断。由于宏观经济是由无数的微观经济主体的经济活动构成的，所以这些经济活动的主流方向决定了经济周期的扩张与衰退阶段。在扩张期，尽管一些经济活动处于下降阶段，但是更多的经济活动持续上升，从而使宏观经济处于高涨状态。随着这种上升倾向在经济中横向扩散和纵向渗透，逐渐减弱，达到一定程度后使经济周期由扩张转为衰退。在经济扩张期，上升倾向的经济活动占优势；而在衰退期下降倾向的经济活动占优势；当两者均衡时，上升的经济指标和下降的经济指标数量几乎相同时，意味着经济周期的反转。DI 指数就是利用这一原理构造而成的。首先，选择能够反映经济结构特征的具有代表性的经济指标系列，改善的经济指标数与指标总数的百分比，就构成了 DI 指数。

$$DI = \frac{\text{改善的（或上升的）经济指标数}}{\text{指标总数}} \times 100\% \qquad \text{（公式 3 - 1）}$$

显然，DI 指数在 0—100% 之间，它只具有表述统计意义。DI 指数的最高、最低点先行于经济周期的峰谷，而其数值的中线即 50% 线实际上表示经济周期的转折点。当 DI 指数由小变大达到 50% 附近时，表示经济周期开始由衰退阶段转入扩张阶段；反之，当 DI 指数由大变小接近 50% 时，表示经济周期向相反方向的运动。

日本经济企划厅在 1960 年开始公布景气动向指数（DI 指数），用于计算 DI 指数的经济指标最初是从多达 750 个系列的统计数据中选定了 20 个系列，称为"20 系列的景气动向指数"。其后随着经济结构的不断变化，选用的经济指标也不断进行调整。如 1979 年修订的 DI 指数，以 1968 年的系列选择为基础，将第一次石油危机后的结构变化概括进去，不仅提高了指数的先行性，而且与景气的基准日期的对应关系也更加明确了。DI 指数通常被细分为三种：先行指数、一致指数和滞后指数，它们分别是依据与经济周期波动之间存在着的上述三种时间关系经济指标计算得出的。根据与经济周期波动基本同步的指标即一致系列计算的 DI 一致指数，反映了经济周期的当前状况；依据对周期变化比较敏感、先于周期变动的经济指标计算的先行指数（见表 3 - 1），能够对周期变动做事先分析；滞后指数则是对景气变动加以确认。

不同于只具有描述性统计性能即只是对经济周期动向做出分析的 DI 指数，CI 指数尽管也是由相同的对经济周期波动敏感的经济指标合成的景气动向指数，但是它是依据统计学原理合成的统计值。其大小不再仅仅是简单地由概率性数值来判断经济周期的变动方向，而是能够表示出经济波动的幅度和速度。所以 CI 指数自身的高值和低值就代表了经济周期的基本变化状况。[①]

[①]　关于 CI 及 DI 两类指数的统计学基础参见村沢康友「景気指数の統計的基礎」、浅子和美、宮川努編『日本経済の構造変化と景気循環』、東京大学出版会、2007 年 7 月出版、第 8—28 頁。

表 3 – 1 DI 指数的先行采用指标系列

系列组	系列名	出 处
先行系列	L_1 最终需求品库存指数 L_2 工矿业生产品库存指数 L_3 新用工数(不包括对毕业生的需求) L_4 实际机械订货(除船舶、电力之外的需求)	经济产业省 经济产业省 厚生劳动省 内阁府经济社会综合研究所
	L_5 新建住宅竣工占地面积 L_6 耐用消费品出厂指数 L_7 消费者态度指数	国土交通省 经济产业省 内阁府经济社会综合研究所 日本经济新闻社
	L_8 日经商品指数(42 种综合) L_9 长短期利率差 L_{10} 东证股价指数 L_{11} 投资环境指数(制造业) L_{12} 中小企业销售额预测 DI	日本相互银行 东京证券交易所 财务省 + 相互银行 中小企业金融公库
一致系列	C_1 生产指数 C_2 工矿业生产品出厂指数 C_3 大客户用电量 C_4 设备开工率指数(制造业) C_5 规定外劳动时间指数(制造业) C_6 投资品出厂指数(除运输机械外) C_7 商业销售额(零售) C_8 商业销售额(批发) C_9 营业利润(全产业) C_{10} 中小企业销售额 C_{11} 有效求人倍率(除毕业生外)	经济产业省 经济产业省 电气事业联合会 经济产业省 厚生劳动省 经济产业省 经济产业省 经济产业省 财务省 中小企业厅 厚生劳动省
滞后系列	Lg_1 第三产业活动指数 Lg_2 常用雇佣指数(制造业) Lg_3 实际法人企业设备投资 Lg_4 家庭消费支出 Lg_5 法人税收入 Lg_6 完全失业率	经济产业省 厚生劳动省 财务省 总务省统计局 财务省 总务省统计局

资料来源:日本内阁府的"景气统计"。

正因为如此，DI 指数是用来判断经济周期阶段和转折点的，而 CI 指数则是表示经济波动的量化指标。前者虽然也是数值指标，但是它作为一种概率性的数值，对经济周期波动只能做出性质判断；相反，CI 指标由于是一系列对经济周期波动敏感的经济指标数值的合成，其本身的波动就代表了经济的周期性波动。由于 CI 指数具有这一良好性质，它已经成为国际上通用的景气动向判断指标。日本政府原来公布的景气指标是以 DI 指数为主的，从 2008 年 6 月公布的景气统计开始，由原来的以 DI 为主的方式改变为以 CI 为主的方式，即用 CI 指数取代了原来占据主要地位的 DI 指数。与 DI 指数一样，CI 指数也分为先行指数、一致指数和滞后指数三类。图 3 - 2 是日本从 1973 年到 2003 年 CI 指数的情况，从中可以看出，CI 一致指数的峰值与低值和日本政府公布的经济周期波动的基准日期是高度一致的。只有在个别情况下有 3—4 个月的时差。①

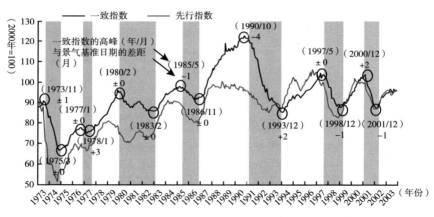

图 3 - 2　CI 指数变化与经济周期

注：图中阴影部分表示经济周期的衰退期。

资料来源：根据内阁府的"景气动向指数"绘制，转引自《金融市场》2003 年 11 月号。

二　日本经济周期的历史特征

资本主义经济存在着周期性运动规律，甚至在早期还存在着周期性爆发

---

①　经济周期波动的基准日期是日本政府在事后根据 GDP 统计和景气指数统计等经济统计数据，对景气状况加以综合判断，做出的经济周期变化的基准日期。官方统计公布的基准日期也成为研究经济周期波动的权威性指标。

经济危机的问题。其发生机制已经被以往的经济学家的研究所揭示。但是前述的各类经济周期都是从欧美地区的先发资本主义国家的经济数据中检证出来的。日本作为较为典型的后发资本主义国家，是否存在着经济理论中提出的各类经济周期，或者说是否存在着与欧美等先发国家同样的周期性运动规律呢？这一点，在日本国内外经济学家的努力下，运用第二次世界大战之前和战后的日本长期经济发展资料，发现了日本经济在长期发展过程中，同样也存在着与欧美国家相同的经济周期运动。特别是在二战前的经济发展中也存在着重大经济危机。

　　研究日本经济周期的代表性学者主要有大川一司、索罗夫斯基、藤野正三郎、篠原三代平、南亮进等，他们用不同的经济指标检测了经济周期的存在。如大川一司和索罗夫斯基根据资本形成、大川一司与其他人根据经济增长率、篠原三代平根据制造业的实际生产额的增长率、藤野正三郎根据存款的支取额等，对日本经济的周期运动进行了时间界定。南亮进对这些研究资料进行了整理和对比，发现这些研究对日本经济周期的分析，除了存在细小的差异之外，在大多数情况下经济周期的峰与谷的时间基本上没有大的差异。他们发现的波长为 20 年左右的经济周期，类似于库兹涅茨的建筑周期。大川一司和索罗夫斯基检出的周期长度为 22 年、藤野正三郎检出的长度为 15 年、篠原三代平检出的为 22 年、南亮进检出的长度为 23 年。[1] 相关的研究还表明，从二战前到战后，日本经济中一直存在着长度为 10 年左右的中周期。如田原昭四通过对投资率（民间设备投资与 GNP 的比率）的分析，对从 1876 年到 1977 年日本经济中存在的中周期进行了划分（见表 3 - 2）。从 1876 年到二战前有 7 个周期，战后到 1977 年有 3 个周期，即在 100 年的时间内检测出了 10 个周期，周期长度最短 7 年、最长 12 年，平均为 9.6 年。[2]

　　周期长度约为 40 个月的基钦周期即短周期又称为库存周期，是经济周期研究的一个重点。对日本经济的短周期研究，无论是对二战前的分析，还是对二战后经济发展过程的分析，都构成了经济周期研究的重点内容。前述的经济学家对日本二战前的研究证明了，从明治初期日本就已经存在周期长

①　南亮進『日本の経済発展』、東洋経済新報社、1981 年出版、第 33 頁。

②　田原昭四『景気変動と日本経済』、東洋経済新報社、1983 年出版、第 40 頁。

表 3 - 2   根据投资率检出的中周期 (1876—1977 年)

周期	谷	峰	谷	持续时间（年）		
				上涨期	衰退期	合计
1	1876	1881	1885	5	4	9
2	1885	1888	1892	3	4	7
3	1892	1897	1902	5	5	10
4	1902	1906	1913	4	7	11
5	1913	1918	1923	5	5	10
6	1923	1927	1932	4	5	9
7	1932	1939	—	7	—	—
8	1947	1951	1955	4	4	8
9	1955	1961	1965	6	4	10
10	1965	1970	1977	5	7	12
平均（1—10 周期）				4.6	5.0	9.6

注：1876—1885 年的第 1 个周期是根据藤野正三郎的研究得出的。第 7 个周期后段因战争影响中断。
资料来源：田原昭四『景気変動と日本経済』、東洋経済新報社、1983 年出版、第 40 頁。

度为 30 个月的短周期波动。第二次世界大战结束后经过近十年的经济恢复，在 20 世纪 50 年代日本经济开始了新的周期性运动。同时，由于经济周期统计方法的系统化，经济周期的检测得以更加规范。从 50 年代初开始到 2002 年，日本经济已经经历了 14 个经济周期（短周期）。由于战后经济周期统计开始较晚，第 1 个周期只计算了 4 个月的经济衰退，是不完整的。从 2002 年 1 月开始的第 14 个周期到 2007 年 10 月已经达到高峰，之后开始反转，目前仍处在该周期的衰退阶段，即受到国际金融危机影响发生的经济衰退。

关于各个经济周期的事实特征，在以往的研究中都进行过详细的分析。特别是关于高速经济增长时期各周期的高涨阶段，均有特定命名。本节中仅就二战后日本经济周期波动的数量特征进行简要的分析。在后面的章节中，还要对诸如在平成时期以来发生的泡沫景气、泡沫萧条的周期循环，后来各周期变动的特征比较，以及本次经济衰退的特征等问题展开分析。图 3 - 3 和表 3 - 3 是对二战后即从 20 世纪 50 年代初期开始，日本经济周期运动的

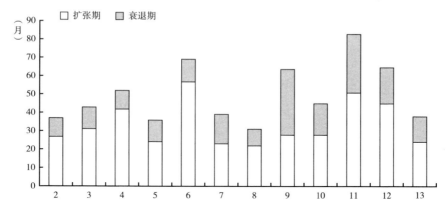

图 3 - 3　二战后日本经济周期的周期长度（1951 年 10 月—2002 年 1 月）

资料来源：根据日本内阁府的"景气统计"数据绘制。

表 3 - 3　二战后经济周期波动的特征

项目	谷	峰	谷	扩张期（月）	衰退期（月）	全周期（月）
第 1 个周期		1951 年 6 月	1951 年 10 月		4	
第 2 个周期	1951 年 10 月	1954 年 1 月	1954 年 11 月	27	10	37
第 3 个周期	1954 年 11 月	1957 年 6 月	1958 年 6 月	31	12	43
第 4 个周期	1958 年 6 月	1961 年 12 月	1962 年 10 月	42	10	52
第 5 个周期	1962 年 10 月	1964 年 10 月	1965 年 10 月	24	12	36
第 6 个周期	1965 年 10 月	1970 年 7 月	1971 年 12 月	57	17	74
第 7 个周期	1971 年 12 月	1973 年 11 月	1975 年 3 月	23	16	39
第 8 个周期	1975 年 3 月	1977 年 1 月	1977 年 10 月	22	9	31
第 9 个周期	1977 年 10 月	1980 年 2 月	1983 年 2 月	28	36	64
第 10 个周期	1983 年 2 月	1985 年 6 月	1986 年 11 月	28	17	45
第 11 个周期	1986 年 11 月	1991 年 1 月	1993 年 10 月	51	32	83
第 12 个周期	1993 年 10 月	1997 年 6 月	1999 年 1 月	45	20	65
第 13 个周期	1999 年 1 月	2000 年 12 月	2002 年 1 月	24	14	38
第 14 个周期	2002 年 1 月	2007 年 10 月		58		
平均值				35.38	17.08	50.58
最大值				57	36	83
最小值				22	9	31
标准偏差				12.04	8.61	16.92

注：表中的 5—7 列为各周期的扩张阶段、衰退阶段和全周期的时间长度，单位为月。第 16—19 行数值依据第 2—13 周期的数据计算得出。

资料来源：日本内阁府的"景气统计"。

基本情况及统计特征的表述。在完全统计的第 2 个周期至第 13 个周期中，一个周期的平均长度是 50.58 个月（4 年零 2 个月），其中扩张期平均长度为 35.38 个月，衰退期平均长度为 17.08 个月，扩张期的长度恰好为衰退期长度的约 2 倍。在全周期中持续时间最长的是第 11 个周期，总长度为 83 个月；最短的是第 8 个周期，总长度为 31 个月。扩张期最长的是第 6 个周期，长度为 57 个月（在尚在进行中的第 14 个周期中，已经确定其扩张期为 2002 年 1 月至 2007 年 10 月，持续时间超过了第 6 个周期的扩张期，为二战后持续时间最长的经济扩张阶段）；最短的为第 8 个周期，为 22 个月。最长的衰退期长度为 36 个月，最短的只有 9 个月。

在 20 世纪 70 年代中期之前即二战后日本经济高速增长时期，各周期循环的扩张期较长，而衰退期较短。70 年代中期以后，衰退期有了明显延长的趋势。但是仅就经济周期的长度而言，并没有表现出明显的长期化的趋势。而且无论是全周期的长度还是各周期扩张阶段和衰退阶段，都有较大的偏差，呈现出分散化的倾向。在全部 12 个周期中，全周期长度的标准偏差为 16.92 个月，扩张期长度的偏差为 12.04 个月，而衰退期长度的偏差为 8.61 个月。扩张期和衰退期长度之间也不存在明显的相关关系。

仅从经济周期及周期各阶段的持续时间上，即周期长度上，是无法全面反映经济周期性运动的特征的。要全面掌握经济周期性运动的特征，必须分析经济周期波动的波幅即经济增长率的波动状况。由于受到统计数据的限制，无法计算各经济周期的经济增长率。这里概略地对自 20 世纪 50 年代中期以来不同时期的经济增长率的波动情况做以描述性统计。图 3－4 是 1956—2007 财年日本经济增长率的变化曲线。从图 3－4 中可以看出，自 20 世纪 50 年代中期至 21 世纪初，日本经济增长在不同的时期是存在着极大的差别的。从长期趋势看，日本的经济增长经历了较大幅度的下降趋势。这也就是通常所说的高速增长阶段、稳定增长阶段到超低速增长阶段的变迁。

表 3－4 计算了三个不同时期经济增长率的描述性统计量。在 1956—1973 财年的高速经济增长时期，平均增长率高达 9.1%，最高的增长率达到了 12.4%，最低的也是 5%。这一时期经济周期的波动实际上是增长率的波动，即使在经济衰退时期，也只是表现为经济增长率的降低，最不景气的时期经济增长率也保持在 5%—6% 的水平。由于经济增长率水平较高，这一

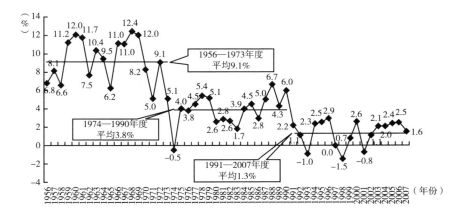

图 3 - 4 日本长期经济增长率的波动

资料来源：根据日本国民经济计算绘制。

表 3 - 4 不同时期经济增长率的描述性统计

项目	1956—1973 年度	1974—1990 年度	1991—2007 年度
最大值	12.4	6.7	2.9
最小值	5.0	- 0.5	- 1.5
标准偏差	3.65	1.694758	1.392364
均 值	9.1	3.8	1.3

资料来源：根据图 3 - 4 数据计算。

时期波动的幅度也是比较大的，如标准偏差为 3.65。第一次石油危机结束了日本经济的高速增长阶段，日本经济开始进入稳定增长阶段。从 1974 财年到 1990 财年，日本平均增长率为 3.8%。1974 年受到石油危机的影响，日本出现了深度经济衰退，经历了战后第一次负增长。最高的经济增长率为 6.7%，相当于高速增长时期的最低水平。与平均增长率数值的降低相对应的是，这一时期经济增长率波动也出现了较大幅度的下降，这一时期增长率的标准偏差从前一时期的 3.65 下降到了约 1.69。90 年代初期日本泡沫经济的破灭，给日本经济带来了更为严重的影响。从此，日本经济陷入了长达十余年的长期经济停滞，有人称之为超低经济增长阶段。从 1991 财年至 2007财年，年度经济增长率最高只有 2.9%，平均增长率仅为 1.3%，有几个年度近似于零增长。这一时期，尽管也存在着经济周期波动，但是经济增长率的大幅度下降，不仅导致了平均增长率的降低，而且使得增长率波动幅度极度降低，这期间增长率的标准偏差只有约 1.39。

尽管上面的分析不是对各个经济周期增长率波动展开的，但是由于区分了增长率存在较大差异的不同增长阶段，各个阶段的增长率波动还是能够比较近似地表示该阶段经济周期波动的幅度。在高速增长时期，经济增长率在长期持续处于较高水平的同时，也存在着较大幅度的波动。而在低增长时期，整体上是经济增长率出现了大幅度的下降，是平均增长率的降低导致了经济增长波动幅度的缩小，而不是较大的波动幅度导致了平均增长率的下降。

第二节　泡沫经济影响下的经济周期

日本经济于 1985 年中期受日元升值影响，出现了所谓的"日元升值危机"。在翌年 11 月日本经济开始复苏，进入了战后的第 11 个经济周期的扩张期。如表 3 - 3 所示，该周期从 1986 年 11 月开始，扩张期一直持续到 1991 年 1 月，然后进入衰退期，直到 1993 年 10 月才达到谷底。周期总长度为 83 个月，扩张阶段长达 51 个月，衰退期长度为 32 个月。由于这一周期中间恰逢日本年号的变更，所以两个阶段分别被称为平成景气和平成萧条；又因为经济扩张时期发生了严重的泡沫经济，所以又被称为"泡沫景气"。这一点恰好是该经济周期不同于以往经济周期波动的最主要的特点：由于资产泡沫的形成和破灭与实体经济的扩张、衰退纠合在一起，具有虚拟经济和实体经济波动相互影响的"复合型周期"的特征。对此进行深入分析，对于揭示现代经济体制下新的经济周期波动机制，具有重要的意义。

一　平成景气——第 11 个周期的经济扩张阶段

受日元大幅度升值的影响，日本经济于 1985 年出现了被称为"日元升值萧条"的经济衰退。但是这次景气衰退并不像人们想象得那样严重，只是持续了一年多的时间，于 1986 年 11 月就达到了第 10 个经济周期的谷底。进入 1987 年之后经济开始缓慢地恢复，并在该年后半期进入了经济扩张期，直到 1991 年初达到了扩张的高峰。

在 1987 年初即该年的第一季度，尽管日本经济已经开始恢复，但是由于在后来的 4—5 月日元再度出现了快速的升值，受此影响日本经济在 1987 年第二季度放慢了复苏的速度。在这种情况下，日本政府一方面坚持贯彻所谓的"国际政策协调"的方针，坚持日元对美元的升值；另一方面，坚决果断地实施扩张性的宏观经济政策。在货币政策方面，日本银行坚决实施了宽松的利率政策，从 1986 年 1 月开始到 1987 年 2 月，连续 5 次下调贴现率，创下了 2.5% 的历史最低贴现率水平。在财政政策方面，面对 1987 年第二季度经济复苏放缓的情况，日本政府在 5 月末果断出台了 6 万亿日元规模的"紧急经济对策"，其中包括 4.3 万亿日元的公共投资、追加的 7000 亿日元的住宅金融公库融资和超过 1 万亿日元的减税。在 1987 年下半年，日本经济由恢复阶段进入了扩张期。在第三季度，个人消费坚挺、住宅需求大幅增加，加上前面推出的"紧急经济对策"带来的"公共需求的扩大"以及出口出现的小幅增长等政策效应，使得该季度实际 GNP 的年增长率达到了 8% 的高水平，工矿业生产的增长也创造了高水平的纪录。进入第四季度之后，经济扩张的趋势更为清晰了。尽管外需有所减少，但是因住宅需求、公共固定资本投资等扩大导致的国内需求的增长，支持了经济的持续增长，企业收益以及企业对景气状况的判断等都出现了明显的改善。进入 1988 年第一季度后，日本经济仍然继续扩张。这时尽管住宅投资的增长开始减速，但是工薪阶层的消费开始加速增长，设备投资、公共固定资本形成导致了国内需求坚挺，在该季度实际 GNP 年增长率达到了 11.3%。整个 1987 年度经济增长率达到了 4.9%，其中内需的贡献为 6.1%。

从 1987 年的下半年日本经济进入扩张阶段之后，这种高涨的扩张局面一直持续到 1990 年末。80 年代后几年的经济增长率都高于 1974 年以来的稳定增长期的平均增长水平，使得 80 年代后半期出现了较高的平均经济增长率，这同世界上其他发达国家相比也是比较高的。在 1990 年，世界经济增长开始减速，美国经济已经进入衰退阶段，加上海湾战争等因素的影响，日本经济的外部环境已经出现了极不稳定的局面。尽管如此，在这一年当中，这些因素对日本经济产生的影响是轻微的。在 1990 财年，日本的经济增长率仍达到了 5.7% 的高水平，工矿业生产的增长率也达到了 5.6%。日本经济从 1991 年之后进入了调整期。从 1987 财年到 1990 财年，日本 GDP 的平均增长率达到了 5.2%，进入 1991 年之后沿着之前经济增长的惯性，经济增长率依然持续了一段时间的高增长。1991 年的前两个季度的经济增长率分别达到了 6.7% 和 4.0%，第三季度下降至 1.7%，第四季度出现了负增长。

二　平成景气的主要特征

被冠以"平成景气"的此次经济周期扩张阶段，从战后以来的日本经济发展及周期运动看，也是一次大型的经济扩张过程。从经济增长的平均水平即增长的力度和持续时间看，无论是同高速增长时期相比，还是同 70 年代之后的稳定增长时期相比，都具有较突出的特点。更为重要的是，在这次经济周期扩张过程中还伴随着重要的结构性变化，显示了经济周期波动的特殊性。一般而论，可以从以下几个方面总结"平成景气"即日本经济第 11 个周期经济扩张阶段的特点[①]。

第一，强有力的经济增长。如前所述，此次景气扩张在 1986 年实现景气复苏之后，在 1987 年下半年就进入了快速扩张的阶段，一直持续到 1990 年末。1987 财年到 1990 财年平均增长率达到了 5.2%。这一高增长率，不仅是在日本自石油危机之后进入低增长阶段中出现的较高速度的增长，而且在发达国家中也是出类拔萃的经济绩效。如图 3 - 4 所示，1974—1990 年度日本经济的平均增长率仅为 3.8%，而这一平均增长率还包括了 80 年代后期较高增长的贡献。在平成景气的经济增长高峰时期，经济增长率达到了 6% 以上，这是在稳定增长时期所未有的，接近高速增长时期的增长水平。

第二，经济扩张期的持续时间较长。从表 3 - 3 的数据可以清楚地看出这一特点。第 11 个周期的经济扩张期，从 1986 年 11 月开始至 1991 年 1 月

---

①　以下关于该经济周期经济扩张阶段特征的总结，参见日本 1987—1991 年各年度的《经济财政报告》的相关内容，其中数据均引自日本经济企划厅编《经济财政报告》（相关各年度版）。笔者认为这些方面只是经济运行的表面特点，没能更深入、更全面地揭示经济周期变化的机制。在后面笔者将对这一阶段出现的两个新现象做进一步的分析，并且在本章最后一小节，对资产泡沫与经济周期之间的关系做深入分析。

结束，持续时间达 51 个月。在 70 年代以后即进入稳定增长阶段之后的各周期中，经济扩张阶段最长时间也只有 28 个月，从第 7 个周期到第 10 个周期的扩张阶段的平均时间只有 25 个月。即使同高速增长时期相比较，这次经济扩张阶段的延续时间，也仅次于持续时间达 57 个月的"伊奘诺景气"，长于其他如"神武景气""岩户景气"等战后大型经济扩张期。

第三，实现了内需主导型的增长。在日本经济以往的周期循环中，不同时期的周期循环表现为不同的循环机制。图 3-5 是从 1965 年开始的战后第 6 个经济周期到第 11 个经济周期经济扩张阶段的经济增长率及内需、外需的贡献度。从图 3-5 中可以看出，在高速经济增长阶段，经济增长或景气变动主要是以内需贡献为主导的。自 1974 年进入稳定增长阶段之后，外需在经济增长中的贡献度由原来的大幅度的负值变成了正值，特别是在 80 年代前半期的第 10 个经济周期的扩张期中，外需的贡献度为 1.4%，对经济增长的贡献率达 28%，是较为典型的"外需主导型"经济增长模式。在平成景气期间（1986 年 11 月至 1990 年 3 月），日本经济的平均增长率为 5.7%，其中内需的贡献度为 6.4%，外需的贡献度为 -0.7%。也就是说，该次经济周期中的经济扩张，实现了由前期的"外需主导型"增长模式到"内需主导型"增长模式的转换。

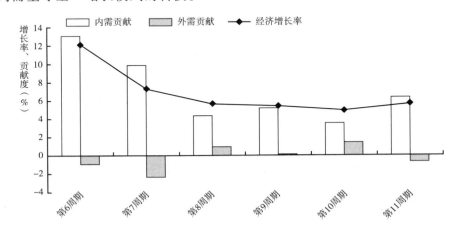

图 3-5　经济扩张阶段的经济增长率及内外需贡献度

注：第 11 个周期扩张阶段计算至 1990 年 3 月。

资料来源：数据来自日本经济企画厅『1991 年度经济财政报告』，

　　第四，经济扩张过程中出现了资产价格的大幅度上涨。在前一章中笔者已经详细叙述了在 20 世纪 80 年代后期日本发生的资产泡沫现象，泡沫经济的发生恰好与第 11 个经济周期经济扩张的高峰时期吻合。股市先于经济周期转折在 1989 年就出现了大幅度的下落；而土地价格的下跌则较晚，和经济转折差不多是同步发生的。实际上，各界对于资产价格的大幅度上升已经表示了各种担忧，但是由于以往没有发生过资产泡沫对经济产生严重影响的事例，中央银行的货币政策主要是着眼于物价的稳定，资产价格泡沫的严重性被忽视了。到后期，日本官方已经注意到了资产价格上涨对经济高涨的影响，但还是比较乐观，将其归结为存量经济特征。

　　第五，物价和工资的稳定。通常而言，随着经济扩张出现的经济过热，会由于商品和劳动力的需求扩大而引起物价和工资的提高。但是，这次经济扩张阶段没有出现物价和工资的大幅度上升现象，总体上看两者的变动是非常稳定的。从 1986 年第四季度到 1990 年第一季度，消费者物价年平均增长率仅为 1.4%。只是在 1990 年度消费者物价上升了 4.2%，但主要是由于海湾战争的影响和生鲜食品价格暂时上升引起的，如果去掉这一因素，那么物价还是稳定的。由于经济扩张，劳动力的需求扩大，劳动雇佣的环境得到了很大的改善。在进入稳定增长期之后，由于产业结构由重大厚长向轻薄短小转变，使得劳动需求出现了结构性的需求不足；加之景气扩张期缩短，劳动力需求不足使失业率提高。但是这次发生了较大的变化，就业人数对景气扩张出现了灵敏的感应，随着经济复苏，失业率大幅度地下降，劳动需求上升，甚至在一段时间内出现了"人手不足"现象。尽管劳动需求扩大，但是并没有引起工资的大幅度提高，工资是稳定地变化的。上述期间现金工资总额的上涨率年平均为 3.8%，远低于 70 年代以前景气上升时期的工资上涨水平。

　　第六，经常收支盈余缩小。尽管仍然存在着巨额的贸易顺差，但是同以往相比相对额出现了大幅度的下降。在该轮景气开始时经常收支盈余与 GNP 之比为 4.6%，到经济高峰时已经降到了 2.2%。这与低速增长期的出口主导型经济增长是截然不同的。在前一周期的景气恢复时期，由于出口带动了经济复苏，所以在经济扩张期经常收支与 GNP 的比值为 3.9%。而在高速增长时期通常是出现经常收支盈余缩小或赤字。本次经济扩张期经常收支盈余的缩小也是外需减少而内需扩大这一内需主导型增长的表现。

在上述诸特征中，有两个经济现象是以往没有或者不明显的，即内需主导型的增长和资产价格的大幅度增长，它们应该是这一阶段日本经济出现的两个重要结构特征。下面针对这两个重要结构变化的实际状况及其产生原因做进一步分析。

首先是内需扩大形成的内需主导型经济增长。

图 3-5 显示了各个经济周期上升阶段内需和外需对经济增长的贡献情况。可以看出，在 70 年代中期以前，日本经济的增长主要依靠内需，即内需对经济增长起到了绝对的拉动作用。但是在第一次石油危机之后，日本经济进入稳定增长期之后，外需对经济增长的作用逐步增大，从 1975 年 3 月开始的第 8 个周期到 80 年代前半期的第 10 个周期的经济扩张阶段，外需的贡献度都是正的。外需贡献度最大的是从 1983 年 2 月到 1985 年 6 月的第 10 个周期的扩张阶段，形成了明显的外需主导型经济增长模式。在该周期的长达 28 个月的经济扩张期，平均经济增长率为 5.0%，其中内需贡献为 3.5 个百分点，外需贡献为 1.4 个百分点，外需贡献率高达 28%，远远高于其他时期。这一现象在战后日本经济的发展过程中是前所未有的。

外需在经济增长中作用的增强，主要是由于日本产业发展、国际竞争力增强导致了出口的扩大。在 20 世纪 70 年代中期之后，日本以汽车、家电为代表的一批新兴产业的崛起，在国际市场上显示了极大的比较优势。这些产业包括汽车、电子工业、家电产品、自动两轮车、照相机、音响机械、车床等。日本学者小宫隆太郎认为，这些产业成为比较优势产业，其原因或特征主要在于：（1）加工产业，特别是包括零部件生产和产品组装过程的"加工组装型"产业；（2）批量生产技术；（3）品质上的均质性，低次品率和由于严格的质量管理形成的产品低故障率；（4）属于产品差别化领域，因此销售、服务网络的建立和细致的服务发挥重要的作用；（5）通过不断的生产工艺改善来降低成本；（6）根据需求者不断变化的要求，开发产品和改进已有产品；（7）在生产工艺的工序及时间调整方面十分巧妙；（8）与大量的各专业领域不同规模的企业之间的合作、协调和调整。① 出口产品结

---

① 小宫隆太郎『現代日本経済：マクロの展開と国際経済関係』、東京大学出版会 1988 年出版、第 188—189 頁。

构的变化也反映了产业结构、产业比较优势变化的特征，这突出地表现在日本出口产品中机械类产品所占比重的大幅度提高上。在 1970 年的全部出口中，机械类产品的比重为 46.3%；到 1975 年上升到 53.8%；1983 年再度上升到 67.8%，占全体的 2/3 以上。

由于日本工业品特别是机械类产品对美国、欧洲出口的增加，使得日本的国际收支（经常收支）出现了大幅度的顺差，而美国则是大幅度的国际收支赤字。由此在 20 世纪 80 年代前半期引发了美日之间激烈的贸易摩擦乃至经济摩擦。美国的经常收支在 1979—1981 年还保持着微小的盈余，但是在 1982 年开始出现赤字。1984 年经常收支赤字与 GNP 之比达到了 1.4% 这一超过历史纪录的高水平，1984 年再度跃升至 2.8%。日本与美国的情况正好相反，1983 年的经常收支顺差为 GNP 的 1.8%，翌年升至 2.8%。在这一背景下，美国及欧洲同日本的贸易摩擦不断激化，特别是美国同日本之间由单纯的贸易摩擦发展为全面经济交涉的经济摩擦。美国不仅要求日本对重要出口产品实施出口限制措施，而且要求日本改革国内产业及市场的封闭制度，开发国内市场，实现进口的自由化。到 80 年代中期出现的"国际政策协调"也是在这一背景下实施的，其目的就是为了纠正由于日本、联邦德国的经济崛起引起的国际经济的失衡。如前所述，正是在这一时期，日本提出了转变经济增长模式，实现由出口主导型向内需主导型的转变。80 年代后期出现的内需主导型经济增长，正是在生产技术的进步、国际及国内经济环境的变化和经济政策的影响下实现的。

实际上，民间企业的设备投资持续快速增长，同民间消费的持续高水平一起，构成了内需主导的两大重要因素。但是前者的主要原因在于以电子信息技术为主的生产技术进步带来的设备投资机会以及国际经济环境因素的作用，极大地促进了企业的设备投资。从国际环境来看，一方面是国际经济摩擦对出口形成的压力；另一方面是由于实施国际经济协调政策后依据广场协议日元对美元大幅度升值，使日本企业的出口成本大幅度提高。从国内政策看，日本政府提出了扩大内需实现内需为主的经济增长的政策，采取各种政策措施积极推动内需的扩大。宏观经济结构的变化实际上是企业、家庭等微观经济主体行为作用的结果。1987—1991 年，企业进行了积极的结构调整；同时家庭部门由于受到了政策调整、收入增长及资产价格上升等因素的影响，也积极地扩大消费。两个方面综合形成了内需的扩大。1987 财年日本民间企业设备投资比前一年增长 10.1%，1988 财年和 1989 财年增长率分别为 17.3% 和 16.5%。据日本内阁府公布的《1991 年度经济财政报告》分析，企业设备投资持续高水平增长，主要的原因在于：从长期看：（1）进入 80 年代之后，以信息技术为核心的迅速发展的技术革新，拓展了投资机会；与此同时，也因为已有设备由于技术进步导致的设备加速落后，促进了更新投资。（2）在日元升值情况下竞争条件的急剧变化，被迫进行结构转换的产业追求高附加价值化、经营多元化等，促进了调整经营结构的投资。（3）由于规制改革、民营化等改革，消除了原有的投资限制，促进了企业开拓新的经营领域的投资。（4）企业收益改善和金融缓和等投资环境的改善。从相对短期的因素看，由于机器开工率一直维持在高水平上，普遍感到设备不足；此外还为应对人手不足、劳动时间缩短等问题而改进生产，推进了生产的自动化、省力化。这一期间，家庭消费也出现了较大幅度的增长。其原因一方面是由于收入增加导致的消费支出的扩大，另一方面也可能受到资产价格上涨即所谓的"资产效应"的作用。[1]

尽管上述的意见较为全面地分析了这一时期日本民间企业设备投资高涨的原因，并将技术进步及国内外环境的变化作为主要影响因素。但是它并没有强调国际环境变化导致的结构原因和调整对外均衡的政策的作用，因此也就不能充分理解内需主导增长模式转换的意义。实际上，在广场协议之后日元升值，对企业的经营环境造成了极大的影响。80 年代前期日本出口的比较优势被对外出口的高成本所抵消，使出口企业不得不向"内需型转换"。另外，在外来压力下，日本政府不得不实施旨在缩小对外失衡的一系列政策。

作为后发国家，其经济崛起必须依靠国际市场；但是当其经济实力增大到一定程度，必将会对国际经济现有的均衡形成冲击，甚至会打破这一均衡。80 年代日本经济正是这一情况的典型反映。外需主导型增长不仅造成了对外经济的不均衡，导致了日、美两国激烈的经济摩擦，同时也使得自身的经济发展具有极大的脆弱性。在内在和外在诸多综合因素的影响下，日本

---

[1]　日本経済企画庁『1990 年度経済財政報告』。

在 80 年代实现了增长的转型。但是这只是暂时的，它并没有通过国际经济体系的调整来真正解决问题。2008 年美国爆发的金融危机对全球经济产生的深刻影响，又一次充分反映了国际经济体系存在的内在矛盾，在新兴国家的经济崛起与在现有国际经济体系中占有主导地位的发达国家之间，形成了经济失衡和利益冲突。尽管日本是发达国家，但是其外需依赖的经济结构和在国际经济体系中的非主体地位，使得它在金融危机中遭受了极大冲击和利益损失。

第三节　泡沫经济与宏观经济波动

前面的分析表明，从 20 世纪 80 年代中后期到 90 年代初期，日本出现的严重的泡沫经济，恰好与经济周期的波动在时间上是相吻合的。不仅经济周期的阶段反转是以泡沫崩溃为时点的，更为重要的是，泡沫经济在很大程度上强化了宏观经济的波动。这不仅表现在经济周期的上涨阶段，而且还表现在周期的收缩阶段。在现代经济中，资产的价格泡沫越来越成为影响宏观经济（实体经济）变化进而影响经济周期波动的重要因素。这一点，在近几十年内由于金融经济以及全球化的迅速发展而表现得更为明显。关于宏观经济与金融经济特别是资产价格波动之间的关系，很早就成为经济学研究的重要课题，近几十年来无论在经济学理论上还是关于现实经济的经验分析方面，都有很多的研究成果。但是，这一领域仍然存在着很大的争论。20 世纪 80 年代末期日本出现的泡沫经济现象，对日本经济的发展产生了非常重要的影响，尽管对此已经有了很多的研究，但是笔者认为还存在不足之处和能够更系统深化的地方。本节试图在总结相关理论和参考有关实证研究成果的基础上，对此问题进行分析。

一　泡沫经济与宏观经济波动之间关系的理论分析

市场经济最主要的特征之一是存在着周期性波动，即许多经济活动同时扩张，然后同时收缩，表现为诸多宏观经济指标的周期性波动。如前所述，传统的经济周期研究大多通过对宏观经济指标的数量变化加以分析，总结出各种不同周期长度的经济周期类型，并且试图分析这种周期波动形成的相应原因。但是 20 世纪 30 年代以后，经济体制和经济结构发生了重大变化，使得现代经济的周期波动模式与传统模式相比发生了重大的变化。人们开始否定传统经济周期理论对经济运行规律的界定，如有人认为："'经济周期'是一个误导性的概念，因为它似乎表明，经济波动遵循一种有规律的、可预期的形式。实际上，经济波动根本就没有规律，而且不能准确地预测。"[1] 在当代，尽管人们仍然认为周期性经济波动是现代经济的重要特征，并仍然继续将其作为宏观经济学研究的重要课题，但是更多地使用"经济波动"一词（Economic Fluctuation，Macro Volatility）来分析现代经济的运行。笔者认为"经济周期"和"经济波动"之间的界限确实已经非常模糊，但是两者之间还是存在着差别的。这里将两者结合起来，以"经济周期"为基础并将其扩展为在独立的随机因素冲击下发生的经济波动现象。[2]

（一）关于经济周期波动原因的分析

经济周期理论可以说是源远流长，贯穿于古典经济学到现代经济学的整个发展进程之中。但是直到目前为止，对于宏观经济发生周期波动原因的解释仍然存在着较大的争论，这一争论主要是围绕着经济周期发生的原因是实际因素还是货币因素展开的。

1. 实际因素影响论

经济周期作为生产活动的波动，实体经济活动因素历来被看作影响经济周期的主要因素或根本原因。早在 1875 年，作为边际革命三杰之一的英国经济学家杰文斯就提出了"太阳黑子论"，认为农业生产活动出现周期波动的原因，是天气条件影响的结果，而这一条件的变化是由于太阳黑子的周期运动造成的。这是比较早期的也是非常具有代表性的经济周期的实际因素理论。

在现代经济学中，凯恩斯的乘数－加速数模型直到目前为止仍然是解释经济周期波动的理论重要模型之一。这一模型主要从存货波动和投资这两个角度来分析投资波动对生产形成的冲击，这种冲击导致了产出发生周期性波

---

[1]　瞿强：《资产价格波动与宏观经济》，中国人民大学出版社 2005 年版，第 30 页。
[2]　新古典经济学的经济周期理论认为，经济出现的周期性波动是由一系列独立随机冲击产生的影响及其传递造成的。但是，另外的观点则认为经济周期是经济系统内生的，是由系统原因决定的。随机冲击只是在影响内生因素的基础上发挥作用。

动。凯恩斯本人把投资支出视为导致经济波动的主要冲击来源。他强调投资决策取决于对将来盈利能力的预期；但是在不确定条件下这种预期是不稳定的，决策主要是依赖企业家的"动物精神"。

梅茨勒以凯恩斯理论为基础，建立了净存货模型，将固定投资变化和经济周期联系起来。

库存是企业实现生产和销售战略的一个组成部分。梅茨勒模型证明了库存投资可能是产生经济周期的原因。在没有政府部门的简单模型中，$Q = Q_u + Q_s + I_0$，Q_u 是用于向消费者出售的产量，Q_s 是用于存货的产量，I_0 为非库存性投资。假设这一时期预期销售等于前期的销售量：$Q_u = C_{-1} = bQ_{-1}$。在静态预期条件下，$Q_u = bQ_{-1}$。企业要保持一定水平的库存，当销售未预期增加时，存货就会减少；相反，销售未预期突然下降，存货增加。于是，本期企业生产量将会做出适当的调整，以此使库存保持一定水平。库存突然变化等于实际销售量减去预期销售：$Q_s = bQ_{-1} - bQ_{-2}$。于是，$Q = 2bQ_{-1} - bQ_{-2} + I_0$，当期产量是前期产量的滞后函数和自发性投资的函数。在此模型中，当非库存性投资 I_0 增加一个特定量时，将会引起存货和总产量的周期性波动。

在乘数加速数模型中，$Q = C_{+I}$。而 $C = aQ_{-1}$，$I = b (bQ_{-1} - bQ_{-2}) + I_0$，投资是收入变化和外生变量 I_0 的函数。于是：$Q = (a + b) Q_{-1} - bQ_{-2} + I_0$。可见，该模型和前面的存货模型是相似的，都表示外生投资发生变化时，产量会出现周期性波动。

真实经济周期理论是强调实际因素影响经济周期的另一个代表性的理论，也是较近形成的现代经济周期理论之一。该理论是建立在 20 世纪中期伟大的经济学家熊彼特的创新学说基础之上的。熊彼特认为，资本主义处于"创造性破坏"的浪潮中，技术创新形成了对经济的随机冲击。真实经济周期理论假设技术变化是经济冲击的最主要来源，并且在完全竞争市场中传播。技术变化有两个方向：一个是正方向的，另一个是反方向的。前者会导致经济扩张，而后者会引起经济衰退。比如，当经济发生了技术进步即正方向的技术冲击，那么工人的劳动生产率就会提高，企业会增加对劳动的需求，产量会增加。这时就业的扩大必须存在一个前提，就是工人必须愿意提供更多的劳动。在工资收入增加的情况下，由于存在劳动供给的正收入效应

（工人愿意消费更多的闲暇）和替代效应（由于闲暇昂贵而增加劳动供给的激励），所以只有在后者大于前者的情况下，就业才会扩大。

2. 非实际因素影响论

非实际因素主要是指货币因素或宏观经济政策因素，强调它们是经济周期波动的主要原因。早期的纯货币经济周期理论主张经济周期及危机的发生是一种纯货币现象。在二战之前，该理论的唯一倡导者是英国学者霍特莱（R. G. Hawtrey）。他认为，银行信用在资本主义社会中居于重要地位和核心作用，货币供给主要是由信用实现的。作为主要流通工具的银行信用具有很大的伸缩性。当银行体系采取降低利率、放松信贷以及收购有价证券等措施扩张信用时，由于商人所运用的资本大部分来自银行信用，所以利率的轻微波动，商人最为敏感。利率下降，商人将会增加向银行的借款，以增加对其生产的订货，于是引起生产的扩张和收入的增加。收入的增加引起消费品需求的增加和物价上涨，市场繁荣和企业家的乐观情绪促进投资需求和消费者需求的旺盛，由此引起货币流通速度的提高，造成累积的信用扩张和经济高涨。[①]

以米歇尔·弗里德曼为代表的货币主义，对传统的货币数量论给予了重新解释，不仅从理论上得出了货币在当代经济中具有重要作用的观点；而且通过对美国长期货币经济历史的实证分析，得出了起因于货币政策的货币变动是经济波动特别是经济严重衰退的原因而不是其结果的结论。

（二）信用及资产价格影响经济周期的理论观点

现代经济的周期性波动，主要是受到宏观经济内部因素的影响，在市场机制作用下表现出来的一种运行规律。从实物上看，还是以过度投资及其调整为基础的。由于对未来收益的良好预期而引发的过度投资现象，被称为经济泡沫，但是这与表现为资产价格膨胀的泡沫经济是完全不同的两个概念，对此前面已经做过说明。问题是资产价格变动特别是其急剧波动引起的经济波动与经济周期之间存在什么样的关系？一种简单的区分认为，资产价格持续上涨即泡沫经济引起的宏观经济波动，在形式上完全不同于经济周期。从图像上看，它不是周而复始的运动，而是像过山车一样，在上升时缓慢提

---

① 宋承先：《现代西方经济学（宏观经济学）》，复旦大学出版社 1997 年版，第 436—437 页。

升，在到达顶点之后就突然加速下滑，直到最低点，是大起大落的现象；并且它不一定会重复出现，起码在相当长的一段时间内不会重复出现。①

从表面看，泡沫经济引起的宏观经济波动与经济周期之间确实存在着上述差别。但是这一差别的描述只是形式上的，并没有触及信用、资产价格波动引起的宏观经济波动与经济周期波动之间的关系。与货币、信用相联系的资产价格的波动与受到这些因素影响的投资、消费等需求项目的变化，一定会影响经济的周期性运动。所以，两者并非是完全分离或毫无联系的，而是存在着密切的联系，是相互影响的。

在现代经济体系中，由于资本市场的发达和经济对信用的高度依赖，从货币到信用再到资产价格变动及宏观经济，已经形成了一个复杂的链条。泡沫经济与宏观经济之间的关系已经不像早期那样简单，而是变得更为复杂化。对此，已经有许多学者侧重于这一方面提出了不同的理论，以此解释宏观经济波动和经济萧条发生的原因。下面以费雪提出的"债务—通货紧缩"理论和明斯基的"金融不稳定"理论为例，对此问题加以简要的分析。

1. 费雪的"债务—通货紧缩"理论

费雪是古典经济学家中较为系统地从信用及金融角度分析经济扩张和衰退的学者。对于 20 世纪 30 年代世界经济发生的大危机，费雪提出了著名的"债务—通货紧缩"理论，认为经济大萧条是金融市场运行失常造成的，过度负债是发生经济萧条的潜在基础，而由于过度负债导致的资产价格泡沫崩溃和通货紧缩，进一步加剧了经济萧条。当经济系统中出现新的、积极的变化，包括新兴产业的兴起、新市场的开发和新的技术创新等，都会使投资者产生过高的收益预期，这种预期会不断地产生，使社会进入一种"新时代心理"。在这种心理主导下形成了过度投资，而投资的来源则是依赖于银行宽松的信贷，从而形成了过度负债。但是，这种对未来良好的预期是不可持续的，当某种原因导致银行或企业的预期收入降低，就会发生资产价格暴跌和债务清偿。这时，投资者不得不出售资产偿还债务，这导致了资产价格的急速下降。同时，在宏观层面上，资产价格下跌导致的净资产的减少使得信

---

① 该观点参见徐滇庆、于宗先、王金利《泡沫经济与金融危机》，中国人民大学出版社 2008 年版，第 8—9 页。

贷收缩、借贷困难，结果使整个经济体系的经济活动水平下降、物价下跌，企业盈利减少。物价下跌使得实际利率上升，进一步加重了债务人的负担，从而出现债务危机，引发金融市场的混乱，进一步加速物价的下降，进入"经济紧缩"的局面。

2. 明斯基的"金融不稳定"理论

明斯基继承了费雪以及凯恩斯的思想，创立了"金融不稳定"学说。[①] 从这一学说的基本结构上看，很类似于前述的费雪的"债务—通货紧缩"理论，但是明斯基的"金融不稳定"假说更继承了凯恩斯宏观经济分析中重视金融影响的特点，并将其扩大化。凯恩斯本人虽然非常重视金融对宏观经济的影响，认为资本主义经济的本质是各经济主体的预期集中表现为货币现象，但是在其理论体系中并没有反映出来。受此观点影响，明斯基认为，自由放任经济中金融过热及其崩溃是不可避免的。

投资决定论构成了明斯基理论的基础。投资的确定是由资本的需求价格和供给价格决定的。在投资量超过企业内部融资量之后，其投资必须依赖于外部资金。这时，资本需求价格受借方风险影响，是投资量的减函数。在乐观预期时资本的需求价格上升，借方风险曲线减缓，投资量扩大。资本的供给价格依赖于贷方风险，即对企业的债务返还能力的信赖度。或者说，贷方风险依赖于企业的债务结构。因此，随着企业负债率的增加，贷方的风险曲线即资本的供给价格曲线上升。企业的投资量由资本的供给曲线和需求曲线的交点决定，两者都取决于双方的主观判断，所以投资决定是极为不稳定的。

由于金融合约形式的不同以及不同合约构成的结构差异，使得金融系统内部存在着内在的脆弱性。明斯基根据在投资中的预期毛利率和每期偿还额之间的关系，将债务契约划分为三种类型，分别是套期金融、投机性金融和庞齐金融。所谓的套期金融，是指在全部契约期间主体的现金收入超过了契约上的债务额的金融交易，可表示为：$G\pi_t > DS_t$ $(t=1, \cdots, n)$，$G\pi_t$ 是各期间投资的毛利润，DS_t 是每期的偿还额。投机性金融是指在较近的期间，支付债务超过投资毛利的金融交易，可以表示为：$G\pi_t < DS_t$ $(1 < t < j)$，

---

① Minsky. H. P. , *Stabilizing an Unstable Economy*, Yalr University Press, 1986.

$G\pi_t > DS_t$（$1 + j < t < n$）。毛利小于偿还额的期限越长或者利率越高，则债务余额就会越多。庞齐金融是指只有在几乎接近投资的最终时间，毛利润才会超过偿债额这样的金融交易：$G\pi_t < DS_t$（$1 < t < n - 1$），$G\pi_t > DS_t$（$t = n$）。三种类型的债务契约实际上是由健全型金融到风险型金融的逐渐过渡，即风险是渐次增加的。由于经济环境以及企业家预期的改变，投资者不得不改变其融资类型，从而改变整个金融体系的融资结构，导致金融体系风险的增加直至引发金融危机。

经济的不稳定是经由投资过热到金融危机这一发展过程的。在经济扩张期，企业的预期收益 q 上升，商业银行出售流动性高的资产扩大对企业的贷款。结果导致金融市场上资本价格的上升。另外，经济高涨期贷方的风险下降，资本的供给价格在短期内是稳定的。由于资本的需求价格高于资本的供给价格，使得投资增加。投资的增加扩大了总需求，使得企业的利润进一步提高。利润提高进一步改善了银行的预期。这一过程的反复，造成了过热投资（投资高潮）的出现。在经济扩张期，新投资的增加由于过小地评价了借贷双方的风险，使得企业的负债比例提高。而且既存的负债结构也由于再融资被同步调整。因此，当利润及资本存量的增加速度低于负债的增加速度时，企业转向了投机性金融状态。此外，当资金的供给是非弹性的，投资的扩大就会导致利率的急剧升高，从而丧失更高的资本负债率下的投资扩大和获取更高利润的预期。结果，投资者的长期预期转为悲观，股价开始下跌，进而收益率下降、利率上升、股价下跌等，使得企业从投机性金融转向了庞齐金融。于是，企业和金融机构不得不出售资产来筹措资金。由此引发了资产价格的急跌。不仅如此，资产价格的急跌使得出售资产偿还债务变得非常困难，不履行债务的可能性提高。这一情况导致了借贷双方风险的提高，投资者的流动性偏好增大。结果，金融市场上需求减少、资本的需求价格下降，企业抑制投资，因而总需求减少，出现经济萧条，企业的收益会进一步恶化。

二　泡沫经济与宏观经济之间关系的实证分析

通过前面对相关理论的简要总结，可以看出对于经济周期及经济波动发生机制的分析，在不同理论派别之间存在着比较大的差异。尤其在分析资产价格泡沫对宏观经济的影响方面，尽管在很多学者的研究中开始受到重视并提出各种假说，但是仍然没有被主流学派接纳。分析资产价格波动特别是资产价格泡沫对宏观经济的影响，最为直接的方法是研究资产价格变化对总需求或总需求的主要构成项目——消费和投资——的影响。尽管长期以来宏观经济学在这一领域的研究是不充分的，但是仍存在着将两者之间联系起来的理论，其代表有二：一是认为资产价格通过所谓的财富效应影响消费的"财富效应论"；二是主张在资产价格变化的情况下经济主体会进行有效资产组合的资产效应，其核心是"托宾 q"理论。本小节从这两个方面尝试对日本的情况进行实证分析。

（一）资产价格变动与消费——财富效应

众所周知，凯恩斯的消费—储蓄理论认为消费支出是依赖于绝对收入水平的。但是后来发展的消费理论，不再仅仅局限于当期的绝对收入对消费的影响，而是从经济学的理性假设出发，研究了家庭的跨期决策问题，从而使消费理论更接近于现实。20 世纪 50 年代，米歇尔·弗里德曼提出了持久收入的消费理论，该模型基于家庭趋向于持久稳定消费的偏好假设，论证了家庭是依据持久收入而不是现在收入来决定其消费水平的。当现在收入高于收入平均值时，他们倾向于将差额储蓄起来；当现在收入低于平均值时，他们往往会动用储蓄，或依靠较高的未来收入借债，维持稳定的消费水平。与弗里德曼同时或稍晚，弗兰科·莫迪利安尼等人提出了生命周期模型，实际上相当于将持久收入理论进一步具体化。由于人的一生中的不同阶段有较大的收入差距，因此人们会在不同的生命周期阶段依据一生的预期收入来做出消费—储蓄决策。如在工作期间进行储蓄，而退休后收入为零，就要消费以前积累的财富。这两个理论模型通常被合称为"生命周期—持久收入假说"，可用图 3 - 6 表示。

按照上述的储蓄—消费理论，人们是依据一生的预期收入或财富总量来安排自己的消费的。这里的财富包含了人力资本收益和非人力资本即持有的各种资产的收益。前者可以表示为收入，后者则代表财富存量，所以，除劳动收入之外，资产数量对消费也产生重要的影响，被称为"财富效应"。资产价格或一般物价的变化，会放松或收紧家庭未来的预算约束，因此会影响其现在的经济行为。如股票等资产价格上升而物价没有发生变化，那么持有

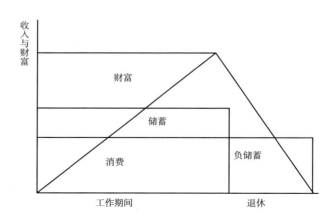

图 3 - 6　生命周期—持久收入消费模型

股票的家庭就不会出现过剩债务，因此可以增加消费。早期的"实际货币余额效应"，又称为"庇古效应"，强调的是物价下降使实际货币余额提高对消费产生的刺激效果，这也被看作财富效应的一部分。

生命周期消费假说提出后，以此为基础进行了大量的实证分析，存在财富效应这一结论被人们广泛地接纳了。据莫迪利安尼的研究，在美国假设劳动收入既定，财富每增加 1 美元，则消费增加 5 美分。但是，由于资产类型不同和各个国家金融体制存在差异，特别是不同民族生活习惯及风险偏好的不同导致了资产选择的差异，因此在不同国家宏观层面测度的财富效应应该说是存在较大的差异的。日本作为地处东方的资本主义发达国家，在这方面与典型的西方资本主义国家美国相比存在着较为明显的差异。

从资产分类看，居民拥有的资产通常是被区分为包括房产、地产以及珠宝等贵重物品在内的实物资产和金融资产。前者通常没有系统的统计，而金融资产则能够从金融机构的资产负债等方面得出较为详细的数据。对于消费而言两种不同类型的资产影响是有较大差异的。在日本，大部分家庭只是拥有居住用地，而这些地产基本上都是世代传承的，每代人都不可能享受到由于土地价格的上涨而产生的消费提高的利益。也就是说，只要是居住用地在世代之间相传，那么无论什么时候都不会实现资本收益。自家用地无论地价怎样上涨，由于在使用价值方面没有任何改善，所以不能被认为可能扩大消费的实际资产的增加。即使地价超过了基本面决定的水平即出现泡沫现象，情况同样如此。所以，在个人资产中占有主要部分的居住用地或者无法兑现的自用居住房，从理论上推断，其财富效应即使存在，也应该比较小。

　　金融资产可以划分为以存款为主的安全资产和以股票为主的风险资产。在二战后的几十年的经济发展过程中，日本形成了资本市场欠发达、以间接金融为主的金融体制。从金融治理模式上其是与美国的"市场主导型"金融体制相对应的，被称为"银行主导型"金融体制。实际上这种制度结构和市场结构决定了日本家庭的金融资产选择行为，是以稳定的或安全的金融资产为主的，也就是说是以回避风险为主要偏好的。美国家庭部门股票资产在净财富中所占的比重，在 20 世纪 80 年代以来一直都在 10% 以上，到 20 世纪末期超过了 20%。但是日本和欧洲大陆国家如法国、意大利等，股票资产在家庭净财富中所占的比重明显低于美国、加拿大等国，除了在 80 年代后期的泡沫经济期间之外，都低于 5%。[1] 在全部资产中，20 世纪 70 年代以来，日本的存款等安全资产的比例基本上在六成左右；但股票等风险资产的比例则大部分时间在一成左右，只有在泡沫经济期间，超过了两成，90 年代之后又迅速地下降到一成以下。[2] 正是由于家庭资产结构的不同和不同类型的资产具有的财富效应的差异，所以宏观层面的财富效应也存在较大差异。据 IMF 的有关研究，以美国为代表的市场主导型国家，股票的财富效应较高；相反，在银行主导型国家中，住宅的财富效应要高于前一类型的国家。但是总体上看，还是前者的财富效应更大，而且这种效应是随着金融体系特别是资本市场的深化而增大的（见表 3 – 5）。

　　很多关于日本经济的研究成果不同程度地证明，资产价格的波动对家庭消费即财富效应是存在的。野村淳一采用时间序列计量分析方法，即单位根、协整检验等方法，分析了日本资产价格变动与家庭消费之间的长期关系及其稳定性。[3] 分析结果表明：（1）日本家庭消费行为是符合持久收入假说的；（2）对于家庭消费的决定，来自实物资产（土地等）的资产收益没有

　　① 许荣：《资产定价与宏观经济波动》，中国经济出版社 2007 年版，第 60 页。
　　② 日本总务厅：《储蓄动向调查》。
　　③ 野村淳一「家計消費とキャピタルゲインの長期的関係と安定性」、国際アジア研究センター Working Paper Series、Vol. 2001—16。

表 3 - 5　不同类型国家的财富效应比较

	股票效应(美分/美元)		住宅效应(弹性×100)	
	1970—2000 年	1984—2000 年	1970—2000 年	1984—2000 年
市场主导型	3.0	4.3	2.7	7.0
银行主导型	- 0.2	0.9	4.5	4.3
总　体	0.9	2.0	2.8	5.3

注："市场主导型"国家包括：美国、英国、加拿大、澳大利亚、爱尔兰、荷兰、瑞典；"银行主导型"国家包括：日本、德国、法国、丹麦、芬兰、意大利、挪威、西班牙。

资料来源：IMF，2000，"Asset Prices and the Business Cycle，" *World Economic Outlook*，Chp. 3，April，转引自瞿强《资产价格波动与宏观经济》，中国人民大学出版社 2005 年版，第 169 页。

明显影响，而金融资产（股票等）的资产收益则影响明显；（3）家庭消费与资产收益的长期关系在 1989 年经历了结构性变化。对于泡沫经济中资产价格波动与家庭消费之间的关系，野村的研究结果颇有意义。其研究表明，在泡沫经济时期，净金融资产的净收益达到了可支配收入的 20%—30%，股价波动对家庭消费的影响是不可忽视的。但是资产收益与家庭消费之间关系的结构变化是在 1989 年即泡沫即将崩溃之前发生的。也就是说，资产泡沫使消费者产生乐观的未来预期，并由于持久收入增加导致的消费倾向提高是在泡沫的情况下发生的，是资产泡沫催生了消费高潮，而不是相反。而泡沫崩溃后，持久收入提高导致的消费倾向的上升，缓和了消费下降的程度。

关于泡沫经济期间对财富效应的分析，日本经济企划厅的研究是具有代表性的，经济企划厅编撰的《1991 年度经济财政报告》，对此进行了较为系统的研究，其结果如表 3 - 6 所示。利用传统的回归分析，以实际民间最终消费支出为被说明变量；分别以实际可支配收入、净金融资产，实际可支配收入、净金融资产、土地资产，实际可支配收入、总资产为说明变量，估计了消费函数。结果表明，实际土地资产的财富效应是比较弱的，或者说基本不存在；而净金融资产却存在着较为明显的财富效应。无论在第一个回归方程中还是在第三个回归方程中，这一点都表现得比较明显。可以用分析结果测算泡沫经济期间股价波动对消费支出影响的大小。在 1989 年末家庭持有的股票余额几乎和 1990 年的名义消费支出额大体相当，而金融资产对消费影响的系数约为 0.06，即当股价上涨 10%，消费支出将增加约 0.6%。

表 3 – 6　个人消费的财富效应分析

被说明变量 ＼ 说明变量		△XKR	△AKNR	△ATR	△AKTR	注
△YR	（1）	0.8942 (9.50)	0.0594 (2.65)	—	—	R² = 0.90 DW = 1.29 SE = 1949.2
	（2）	0.8980 (9.47)	0.0749 (2.4)	− 0.0074 (−0.76)	—	R² = 0.90 DW = 1.31 SE = 1962.1
	（3）	0.9847 (10.80)	—	—	0.0096 (1.56)	R² = 0.89 DW = 1.37 SE = 2075.6

注：△YR：实际民间最终消费支出上年增量。

△XKR：〔（就业者收入 − 直接税）／民间最终消费支出紧缩指数〕的上年增量。

△AKNR：（上年末家庭净金融资产／民间最终消费支出紧缩指数）的上年增量。

△ATR：（上年末家庭土地资产／民间最终消费支出紧缩指数）的上年增量。

△AKTR：〔（金融资产 + 土地资产）／民间最终消费支出紧缩指数〕的上年增量。

资料来源：日本经济企划厅『1991 年度经济财政报告』。估计期间：1956—1989 年。

（二）资产价格波动与设备投资——托宾 q 效应

1. 托宾 q 投资理论

在现代经济学的投资理论中，托宾 q 理论考虑到了投资过程中存在的调整成本，由新古典投资理论出发从企业价值最大化目标中导出了投资函数。该理论由于考虑到了投资的未来预期收益是影响投资行为的重要因素，因此将投资与资本的市场价值联系起来。

作为新古典投资理论的代表，乔根森提出的"净现值原理"（NPV）是该理论的基础。他认为，在竞争市场上，企业的投资决策是以净现值为正为前提的。在简单的两期模型中，净现值由三个项目构成：一是投资成本：$-\triangle I$；二是下一期投资的边际产出的贴现值：$\triangle I(MPK_+)/(1 + r)$，其中 MPK 是边际产出，r 为市场利率；三是投资品余值的贴现值：$\triangle I(1 - d)/(1 + r)$，$d$ 为折旧率。于是：

$$NPV = -\Delta I + \frac{\Delta I(MPK_+)}{1 + r} + \frac{\Delta I(1 - d)}{1 + r}$$

$$= \Delta I\left[\frac{MPK_+ - (r - d)}{1 + r}\right]$$

（公式 3 – 2）

从公式 3 – 2 可知，只有当 $MPK \geqslant r + d$ 时，投资的净现值才为正。当 $MPK = r + d$ 时，投资使资本存量达到了合意的资本存量水平 K^*。

上述简单的两期模型，没有充分考虑到远期投资收益对投资行为的影响。更为重要的是，该模型虽然推导出了实现合意资本存量水平的投资条件，但是没有考虑到资本调整过程中存在的成本。这是新古典投资理论的竞争市场假定存在的根本缺陷。

实际上，资本存量的实际水平和合意水平并不总是相等的。而且，在企业的实际投资过程中，除了投资之外，还存在着其他的调整成本，如为投资项目进行的市场调研、人员培训等。企业要在短时间内迅速完成投资项目的话，总体成本就会上升。因此，企业投资并不是在预料到投资收益增加之前才开始投资，而是在此之前就通过渐进地调整实现最佳的资本存量。局部调整的机制可以表示为：$J = K_{+1} - K = g (K_{+1}{}^* - K) (0 < g < 1)$，即实际资本存量 K 是通过逐步调整来弥合合意资本之间的缺口的。资本调整过程中是存在着调整成本的，这种成本主要包括两个方面：一是实际资本不等于合意资本时，企业的利润低于预期利润所遭受的损失；二是集中投资发生的高成本。假定两者均为二次函数，于是总的资本调整成本可以表示为：$f = c_1 (K_{+1}{}^* - K)^2 + c_2 (K_{+1} - K)^2$，由总成本最小条件，可求出 g 值，即 $g = c_1 / (c_1 + c_2)$，两个系数 c_1、c_2 的大小决定了投资调整的幅度。

对合意的资本存量水平和投资调整过程，依赖于企业家对市场信息的判断。美国经济学家詹姆斯·托宾认为，企业的股票市场价值为企业家提供了投资信息，从而有助于衡量实际资本和合意资本之间的缺口。这一理论被称为托宾 q 理论。所谓的托宾 q 是指企业股票市场价值与该企业资本存量的重置成本之比，正是该值在企业的股票市值和企业的投资决策两者之间架起了桥梁。在最简单的理论框架中，一家企业的 q 值等于该企业支付的企业每单位资本的未来红利的贴现值。假定资本存量固定不变，MPK 也固定不变，折旧率为 d，于是：

$$q = \frac{(MPK - d)}{(1 + r)} + \frac{(MPK - d)}{(1 + r)^2} + \frac{(MPK - d)}{(1 + r)^3} + \cdots, + \frac{(MPK - d)}{(1 + r)^n} \quad （公式 3 – 3）$$

由于假定每一时期 MPK 都固定不变，所以可得出：$q = (MPK - d) / r$。$(r + d)$ 实际上是投资成本。当 $MPK = (r + d)$，即实际资本等于合意资本时，$q = 1$；当 $MPK < (r + d)$，即实际资本大于合意资本时，$q < 1$；如果 $MPK > (r + d)$，即实际资本小于合意资本时，$q > 1$。由于 q 值是企业的股票市值与企业资本市场价格之比，q 值的大小表明投资即实际资本与合意资本之间的关系，或者是投资不足或者是投资过度。当股票市场价格较高的时候，q 值大于 1，对企业投资形成激励，使资本存量随时间推移逐步提高达到合意资本水平。

q 值的大小与企业投资之间的关系，还可以从企业的资产选择角度来解释。q 值大于 1，意味着股票市值的价格大于资本的实际成本。股票市值的提高，意味着其收益的下降。因此企业选择通过股市筹资来进行实际资产即增加实物投资，从而实现风险和收益最佳的资产组合。

2. q 效应的实证检验[①]

托宾 q 又被分为平均 q 和边际 q。前述的 q 值定义是平均 q，具体的计算公式可表示为：

$$Aq_t = \frac{V_t + B_t}{P_t^I K_{t-1}} \qquad （公式 3 - 4）$$

式中，V_t 为股票市场的企业价值，B_t 为企业的负债总额，P_t^I 为资产租赁价格，$P_t^I K_{t-1}$ 为资本存量的市场价值。

与平均 q 相对应的是边际 q 值，它是指从一单位投资获取的收益，即企业价值的边际增量。由于边际 q 是企业家预期的设备投资的未来收益，所以只有用企业过去的收益率系列，在特定的概率过程和形成预期的理性预期假定下加以推测：

$$Mq_t = \frac{1}{P_t^I} E\left[\sum_{i=0}^{\infty} (1 - d)^i \frac{\pi_{t+i}}{(1 + r)^i} \Omega_t \right] \qquad （公式 3 - 5）$$

其中，π_t 为 t 期利润率，r 为贴现率，d 为资本折旧率。

[①]　本小节参考了以下文献：小川一夫、得津一郎『日本経済：実証分析のすすめ』、有斐閣、2002 年出版、小谷範人「q 理論とq 型投資関数による設備投資分析：金融要因に注目して」、『尾道大学経済情報集 4 (1)』。前者对投资函数理论及实证分析方法做了详细的说明，并估计了 1971—1998 年的平均 q 和边际 q 的值，推断出了相应期间的 q 型投资函数。后者主要应用前者说明的方法对 1981—2001 年的情况做了计量分析，分析期间与本书是相吻合的。

  q 型投资函数的基本型可以表示为：$\dfrac{I_t}{K_{t-1}} = \alpha_0 + \alpha_1 q_t$，式中的 q_t 可以是平均 q（Aq_t），也可以是边际 q（Mq_t）。

  日本学者小谷范人推算了从 1981 年到 2001 年间日本的平均 q 和边际 q 的值。在 80 年代前半期平均 q 在 1 左右波动：1987—1990 年即泡沫经济时期，由于股价的大幅度上涨，平均 q 也出现了急速的提高，1990 年创下了 1.81 的高水平。1991 年以后由于泡沫崩溃，q 值下降到 1 左右。边际 q 与平均 q 在不同时期出现了不同的变化。在 1981—1991 年间，两者的相关系数为 0.41，即存在相关关系；但是在 1991—2001 年间相关系数为 -0.07，出现了相反的动向。从两者的实际变化可以看出，在泡沫经济期间和泡沫崩溃后经济陷于不景气时，两者的变化出现了较大的背离。

  在检验资产价格波动对企业设备投资的影响时，主要考虑两种主要资产——股票和土地——的价格变动发生的影响，这两者构成了估计企业设备投资函数的重要说明变量。此外，企业的投资成本的大小也是决定企业投资决策的重要因素，而这又受到企业是依靠自身的储蓄还是依靠负债来实施设备投资的影响。考虑到上述因素，将前面的基本型的 q 型投资函数适当扩展，建立从金融角度分析企业设备投资的广义的 q 型投资函数。

  首先，如前所述，托宾 q 作为连接股市价值与企业合意资本存量的重要指标，是企业投资的重要指示器。其重要的含义是当股票市值上涨即 q 大于 1 时，会激励企业增加设备投资。因此，设备投资是托宾 q 的增函数。

  其次，由于企业与银行即借贷双方存在着"信息不对称"的问题，对于企业的贷款申请银行必须对其投资项目进行调查研究，才能决定是否放贷，而且需要在贷款后进行事后监督，因此存在交易成本。但是企业利用其内部资金（总储蓄）投资，则不会产生交易成本。所以前者抑制企业投资而后者激励投资。

  再次，在企业借款时，如用其拥有的土地作为担保，土地价格越高则担保的价值就越大，从而能促进银行贷款，激励企业投资。

  考虑到上述因素的 q 型投资函数可以表示为：

$$\frac{I_t}{K_{t-1}} = \alpha_0 + \alpha_1 q_t + \alpha_2 \frac{P_t^I LND_{t-1}}{P_t^I K_{t-1}} + \alpha_3 \frac{S_t}{P_t^I K_{t-1}} \qquad \text{（公式 3 - 6）}$$

式中的 q_t 可以是平均 q，也可以是边际 q；$P_t^l LND_{t-1}$ 是土地资产的市场价值；S_t 是企业的总储蓄。

如表 3 - 7 所示，小谷范人分别以四种函数形式，估计了两期即 1981— 1991 年和 1992—2001 年的 q 型投资函数：（1）只有托宾 q 一个说明变量的模型；（2）包括 q 和土地资产两个说明变量的模型；（3）包括 q、企业储蓄两个说明变量的模型；（4）包括 q、土地资产和企业储蓄三个说明变量的模型。在不同时期和不同的函数模型中，各个说明变量对设备投资的影响是存在差异的。在前一时期，第一个方程中的平均 q 对投资的影响是显著的，但是在包括土地资产之后，后者显著而 q 是不显著的。平均 q 相比企业储蓄的

表 3 - 7　平均 q 投资函数

函数类型	常数项	平均 q	土地资产	企业储蓄	修正的 R^2
1981—1991 年					
1	0.1455 *** (12.77)	0.0285 ** (2.97)			0.4379
2	0.1345 *** (16.19)	0.0066 (0.71)	0.0332 ** (3.35)		0.7368
3	0.1848 *** (5.80)	0.0371 ** (3.31)		− 03914 (− 1.34)	0.4840
4	0.1654 *** (7.55)	0.0144 (1.43)	0.0311 ** (3.35)	− 0.2948 (− 1.51)	0.7731
1992—2001 年					
1	0.1499 *** (4.22)	− 0.0053 (− 0.1658)			− 0.1212
2	0.0820 ** (2.55)	0.0111 (0.50)	0.0554 ** (3.20)		0.4789
3	0.1664 ** (2.38)	− 0.0011 (− 0.03)		− 0.1763 (− 0.28)	− 0.2671
4	− 0.0452 (− 0.86)	− 0.0051 (− 0.30)	0.0822 *** (5.41)	1.0068 ** (2.71)	0.7268

注：*** 和 ** 分别表示通过了 1% 和 5% 的显著性水平的检验，（　）内数字为 t 值。

资料来源：小谷範人「q 理論と q 型投資関数による設備投資分析：金融要因に注目して」、『尾道大学経済情報集 4（1）』。

影响是显著的，但是在包括三个说明变量的方程中却是不显著的，只有土地资产的影响是显著的。在后一时期，三个变量中，土地资产和企业储蓄对设备投资发生了显著的影响。托宾 q 在三个模型中均没有通过显著性检验，也就是说 q 对设备投资的解释力是非常弱的。

本节对资产价格波动即泡沫经济与宏观经济波动之间关系的理论进行了概要性总结和梳理，并以财富效应和托宾 q 两个假说为基础，对日本泡沫经济前后资产价格变动与宏观经济的周期波动，引用实证分析材料进行了分析。本节的实证分析仅限于关于两个假说的初步研究。结果表明，在日本经济的长期发展过程中，无论是资产价格波动对居民消费支出的影响，也就是所谓的"财富效应"，还是资产价格波动对企业投资行为的影响，即托宾 q 理论，都是存在的；特别是在 20 世纪 80 年代末期的泡沫经济期间，这种影响是相对明显的。但是，从前面引用的研究成果的分析结果看，尽管两种影响效应都在一定程度上存在，但是两种影响效应的幅度是比较小的。无论是与前面的包括金融不稳定、金融危机在内的理论总结相比较，还是与日本泡沫经济前后发生的经济波动相对比，仅仅从两种效应上分析是不具有较强的说服力的。

大量关于其他国家的研究结果也同关于日本经济的研究一样，具有相似的特点，仅从这两个方面是无法解释泡沫经济与宏观经济波动之间的关系的。其原因只能从理论上去寻找，即理论分析框架过于简单，不够深入，不能深刻揭示资产价格变动与宏观经济之间的复杂关系。比如，前面的理论假设已经说明，由于家庭持有资产的种类、数量和结构的不同，会导致财富效应的差异。与股票等金融资产相比，土地资产的财富效应是很微弱的，甚至可以说是不存在的。这些假定已经被实证研究所证实。再如，股票市场的价格波动能否给企业家提供更多的信息，影响其投资行为？关于这一点，还存在着较大的争论。不仅如此，从前面的相关理论总结可以看出，在资产市场及资产价格波动与宏观经济或实体经济之间，还存在着重要的中介即金融系统。资产市场的波动与金融信用之间的相互影响，金融系统存在的内在的不稳定性，会引发金融动荡甚至金融危机，进而影响到实体经济，引发经济衰退乃至经济危机。日本泡沫经济及崩溃后发生的长期经济停滞，也可以证明这一点。

第四节　日本经济的外需依赖结构与周期波动

2007 年年底，日本经济开始了新一轮的周期衰退。特别是在 2008 年 9 月美国金融危机深化的影响下，日本经济急速下滑，其程度甚至超过了美国和欧洲。日本经济之所以受到外部冲击的极大影响，是同它自身的经济结构相关的。20 世纪 90 年代开始特别是 2002 年以来，日本出口持续增长，形成了外需依赖的经济结构。在这一结构的影响下，出口在经济波动中起到了主导作用，从而形成了外需主导的经济周期循环机制。

一　日本经济新一轮周期衰退的特点及其引发的思考

世界上大多数国家由于受到国际金融危机的影响，陷入了经济萧条的谷底。

日本作为当今发达国家之一，非但不能被排除在世界性的经济萧条之外；而且由于日本与美国、西欧以及东亚各国家和地区之间存在着极为密切的经济联系，以美、欧为中心发生的国际金融风暴和经济衰退，对日本经济产生了极为深刻的影响。日本甚至出现了比美、欧国家更为严重的经济衰退。

日本内阁府发布的景气标准日期表明，早在 2007 年 10 月日本经济就结束了从 2002 年开始的长达 6 年的经济周期的上升阶段，开始进入该周期的收缩阶段。早期的经济周期波动主要是由日本经济自身调整的需要以及外部环境变化引起的，因此经济增长率的下降是缓慢的。由于经历了长达 6 年之久的长期经济上涨（是二战之后最长的经济高涨期），日本经济内部积累了各种各样的矛盾，自身产生了调整的要求；此外，这一时期国际市场上石油、原材料价格出现了大幅度的上涨，对日本经济产生了较大的影响。正是在这一条件下日本经济才出现了周期反转。尽管由于次贷危机的发生，美国经济已经进入了衰退期，但是在 2008 年的上半年，次贷危机的影响还没有充分地表现出来或没有被人们充分地认识到，因此日本官方对经济状况的预测是比较乐观的。但是，2009 年 9 月之后，美国次贷危机扩大化并演变为全球性金融危机，在此影响下日本经济出现了急剧的下滑，并从此陷入了深度经济衰退之中。

尽管日本在 2007 年后期开始进入衰退期，但是整个 2007 年还是维持了近 2% 的增长速度。从 2008 年第二季度开始，日本经济连续出现了负增长。

在该年的第四季度，GDP 增长率低于 −3%。从经济衰退的严重看，2008 年 9 月之后日本经济的衰退速度远远超过了日本此前两个经济周期中的经济衰退期。在 2008 年第三季度之前，无论是 GDP 还是矿工业生产，其下降速度都和其他两次经济衰退基本相同，但是在第四季度之后 GDP 和矿工业生产都出现了急速下降：GDP 在短短的 5 个季度内比最高水平减少了 8%，而矿工业生产则在 15 个月后减少了三成以上。此次经济衰退的严重程度不仅仅表现在急速的经济下滑，还表现在经济衰退的深度上。经济景气衰退的深度可以用巨大的 GDP 缺口以及设备开工率、失业率等指标来表示。2009 年年初，GDP 缺口大幅度下降，设备开动率已经下降到近 60% 的水平，失业率尽管还没有到达 5.5% 的最低水平，但是还在持续升高。

此次日本经济衰退的特点，不仅表现在与其前期比较而得出的特殊性上面，而且还表现为同其他国家相比较具有的独特性上面。第一，日本经济衰退的程度甚至比金融危机的发源地美国和受到严重侵害的欧洲还要严重。据日本内阁府公布的数据，从 2008 年 10 月到 2009 年的第一季度末，无论是GDP 下降率，还是工矿业生产指数的下降，日本都超过了美国与欧洲。① 第二，日本实体经济受到的影响比金融部门更为严重。此次世界性经济危机源于美国的次贷危机，不仅在美国而且在欧洲，危机都是以金融部门为先导的，是以金融系统的危机为开端然后扩展到实体经济部门的，因此在上述国家及地区，金融经济受到极大的伤害。日本作为世界经济大国，与美、欧之间存在着密切的经济联系，所以如此严重的金融危机不可能不波及日本的金融市场并对日本金融产生影响。但是，不论是与美欧发生的严峻的金融危机相比较，还是与前述的本国实体经济的快速衰退相比较，情况都表明日本金融受到的影响相对小一些。第三，对于实体经济的急速下降，内需和外需都表现出了较大程度的负贡献，但是相对而言，外需即出口的负面作用更大。②

---

① 日本内閣府『2009 年度経済財政報告』、第 28、39 頁。

② 日本内閣府在 2009 年 7 月发布的《2009 年度経済財政報告》中，在分析部门经济在景气衰退中发挥的作用时，提出了与本书相类似的观点，并使用了较为详细的数据进行论证。但是实际上，本次受到国际金融危机影响引发的日本经济的快速衰退，在 2008 年底到 2009 年初，就已经表现出了上述特点。笔者在其他的文章中也提出了相似的观点。详见崔岩《金融危机的经济影响——日本两次景气衰退的比较分析》，《日本研究》2009 年第 1 期。

日本经济衰退表现出来的不同于其他发达国家的特殊性，要求我们进一步研究和思考其背后存在的深层次原因。为什么急剧的国际金融风暴对日本的影响重点不是金融行业而是实体经济？为什么日本实体经济的衰退甚至要比金融风暴的源头美国和发生严重金融危机的欧洲还要严重？在日本实体经济衰退中为什么外需起到了较大的负面作用？笔者认为，日本经济在本轮景气波动中出现的上述特点，都应该归因于其自身的结构性特征。近 20 年来，日本经济发生的最重要的结构变化之一是对外需依赖程度的提高。外需依赖度的提高，不仅使本国经济易于受到外部因素的影响，而且使本国经济周期波动的模式、波动幅度、频度都发生了变化。本小节的研究主题是分析日本经济的"外需依赖"结构与经济周期波动之间的关系，在下面的两小节中首先分析外需依赖这一结构特征的形成及其对经济增长的影响，然后对两者之间的关系进行实证分析，试图证明外需依赖结构导致了出口在日本经济周期波动中发挥了主导作用。

二　日本经济"外需依赖结构"的形成

自 20 世纪 60 年代中期以来，日本由于产业国际竞争力的大幅度增强，开始实现持续的经常收支顺差，从而摆脱了国际收支对经济增长构成的制约。但是反过来出口的不断增长又带来了反面的效应。随着出口的不断增长，出口在国民经济中所占的比重不断提高，导致了经济增长及周期波动都在较大程度上取决于国际市场的需求状况。这一状态在 20 世纪 80 年代发展到了较为严重的程度。不仅国内经济波动受到外部环境的制约，尤为严重的是，大量的产品出口带来了美日贸易的失衡，引发了美日间激烈的贸易摩擦。因此，从 80 年代中期开始，调整过度依赖外需的经济结构、实现以内需为主导的经济增长模式成为日本经济结构调整的一个重要课题。但是，经过 90 年代的长期经济停滞，在 90 年代后期，日本的对外贸易开始增长，特别是在进入 21 世纪之后开始了快速增长（见图 3 - 7）。

由于出口的快速增长，日本的外需依存度再次反弹。特别是在进入 21 世纪摆脱长期经济停滞之后开始的新一轮周期扩张中，出口在总需求中所占比重进一步提高。这是十多年来日本经济结构发生的重要变化之一。在 1985 年广场协议签署之前，日本的出口依存度（即出口与 GDP 的比值）达

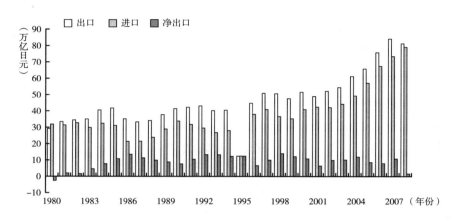

图 3 - 7　日本对外贸易及净出口的变化

资料来源：日本财务省"贸易统计"。

到了 15.1% 的历史最高水平。由于受到广场协议之后日元大幅度升值等因素的影响，日本的出口大幅度减少，加之在 20 世纪 90 年代初日本泡沫经济崩溃、日本经济陷入了被称为"失去的十年"的长期经济萧条，出口在国民经济中所占的比例没有出现较大幅度的提高，一直维持在 10% 左右的水平。但是，进入 21 世纪之后，特别是 2001 年美国经济经过 IT 泡沫崩溃后开始了新一轮的周期扩张，世界经济也开始进入了持续的快速增长。在新兴国家（BRICs：巴西、俄罗斯、印度、中国）经济快速增长的带动下，世界经济发生了重大的结构变化，新兴国家替代了传统的发达国家，成为世界经济增长的重要推动力。在世界经济持续较高速度增长的带动下，日本暂时摆脱了长达十余年的"长期萧条"，并在 2002 年开始进入经济持续增长的轨道。直到 2007 年年底，日本经济经历了二战后持续时间最长的周期扩张阶段。在世界经济持续增长、外部需求扩大的背景下，日本的出口依存度再度提高，在 2006 年年底就超过了 1985 年广场协议之前的最高水平，达到了 16.1%。

出口依存度的提高只是一个表面现象，并不能准确地说明外需在经济增长和周期波动中发挥的重要作用。准确测算外需作用的指标是出口在经济波动中的贡献率，可用如下公式来表示：

$$Y = C + I + G + X - M \qquad\qquad （公式 3 - 7）$$

$$dY = dC + dI + dG + dX - dM \qquad\qquad （公式 3 - 8）$$

$$\frac{dY}{Y} = \frac{C}{Y} \cdot \frac{dC}{C} + \frac{I}{Y} \cdot \frac{dI}{I} + \frac{G}{Y} \cdot \frac{dG}{G} + \frac{X}{Y} \cdot \frac{dX}{X} - \frac{M}{Y} \cdot \frac{dM}{M} \qquad （公式 3 - 9）$$

公式 3 - 9 表明，经济增长率可以表示为构成 GDP 的各需求项目的贡献之和，而各需求项目的贡献又可以分解为各需求项目在 GDP 中所占的份额与其变动率的乘积，如出口对 GDP 增长的贡献为出口依存度（X/Y）和出口变动率（或增长率，dX/X）的乘积。只有某一需求项目对 GDP 增长具有较高贡献时，才能说该需求项目在经济增长或经济波动中起到主要的作用。具体到外需上，就是说是出口对经济增长具有较高的贡献度。

如上所述，由于自 20 世纪 90 年代后半期以来，日本的出口出现了持续或快速的增长，因此出口在 GDP 中所占的份额即出口依存度逐渐提高。如图 3 - 8 所示，在 GDP 中，消费需求占有最大的比例。尽管最近有所下降，但是大致上基本稳定在 50% —60%。民间企业的设备投资，是 GDP 中的第二大需求项目。我们说高速增长时期的日本经济增长是投资主导的，就是因为企业设备投资在 GDP 中占有较高份额和增速较大，从而在经济增长中占据了主导地位。从图 3 - 8 中可以看出，由于在 2002 年之后出口的快速增长，出口在 GDP 中的比重在 2007 年之后超过了民间企业的设备投资，上升为第二大需求项目，从而为出口主导型经济奠定了基础。

一方面是出口具有较大的增长速度，另一方面是较高的出口依存度，两者综合决定了近年来出口对日本经济增长具有较高的贡献度。图 3 - 9 绘出了二战后各经济周期扩张阶段中，各需求项目对经济增长的贡献度。从图 3 - 9 中可以看出，在最近的三个景气扩张阶段中，作为主要需求项目的民间消费需求和企业设备投资，其经济增长的贡献度有所下降或大体上保持不变；相反，出口的贡献度却表现为不断提高的趋势。在近两个经济周期的扩张阶段中，出口的贡献度已经赶上和超过了前两大需求项目。民间消费支出尽管在 GDP 中占有五六成的份额，但是由于其变动率较小，所以对经济增长的贡献度出现了较大幅度的下降。

根据上面的分析，笔者认为，经过自 20 世纪 90 年代后期开始的外

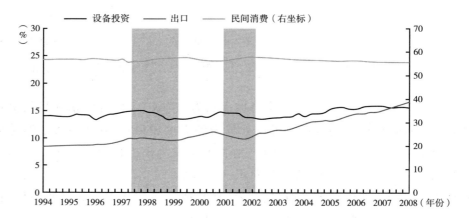

图 3-8　主要需求项目在 GDP 中所占份额的变化

注：阴影部分为经济周期收缩期。

资料来源：日本内阁府『2007 年度经济财政报告』、第 41 頁。

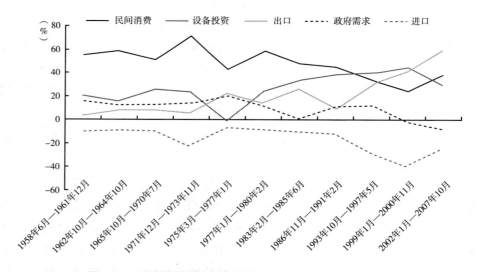

图 3-9　经济周期扩张阶段各需求项目对经济增长的贡献

资料来源：日本内阁府『2007 年度经济财政报告』、第 41 頁。

贸出口的快速增长，日本经济结构出现了一个重要的变化：出口即外需在经济变动中逐渐起到了主导的作用，因而形成了外需依赖的结构特征。

三　外需依赖与经济周期之间关系的实证分析

在经济全球化尚未发展到今天的水平时，经济周期波动主要是以国内需求的波动为主导的。因此，研究出口与经济周期之间的关系时，主要有两个特点：一是侧重分析出口对经济增长的贡献，最具代表性的研究是出口主导型经济增长论，这一观点主要是分析出口对经济增长的拉动作用；二是以经济的周期变动为背景，研究周期的不同阶段特别是在经济衰退时期出口的短期变化的原因。在传统的经济学理论中存在所谓的"驱动出口"假说，认为在经济周期的衰退阶段，由于国内需求下降、企业库存增加，这时企业为了摆脱困境，就会努力开拓海外市场，利用外需来弥补内需的不足，在宏观上就表现为出口的增长。日本学者浅子和美等人利用1964—1990年间日本的数据，对"驱动出口"假说进行了实证分析。主要是分析库存与出口之间的关系，即试图证明经济周期波动的库存指标对出口变化具有的解释力。结果表明，日本在某种程度上是存在着"出口驱动"现象的。[1]

在经济全球化快速发展的今天，各国、各地区之间的经济联系高度密切化。因此当外需依存度较高时，出口与经济周期的波动不再是单一方面的，出口不再仅仅是经济扩张的动力，在很大程度上也可能是导致经济快速衰退的重要力量。后一点表明外需这一外部冲击的重要性以及较高程度的外需依赖经济结构具有不稳定性。正是因为这一点，需要全面分析外需在经济周期变化中的作用，或者说分析在存在外需依赖的条件下经济周期变化的新机制。

（一）出口减少对经济衰退产生的副作用

本节第一小节指出了本轮日本经济衰退的一个重要特点，就是出口减少对经济衰退产生了重要的影响。2009年7月日本内阁府发布的《2009年度经济财政报告》中，对此进行了详细的分析。该报告指出，本次大幅度的经济衰退中，内需和外需对经济增长同时表现为显著的负贡献，而出口和进口合在一起的外需在经济衰退中发挥了较大的副作用，这在以往的经济衰退中是没有出现过的（见图3-10）。出口的急速减少和较高的出口依存度，决定了在本次经济衰退中外需较大的负贡献度。[2]

---

①　浅子和美、伊泽裕行等「景気循環と輸出」、『フィナンシャル・レビュー』June - 1993。

②　日本内閣府『2009年度経済財政報告』、第15頁。

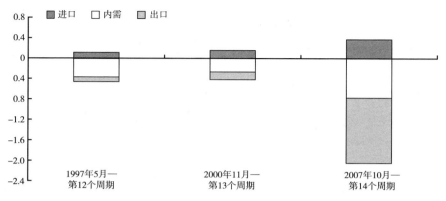

图 3 - 10　不同经济周期中各需求项目的增长贡献

资料来源：日本内閣府『2009 年度経済財政報告』、第 15 頁。

（二）　外需依赖条件下新的经济周期波动机制

虽然可以将 GDP 分解为各个需求项目，通过测算各需求项目对经济增长的贡献度来分析经济增长和波动的原因。但是，实际上，各需求项目并不是完全独立的，而是存在着相互影响和互相渗透的；各需求项目的变化并不是同时发生的，而是存在着先导和滞后的，先行变化者必然会通过它们之间的相互关联机制将其变化传导到其他项目上。因此，经济周期波动机制的研究，不是仅仅停留在分析对某一需求项目在经济变动中的贡献度上面，更主要的是分析其先导性及其对其他需求项目的影响上面。

日本内阁府公布的《2007 年度经济财政报告》，对此问题进行了分析。对各主要需求项目之间时滞相关系数的测算的结果表明，在 20 世纪 90 年代前半期，不存在出口先导于设备投资的关系，设备投资与国内民间消费需求滞后项相互关联产生影响；同时也存在设备投资诱发设备投资的关系。但是在 90 年代后期，设备投资对国内需求的先导性减弱，其自身的波及关系也不再存在。相反，出口以 2 个季度的时滞对设备投资产生影响、以 1.5 个季度的时滞与国内民间需求产生相互波及关系。总之，存在出口诱发国内民间需求和设备投资的转化的可能性，出口作为经济波动的动力作用在增强。因此，景气波动机制可能由原来的设备投资主导型向出口主导型转变。①

①　日本内閣府『2007 年度経済財政報告』、第 50 頁。

　　本次景气衰退中日本的出口大幅度下降，表现了与经济增长率变动非常接近的趋势。由于时间较短，不能准确分析出口下降对国内需求的影响度。这里尝试运用格兰杰因果关系检验，利用第 13 个、第 14 个经济周期期间的数据分析主要需求项目之间的波及关系。

　　本书选取了日本内阁府公布的 GDP 需求项目季度数据，时间为 1999 年第一季度到 2008 年第四季度（2008 年第四季度数值为快报值），包括民间最终消费支出（C）、民间企业设备投资（I）和出口（E），为季节调整完毕的实际值。对三个数值系列的对数值进行的单整检验表明，三者都是非平稳的，而三者的一阶差分的 ADF 统计量均小于给定的临界值，可以拒绝包含单位根的原假设。所以，三个系列都是一阶单整的。对三个系列对数值的协整检验结果见表 3 - 8，从中可以看出，协整检验拒绝了协整方程为 0 的原假设，但是没有拒绝 1 个和 2 个协整方程的原假设。也就是说，三个变量之间存在着协整关系，三者之间存在长期均衡关系。

表 3 - 8　　Johansen 协整检验结果

| 假设协整 | | | 0.05 | |
方程数	特征值	统计量	临界值	Prob. **
None *	1.000000	1415.992	35.19275	0.0000
At most 1	0.346664	19.99348	20.26184	0.0544
At most 2	0.095598	3.818270	9.164546	0.4398

　　这里主要的目的是检验民间最终消费支出、民间企业设备投资和出口三者之间的因果关系。表 3 - 9 是对三个系列进行 Granger 因果关系检验的结果。可以看出，在两个滞后期的情况下，只有"出口不是企业设备投资的 Granger 原因"的假设被拒绝（5% 显著性水平），其他的假设都没有被拒绝。在三个滞后期的情况下，也只有上一个被拒绝的假设在 10% 的显著性水平上被拒绝。也就是说，出口是民间设备投资的 Granger 原因。因此，在民间最终消费支出、企业设备投资和出口三者之间，在日本经济近两个经济周期波动中，出口对民间设备投资存在明显的影响，进而在景气波动中发挥先导的作用。这一检验结论同前面的分析是吻合的。

表 3 – 9　**Granger 因果性检验**

LNE does not Granger Cause LNC	38	0.78147	0.46602
LNC does not Granger Cause LNE		1.20836	0.31156
LNI does not Granger Cause LNC	38	2.19530	0.12732
LNC does not Granger Cause LNI		0.27473	0.76150
LNI does not Granger Cause LNE	38	0.66535	0.52085
LNE does not Granger Cause LNI		2.30879	0.11522

在当今的经济全球化时代，世界范围内或区域范围内出现了经济周期的协动性，其背后的主要原因是，通过金融、分工及贸易极大地深化了各国家、各地区之间的经济联系。本章对日本经济存在的外需依赖的结构特征及其与经济周期波动之间关系的分析表明，在对外经济联系空前深化的背景下，一国经济如果较高程度地依赖外部需求，那么这一经济结构就存在着脆弱性，易于受到外部需求冲击的极大影响。日本的情况表明，经济结构中外需依赖度的提高，使得本国的经济周期波动机制出现了相应的变化，即由内需主导变为外需先导或外需主导，外需在经济波动中占据了越来越重要的地位。这一点对中国来说也是适用的。正是由于经济结构的外需依赖特征，才使得日本在本次世界经济危机中，出现了实体经济受到的冲击重于金融经济的现象。在特定经济结构条件下对经济波动机制的解明，具有重要的理论及政策意义。

小　　结

本章首先介绍日本经济周期的测定方法，并分析了第二次世界大战结束以来日本经济在不同发展阶段经历的经济周期的主要特征，在此基础上重点分析了 20 世纪 80 年代中期以来，在泡沫经济影响下日本经济周期波动出现的新形态，并尝试分析了资产泡沫形成和破灭对经济周期波动产生的影响机制。在 80 年代中后期，在日本国内外经济制度和经济结构发生重大变化的条件下，日本经济在多种因素的综合作用下，出现了严重的泡沫现象。资产价格的大起大落，也增大了经济周期的波动幅度和经济衰退的严重性。关于资产价格泡沫对宏观经济波动的影响方面，本章借鉴了日本学者相关的研究成果，仅就资产价格的财富效应、对企业投资的影响等进行了初步的实证分析。结果表明，两种影响在现实中在一定程度上是存在的，但是其影响并不是特别重大，仅仅局限于此的分析还不能充分说明资产泡沫对宏观经济波动产生的深刻影响。从 20 世纪 90 年代初泡沫经济破灭后日本开始陷入长期经济衰退，后来又引发了严重的金融危机及使衰退深化，到东亚金融危机，再到由美国次贷危机引发的全球经济危机，一个共同的特点是金融动荡导致了深度的经济衰退。因此，以泡沫经济为起点，经由金融危机再到经济深度衰退，这一发展过程应该是近二三十年来世界经济周期波动出现的新现象。后面将对此现象的发生做更深入的分析。

第 四 章
金融危机与不良债权

20 世纪 80 年代以来，世界不同类型的国家包括英国等发达国家和南美的发展中国家，都曾经历过不同程度的金融危机，金融体系越来越成为影响经济稳定的重要因素。在 90 年代末期东亚地区爆发严重的金融危机，与此同时，日本的金融动荡也达到了顶峰，也就是说发达国家与发展中国家的金融危机不期而遇。又过了十年的时间，被认为最为稳定、最为安全的美国金融体系也出现了问题，美国次贷危机引发了全球范围的国际金融危机，导致了严重的世界金融经济危机。日本作为发达经济大国，在 20 世纪 90 年代发生的金融危机，可以视作这次国际金融危机来临的前兆。

本章首先分析日本金融危机发展演变的长期历程，其次分析不良债权问题的产生及其深刻的影响，最后分析金融危机的经济影响和政府采取的危机治理政策。在重点分析日本金融危机的同时，也采用比较分析的方法，对 2008 年"雷曼冲击"以来的国际金融危机与日本金融危机进行比较，试图在更宽广的视角上认识当今的金融体制与经济运行之间的关系。

第一节　泡沫经济崩溃后的日本金融不安与金融危机

日本经济在 20 世纪 90 年代初期开始的长期停滞过程中，金融体系一直表现出不稳定的状态，直至 90 年代末期金融问题严重并演变为真正的金融危机。对于这一时期日本金融出现的问题，不同的研究者使用不同的词语来加以表述，有"金融不稳定""金融体制机能不健全""金融危机"等。对于 90 年代日本金融危机的界定，有狭义和广义两种。狭义的界定就是认为

1997 年后期出现的大型银行、证券公司的破产现象，表明日本发生了金融危机，同时日本政府采取了金融机构国有化、投入公共资金等危机对策，其后又进一步完善了一系列相关的政策法规，对金融机构健全经营体制给予约束。广义的金融危机则认为从 90 年代初泡沫经济崩溃开始直到 2004 年不良债权处理完毕、日本金融恢复了稳定状态为止，这一期间的金融不稳定都可以看作金融危机状态。如小关广洋在其题为《金融危机的对应——应从日本吸取什么样的经验》的文章中，就将 1991—2004 年作为金融危机时期，并根据金融问题的发展变化划分了四个阶段，分析了各个阶段日本金融体系面临的主要问题和政府政策的发展变化。[1] 更有甚者，有人还从日本长期经济停滞的发生在很大程度是由金融问题所决定的这一角度出发，将长期经济停滞本身就界定为"平成金融危机"。如相泽幸悦指出，尽管自 20 世纪 30 年代货币制度从金本位转变为管理货币制度以来，资本主义进入了现代资本主义阶段，不再遭受到经济危机和通货紧缩之苦。但是将 1997—1998 年发生的大型金融机构的破产为顶点的金融体系危机界定为现代的"金融危机"，也是没有什么大问题的。而且，泡沫破灭后形成的长期萧条其本质正是在于金融危机先行，然后引发了实体经济的危机。不仅如此，相泽甚至将与泡沫经济崩溃相伴生的、金融体系危机先行的长期经济萧条，定义为"经济危机"和"金融危机"，并在其著作中直接称之为"平成金融危机"。[2]

　　将长达十余年的经济停滞期间日本金融出现的问题都看作"金融危机"状态，显然不是很严格。特别是把金融问题作为决定长期经济停滞的决定因素，只是前述的"结构派"中的金融因素决定论的观点。我们不否定金融因素对日本经济长期停滞产生的重要影响，但是同时也不过分地将其归入结构因素之中，而是将其界定在介于结构因素和需求因素中间的因素，认为金融问题既是结构问题，也是影响需求的主要因素。因此，这里只是将 1997 年后期出现的大型金融机构破产看作日本爆发了金融危机，危机的结束至

---

①　小関広洋「金融危機への対応——日本の経験から何を学ぶか」、PIMCO 2008 年 8 月号。

②　相泽幸悦明确指出：泡沫崩溃后的 1990 年初到 2005 年 3 月巨型银行不良债权得以解决的 15 年间金融体制经受的危机，本书将其整体定义为现代的"金融危机"。相沢幸悦『平成金融恐慌史—バブル崩壊後の金融再編』、ミネルウア書房、2006 年 12 月。

2005 年日本金融体系问题基本消除为止。而此前的从泡沫经济崩溃开始的萧条和金融体系不稳定状态，将被看作金融危机的前兆。尽管如此，对日本金融危机发展演变过程的分析，还需要从泡沫崩溃产生的金融动荡和其后出现的金融危机前兆开始。唯有如此，才能全面地认识日本金融危机演变的过程、本质和政府的政策应对问题。鉴于此，下面将始于 90 年代初泡沫崩溃的整个金融不稳定时期划分为三个阶段，分析日本金融从不安定局面逐渐演变直至发生金融危机的过程、金融问题长期化的原因及政府实施的货币金融政策等。

一　泡沫崩溃引发的金融不稳与危机前兆（1990—1996 年）

如前所述，泡沫经济作为资产价格的持续高涨现象，其产生是对资产的投机性投资作用的结果，这种投机性投资又在很大程度上是依赖于金融系统实现的。在现代经济中特别是 20 世纪 80 年代以来；金融自由化和国际化的进展，导致了虚拟经济过度膨胀甚至成为影响国民经济发展的主导因素。这种结构变化表现为 80 年代以来以美国为首的西方发达国家以及众多发展中国家，陆续出现了金融不稳定和金融危机现象，金融问题成为影响经济稳定的重要因素。日本学者宫崎义一对 80 年代后期到 90 年代初期美国和日本的经济周期变动进行分析，发现这一时期经济周期变化的共同特征：由金融经济萧条做先导，后扩展到实体经济，导致实体经济衰退。他将这种现象称为"复合萧条"。[①]

金融体系助长了泡沫经济的产生，但是泡沫经济崩溃之后又将金融经济拖入了衰退和不稳定的局面，进而对实体经济产生深刻的影响，这一特征在 20 世纪末期的日本经济中表现得最为突出。在日本泡沫经济中主要表现为两大类资产价格的持续高涨和快速下跌，即以股票、债券为主的金融资产和以商业住宅为代表的非金融资产。前者的大幅度波动本身就是金融市场及金

---

① 宫崎义一指出：目前各先进工业国家经济萧条的共同特征在于，首先作为金融自由化后果的金融资产（存量）的调整先行，从而导致了实际 GDP（流量）的负增长。这也可以说是一种泡沫经济 = 坏账（存量）的长期调整和流量的短期存货调整联动进行的所谓存量和流量的复合萧条。参见宫崎义一《泡沫经济的经济对策——复合萧条论》（中译本），陆华生译，中国人民大学出版社 2000 年版，第 9 页。

融经济不稳定的表现。

日本泡沫经济的崩溃是从股价的大幅度下跌开始的。1989 年 12 月 29 日东京证券交易所收盘价创下了历史最高纪录（38915.87 日元），之后日本股票市场在一年内出现了两次急剧的大幅度下跌。第一次是在 1990 年 4 月 2 日，下跌到 28002.07 日元，与此前的最高值相比下跌了 28.05%；第二次是在同年的 10 月 1 日，从 7 月 17 日的高价位 33172.28 日元下跌至 20221.86 日元，下降幅度达到了 39.1%，这就是人们所说的"黑色的星期一"。在该天股价曾经一度跌破了 2 万日元大关（最低点为 19990.51 日元），与上一年底相比，跌幅达到了 49%，东京股市的市值损失超过了 270 万亿日元。这一时期日本经济及金融的变化不仅表现在股价的大幅度下跌上面，还发生了日元贬值、债券下跌的现象，这被称为"三重下跌"。

泡沫经济崩溃伊始，日本还没有出现严重的金融紧缩现象和银行不良资产问题。但是这些问题只是隐含在特有的金融制度之下，其显露有一个渐进的过程。前文引用的宫崎义一的研究，就已经指出了泡沫崩溃初期出现的"日本式信贷危境"的问题。尽管在 1991 年 7 月 1 日以来，日本银行三次降低贴现率，但是货币供给量（$M_2 + CD$）的平均余额相对于上一年的增长率持续呈现下降趋势。这是"日本式信贷危境"的表面现象。在这一表象背后的，实际上是银行等金融机构受到了泡沫经济破灭的冲击。一方面是银行在金融自由化条件下利率的提高导致了筹资成本的提高，因而使得银行的收益率下降；另一方面在泡沫经济破灭股价大幅度下降的情况下，银行持有的债券价格下跌导致其账外资产额度减少。如果用其一部分来摊还不良债权，则会使自有资本的补充项目减少，为维持 8% 的自有资本的比例，需要削减相应份额的贷款。这应该是导致"日本式信贷危境"的内在原因。

继股价急剧下跌之后，土地价格也出现了大幅度的下降。地价和股价的暴跌和企业收益的恶化，导致了贷款企业破产、延期支付利息等事态的产生。尽管金融机构在发放贷款时实施了抵押，但是由于房地产担保价格的急剧下降，使得大量贷款无法回收，这就是所谓的不良债权问题。不良债权问题的发生及其延续，是影响日本金融体制长期不稳定，并最终演变为严重的金融危机的主要原因之一。不良债权的拖累，导致很多经营不善的中小型金融机构破产。从 1991 年 7 月东邦相互银行破产开始，到 1996 年底三福信用组合、阪和银行破产，这期间共计有 17 家银行及非银行金融机构因面临严峻的经营危机而被救济或重组。

这期间影响最大的是住宅金融专门公司的不良债权处理事件。住宅金融专门公司，是在 20 世纪 70 年代建立的一种专门向个人发放住宅融资的金融机构。由于当时住宅资金需求扩大而银行的融资业务主要面向企业，而且银行缺乏向个人开展融资业务的经验，所以，当时在大藏省的主导下，由银行等金融机构出资建立了专门从事住宅贷款的金融机构——住宅金融专门公司（以下简称"住专"）。住专是从其母公司——银行等金融机构借款然后贷给个人和各类机构，它没有店铺网络，业务主要来自母公司的介绍。80 年代后半期由于银行经营面临优良客户减少（企业脱离银行）的局面，因此银行也开始开展个人住宅贷款业务，加上其他金融机构的介入，住宅贷款市场竞争加剧。与此同时，由于泡沫经济土地价格高涨，住宅交易存在较高的收益，于是各住专公司开始向房地产企业融资。1985 年住专的贷款总额约为 3 万亿日元，其中对房地产商的贷款所占比例仅为 5%；但是在泡沫经济的顶峰期的 1990 年，贷款总额达到了 13 万亿日元，其中的 78% 即约 10 万亿日元贷给了房地产商。泡沫经济崩溃后，对房地产企业发放的贷款大部分成为不良贷款而无法收回。在七家住专公司的总额为 13 万亿日元的总资产中，不良资产额达到了 9.56 万亿日元。住专公司已经到了必须进行破产清算的地步。

由于来自银行筹资的限制，住专开始向农协系统的金融机构借款，而且数额巨大。因此，住专的清算受到影响最大的一方是作为其母公司的金融机构，另一方是作为其债权人的农协系统的金融机构。由于农协系统金融机构基本上是非营利机构，其本身没有充足的自有资本。实际上农协系统金融机构的贷款是受到法令限制的，仅限于向组合成员开展的农业相关活动发放贷款。但是，由于出售土地获得的巨额资金进入了农协系统金融机构，所以其向住专发放贷款也被承认了，没料到形成了严重的不良债权。如果按照一般企业破产清算的处理方式，农协系统金融机构放弃对住专的债权，那么以信用农协联合会为中心的农协系统金融机构就会破产，同时也会连累提供大量资金的单位——农协。所以在对住专清算时，农协金融机构主张由住专的母公司——母体银行承担全部损失，即所谓的"母体行责任"。但是作为住专的母公司的金融机构则表示难以承担超过出资额以上的费用。

最后，1996 年 7 月设立的住专金融债权管理机构接收了住专的资产，并于该年 10 月回收了不良债权。具体的清算过程是：将不能回收的 6.4 万亿日元的贷款作为第一次损失额，母体行放弃了其全部债权 3.5 万亿日元，按照非母体行的一般修正母体行方式放弃了 1.7 万亿日元的债权。农协系统金融机构全额回收了超过 5 万亿日元的资金，以赠予方式承担了 5300 亿日元的损失，不足部分在存款保险机构设立住专核算账户，从一般财政账户支出公共资金 6800 亿日元，即使用公共资金处理不良债权问题。不能确定已经无法回收的资金额约 1.2 万亿日元，被预计为第二次损失，预定其一半由公共资金弥补。对住专不良资产的处理是依据 1996 年 6 月生效的《住专处理法》进行的。使用公共资金处理私营企业的不良资产行为，受到了在野党及舆论的猛烈批判，引发了极大的政治混乱。最后导致村山首相辞职，自民党桥本内阁上台。

从 1994 年末到 1996 年，由于不良债权处理引发的金融机构破产件数增加，金融系统不稳定问题加剧，因此这一时期可以看作日本爆发金融危机的前期。以信用组合为代表的中小金融机构和银行破产件数的增加（见表 4 - 1），是从金融不稳定局面演变为金融危机的前兆。

表 4 - 1　1994—1996 年破产的金融机构

时　　间	金融机构名	本店所在地	救济机构	处理方法
1994 年 9 月	信用组合岐阜商银	岐阜市	信用组合关西兴银	救济合并
12 月	东京协和, 安全信用组合	东京都	东京共同银行	设立新银行
1995 年 2 月	友爱信用组合	横滨市	神奈川劳动金库等	分割转让
7 月	寇毛思信用组合	东京都	东京共同银行	事业让渡
8 月	兵库银行	神户市	绿银行	设立新银行
8 月	木津信用组合	大阪市	整理回收银行	事业让渡
11 月	福井第一信用组合	福井市	福井银行	事业让渡
12 月	大阪信用银行	大阪市	东海银行	事业让渡
1996 年 3 月	太平洋银行	东京都	Wakasio 银行	设立新银行
4 月	山阳信用组合	兵库县	淡阳信用组合	事业让渡
4 月	Kemin 大和信用组合	神户市	淡阳信用组合	事业让渡
11 月	三福信用组合	大阪市	整理回收银行	事业让渡
11 月	阪和银行	和歌山市	纪伊预金管理银行	事业让渡

资料来源：大藏省、经济企划厅。

二 金融危机的爆发 (1997—1999 年)

1994 年以来，日本的金融系统已经表现出了不稳定的预兆。特别是 1995—1996 年，许多金融机构面临严重的经营危机，金融破产现象不断增加。1997 年是日本经济终止此前的景气复苏并转为深度衰退的转折年。1995—1996 年日本经济有所复苏，有些迹象表明似乎已经摆脱了泡沫经济崩溃引发的深度衰退。在这种情况下，1996 年上台的自民党桥本内阁，推出了所谓的结构改革政策，率先在 1997 年实施的是六大结构改革中的"财政结构改革"，即通过增加税收、压缩财政支出实现国家财政的"健全化"。1997 年消费税率的提高作为一种紧缩政策，对尚未完全实现景气复苏的日本经济产生了重大的冲击，下半年日本经济迅速进入了景气衰退的局面。与此同时，东亚发生了严重的货币金融危机。在内外经济同时出现重大冲击的情况下，日本发生了大型金融机构破产事件，自此日本进入了真正的金融危机时期。

（一）北海道拓殖银行与三洋证券的破产

北海道拓殖银行（以下简称"拓银"）作为日本大型城市银行之一，具有 100 多年的历史，并有重要的影响。它是在明治时期为适应开发北海道的需要而建立的。1899 年日本国会制定了《北海道拓殖银行法》，1900 年 2 月依据此法建立了作为特殊银行的拓银，主要为北海道开发项目提供资金。1939 年依据修改的"拓银法"，该银行开始从事存款及短期金融业务，即兼营普通银行及储蓄银行业务。二战结束后"拓银法"终结，政府放弃了持有的拓银股份转而使其上市，并停止发行债券业务。从此拓银转为民间普通银行并成为城市银行的一员。尽管该银行也向本州等其他地区拓展了业务，但是它还是主要以北海道地区为主要经营基础的区域性银行。北海道的大多数家庭和企业，都在该行开户。"从拓银获得融资""在拓银开户"是衡量企业信用度的重要指标，同时也是经营者社会地位的表现。

大约在 1985 年前后，日本的商业银行开始大举向房地产融资。地价的高涨从首都圈迅速向以三大城市圈为中心的日本全国扩展。尽管泡沫景气对北海道的影响比较晚，但是拓银是通过其道外的据点——东京营业部和大阪支行实施对房地产的融资的。只是这一业务的开展较其他银行晚，到 1988

年才真正开始。但是拓银为了在泡沫景气扩张中获得更大的收益，在相关的融资方面采取了更加积极的扩张政策。

90 年代泡沫经济崩溃之后，由于融资的房地产项目和珠宝经营企业的经营失败，拓银的不良债权额开始急速增加。尽管如此，该行对不良债权的处理非常不恰当，甚至对经营不善的企业追加贷款，导致不良贷款的数额增大。到 90 年代中期，拓银的经营危机已经显现出来。1995 年 5 月发表的决算报告，出现了建行以来的首次赤字。美国信用评级机构也将其信用等级降为 E 级。1996 年开始出现了"被终止业务"等各种传言。1997 年随着银行股价出现的新低，拓银的股价也跌破了 200 日元。出现了以大型机构投资者为中心的解除存款协议的现象。

1996 年 9 月，拓银公布的不良债权额为 9365 亿日元，但是债权偿还特别核算账户的备付金只有 3200 亿日元，备付率只有 34.2%，在城市银行中是最低的。起初，拓银试图通过与北海道银行实施合并来度过经营危机。1997 年 4 月 1 日，拓银和北海道银行分别召开了临时董事会，决定在 1998 年 4 月实施对等合并。新银行全面撤销海外经营机构而专门从事以北海道为中心的国内业务。但是这种合并还不能消除拓银庞大的不良资产，在 1997 年 9 月两行合并交涉受阻，于是拓银的破产进入了倒计时。

1997 年 11 月 7 日，拓银彻底放弃了自主再建的想法，向北海道的第二地方银行北洋银行等让渡存款及贷款业务，最终陷入了经营破产状态。拓银的存款和银行间交易的债权得到了全额保护，直至拓银向其他银行的业务让渡和清算完毕。日本银行根据《日本银行法》第 25 条提供日银特别融资，提供了过度的流动性，其金额仅在 11 月 17 日一天就达到了 6000 亿日元，总计达到了 2 万亿日元。为了避免因为无法履行债务而导致银行间市场交易的混乱，并导致信用紧缩，日本银行对存款保险对象之外的资金实行了全额保护。为了减轻北洋银行的负担，存款保险机构购买了不良债权，其资金来自日本银行的特别融资。

拓银只是日本城市银行的一个普通成员，而且不是居于前列。尽管如此，作为城市银行的大型银行的破产在二战后是没有先例的，这成为日本金融危机发生的象征性事件。

在拓银破产的几乎同一时间（1997 年 11 月），日本三洋证券公司申请适用《公司更生法》，进入破产阶段。三洋证券公司应用该法律进入破产阶段，是符合大藏省主张的进行透明的金融机构破产处理的观点的。但出现了没有预料的另外一个负面效应，即由于在银行间拆借市场上发生了无法履行债务的现象，这成为后来大型金融机构破产的导火索。银行间的短期拆借市场中的无担保隔夜市场，是建立自信用基础上的无担保融资市场。三洋证券事实上出现的破产，使得其不再履行银行间拆借市场的债务偿还，引发了市场的动荡和信用紧缩，成为爆发"平成金融危机"的直接契机。

（二）山一证券的破产

在拓银破产不久的 11 月 22 日，日本又发生了动摇金融界的重大事件，就是已经陷入经营危机的日本四大证券公司之一的山一证券公司，决定自主停业破产。山一证券在 1992 年 3 月的决算期，就因为股票买卖手续费的减少而出现了经营赤字。其后虽然暂时得到了恢复，但是由于股票市场的长期低迷和对本系列非银行金融机构的支援，在 1997 年 3 月的决算中山一证券再度出现1647亿日元的赤字。1997 年 9 月，山一证券的前总经理因向总会屋提供利益而被逮捕，从而引起了很多客户交易的终止，加上受到东亚股价暴跌的影响引发的市场低迷，山一证券难以从金融市场上筹措资金。1997 年 11 月 21 日，美国信用评级公司已经将山一证券的评级降为不适合投资的等级，因此两天连休之后山一证券陷入了资金链断裂的局面。于是，山一证券在 11 月 24 日早晨召开董事会，决定正式提出申请自主废业和停止营业。山一证券的负债总额超过了 3 万亿日元，是日本二战后以来出现的最大规模的破产。因此可以说山一证券的破产使日本金融危机的爆发达到了顶峰。顾客寄存在山一证券的资产约 24 万亿日元，日本银行为了完全保护顾客资产，依据旧《日本银行法》第 25 条，实施了日银的特别贷款。有着悠久经营历史的山一证券公司的破产恰逢其创立 100 周年之际的，这在日本证券发展史上也是值得关注的重大事件。

（三）日本长期信用信贷系统发生危机

金融危机的爆发或者说达到了顶峰的另一个代表性事件，是日本长期信用信贷系统发生危机。日本长期信用银行和日本债券信用银行是日本两大长期信用金融机构，这两家银行的破产是表明日本金融体制发生重大转折的又一个重要标志。以日本长期信用银行为例，它是创建于 1956 年的政策性金融机构，通过发行债券筹资，并向产业政策确定的重点产业发放低利率贷款。长期以来，长期信用银行对日本产业的发展提供了重要的资金支持。在健全经营时期，长期信用银行拥有庞大的资产额和以大型企业为主的优质客户，其对外贷款占日本金融机构贷款总额的 4%，是日本代表性的大型银行。但是自 20 世纪 80 年代以来，日本经济由传统的赶超型发展转向成熟型发展之后，资金供求结构发生了重大的变化，传统的金融机构经营面临严重的挑战。而泡沫经济崩溃后累积的大量的不良债权，最终导致了长期信用银行走向破产。

　　这期间，还有其他的金融机构进入了破产处理阶段。如作为第二地方银行的国民银行、东京相和银行、namihaya 银行、新潟中央银行等。除银行之外，保险机构也出现了破产停业的现象，如 1997 年日产生命保险公司、东邦生命保险公司的破产等。

三　金融危机的延伸与终结（2000—2004 年）

　　面对金融体制的动荡和金融机能下降的局面，日本金融监管当局和中央银行出台了一系列政策措施，抑制金融危机的深化，谋求金融机构经营的健全化和金融体制的稳定化。这一系列政策措施应该说在一定程度上发挥了稳定金融体系的作用，但是并没有真正地消除金融危机。

　　2000 年随着 IT 泡沫崩溃股价大幅下挫，破产企业数目不断增加。不仅建筑、房地产等直接进行土地投机的行业的企业有过剩债务，甚至非制造业企业也拥有过剩债务，企业债务负担的加重使得不良债权问题仍然没有得到解决。2002 年末小泉内阁提出"金融改革再生计划"，将解决银行业不良债权问题放在首位，要求各大银行努力改善经营机制，增加收益，快速处理不良债权。与此同时，各大银行通过大型重组整编，增强了企业资本实力和经营竞争力，实现了健全化经营，如第一劝业银行、富士银行通过设立共同持股公司实现了业务的合并，组建了瑞穗金融集团，集团内的银行整编为从事个人金融业务的瑞穗银行、从事法人业务的瑞穗公司银行。2002 年住友银行和樱花银行合并。一系列的金融机构间的大型合并，极大地改变了日本金融体制的形态，在银行部门形成了四大银行集团的结构形态。四大集团是：瑞穗金融集团、三井住友银行、三菱东京金融集团和 UFJ 集团。从 2003 年下半年开始，日本银行业形势明显开始好转，各大银行处理不良贷款的行动按计划顺利进行。至 2004 年 9 月的最后期限前，日本大型商业银行的不良债权减至一半以下的目标实现，金融危机趋于平息。

第二节　不良债权的产生及处理

20 世纪末，日本金融体制出现不稳定局面乃至发展为深度金融危机，在很大程度上是由于泡沫经济崩溃后金融机构形成了巨额的不良债权，从而对金融机构的经营产生了严重的影响。但是，从 90 年代初期泡沫崩溃开始出现不良债权，直到进入 21 世纪第一个 10 年的中期，日本的不良债权问题才最终得以解决，进而摆脱金融危机局面。不良债权迟迟得不到解决存在着极为复杂的原因。下面通过分析不良债权问题的演变过程及其内在原因，来进一步揭示导致日本金融问题长期化和严重性的发展机制。

一　日本不良债权问题的严重性

不良债权通常是指银行等金融机构持有的贷款中"不能按预定条件偿还本金或支付利息的贷款"。国际通行的贷款五级分类中，包括正常类、关注类、次级类、可疑类和损失类贷款。不良债权包括了所有可能无法按期收回的贷款，即关注类、次级类、可疑类和损失类贷款。不良债权问题是日本自 20 世纪 90 年代初泡沫经济崩溃之后，日本金融系统所面临的最为严重、最难以解决的问题，其产生的直接原因通常归结为泡沫经济破灭。

20 世纪 80 年代后期房地产价格的持续膨胀，构成了日本泡沫经济的主体。而金融机构的大量资金进入房地产领域，成为催生泡沫的主导力量。反过来，泡沫破灭后带给金融机构的则是大量难以回收的债权。在泡沫形成过程中，土地和股票价格的上升，一方面提高了实体经济单位的风险承受能力，在能够获得贷款的条件下，房地产交易进一步旺盛；另一方面提高了土地的担保价值，并且由于潜在利润的吸引增加了向房地产商的贷款。但是，这种循环的持续是以资产价格的上升为条件的。当这一条件丧失时，这一循环将会崩溃并产生反方向变动。地价的大幅度跌落，使大部分房地产商陷入了经营困境，无法偿还贷款和利息。同时，地价的下跌导致了担保物价值的贬值。因此，向不动产商提供大量贷款的银行和金融机构背负了大量的无法偿还的债权，这使其经营业绩迅速下滑并陷入了经营危机。

在金融领域，存在着高度的信息不对称以及由此引发的道德风险、金融监管的有效性等问题。一般而言，各国金融部门都存在着一定程度的不良债权问题，其比例在安全限度内是不会影响金融体系的整体机能的。但是不良债权比例一旦超过安全界限，就会导致金融系统的不稳和金融机能的下降。

从 20 世纪 90 年代初期开始，随着房地产价格的持续下降，日本的不良债权问题经历了逐渐恶化的过程；但是这个问题严重到极可能引发整体金融机能发生危机的程度，对此金融监管当局在 90 年代初直到 1995 年之前都没有充分认识到。在房地产价格开始下降之初，金融机构及金融监管当局预计这一价格下降只会停留在小幅度和暂时的范围内，景气恢复后银行的不良债权就能够全部回收。此后，尽管房地产价格持续下降，但是由于金融机构和金融监管当局担心发生信用紧缩，所以它们过小地估计了不良债权数额或尽量掩饰不良债权问题的严重性。就是说，随着房地产价格的持续下降，有关不良债权的信息从当初的"估计不足"演变为后来的"虚假报告"。

表 4－2 列出了 90 年代日本不良债权数额的变化。从中可以看出，从泡沫经济崩溃开始出现的大规模不良债权，不但没有在短期内得到及时有效的处理，而且经历了长期化的过程。这期间公布的相关数据，也表明了金融机构和金融监管当局从有限度地公开即适度的掩盖到全面核算和公布的过程。1992—1994 年公布的不良债权包括破产债权和延滞债权，只有主要银行公布该数据，所以不良债权的金额仅为 12.5 万—13.6 万亿日元。之后的 1995—1996 财年，公布数据扩展为全国银行并进一步明确了不良债权的定义，不良债权的余额大幅度提高，接近了 30 万亿日元。接下来的 1998—1999 财年，进一步严格了不良债权的标准，如将延滞偿还债权界定为拖延 90 天以上等。并且，从 1996 年度开始，公布了分类债权的统计数据，从中能够更加清楚地分析出全国银行贷款资产的质量情况。从表 4－2 中可以看出，在 1992—1994 财年，日本主要银行的呆账准备金余额远远低于不良债权余额；1995 年度以后，呆账准备金余额有了很大程度的提高，但是其与不良债权的比率仍低于 50%。

日本不良债权问题的深化，不仅表现在因为统计数据内容的变化而导致的数量大增上面，而且在 20 世纪 90 年代末到 21 世纪初的几年内，不良债权不仅余额居高不下，而且其占贷款余额的比例即不良债权率不断上升（见图 4－1）。

表 4 – 2　不良债权额的变化（全国银行）

单位：亿日元

年度	不良债权导致的损失额(A)	(A)的累计额	不良债权余额(B)	分类债权额	第Ⅱ分类	第Ⅲ分类	第Ⅳ分类	倒贷准备金余额
1992 财年	16398	16398	127746					36983
1993 财年	38722	55120	135759					45468
1994 财年	52322	107442	125462					55364
1995 财年	133692	241134	285039					132940
1996 财年	77643	318768	217890	767000	653000	87000	27000	123340
1997 财年	132583	451351	297580	717000	655000	61000	1000	178150
1998 财年	136309	587660	296270	642580	610240	31600	740	147970
1999 财年	69441	657101	303660	633860	605390	28350	120	122300

注：（1）1992—1994 财年的不良债权定义为破产债权、延滞债权；1995—1996 财年的不良债权定义扩展为破产债权、延滞 6 个月以上的债权、低于再贴现率的优惠利率债权；1997—1999 财年的不良债权定义为破产债权、延滞 90 天以上的债权、利率减免债权。
（2）分类债权包括：第Ⅱ分类债权（关注类债权）、第Ⅲ分类（破产可疑类）、第Ⅳ分类债权。
（3）1992—1994 财年为主要银行的数据。
资料来源：根据日本银行统计数据制作。

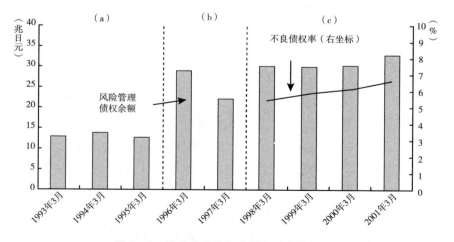

图 4 – 1　风险管理债权余额和不良债权率

资料来源：日本内阁府『2001 年度经济财政报告』。

二 不良债权处理的拖延

20世纪80年代以来，欧美国家也曾经发生过程度不同的金融危机和不良债权问题，但是通常在较短的时间内不良债权问题就被有效处理，没有出现更为严重的问题且未对金融体制产生严重的冲击。但是日本90年代的泡沫经济崩溃后，金融机构发生的大规模不良债权问题，不但没有得到及时有效的处理，而且演变为长期问题，最终引发了严重的金融危机。不良债权问题的长期化，可以说有着非常复杂的原因：既同日本泡沫经济的发生机制和特定结构相关，又同日本的金融体制和监管制度相联系。不良债权问题的长期化首先可以从其处理的拖延上寻找原因。

（一）政府对不良债权处理的拖延

日本不良债权长期化的一个直接原因是政府对不良债权处理的拖延。在不良债权发生初期的时点上，对不良债权的数额究竟有多大，应该采取什么样的根本性措施来进行处理，应该说政府并没有给予足够的重视，因此也未能及时着手解决这一问题。

从不良债权数额的公布看，实际上日本银行业的呆坏账问题早在20世纪80年代就已经出现，但相关信息直到1992年年底才对外界披露。1992年大藏省仅公布了当时21家主要银行不良债权的合计总额①，1993年才勉勉强强公布了各主要银行的不良债权数额。地方银行不良债权总额则是从1994年才开始公布的。并且，所公布的不良债权数额并非基于第三者的客观评价，而是各银行自我检查、自我申报的结果，所以实际的不良债权额要远大于公布的数值。此外，关于不良债权的定义，大藏省也根据具体情况做了改动。当时日本的不良债权是指超过六个月以上的延滞债权，这一基准较美国三个月以上的延滞债权的定义要宽松得多。事实上，大藏省是有意通过这样的处理方式来淡化日本不良债权问题的严重性。这也反映出当时大藏省对不良债权问题的本质及其潜在规模还缺乏足够的认识。

从不良债权的处理来看，1992年三和银行等民间金融机构已有抓紧处理不良债权的动议，大银行董事曾集会就住专公司不良债权的尽快处理达成

---

① 当时公布的大银行不良债权数额为8万亿日元。

协议。但是，大藏省直接向银行施压，推迟了不良债权的处理。大藏省认为，日本的不良债权不仅数额大，而且几乎所有的金融机构都面临这一问题。如果同时对其进行处理，势必会使银行丧失信用，造成资金外流，引发日本金融体系的崩溃。在大藏省看来，最好的对策就是采取拖延处理的办法，期待随着股价、地价的回升，金融机构能够将不良债权自我消化掉。这是因为，长期以来，日本政府已经习惯于"直线上升型经济"，当经济出现波动向下运行时，他们也会认为这只是一种暂时现象。只要经过一段时间，其资产价格肯定会恢复，不良债权问题也一定会随之解决。正是在这一背景下，大藏省没有采纳宫泽首相提出的引进公共资金解决住专问题的方案，反而基于1992年地价、住宅价格回升的乐观预期实施了住专重建计划。结果住专问题被一拖再拖，最后不得不动用国民的税金来解决。对住专处理过程中投入税金的批判，成为监管当局采取了拖延政策最好的证据。很多人认为，如果大藏省在1992年就开始督促银行等金融机构处理不良债权，并能够拿出有效的应对办法，日本的金融危机不会被拖延十几年之久，银行等金融机构的不良债权也不会累积到100多万亿日元。

事实上，1997年以前，日本政府对银行业不良债权的处理一直优柔寡断：不仅隐瞒不良债权的真实信息，而且对不良资产的处置也缺乏统一解决的规划，致使日本银行业的不良债权不断攀升，从而加大了其后的处置成本。直到1997年以后，随着北海道拓殖银行、山一证券、日本长期信用银行、日本债券信用银行等的相继破产，日本政府才开始采取一系列措施来解决不良债权问题。正是在不良资产上升初期，日本政府对不良债权问题所采取的放任、遮掩和消极等待的态度，使日本错过了解决不良债权问题的最佳时机，从而加大了其后的不良债权处理成本，最终导致不良债权的长期化。

（二）银行对不良债权处理的拖延

在政府对不良债权拖延处理的背景下，银行又是如何来处理不良债权，进而导致不良债权的长期化呢？银行作为金融企业，在不良债权处理方面受到许多因素的制约，包括企业预算本身的约束以及道德风险等。银行对不良债权处理的拖延主要表现在以下几个方面。

第一，银行自身通常很难采取直接清偿等最终处理措施。

为尽早解决不良债权问题，进行直接清偿等最终处理是非常必要的。但是，这并不容易。一方面，如果进行不良债权的直接清偿等最终处理，会给银行自身的经营带来一系列不利影响。因为企业的破产倒闭或者大规模重组，会大幅度削减银行能够回收的债权额，银行自身也可能因此而陷入经营危机。也就是说，当大量不良债权产生之后，其最终处理不仅仅是对拥有过剩债务的企业，对银行自身经营来说，其打击也可能是致命的。由此决定了银行很难下决心进行不良债权的最终处理。另一方面，即使银行进行不良债权的最终处理，也会因不良债权处理成本不断侵蚀银行收益而被拖延。泡沫经济崩溃后，由于银行的当期收益持续低迷，加上不良债权处理成本的不断加大，不良债权的处理成本（如直接清偿费等）远远超过了银行的营业收益，导致银行净利润实际上的赤字状态。并且，随着新产生不良债权的增多，用于处理不良债权的支出不断地吞噬银行微不足道的盈利。各银行为处理不良债权，除呆账准备金外，每年都不得不动用营业利润予以核销，各大型银行几乎都将业务利润消耗在不良债权的处理上。尤其是 1995 年以后，由于营业利润不足以核销不良债权，致使全国银行连续 7 年陷入赤字经营的状态。在这种状况下，银行拖延对不良债权的处理就在情理之中了。

第二，银行"追贷"导致不良债权的自我增殖。

在银行很难采取果断措施对不良债权进行直接清偿的状况下，"追贷"则成为银行处理不良债权的次优选择。所谓"追贷"是针对本应该从市场退出的问题企业，银行继续对其追加贷款而使问题企业得以继续生存下去的现象。向低收益行业追加贷款的频繁发生，很容易导致不良债权问题的长期化。

很多学者的实证研究表明，泡沫经济破灭以后，日本经济中存在着严重的"追贷"现象。据星岳雄（2000）[1] 的研究，1993—1997 年间，银行业面向房地产业领域的贷款增加了 13%，而面向制造业的贷款反而减少了9%。而这一期间，房地产业的收益率却明显低于制造业的收益率，表明向房地产业的"追贷"超过了向制造业的贷款。[2] 如果将 1985 年对房地产业的贷款余额指数设定为 100，1991 年对房地产业的贷款余额约是泡沫经济高峰期的 2 倍。其后整个 90 年代该余额也保持在高水准上〔见图 4 - 2 （a）实

---

[1]　星岳雄等『日本金融システムの危機と変貌』、日本経済新聞社、2000 年出版。
[2]　直到 1998 年年末以后，面向房地产业的贷款才开始减少，面向制造业的贷款才开始增加。

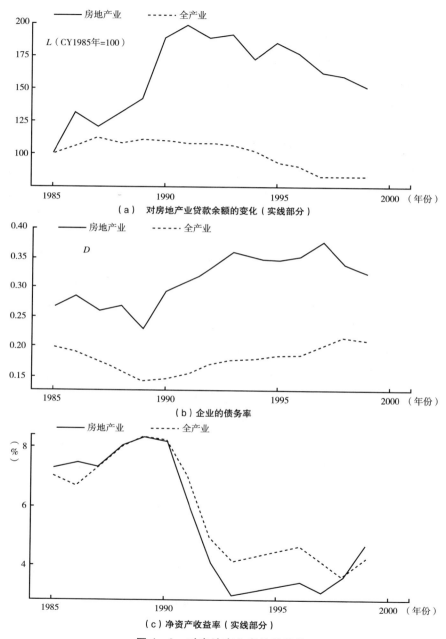

（a） 对房地产业贷款余额的变化（实线部分）

（b）企业的债务率

（c）净资产收益率（实线部分）

图 4 - 2　对房地产业发放的贷款

注：将 1985 年对房地产业的贷款余额指数设为 100。

资料来源：小林慶一郎等『追い貸し』、日本銀行調査局、2002 年。

线]。从企业的债务率［见图 4 - 2 （b）实线］来看，由于地价下跌，资产严重缩水的房地产业，该比例在 90 年代急剧上升。从房地产业的净资产收益率［ROA，见图 4 - 2 （c）的实线］来看，泡沫经济破灭之后，ROA 一直很低。可见，泡沫经济破灭之后，银行针对 ROA 低、债务率高并且存在高破产风险的不动产业持续增加贷款，表明了"追贷"的存在。

杉原茂和笛田郁子[1]分别从银行和企业两个角度对"追贷"现象进行了实证分析。从银行方面来看，以各银行向不同行业的贷款增加率为被说明变量，以不良债权率为说明变量，估计推定其贷款函数。研究结果显示，某个行业的不良债权率越高，银行向那个行业的贷款增加率也越高，证明了"追贷"关系的存在。从企业方面来看，以企业的短期借款增加率为被说明变量，以借入率为说明变量，估计短期贷款函数，考察二者的关系。结果显示，借入率越高的企业，银行对其贷款增加得越多，同样证明了"追贷"关系的存在。

匹克和罗森格伦（Peek and Rosengren，2003）应用 roziio 模型，以贷款增加概率为被说明变量来估计贷款增加概率函数。研究结果显示，反映企业健全程度的指标（如 ROA 和流动资产比率）越低，银行对其增加贷款的概率越高，由此证明了对问题企业进行"追贷"现象的存在。此外，匹克和罗森格伦还认为，与贷款企业拥有主银行关系或者存在系列关系的银行，其向贷款企业"追贷"的可能性更高。

然而，银行为什么要对业绩不佳的借款企业继续追加贷款呢？首先，银行期待企业通过将来的重生化解不良债权问题。企业往往受经济景气的影响比较大，而银行通常具有平滑异时点间冲击的机能。银行通常在经济萧条时期支援企业，以便在经济景气时期回收利益。银行正是对日本经济将来的景气复苏充满期待，希望通过地价的回升，不良债权能够自然地减少，所以进行异时点间的平滑而对经营困难的企业继续融资。问题是这种期待过于乐观了，事实上地价在泡沫经济破灭后连续十年下跌，"追贷"的结果导致了更多不良债权的产生。

其次，比起对新的、健全企业的贷款来说，银行更倾向于对原有融资对

① 杉原茂、笛田郁子「不良債権と追い貸し」、『日本経済研究』2002 年 2 号。

象追加贷款。这是因为，对新企业进行贷款时，即使其经营成功，银行回收的也仅仅是融资的本金和利息。但是，对原有融资对象追加贷款，如果其经营获得成功，银行获得的就不仅仅是追加贷款，对已经不良债权化的原有债务也能够部分地得到回收。因此，如果企业具有相同的成功概率的话，比起对新的、健全企业融资而言，对原有债务者追加贷款使银行获得的收益更大。这时，银行往往以期待企业能够出现奇迹性逆转为目标，而采取风险偏好的行动，对原有融资对象追加融资。

再次，约束银行经营者行为的公司治理机制的不完善。在市场经济条件下，股票市场通过股票价格的形成，通常会对股份公司起到一种监督作用，具体表现在两个方面：其一是间接方式，在对企业经营绩效的现状、将来丧失信心的时候股东将卖出持有的股份，通过该企业股票价格下跌间接地对企业经营施加影响；其二是直接方式，股东通过让渡或取得足以控制该企业的股份实现企业控制权的转移，直接对企业的人事安排、经营方针施加影响。但是，在日本特有的企业公司治理机制下，这种来自外部市场的监督约束机能却丧失了。[①] 日本企业在公司治理方面迥异于欧美的最大特点，就是企业与企业之间、金融机构与企业之间、金融机构与金融机构之间的相互持股，以及由此造成的企业经营者权力高于股东权力的特有现象。在企业相互持股的制度安排下，日本商业银行的大股东一般为其他的金融机构或企业。由于银行和金融机构之间，或者银行与企业之间的相互持股，使得银行与其他金融机构或企业之间互为大股东。结果导致本应站在银行经营监督者立场来维护股东利益的银行大股东，却与被监督的银行经理人结为利益共同体，因而失去了监督银行经营者的功能。

来自外部股东的市场约束机能的缺失，使得银行经营者在确保自己的经营地位和维护银行利益之间进行权衡时，常常会以保全自己的经营地位为优先选择。当借款企业的债务偿还被推迟，或者企业经营破产使得不良债权问题明朗化时，如果银行进行不良债权的清偿处理，势必带来银行收益的赤字以及银行自有资本比例的下降，银行经营者就有可能被追究责任。银行经营者基于明哲保身的动机，为避免上述状况出现，就会对问题企业追加贷款，

---

① 莽景石：《略论日本的公司治理结构及其改革趋势》，《世界经济》2000 年第 7 期。

以使企业能够立刻偿还部分债务，从而隐瞒庞大的坏账，最终导致不良债权问题久拖不决。

第三，银行的政府依存型体制使得不良债权的处理被拖延。

银行处理不良债权进展缓慢的一个主要原因是对政府政策保护的预期。日本大部分不良债权集中在建设业、房地产业等服务行业。政府传统的公共支出政策通常能够支撑这些产业的发展，进而促进经济景气的回升。如果政府不运用传统的公共支出政策对经济实施救助，那么，银行应该能够下决心对其所属企业的不良债权进行最终处理。但是，在传统的以公共事业为中心的财政支出政策今后会反复被运用的预期下，对银行来说，拖延对问题企业债权的最终处理则是一种合理的选择。

三 企业债务过剩与不良债权的长期化

日本不良债权问题长期化的另一个重要根源，在于企业总是有新的不良债权持续产生。然而，企业为什么会有众多数额的新增不良债权产生出来，进而压迫银行的收益，导致银行不良债权的不断累积且不能尽快处理呢？其原因主要有以下几点。

首先，从不良债权存在的行业结构看，日本不良债权的贷款对象主要集中在房地产、建筑、批发零售业这三个特定行业。据日本银行统计，2001年3月末的风险管理债权中，按借款企业所在行业的份额来看，房地产、建筑、批发零售业合计约占54%，而面向制造业的债权只不过占整体的9%。而房地产、建筑及批发零售业恰恰是受泡沫经济崩溃影响比较大的行业。银行面向这三个行业中的企业的贷款，会持续出现不良债权化。

在泡沫经济高涨时期，银行对上述三个行业的企业发放了大量贷款，这些企业对土地等资产进行了过大的投资。泡沫经济崩溃后，随着地价的持续回落，加上景气的长期低迷以及流通革命带来的竞争的加剧，面向这些行业的贷款的一部分成为不良债权。据统计，1987—1992年间，整个产业保有的土地资产额当中，三个行业所保有的土地资产占到54%（不动产占27%、建设占7%、批发零售业占20%）。对这三个行业的贷款，占银行总贷款额的33%。因此，这三个行业受泡沫经济崩溃后资产价格紧缩的影响也比较大。地价在泡沫经济破灭后的10年间，以商业地价为中心持续回落。1990

年末，土地资产总额达到 2452 万亿日元的高点；其后一路下跌，到 2003 年时土地资产总额仅为 1299 万亿日元。其结果，在保有的资产中土地所占份额高的房地产和零售业，其资产负债表持续恶化。

此外，这三个行业中的企业在泡沫经济崩溃后，其收益也持续低迷。由于对土地的过大投资和收益的长期低迷，导致这三个行业中的企业积累了大量的过剩债务。当然，并不是借方企业所有过剩债务都成为不良债权，但过剩债务与不良债权密切相关。从衡量过剩债务指标的金融债务额与附加价值额的比率来看，不动产、建设和批发零售业这三个行业的过剩债务比例在泡沫经济期大幅度上升，其后虽有所下降，但其数值仍高于 20 世纪 80 年代前半期的水准。可见，过剩债务高的行业也恰恰是不良债权发生最严重的行业。如果企业过剩债务的问题得不到根本解决，那么面向这些生产效率低下的企业和行业的贷款就会继续恶化，影响不良债权的处理进程。

其次，即使是受泡沫经济崩溃影响比较小的制造业等其他产业，不良债权也在持续增加。这些行业一方面受经济长期低迷的影响；另一方面在产业结构调整的压力下，企业间的差距也在拉大，而在竞争中败北企业的贷款则有一部分成为不良债权。

如图 4 - 3 所示，除房地产、建筑及批发零售业之外的非制造业以及整个制造业，其拥有的过剩债务并不大。特别是从制造业整体来看，其金融债

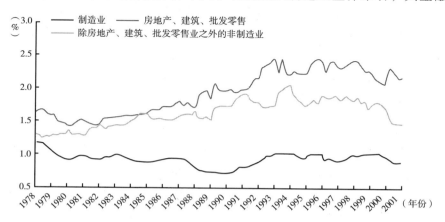

图 4 - 3　各行业过剩债务的状况（债务额/附加价值）

资料来源：日本内閣府『2001 年度経済財政報告』。

务额与附加价值的比率，大致与泡沫经济形成之前的水平相当。但是，从企业的收益来看，1999—2000 年度，企业销售的经常利润率获得大幅度改善；而包含特别损益在内的、企业销售当期利润率的改善幅度则较小。按行业规模对泡沫经济前后企业销售当期利润率进行比较，发现在景气长期低迷的背景下，以非制造业和中小企业为中心，其销售当期利润益率也持续低迷。从房地产、建筑、批发零售业这三个行业以外的制造业和其他行业的企业破产数额来看，1997—1998 年以后，企业破产数目也显著增多。在产业结构调整的进程中，正如在零售业中所看到的，企业之间业绩的差距不断拉大，即使是面向三个行业以外企业的贷款，也可能因企业在竞争中的失败而导致不良债权的增加。

第三节　不良债权与金融体制机能下降

随着泡沫经济崩溃，企业、银行等经济主体的资产负债表遭到严重破坏，波及经济主体的借贷行为。作为债务者的企业，由于其借入债务的绝大部分不能返还，过剩债务严重，降低了其进行设备投资的能力及意愿。作为债权者的银行，与房地产关联的贷款不良债权化，这种不良债权的累积导致银行财务状况恶化，进而对银行的贷款行动产生巨大影响。如前所述，银行、企业都具有拖延不良债权处理的倾向。而对不良债权处理的拖延，不仅导致金融体制机能下降，而且也进一步波及实体经济。金融体制机能下降主要表现在金融机构对企业贷款的"惜贷"与"追贷"两个看似矛盾的方面。相对于富有效率的资金配置而言，"惜贷"减少了效率企业本应获得的融资，而"追贷"又使资金配置到本应被淘汰的非效率企业当中。无论是"惜贷"还是"追贷"均带来资金配置的扭曲，进而使资金配置处于无效率或低效率状态。以下具体分析不良债权与金融体制机能下降之间的内在关联机制。

一　不良债权与金融机构的"惜贷"

对不良债权处理的迟缓导致银行融资机能下降，首先表现为银行对企业贷款的"惜贷"。所谓"惜贷"是指拥有一定数额不良债权的银行，对贷款变得更加慎重进而减少对企业贷款的行为。那么，拥有不良债权的银行是否采取了"惜贷"行为？不良债权的累积又是如何对其贷款行动产生"惜贷"影响的？下面从理论与实证角度对此展开分析。

（一）不良债权与金融机构"惜贷"的理论分析

首先，从资金运用角度看，拥有不良债权的银行，为了使不良债权不再增加，不仅对新增贷款的审查更加严格，同时也会进一步强化对获得贷款企业经营行为的监督。再加上不良债权的处理需要银行投入诸多经营资源，使得银行基于长期视角的、对新增贷款的审查活动常常处于停滞状态。由此导致与贷款相伴随的边际成本上升，对贷款形成负面影响。

其次，从资金来源角度看，不良债权偿还负担的加重，增大了国民对该金融机构经营恶化的担忧，导致银行存款余额增长缓慢。而且随着银行信用评级的下调以及股价等资产价格的下跌，银行从银行间拆借市场上的融资也变得愈加困难，导致银行筹资成本上升（所谓日本溢价）。银行资金供给的减少也使金融机构具有抑制贷款的倾向。

再次，银行自有资本比例规制（BIS）是导致拥有不良债权银行产生"惜贷"行为的最主要原因。通常，银行的自有资本具有在发生贷款损失时作为抵补金使用的功能。如果银行自有资本充足，就可以回避无法支付存款的困境。BIS自有资本比例规制正是着眼于自有资本的这一功能。但是对于存在不良债权的银行而言，未来不良债权偿还负担的增大，会减少其自有资本，导致自有资本比例下降。银行要平衡其资产负债表，就必须扩充银行资本，由此导致银行压缩贷款现象的发生。越是自有资本比例低的银行越具有抑制融资的倾向。

自有资本比例规制导入后，拥有不良债权的银行为何具有减少贷款的倾向？可以用如表4-3所示的模拟实例进行分析。假定银行的自有资本为80，家庭存款为920，两项加起来资金总额为1000。其中800用于面向企业的贷款，200用于购买国债。对该银行来说，其自有资本比例为80/800×100％＝10％。现在假定银行面向企业的贷款中有40成为不良债权，如果银行彻底放弃回收，其数额要从银行的资产负债表中扣除，由此银行的可贷数额减少为760。由于资产方合计与负债方合计相等，所以自有资本也要等额减少40。这样该银行的自有资本比例就变为5.3％（40/760×100％＝5.3％），低于从事国际业务银行通常必须达到的8％的水平。为此，该银行必须提高其自有资本比例。在银行自有资本为 40 的情况下，为了维持最低限 8% 的自有资本比例，其贷款额度必须控制在 500（40/8 ×100＝500）以内，即银行对企业的可贷金额从 760 减少到 500。其中减少的 260 用来增持国债，由此银行保有的国债数额从 200 增加到 460。如表 4－3 所示，拥有不良债权的银行，为了提高其自有资本比例，不得不通过削减银行贷款（银行贷款数额从 800 削减到 500）、增持国债的方式来实现其目标。

表 4－3　不良债权发生前后资产负债表的变化

不良债权产生之前			
资产		负债·资本	
贷出	800	存款	920
国债	200	资本	80
不良债权产生之后			
贷出	500	存款	920
国债	460	资本	40

（二）　金融机构 "惜贷" 的实证分析

存在巨额不良债权的银行，事实上是否会出现 "惜贷" 行为？如果存在，那么对大企业影响显著，还是对中小企业影响显著？以下通过实证分析做出回答。

作为衡量银行贷款态度的指标，选取日本银行的 "全国企业短期经济观测调查"（以下简称 "短观"）中的 DI 值进行判断。所谓 DI 是指金融机构对企业的贷款态度。"短观" 要求被调查企业对银行贷款态度做出评价，企业从贷款态度宽松、不太严格、严格三个选项中任选其一。DI 是指回答金融机构贷款态度宽松的企业所占百分比减去回答金融机构贷款态度严格企业的百分比。例如，对 100 家企业进行调查，其中 35 家企业回答银行贷款态度宽松，而 40 家企业回答银行贷款态度严格，则金融机构的 DI 值为 35% －40%＝－5%。DI 值如果为负，表明回答贷款态度严格的企业数量超过回答贷款态度宽松的企业数量，由此可以认为金融机构贷款态度总体趋于严格，金融机构具有 "惜贷" 倾向。相反，如果 DI 值为正，则表明金融机构贷款态度总体趋于缓和。DI 值如果为零，表明认为贷款态度宽松的企业数量和认为贷款态度严格的企业数量同样多。

　　如图 4-4 所示，在泡沫经济时期企业无论规模大小，金融机构的 DI 值均为正，表明总体上金融机构贷款态度比较宽松。但是随着泡沫经济崩溃，金融机构的贷款态度趋于严格，90 年代初期大企业、中坚骨干企业的金融机构贷款态度 DI 转为负值。从 1993 年开始 DI 又转为正值。但是，从 1998 年第一季度开始 DI 又大幅度下降，转为负值。[①] 其背景是从 1997 年到 1998 年日本相继出现山一证券、北海道拓殖银行、长期信用银行等大型金融机构破产风潮。伴随着大型金融机构的经营危机，金融机构贷款态度再度趋于严格。直到 1999 年 3 月实施第二次资本注入，才使得日本 15 家主要银行的自有资本比例从 9.66% 提高到 11.56%。在银行自有资本比例改善的背景下，银行对大企业的 DI 从 1999 年第三季度起开始转为正值，但对中小企业贷款的严格化一直持续到 2004 年，DI 值均为负。从图 4-4 来看，1990 年以后发生了金融机构的"惜贷"现象，而且这种"惜贷"对规模较小的中小企业影响显著。

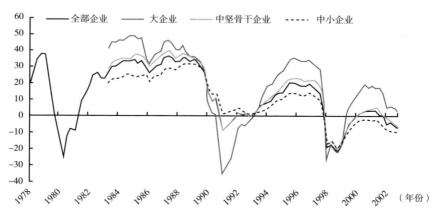

图 4-4　金融机构贷款态度指数（DI）变化

资料来源：日本银行：《企业短期经济观测调查》。转引自田中敦「貸し渋りについての一考察—貸出市場の不均衡分析」、関西学院大学『経済学研究』58 巻 2 号、2004 年。

---

① 小川一夫『「失われた十年」の真実』、東洋経済新報社、2009 年出版、第 236—237 頁。

　　银行的"惜贷"行为可能受到多种因素影响，如未来预期的恶化、经济景气的低迷等。那么，银行减少贷款供给量的"惜贷"行为与其拥有的不良债权是否相关呢？对此，日本学者小川一夫选取 131 家银行的面板数据，对 1992—1999 财年 8 年间不良债权与银行贷款行为的关系进行了计量分析。[①] 计量中选取个别呆账准备金作为反映银行不良债权状况的变量。个别呆账准备金是指各个银行根据不良债权的多少计提的准备金，大体能够反映银行不良债权的实态。不良债权率定义为个别呆账准备金与银行总贷款余额之比。考察银行贷款行动时，将银行分为大型银行和中小银行，分别探讨其贷款行动。被解释变量是贷款余额与反映银行规模的总资产（存款与自有资本之和）之比。贷款分为面向大企业的贷款和面向中小企业的贷款。

　　计量分析结果表明，当不良债权率上升时，银行总体上具有抑制贷款的倾向。其中大型银行对贷款抑制效果更为显著。不良债权率上升时，大型银行呈现大幅度削减面向中小企业贷款以及面向非制造业贷款的动向。

　　对于大企业而言，无论是大型银行还是中小银行，在其不良债权率提高时，都并未削减面向大企业的贷款。这是由于从高速增长时期开始大企业与银行之间就建立了密切的交易关系，如果紧缩对大企业的融资，势必导致大企业财务状况恶化；大企业财务状况的恶化反过来会进一步对银行经营产生不利影响。基于上述理由，银行并未削减对大企业的贷款。

　　此外，"惜贷"不仅表现为银行对新增贷款数量上的抑制，而且还包括对以往贷款偿还压力的强化、审查期间的延长，以及对借款者提出比以往更高水平贷款利率等要求。银行为修复遭到破坏的资产负债表，需要投入大量资源，由此降低了银行对企业提供各种各样金融服务的能力，从而对企业的行动产生影响。企业除了从交易银行获得融资以外，还接受来自银行提供的经营资源、人员派遣、公司债担保、结算等诸多服务。特别是企业在制定长期经营战略时，交易银行往往会对企业提供诸如经营环境分析、财务忠告等服务。如果这种服务减少，势必影响到企业基于长期发展视角的设备投资、人员雇用等计划。

[①]　小川一夫『「失われた十年」の真実』、東洋経済新報社、2009 年出版。

二　不良债权与金融机构的"追贷"

不良债权对银行贷款行动的影响不仅有"惜贷"的一面，同时还存在"追贷"的一面。仍使用前面的模拟实例，如表 4 - 3 所示，假定银行自有资本为 80，家庭存款为 920，两项合计 1000。其中 800 用于面向企业贷款，200 用于购买国债。对该银行来说，其自有资本比例为 80/800 × 100% = 10%。同样假定银行面向企业贷款中有 40 成为不良债权，如果银行放弃这 40 的贷出债权，必须等额减少自有资本，自有资本比例将无法保持在 8% 以上水平。由于以往银行通过审查活动积累了很多企业经营方面的信息，对企业投入了巨额的信息收集成本，这种支出可以认为是一种沉没成本。如果银行彻底放弃不良债权的话，迄今为止投入的诸多成本均无法收回。在这种情况下，但凡企业存在恢复的可能性，拖延不良债权处理，等待企业恢复到正常经营就是上策。为此，在企业濒临破产的关键时刻，为了不使企业不良债权表面化，银行通过追加贷款的方式，尽可能延长企业的生存期。

现在假定银行认为企业存在恢复的可能性，一年后企业投资项目获得成功，企业价值为 12 的概率是 0.5%，还有 0.5% 的概率是经营破产。为使企业延长一年生存期，银行必须将企业贷出债权粉饰为健全。至少从表面上看企业并没有拖延偿还利息。如果贷款利率为 10%，40 贷出额中一年利息为 4。企业无法支付这些利息，银行仅对这部分利息进行追加融资。那么，为使企业延长一年生存期，银行损失多少呢？一年后的损失是当初贷出的 40 与追加融资 4 之和，并从中扣除企业价值 12，损失值为 32。相反，一年后企业经营破产银行损失 44。这两种可能性的概率均为 0.5%。因此预期损失为 0.5% × 32 + 0.5% × 44 = 38。一年后预期损失的现在价值是 38/1.1 = 34.5。然而，不等待一年立刻放弃企业债权的损失额为 40。相比之下，对企业"追贷"以尽可能延长其生存期对银行来说是损失较小的选择。因此，即使发生不良债权，银行也可能并不削减对企业贷款，而是追加 4 单位贷款。"追贷"所需资金通过减持国债来实现（见表 4 - 4）。由此本应被市场淘汰的非效率企业，却因银行的"追贷"而生存下来。

表 4 - 4　存在"追贷"的资产负债表

资产		负债·资本	
贷出	804	存款	920
国债	196	资本	80

正如上一小节所述，日本经济中的确存在"追贷"现象。这种"追贷"现象，最终导致资本配置的严重扭曲。从 20 世纪 90 年代资本配置的行业分布份额看，1990—1999 年流入制造业的资本份额从 29.9% 减少到 26.2%，而同期流入建筑、批发零售、房地产三行业的资本则分别从 3% 增加到 3.6%、从 9.2% 增加到 10.9%、从 7.9% 增加到 10.7%。由此表明，在 90 年代，资本流向资本收益率较低的行业。同时，与资本非效率配置相伴随的是劳动力资源的低效率配置。1990—1999 年，制造业从业者份额从 26.3% 减少到 20.6%，而同期在建筑、批发零售以及房地产行业的从业者份额则分别从 10.6% 增加到 11.1%、从 18.7% 增加到 19%、从 1.6% 到 1.6%。而这三个行业的劳动生产率总体低于制造业的。[①]

第四节　两次金融危机对日本经济产生的影响

美国次贷危机引发了世界范围的金融及经济危机，被认为是近百年来最为严重的一场大危机。在经济全球化导致的世界各国、各地区经济联系空前密切的情况下，金融危机从美国迅速地扩展到了欧洲、日本等发达国家和地区，而且使在世界经济中占有重要地位的新兴国家及其他发展中国家的经济都受到了严重的影响。在这一全球范围的危机中，日本作为传统发达经济中的一极（通称美、日、欧三极），同其他国家一样随着国际金融危机的深化，日本经济迅速地陷入了快速衰退的局面。2008 年 10 月以来，日本经济已经出现了严峻的景气衰退，生产大幅度下降，消费、投资等需求呈现严重下滑，特别是受到国际市场需求下降的影响，以高端制成品为主的出口受到

---

① 岩田規久男、宮川努『失われた10年の真因は何か』、東洋経済新報社、2003 年出版、第 171 頁。

了严重的影响。

美国和欧洲的经济衰退是以金融危机为发端的，是在金融机构出现严峻的经营困境乃至大量倒闭、金融秩序混乱的情况下，金融紧缩扩展到实体经济从而演变为严重的经济萧条。但是日本与其不同，在日本经济长期停滞过程中特别是 20 世纪 90 年代末期，日本一直处于金融不稳定乃至金融危机的状态，金融机构经过了艰苦的努力，完成了重要的结构调整，恢复了相对健全的经营状态。日本金融机构对美国金融市场的参与程度有限，所以日本金融业受到美国次贷危机的影响有限，或者说日本并没有发生严重的金融危机，危机更多地表现为实体经济的衰退。

众所周知，20 世纪 90 年代日本经济的长期停滞，始终贯穿着金融不稳定的现象。特别是 90 年代末期，金融危机曾经引发过严重的景气衰退。1997 年日本经济的景气衰退和目前的衰退，是在不同条件下出现的：前者是在东亚金融危机特别是日本国内剧烈的金融动荡的情况下产生的，而2008 年年底的衰退则是受到了世界经济衰退的影响。从发生的条件和机制上看，两者是具有典型意义的。本节主要对日本经济在 20 世纪 90 年代末期和 2008 年发生的这两次景气衰退做比较分析，试图揭示两次景气衰退发生的主要影响因素和内在机制，重点分析内部和外部因素的影响、金融不稳定与实体经济之间的关系等问题。

一　两次景气衰退的基本情况

从日本经济的周期波动来看，二战后至 2002 年已经经历了 14 个经济周期。据日本内阁府最新的景气状况报告，在 2007 年 10 月已经达到了第 14个经济周期扩张期的顶峰，随后进入这一周期的收缩期。日本经济自 1991年泡沫经济崩溃之后出现了长期经济停滞，整个 90 年代平均经济增长率仅为 1% 多。但是，在超低经济增长的情况下，日本经济仍存在着周期波动。自 20 世 80 年代中期至 2007 年，日本经济已经经历了三个半经济周期。1986 年末到 1991 年初的景气高涨就是所谓的"泡沫景气"时期，是战后第11 个周期的上升期；随后以泡沫崩溃为契机开始了急速的景气衰退，即进入"泡沫萧条"时期。如图 4 - 5 所示，1995—1997 年初曾经出现了相对微弱的景气复苏，1997 年中期又由于爆发了剧烈的金融动荡导致景气急剧下滑。在 1999—2002 年出现的时间较短的周期，景气的反转是因为受到了美国 IT 泡沫破灭的影响。从 2002 年初开始日本经济逐渐摆脱了长期停滞的状态，步入了"自律性增长"的轨道，出现了为期 69 个月的战后最长的景气扩张期。在 2007 年底特别是 2008 年中后期，由于日本经济自身调整的需要和美国次贷危机演变为全球金融、经济危机的影响，日本终于结束了这一轮景气扩张，迎来了景气衰退。

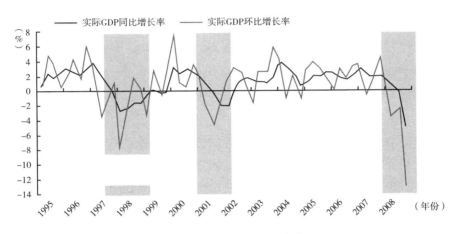

图 4 - 5　经济增长率的波动

注：阴影区间为景气衰退期。

资料来源：日本内阁府，http：//www.cao.go.jp/，2009 年 3 月 2 日。

　　1997 年 5 月日本经济达到了第 12 个经济周期的顶峰，开始转入景气衰退局面。从 1997 年的第四季度一直到 1998 年的第四季度，经济连续五个季度负增长。1998 年全年的经济增长率为 - 1.5%，是战后以来继第一次石油危机之后出现的第二次负增长。不仅如此，这次景气衰退是泡沫经济崩溃后日本经济停滞的长期化的表现，不同于以往的一般性周期循环，景气衰退过程中包含了多种复杂的因素。

　　第一，时机选择不当的结构改革政策是该次景气衰退的导火索。1996 年桥本内阁提出并实施了"六大结构改革政策"，其中对经济产生重要影响的主要是财政结构改革。在泡沫经济崩溃后，经济停滞导致的低税收和公共投资的增加，使日本财政接近危机的状态。财政改革的主要目的是通过增加税收、减少政府支出等措施，实现财政运营的健全化。桥本内阁实施的财政结构改革政策主要是制定中长期的财政健全化的目标，通过提高消费税等税收和缩小财政预算规模、削减财政支出等措施，逐步实现这一目标。对于濒临财政危机的日本财政实施结构改革是非常必要的，问题是这一改革必须要求有一个稳定的经济环境。由于此前的景气复苏并没有真正地解决泡沫崩溃遗留下来的问题，而紧缩型的财政改革与扩张的景气对策是背道而驰的。提高消费税之前的提前消费的反作用，导致了1997年中期之后的消费需求大幅度下降，从而拉开了景气逆转的序幕。

第二，亚洲货币经济危机的影响。1997年秋在东亚地区爆发了一场严重的货币金融危机。以东亚各国的货币大规模贬值为开端，引发了各国金融秩序的大混乱和严重的经济衰退。由于日本与东亚地区存在着密切的经济关系，有人认为日本经济在20世纪90年代的长期停滞特别是在1997年年初开始的经济衰退，是引发东亚货币经济危机的导火索。这一观点后来没有被证实。但是反过来，随着亚洲金融危机从金融领域向实体经济的扩散，对日本的经济产生了很大的影响，主要表现在出口和对外投资等方面。尤其是由于东亚市场需求的下降，导致日本对东亚出口减少，给日本的经济增长带来了较大的负面影响。

第三，战后首次金融危机的影响。不同于其他时期发生的景气衰退，在从1997年开始的景气衰退期间，日本发生了一场严重的金融危机，金融系统的不稳定对实体经济产生的重要影响，是导致经济衰退深化和复杂化的主要原因。日本金融系统的不稳定源于20世纪90年代初期的泡沫经济崩溃，泡沫崩溃使金融机构产生了大量的不良资产债权，使金融机构的经营陷入了严峻的局面。早在90年代前期，就出现了以"住专问题"为代表的金融机构破产处理的问题，随后不断有中小金融机构破产。1997年的金融危机是此前日本金融不稳定的延续和深化。山一证券公司、北海道拓殖银行等具有悠久发展历史和在日本金融界有重大影响的金融机构的破产，表明日本遭遇了二战后的首次金融危机。

由于金融系统在现代经济中具有越来越重要的地位，金融机能的正常发挥与否对经济的影响也就越来越大。前面的两个因素只是对需求产生的影响，对景气下降的影响遵循了传统的模式，即沿着"需求不足—产出减少—收入下降”循环。金融危机的发生从资金供给方面对实体经济产生影响。为了处理泡沫经济遗留的不良债权问题，金融机构的自有资本大幅度减少。金融机构在对收益预期恶化和自有资本不足的约束下，对企业及个人的贷款行为极为慎重，出现了所谓的“惜贷”现象。这就使对金融机构贷款具有较高依赖的企业特别是中小企业，资金需求不能得到满足，设备投资减少，因而导致景气衰退，企业经营恶化。地价下跌使得土地的担保价值减少而再度增加了不良债权，股价下跌导致金融机构的账面红利减少，这样使得金融机构的自有资本进一步减少，会加剧“惜贷”行为。这一影响机制被称为“经由金融机构的萧条循环”。日本内阁府的研究表明，金融机构的贷款增长率对经济增长率存在着重要的影响。[①]

此外，这次景气衰退具有的典型性和复杂性，还表现在日本经济面临“通货紧缩旋涡”。泡沫经济崩溃导致了严重的资产价格紧缩，同时在90年代中期开始了通货紧缩现象，到1997年以后通货紧缩现象迟迟不能得到解决而成为困扰日本经济的一个严重问题。所谓的“通货紧缩旋涡”是指持续的物价下降对经济产生的不良影响：物价下跌使企业销售额减少（由于工资成本等生产要素价格的下降刚性使企业利润减少，同时由于实际利率的提高增加了企业的债务负担），企业收入及利润的减少使其投资等经营行为谨慎，导致最终需求下降，从而使得国内总需求恶化，可能引发进一步的物价下降。

从2002年1月开始，日本经济进入了新的经济周期的扩张阶段，最终摆脱了泡沫破灭后的长期停滞状态。这一景气扩张期一直持续到2007年年底，成为战后以来日本经济持续时间最长的景气上升期。进入2007年之后，在日本经济自身累积的矛盾和世界经济出现的不确定因素的影响下，日本经济已经出现了一定的下滑现象，2005年、2006年实际经济增长率分别为2.4%和2.1%，2007年则下降为1.7%。2007年年底和2008年之后，经济增长出现了更为乏力的情况，长期持续的景气扩张期进入了“停滞不前的状态”。从2008年初开始，日本各项经济指标不断下滑，特别是中期以来政

---

① 贷款增长率、GDP增长率和有担保隔夜拆借利率的VAR模型分析表明，贷款增长率的变动对GDP增长率有明显的影响，其作用会延续十几个时期，在第4—5期的作用效果达到最大。参见日本経済企画庁『1998年度経済財政報告』。

府发布的各月度经济报告显示，景气度减弱加速、各项经济指标大幅度向下调整。8月政府基本上承认了日本经济已经进入景气衰退期。在8月官方公布的月度经济报告中，相隔4年8个月之后，用"景气下降"代替"景气恢复"来判断景气的基本状况，表示认为存在进入景气下降阶段的可能性。后来发表的4—6月GDP前期比（速报）为 −2.4%（年率），证实了景气下降的看法。① 2009年1月7日，日本内阁府明确了2007年10月为景气扩张的顶点，11月之后日本经济转入了景气衰退期。1月29日，由学者及其他专家组成的景气动向指数研究会召开会议，认定了这一观点。②

尽管日本经济早在2007年年底就开始转入了经济衰退期，但早期的景气反转主要是日本经济长期扩张、存在自身调整要求的结果。但是，2008年9月在美国次贷危机扩大化并演变为全球性金融、经济危机之后，日本经济出现了急剧的下滑，如图4−5所示。据日本内阁府公布的数据，从2008年第二季度开始，实际GDP连续三个季度为负增长。第四季度实际GDP环比下降3.2%，年率为 −12.1%。"ESP经济预测调查"汇总了38位著名经济学者的经济预测结果，该调查预计2009年第一季度实际GDP将下降10.4%（年率）。由于2009年后半期会出现更大幅度的负增长，所以全年度的下降幅度可能是非常大的，可能出现战后最大的负增长。③ 这次经济衰退是在外部因素影响下形成的，在景气转折的初期内部需求和外部需求同时下降；但是随着世界经济受到金融危机影响大幅地减速，日本的外需迅速减少，出口成为影响经济增长的最主要因素。据内阁府2009年2月16日公布的数据，2008年第四季度由于世界经济的不景气，日本的出口大幅度下降；同时个人消费、设备投资也随之减少。外需减少了3.0%，外需以前所未有的速度下降；出口同比减少了13.9%，超过了1975年第一季度9.7%的最大下降幅度。④

---

① 参见日本内阁府公布的《月度经济报告》，转引自崔岩《国际金融危机与日本经济的景气衰退》，《日本研究》2008年第4期。

② 景气动向指数研究会，http://www.esri.cao.go.jp/jp/stat/di/di_ken.html。

③ 〔日〕小峰隆夫：《对GDP的下降与09年度的增长路径的思考》，日经新闻网站，http://www.nikkei.co.jp/，最后访问日期：2009年3月12日。

④ 日本内阁府、http://www.cao.go.jp/、2009年2月16日。

二　景气衰退机制的比较分析

日本经济出现两次景气衰退是在不同条件下发生的，不同的经济条件背后还隐含着经济结构的差异和引发景气衰退的不同机制。外部条件只是促使经济运行发生转折的导火索，而经济内在的结构及其运行机制才是是否发生严重的景气衰退的决定因素。

图4－6绘出了在两个景气衰退期民间最终消费支出、民间企业设备投资和出口对实际GDP变化的贡献度，可以比较两个期间不同项目所起作用的差异。首先，在前一期间内，民间消费支出和民间设备投资对GDP波动的贡献度是比较大的。其中民间最终消费支出的贡献度相对稳定，由于民间最终消费支出在GDP中的比重也是较为稳定的，因此其波动相对较小。民间企业的设备投资较长时期处于低水平，在较大程度上降低了经济增长率。出口虽然也呈现低迷的状态，但是贡献度相对平稳而且数值较小。其次，在后一衰退期间，民间消费支出的贡献度相对平稳，民间企业的设备投资的贡献度出现了较快速的变化，是导致GDP负增长的一个重要原因。这一时期，出口贡献度的急剧变化构成了这次景气衰退的重要特征。出口对GDP波动的贡献不再是平稳的或较小的，而是发生了超出其他需求项目贡献度的急剧的变化，这成为经济增长率大幅度下降的主要因素。下面，分析两次景气衰退出现上述特点的内在机制。

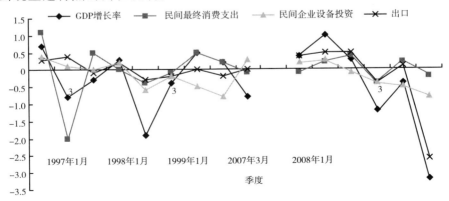

图4－6　主要需求项目对GDP波动的贡献度

资料来源：根据内阁府经济统计数据绘制。

（一）日本金融危机与民间企业设备投资

企业设备投资的波动历来是影响经济波动的主要因素，或者说是导致经济产生周期性波动的决定因素。但是，经济周期作为短期经济现象，凯恩斯主义将其解释为是受到总需求的影响。民间投资是受投资收益预期影响的，其波动是在总需求的影响下产生的，即沿着"需求下降—投资减少—企业收益减少、工资降低—需求下降"这样的路径循环。但是在1997年开始的景气衰退期间，日本发生了二战后首次金融危机。金融机构面临严重的经营困境和整体金融体系的动荡，降低了金融机构的金融中介机能，使金融机构的贷款行为慎重化，即出现了所谓的"惜贷"现象。金融机构的"惜贷"使得对银行贷款有较高依赖度的企业面临资金短缺，导致了设备投资的减少。金融机构的贷款紧缩可以看作这次景气衰退期间特有的经济结构，可能正是这一独特的结构特征导致了较大幅度的经济下滑。

始于1997年5月的景气衰退是泡沫经济崩溃后日本长期经济停滞的延续，当时爆发的金融危机实际上也可以追溯至20世纪90年代中前期，其根源都是同泡沫经济的后遗症——泡沫经济崩溃后形成的不良债权密切相关的。其中重要的路径就是金融机构的不良债权和资产紧缩造成的贷款供给减少，影响了企业的设备投资。关于这方面的实证分析，主要表现在对货币政策的传递路径的研究方面。货币政策的失败被认为是日本经济长期停滞的重要原因。但是对失败的解释是不同的。从理论上看，关于货币政策的传递路径有两种观点：一是所谓的货币通道，该路径正如IS－LM模型所描述的那样，将利率的作用作为重点，主要着眼于利率的变化对支出的影响，从而改变总需求。中央银行的货币政策主要以短期市场利率作为控制目标；短期市场利率通过金融市场间赚取利差的交易，传递到长期利率上；长期利率变化引起了设备投资、库存投资、住宅投资、消费等存在利率弹性的需求项目的变化，从而引起总需求的变化，使宏观经济达成新的均衡。二是所谓的信用通道。该通道将以银行贷款为代表的信用水平作为重点，着重讨论货币政策通过影响银行贷款进而影响实体经济的作用机制。由于资本市场的不完全性，交易双方之间存在着信息不对称。在借贷交易中，贷方必须审查和监督借方的行为，因此产生交易成本。在这一交易中，借贷双方的净资产对交易成本及交易行为产生影响。对作为借方的企业和个人而言，其可以作为借款保证的净资产额的增加，可以降低交易成本，从而能筹措更多的资金，进行生产和消费活动。同样，金融机构的净资产也是实施贷款供给的基础。货币政策的实施可以改变借贷双方的资产负债表，进而扩张或紧缩金融机构的贷款，影响宏观经济。

　　一些学者的实证研究证明了在 20 世纪 90 年代日本经济长期停滞过程中，金融危机降低了金融中介机能，信用通道被"惜贷"现象阻隔，对企业的设备投资产生了较大的影响。如小川一夫建立的向量自回归（VAR）模型，包容了"货币通道"和"信用通道"的传递要素，并使用不同行业和不同规模的企业数据进行分析。[①] VAR 模型以拆借利率作为金融政策的操作变量，其他变量包括通货膨胀率、销售额、土地存量、借款余额、设备投资。设备投资是有效需求中变动最大的项目，分析货币政策变动通过何种途径、在何种程度上影响设备投资是具有重要意义的；而土地存量、借款余额表示了企业资产负债的状况，在信用通道中具有重要的影响。从小川一夫的 VAR 模型的脉冲响应函数的结果看，货币政策即对拆借利率的冲击对制造业和非制造业的各类企业（大企业、中坚骨干企业和中小企业）的设备投资，都存在较显著的影响。进一步的分析表明，土地存量的冲击对中小企业和中坚骨干企业的银行资金借入有显著的影响。宫川努的实证研究表明，大型企业设备投资的波动，受到高效货币的直接影响，支持货币通道的传播方式；中小企业的设备投资很大程度上受到银行贷款的影响，银行部门的经营恶化对中小企业的设备投资产生了不利影响，这一结果是支持信用通道的。[②]

（二）　国际金融危机与日本经济的高外需依存度

　　2008 年年底的景气衰退主要是受到国际金融危机的影响。尽管金融危机引发了全球性的金融动荡和经济衰退，但是日本金融并没有受到太大的影响。日本景气衰退的加速主要是由世界经济减速、国际市场需求下降造成

---

　　①　小川一夫『大不況の経済分析—日本長期低迷の解明』、日本経済新聞社、2003 年、第155—192 頁。

　　②　宮川努『長期停滞の経済学——グローバル化と産業構造の変容』、東京大学出版会、2005 年版、第 93—128 頁。

的。这一结果也同日本经济自身的结构密切相关。有关研究表明[1]，自20世纪90年代后半期以来，出口即外需出现了加速增长趋势，在国民经济中的地位及对经济波动的影响都大幅度提高了。出口在国民经济中影响的增强可以用其对经济增长的贡献度来表示，又可以分解为出口在GDP中所占的份额和出口的波动率两项。各主要需求项目在GDP中所占的比重，从长期看，民间消费基本稳定在六成左右，但是设备投资和出口的份额都出现了巨大的变化。在1955年两者分别为4%和3%，1970年为16%和6%，泡沫景气时期为20%和7%—8%。泡沫崩溃后设备投资在GDP中的比重为15%左右；但是90年代后半期出口加速增长，在GDP中的比重在2007年第一季度已经达到了13%，接近了设备投资的水平。在出口加速增长的同时，出口的波动率也提高了，所以出口对经济波动的影响加大了。在始于2002年的第14个经济周期中，出口对经济周期波动的影响表现得最为明显。对中国等新兴市场出口的大幅度增加，被看作拉动日本景气复苏的"特需"，对日本摆脱长期经济停滞起到了重要的作用。

出口对经济增长率贡献度的提高，预示着景气波动机制可能出现新的变化，即由国内消费需求和投资需求决定转变为外需先导。日本内阁府公布的《2007年度经济财政报告》，对此问题进行了分析。其结论是：存在出口诱发国内民间需求和设备投资的增长的可能性，出口作为经济波动的动力作用在增强。因此，景气波动机制可能由原来的设备投资主导型向出口主导型转变。[2]

日本经济中出口作用增强的结构特征，也被称为"过度的出口依赖体制"。对外部需求的过度依赖也存在两面性：当外部需求旺盛时会对本国经济起到拉动作用，当外部需求低迷时会导致国内需求下降和经济低迷。这次国际金融危机对日本经济的重大影响正是在这一经济结构下形成的。

前述的经济财政报告使用时差相关系数分析了出口与其他需求项目之间的关联性，主要是着眼于出口增长对国内需求的拉动作用。本次景气衰退中日本的出口大幅度下降，表现了与经济增长率变动非常接近的趋势。由于时

---

[1]　参见日本内阁府『2007年度経済财政报告』。
[2]　参见日本内阁府『2007年度経済财政报告』。

间较短，不能准确分析出口下降对国内需求的影响度。本书的中期研究成果尝试运用格兰杰因果关系检验，利用第 13 个、第 14 个经济周期期间的数据分析主要需求项目之间的波及关系。其研究结论同前述的日本政府研究的结论是相似的，详见第三章。

近 20 年来世界不同地区和不同类型的国家都相继遭遇了金融危机，金融系统的不稳定降低了金融机构的中介机能，对实体经济发展产生了重大的影响。在不同背景下日本发生的两次景气衰退具有典型性。一次是以本国出现严重的金融危机为背景的，作为日本经济长期停滞和金融不稳定的延续，经济下滑受到了信贷紧缩较大的影响。另一次也就是 2007 年开始的衰退，是受到发端于美国的国际金融危机的影响形成的。与前一次不同，这次是在国内金融体系较为稳定的情况下，由外需即出口加速减少为先导的。实证分析表明，由于日本经济存在的"过度依赖出口体制"，使得日本尽管没有像欧洲那样出现急剧的金融动荡，但是日本经济仍然受到了超过预期的冲击。

第五节　日美金融危机治理对策的比较

2008 年秋季，以美国次贷危机深化为发端，一场罕见的世界范围的金融危机席卷全球。危机不仅引发金融市场的动荡，而且也对实体经济造成沉重打击。美国政府采取了一系列危机治理对策。在十几年前，日本曾经经历过金融危机之苦，政府为抑制金融危机也采取了一系列治理对策。在爆发更为严重的国际金融危机的今天，将美日两国发生的金融危机及其治理对策进行比较分析，对于加深对金融危机的严重性和治理政策的必要性的认识及进行有效的政策选择，有着非常重要的意义。

一　日美金融危机的演变

日本金融问题从产生到深化再到最终平息，经历了十几年的时间。尽管笔者不认为日本金融在整个十几年的时间内都处于危机的状态，但是金融危机并不是突然爆发的；而是经历了此前的不稳定期，然后不断深化进入了集中爆发期，再后来进入了治理与调整的平息阶段。日本金融体制问题的长期化和严重性，既是由日本金融体制和经济结构变化的复杂性决定的，同时也和政府采取的金融问题治理对策不力、最后发展为二战后空前的金融危机相关。前文已经对日本金融危机的发展过程做了较为详细的阐述。为了便于比较，下面对美国金融危机早期的进程做一简要的描述。

美国金融危机的演变大致经历了三个发展阶段①。

第一阶段：次贷危机阶段（2007 年 6 月—2008 年年初）。美国金融危机起始于房地产泡沫的崩溃。美国的房地产泡沫主要集中在住宅领域，从 S&P/C-S 全美房价指数来看，该指数 1995 年以前一直徘徊在 80 以下；1996 年第一季度为 79.6；此后步入上涨通道，2003 年以后随着金融市场企稳开始加速上升，直至达到 2006 年 8 月 189.9 的历史高点。2006 年 8 月以后，美国房地产价格迅速下滑，房价下跌导致在房地产泡沫期间发放了大量次级抵押贷款的机构出现亏损，很多放贷机构因此而倒闭。2007 年 4 月 6 日，贝尔斯登旗下两只基金因次级抵押债券严重亏损，成为最先倒掉的一批基金。2007 年 7 月次贷危机开始浮出水面。

第二阶段：债务危机阶段（2008 年 3—9 月）。次贷危机升级为债务危机，主要表现为次级贷、次级债损失向衍生证券、优级债、信用卡等环节延伸。华尔街五大投行中，贝尔斯登破产，拥有 158 年历史的雷曼兄弟公司申请破产保护，美国银行以约 440 亿美元价格收购美林证券，美国前两大投行高盛和摩根士丹利公司转型为银行控股公司。华尔街五大投行"全军覆没"。紧接着房利美、房地美被政府接管，其后美国国际集团（AIG）也被政府接管。

第三阶段：信贷危机阶段（2008 年第二季度之后）。以 2008 年 9 月雷曼公司破产为开端，美国进入大规模危机阶段。由于心理恐慌和信用缺失的传导，次贷危机开始向全面信贷危机演变。信贷危机恶化的标志性事件是 2008 年 9 月 25 日全美最大的储蓄贷款银行——华盛顿互惠银行成为美国历史上倒闭的最大规模银行。2008 年 10 月初，美联储宣称信贷危机恶化，除信贷大幅萎缩、企业短期融资困难之外，商业银行也被大量卷入。至此，由次贷问题开始，经过整个金融链条的不断扩散和升级，实际上已形成美国金

---

① 中国商务部政策研究室课题组：《美国金融危机最新情况、发展趋势以及影响和对策》，《国际贸易》2008 年第 12 期。

融体系的系统性危机。

对比日美金融危机的发展演变历程，可以看到，日美两国的金融危机均起源于房地产泡沫的崩溃，两国都经历了由危机初期到危机大规模爆发的阶段。

二　日美治理金融危机的对策

金融危机发生后，日美两国政府均采取了一系列的危机应对措施，以增强市场信心和流动性。这些措施包括：财政、货币政策；收购不良资产；金融重组；问题金融机构的国有化；注入公共资本及调整债务方的资产负债表；等等。然而，由于这些政策措施的实施时间、实施力度以及外部环境上的差异，可能会导致其后两国危机持续时间上的不同。

（一）财政、货币政策

日本最初的宽松货币政策是在 1991 年 7 月泡沫崩溃后的一年半左右才开始实施的。而作为财政政策的综合经济对策的制定则是在 1992 年 8 月，大约耽搁了两年半，拖延了危机的解决。

美国在 2007 年 9 月次贷危机崭露头角之际，便开始实施宽松货币政策。从 2007 年 9 月至 2008 年 4 月约半年时间里，美联储将联邦基准利率由 5.25% 下调至 2.0%。而且在不到 1 年的时间里又推出以削减所得税和投资税为中心的 1680 亿美元的财政刺激方案。可见，美国在财政、货币政策上的应对速度比日本快得多。

（二）收购不良资产

为剥离金融机构不良债权，设立了不良债权收购机构。日本在 1993 年由 162 家民间金融机构共同出资设立了"共同债权收购机构"。其主要任务是收购附有不动产的不良债权，出售质押物，对回收希望不大的不良债权进行处理。但其对不良债权的最终处理意义不大。1996 年日本将东京共同银行改组成清理回收银行（RCB），对金融机构的担保贷款等不良债权进行收购、整理和出售。1999 年 4 月又将清理回收银行和原住宅金融债权管理机构合并，由政府（存款保险机构）全额出资，设立了"不良债权清理回收机构"（RCC），主要任务是接管已破产金融机构的业务，收购处理其不良债权。

美国于 2008 年 10 月出台了《经济稳定紧急法案》，开始向银行收购不良资产，以让银行能够有较多资金放贷。但由于美国银行业不良资产的规模已大大超出预期，仅仅依靠政府现金购买不良资产可能不足以提振市场。

（三）　问题金融机构的国有化

1997 年 11 月，以北海道拓殖银行和山一证券为代表的一批大型金融机构相继破产，导致日本出现严重金融危机。日本银行对山一证券进行了 3400 亿日元的特别融资，其后又对证券公司以外的金融机构进行资本注入，但最终未能挽救日本长期信用银行和日本债券信用银行破产的命运。1998 年 10 月 23 日，日本长期信用银行申请国有化，予以批准。1998 年 12 月，日本债券信用银行也被认定为资不抵债而被国有化。政府向大型银行进行的资本注入或对破产银行实施的国有化，并未解决危机。2003 年 11 月，足利银行也被国有化。

在对问题金融机构的处理中，美国虽然没有进行严格意义上的国有化，但其对美国国际集团（AIG）的救助与日本对长期信用银行等的国有化处理有着惊人的相似之处。[①] 2008 年 9 月 16 日，美联储动用在 1929 年股市大崩盘之后获得的特别授权，以 AIG 的全部资产为抵押，向濒临破产的 AIG 提供了 850 亿美元的紧急贷款，以避免其破产对经济增长产生的实质性危害。作为提供贷款的交换条件，美国政府获得该公司 79.9% 的股份，并有权否决普通和优先股股东的派息收益。2009 年 3 月的 AIG 第四季度财报显示，其季度亏损创下美国公司历史上最大的季度亏损纪录，美国政府将再注资 300 亿美元，还将把其 400 亿美元的优先股转为"类似于普通股"的新股。

（四）　金融重组

泡沫经济破裂之后，日本几乎所有的银行都背负着巨大的不良债权，如不进行重组，日本金融业势必面临生存危机。在政府政策的支持下，日本金融业掀起全面的重组浪潮。1999 年 8 月 20 日，日本兴业银行、第一劝业银行和富士银行宣布合并，组建新的瑞穗银行。至 2001 年 4 月已形成瑞穗金融集团、三井住友银行、三菱东京金融集团、日联控股集团（UFJ）四大"巨无霸"一统天下的格局。2005 年 10 月，三菱东京金融集团和日联控股

---

① 熊谷亮丸「日米金融危機の既視感」、『大和証券グループ』2008 年 10 月 10 日。

集团联手合并，组建了日本最大的金融集团——"三菱 UFJ 金融集团"（MUFG），由此形成三菱 UFJ 金融集团、瑞穗金融集团、三井住友金融集团三分天下的格局。这种大规模的强强联合一方面能够迅速扩大某一金融机构的规模；另一方面也能够以最快的速度增强金融机构的综合实力，使其在与国外金融企业的竞争中立于不败之地。

美国金融业的重组也在迅速展开。继美国第四大投行雷曼兄弟公司宣布破产后，第三大和第五大投行美林公司和贝尔斯登公司分别被美国银行和摩根大通银行收购。无论是雷曼兄弟的破产还是美林收购案，都构成美国金融业重组的一部分。2008 年 9 月 21 日，美联储批准两大投资银行高盛和摩根士丹利转为银行控股公司的请求。最终，华尔街五大投资银行格局被彻底打破，美国金融机构实现了 20 世纪 30 年代经济大萧条以来最大规模的重组。

（五）非传统货币政策的实施

在应对金融危机方面，日本政府在财政政策不见成效反而造成债台高筑的情况下，坚持实施超宽松货币政策。1999 年 2 月引入零利率政策，2000 年 8 月该政策曾一度解除。但受美国 IT 泡沫崩溃的影响，2001 年 3 月再度实施零利率政策。继零利率政策之后，从 2001 年 3 月开始又导入"量化宽松政策"。直到 2006 年 3 月 9 日，日本央行才解除量化宽松货币政策。同年 7 月 14 日解除了实施 6 年之久的零利率政策。

为应对危机，美国也采取了异乎寻常的金融政策。2008 年 10 月 16 日，美联储将利率水平从 1% 下调到 0—0.25% 区间，将利率设定在 0—0.25% 的区间范围事实上就是采用了零利率政策。零利率政策在二战之后的美国经济史上还是首次采用。在美联储决定实施零利率政策的同时，也正式确认实行数量宽松政策。两者相辅相成，令美国货币政策达到前所未有的刺激力度。此外，美联储还创设了 CP 购买的新制度，显示了向一般企业直接支援周转资金的意向，已开始涉足非传统的金融政策领域。

（六）注入公共资金，增强自有资本

解决金融危机应及早注入公共资金，充实金融机构自有资本，以恢复其信用机能。在注入公共资金方面，日本进行得比较晚。1998 年 3 月，政府对以东京三菱银行为首的 21 家申请银行进行了 1.8 万亿日元的资本注入。所进行的资本注入与各行财务状况的好坏毫无关系，平均每家银行获得1000

亿日元左右的资本支持。政府期待此举能够将 BIS 标准的银行自有资本比例提高 1%。但是，由于不太注意区分恢复可能性高的健全银行和资不抵债即使投入资本也毫无意义的非健全银行，一律对各行进行资本注入，结果造成负债累累的金融机构的投入资本无法收回，而健全银行的资本投入又不充分，总体上资本注入效果不明显。

1999 年 3 月，金融再生委员会向 15 家银行进行了第二次资本注入。同第一次资本注入相比，此次资本注入不仅在数额上有了大幅增加，而且投入方式发生了改变。1999 年 3 月的资本投入合计额为 7.5 万亿日元，约为 1998 年资本投入的 4 倍。新投入方式更加关注如何高效率地利用所投资本。对各行所投资本大部分采取了可转换优先股的形式。由于政府经过或长或短的一段时间以后，可将所持优先股转换为普通股，对银行形成较强的监管压力，从而提高了资本的使用效率。对于基础薄弱的银行（如大和银行、东洋信托），政府在数月后就可以将优先股转为普通股，形成事实上的国有化。而对实力较强的银行（第一劝业、富士），这一转换期间可以长达 5 年之久。1999 年 9 月—2002 年 3 月，政府又对 17 家地方银行注入了 1.1 万亿日元的公共资金。2003 年 5 月，理索纳银行陷入经营危机。政府在严格审查后，决定对自有资本不足 4% 的理索纳银行以购买优先股的方式，注入 2 万亿日元的公共资金，同时附加了诸如引入外部董事、强化政府监督力度等完善公司治理的条件。以向理索纳银行的资本注入为契机，金融危机趋于平息。

美国政府在为金融机构注入资金方面行动迅速。2008 年 10 月 2 日，美国参议院通过布什政府提出的 7000 亿美元救市方案。最初救市计划主要侧重于向银行收购不良资产，但 2008 年 10 月 15 日公布的救助细节则转变为注入公共资金，即政府出资 2500 亿美元收购国内主要九大银行的股权，并为银行新发贷款提供担保，以疏通信贷系统。在指定九家银行获得政府注资之后，美国政府又计划向那些可能面临流动性问题，但资本金状况相对良好的小型银行注入资金。随着危机的深化，2008 年 11 月，美国金融业巨头花旗银行集团也陷入困境，美国政府为其提供 3060 亿美元的注资和担保措施，还从 7000 亿美元的金融救援方案中拨出 200 亿美元用于购买花旗的股份。2009 年 1 月美国银行陷入危机，政府同意向美国银行提供 200 亿美元的新资本并为其1180亿美元资产提供担保，旨在帮助美国银行消化对美林的并购。尽管美国政府已经向金融机构注资了数千亿美元，但美国银行体系依然十分脆弱，需要获得更多的注资。

（七）债务方资产负债表的调整

对金融机构损失的处理和自有资本的增强都属于债权者一方的资产负债表调整。如果不与债务者一方的资产负债表调整相衔接，就不能从根本上削减不良债权，并最终平息金融危机。日本绝大多数的不良债权都是面向企业的①，因此在不良债权处理上，无论是《民事再生法》的制定（2000年实施）、清理回收机构机能的强化（2001年），还是2003年产业再生机构的设立，都强化了债务者（企业）的资产负债表调整框架。所谓产业再生机构（IRCJ）就是为促进拥有过剩债务产业、企业的再生而设立的机构，它主要是对拥有经营资源但负债过重的日本企业，由IRCJ从金融机构收购其债权，再由IRCJ对这些企业进行重组并择机出售，以协助其获得再生。由此，解决不良债权的思路从作为债权者的金融机构转向作为债务者的企业。以2002年后的景气复苏为背景，企业开始逐渐用其自身收益来偿还银行贷款，使得主要银行坏账率快速下降，从2002年的8.4%下降到2005年的2.4%，已达到正常水平。由此宣告日本金融危机的结束。

美国绝大多数的不良债权是面向家庭的。与促进企业部门的再生相比，改善家庭部门的资产负债表似乎要容易一些。住宅市场的调整是导致当前美国经济濒临衰退的根源。住宅价格的急速回落，使得各种证券化商品的价值遭到破坏。要阻止金融机构不良资产的进一步增加，改善家庭部门的资产负债表，住宅价格至少要回升20%，而目前美国住宅价格的下跌仍未见底，还有10%—20%的下跌空间。政府虽然推出7000亿美元的救援方案，对银行注入大量资金，期待其能够增加融资，从而刺激住宅需求，有效阻止住宅价格的下跌。然而，无论向银行注入多少资金，也不能就此保证其用来促进融资。为此，美国政府还要出台针对住宅所有者的相关救济措施（如减税、延期偿还、削减贷款本金等），以削减不良债权，从根本上解决危机。

---

① 篠原哲「サブプライム問題と日本のバブル」、『ニッセイ基礎研』2008年第6期。

三 应对危机政策的启示

美国目前的救市政策同日本当年的政策颇为相似，但美国政府在应对危机的行动上要比日本迅速、有力，这或许是美国不会步入日本式长期衰退的一个主要原因。在目前状况下，总结美国应对金融危机政策的教训也许还为时尚早，但日本在这场长达十几年的金融救助行动中确实存在着很多的经验教训。其中政府经济政策的多次重大失误是导致日本经济长期停滞的重要原因，政府政策的失误主要表现在以下几个方面。

第一，在处理金融机构不良债权问题上的失误。不良债权产生后，日本政府认为 90 年代日本的企业还具有相当强的国际竞争力，依靠企业 3—5 年的良好收益，是能够偿还银行借款的，因此并未采取主动措施对不良债权进行彻底整理和清算，而是寄希望于景气回升所产生的收益来自然化解不良债权问题。结果经济不但没有复苏，反而日渐衰退，银行业不良债权越积越多。事实上，在 1997 年以前，日本政府对银行业不良债权的处理一直采取掩盖和拖延策略，对动用国库资金向银行注资也犹豫不决，仅以扩大需求面的错误政策来应对金融危机，导致不良资产不断累积，加大了其后的处置成本。直到 1997 年以后，随着北海道拓殖银行、山一证券、日本长期信用银行、日本债券信用银行等的相继破产，日本政府才意识到问题的严重性，开始采取诸如向大银行注资或收购大银行的不良债权、推进问题银行国有化等一系列措施来真正处理问题资产，但已错过解决不良债权问题的最佳时机。很多人认为如果大藏省在 1992 年就开始督促银行等金融机构处理不良债权，并拿出有效的应对办法，日本的金融危机不会被拖到十几年之久。

第二，对政策工具运用的失误。日本政府没有意识到平成经济衰退是有别于传统的生产能力过剩型的经济衰退，依然运用凯恩斯的需求管理政策来刺激经济，靠政府大量的公共支出和日本银行宽松的货币政策来拉动经济。但是财政扩张使得日本经济异常脆弱，因为它并非基于消费和民间投资的恢复来带动的。而宽松的货币政策对于这种金融存量调整型的经济衰退也力不从心。因为无论是数量调控政策还是利率调控政策，都必须通过金融机构信用创造的媒介来达到调控目的。而金融机构由于大量不良债权的存在，其经营收益和自有资本受到侵蚀，出于健全自身体制的目的，金融机构的贷出态度在资产泡沫破裂后变得格外谨慎。在这种情况下，无论日本银行实行多么宽松的货币政策或增加多少流动性供给，都不能导致信贷的增加，因此经济无法走出信贷紧缩的困境。[①]

第三，向金融机构注入公共资金方面的失误。（1）注资时间上的失误。从日本泡沫破裂到政府第一次向银行注资整整隔了9年时间。（2）注资安排上的失误。日本的经验证明，只有注资并不能解决问题，如何有效地安排注资更为重要。应在对金融机构进行准确、严格的资产评估的基础上，进行必要的资本注入。然而在90年代末，日本在银行依然隐瞒不良资产状况时就进行注资。结果，公共资金的注入并没有达到预期的效果，金融危机依然持续。直到2002年，小泉内阁推出"金融改革再生计划"，要求银行在接受严格审查后再进行必要的注资，危机才得以解决。

第四，忽视金融和产业一体化再生的失误。[②] 日本政府解决不良债权问题的最初视角仅着眼于如何处理金融机构的不良债权，而忽视了对产业重建的支持。事实上，金融和产业犹如"一枚硬币的两面"，它们是相辅相成的。然而日本政府直到2003年"产业再生机构"成立之时才认识到这一点。

日本的经验表明，在危机初期，政府迅捷的行动力是处理危机的关键，而对危机真实状况的掩盖和拖延只能加大其后的处理成本。特别是针对金融机构的不良债权问题应尽早注入公共资金，但是注资的同时一定要附加对其完善公司治理机制的要求。此外，还应从促进金融和产业一体化再生的角度去处理不良债权。日本政府在金融救助行动中的成败得失无疑为美国应对金融危机提供了前车之鉴。

小　结

本章研究了日本金融危机和不良债权问题，包括以下五个部分：第一节分析了在20世纪90年代初期泡沫经济破灭后，日本出现金融体系的不稳定

---

①　施建淮：《求解美国经济衰退》，《长江》2008年5月2日。
②　黑濑浩一「米国経済政策はデフレ防止を視野に経済システムの一体再生」、『りそな信託銀行』2008年10月31日。

局面并且形势日趋严重，最终演变为空前的金融危机的过程。第二节和第三节研究了不良债权问题的产生、处理和不良债权问题对金融机能产生的影响。不良债权和金融危机之间存在着因果关系，但是不良债权发生和处理的拖延，存在着更为复杂的原因。日本不良债权问题的产生可以追溯至泡沫景气时期金融机构的不当经营行为和泡沫经济的破灭，其处理的拖延也与政府的政策和金融机构的经营决策相关，同时也受到经济停滞长期化的影响。第四节从金融危机的经济影响角度，研究了两次金融危机（20世纪90年代末期日本金融危机和2008年爆发的以美国为源头的国际金融危机）对日本经济产生的影响。两次金融危机都引发了日本经济的深度衰退：前一次是以本国出现的金融危机为背景的，经济下滑受到了信贷紧缩较大的影响；后一次是在国内金融体系较为稳定的情况下，由外需即出口加速减少为先导的。由于日本经济存在的"过度依赖出口体制"，使得日本尽管没有像欧洲那样出现急剧的金融动荡，但是其经济仍然受到了超过预期的冲击。第五节比较分析了日本和美国治理金融危机所采取的对策。虽然两国的金融危机在各个方面都存在着很大的差异，但是治理金融危机的对策内容，存在着很大的相似性。美国并没有因为是自由主义经济国家而放任危机的蔓延，反而在很多方面采取了比日本更为激进的对策。这或许因为危机很严重，影响范围很大，或许因为吸取了日本的教训。为此美国政府积极努力以图尽快摆脱金融危机的影响，避免重蹈日本出现的长期经济停滞和通货紧缩的覆辙。

第 五 章
通货紧缩的发生及其经济影响

　　20世纪90年代的日本经济，不仅仅长期超低速增长，而且从资产价格到一般商品价格都疲软不振，甚至在一定时期内下跌，呈现慢性通货紧缩趋势。通货紧缩作为长期困扰日本经济的一个重要现象，成为日本政府及学界讨论的热点问题。那么，在学术上到底是怎样定义通货紧缩的？通货紧缩的内涵是什么？从90年代初期以来，日本的通货紧缩状况究竟如何？通货紧缩的产生机理是什么？它会在经济中产生什么样的影响？本节将着重分析上述的几个问题。

第一节　通货紧缩的定义与日本的实际状况

　　伴随着物价大幅度下跌的经济衰退即经济危机的发生，是19世纪世界经济的重要特征，在20世纪30年代发生的大危机中这种状况达到了顶峰。之后，凯恩斯经济学的诞生及宏观经济政策的出台，使得20世纪50年代以来，上述特征在西方国家已经消失，通货膨胀取代了通货紧缩成为经济增长过程中的主要矛盾。因此，现代人似乎已经淡忘了通货紧缩问题，其表现就是在流行的经济学教科书中已经没有专门阐述通货紧缩的内容，甚至对通货紧缩的定义也鲜有提及。由于通货紧缩与货币供应、经济衰退之间存在着密不可分的关系，所以通货紧缩的内涵或定义并非是不言自明的，不同的学者对其定义也是有很大分歧的。

　　第一，把通货紧缩作为物价上涨的通货膨胀的反义词来使用，将其定义为"在一定期间内物价水平的持续下跌"。如萨缪尔森等人都认为通货紧缩是指"价格总水平的持续下降"。① 这一定义包含了两个要点：一是下跌的物价不是指个别商品的价格，而是指一般物价水平。通常有不同的价格指数来衡量一般物价水平，如消费者价格指数、企业价格指数、GDP 平减指数等。不同的价格指数由于包含的商品不同而对物价的衡量有所差异。二是对持续下降的时间界定，并不是一时的物价下降都能视为通货紧缩的发生，而是物价的下降需要持续一定时间以上。如 IMF 给出的现在作为国际上较为通用的通货紧缩定义，该定义认为通货紧缩是指"物价至少持续两年下降的状态"，② 就是把两年作为判定通货紧缩发生的时间标准。

第二，认为物价下降是与"萧条"或"景气衰退"相伴生的现象，因此把通货紧缩定义为"伴随物价下降而发生的景气衰退现象"。这一定义在所谓的"通缩政策"一词中表现得较为突出，意为为治理伴随物价下降而发生的景气衰退而实施的经济政策。很明显，这一定义将经济衰退作为重点。另有一些人将物价、货币供给量与经济衰退联系起来，认为通货紧缩是物价持续下跌、货币供给量持续下降和与此相伴生的经济衰退的现象。③

第三，另一种通货紧缩的定义是从"收缩"或"紧缩"定义上使用的，这里所谓的"收缩"与物价或价格这种货币含义无关，而是实体经济水平超越"扩张"与"衰退"的经济周期波动而发生的长期的趋势性的规模缩小，是一种长期性经济规模缩减的定义。④

在日本，尽管在 20 世纪 90 年代的长期经济停滞期间，曾经发生了几十年来少见的通货紧缩现象，但是在学者中间及政府机构对通货紧缩的内涵也持有不同的观点。日本学者岩田规久男在其著作《通货紧缩的经济学》中，

---

① 〔美〕保罗·萨缪尔森、威廉·D.诺德豪斯：《经济学》（上），北京经学院出版社 1996 年版，第 366 页。

② IMF：《世界经济展望》，1999 年 10 月（来自第一生命经济研究所编『資産デフレで読み解く日本経済』、日本経済新聞社、2003 年出版、第 9 頁）。

③ 范从来对通货紧缩的不同定义所做的综述，将其划分为"价格派"和"通货派"两大类别。认为后者的定义强调物价下降、货币供给减少和经济萧条之间的伴生关系，并采用了强调物价下降和货币供给量减少的通货紧缩定义。参见范从来《通货紧缩时期货币政策研究》，南京大学出版社 2001 年版。

④ 日本学者宫泽俊朗在其文章《通货紧缩与日本经济》中，以日本经济为例，对这一含义的通货紧缩做了解释。据测算，日本从 2009 年总人口开始减少，劳动力人口在 1998 年就已经达到了最高峰，随后开始减少。所以，从长期看日本经济的总产出及总需求规模很可能缩小。宮沢俊郎「デフレと日本経済」、『岩手県立大学研究紀要』2003 年 12 月 19 号、第 26 頁。

引用了 IMF 的通货紧缩定义，认为通货紧缩是指至少持续两年以上的物价下降现象。[1] 斋藤精一郎则是从后一种含义即伴随物价下降发生的经济衰退或经济长期萧条来定义通货紧缩的，将 90 年代的日本经济称为 "10 年通货紧缩"。[2]

日本政府对于通货紧缩的含义及其状况的判断，也是随着时间及经济现象的变化而逐步调整的。最初原经济企划厅物价局在其提出的《1990 年物价报告》中，归纳了通货紧缩的三种定义：一是与物价无关，单指景气衰退现象；二是指伴随物价下降发生的经济萧条；三是指与景气无关、单纯的物价下降。其采用了第二种定义。日本银行则将通货紧缩定义为 "整体物价的持续下降"。随着物价下降现象日趋严重，内阁府在 2001 年 3 月 21 日发布的《月度经济报告》中，最终采用了前述的 IMF 的通货紧缩定义，指出消费者物价已经出现了连续两年下降，所以按照国际通行的通货紧缩定义，日本经济很明显已经处于 "缓慢的通货紧缩" 状态。

实际上，尽管物价在一定时期内发生持续下降，固然同货币供给量、经济周期性波动之间存在着密切的相互关系，甚至可以说在一定程度上它们存在着必然的联系，但是很显然，三种现象并非是必然并发的。如物价下降并不等同于经济衰退，物价上涨也并不等同于经济扩张。在很多经济衰退的场合并不存在物价下降的现象。[3] 物价下降与货币供给之间的关系也是如此，两者并非是同一个事物。严格地讲，货币供给量可能是同物价下跌的发生机制联系在一起，而经济衰退则可能是物价下跌影响的结果。因此，笔者倾向于物价含义的通货紧缩定义，将前述国际通用的定义作为判定通货紧缩的标准。

衡量一般物价水平的主要价格指数有三种：消费者价格指数、GDP 平减指数和批发价格指数（又称生产者价格指数）。通过三者的变化可以综合地分析一国物价的总体走势。图 5 - 1 绘出了 1980—2005 年间三种价格指数

---

① 岩田規久男『デフレの経済学』、東洋経済新報社、2001 年 12 月出版、第 7 頁。

② 斎藤精一郎『10 年デフレ　日はまた昇る』、日本経済新聞社、1998 年 1 月、第 89 頁。

③ 20 世纪 70 年代石油危机后发生的滞涨现象，就是非常典型的例证。经济急剧衰退但是物价不但没有下降，反而急剧上涨。2002 年以后，日本经济出现了复苏，进入了新一轮经济周期的扩张阶段，但是通货紧缩却没有停止，一直持续到 2005 年。

的变化情况。消费者价格指数在 20 世纪 80 年代末期到 90 年代初期曾经出现较高的增长率，90 年代中后期（除 1997 年提高消费税作用之外）消费者价格指数变动基本处于停滞状况，1999 年之后出现了持续的下降，这使日本政府不得不承认日本经济进入了通货紧缩状态。GDP 平减指数衡量的是年度最终产品及服务的价格。在 90 年代前半期，GDP 平减指数与消费者价格指数呈现出比较一致的变动趋势；但是 1995 年以后，GDP 平减指数开始下降，进入了通货紧缩状态。国内批发物价或生产者价格指数，是衡量企业间交易商品的价格水平，从图 5 - 1 中可以看出，该指数在 90 年代初期开始长期呈现下降趋势。

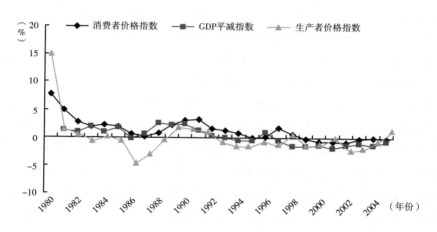

图 5 - 1　日本价格指数的变化率

资料来源：日本总务省统计局《消费者物价》，内阁府《国民经济计算》。

此外，在上述价格指数之外的资产价格在 90 年代初期泡沫经济崩溃之后，也出现了长期的下降趋势，这说明存在较为严重的资产通货紧缩现象。

总体而言，日本经济在 20 世纪 90 年代初泡沫经济崩溃后引发了资产通货紧缩，整个 90 年代各种物价水平呈现低迷状态。从 90 年代中期开始以 GDP 平减指数、批发价格指数下降为代表，可以说是进入了慢性的通货紧缩状态（或者说是发生通货紧缩的前期）。到 21 世纪中期的 10 余年内，消费者物价的持续下降表明通货紧缩的真正到来或者是进一步深化。

第二节　通货紧缩的发生机理

一　货币供给与物价之间的关系

按照市场机制原理，商品的价格是由供求关系决定的，供给与需求的均衡决定了均衡的供给量和价格。所以，需求量和供给量是影响均衡价格的两个决定因素。一般物价水平的决定可以表示为总需求—总供给（AD—AS）模型中总需求和总供给两条曲线的交点。两条曲线任一条发生位移，都会引起物价水平的变动。从供给方面看，当技术进步、制度创新等导致总供给增加时，总供给曲线右移，均衡产量扩大，物价下降。也就是说正面的供给冲击会引发总产出扩大，物价下降，这样的物价下降被称为"好的通货紧缩"。从需求方面看，当需求减少时，总需求曲线左移，这时总产出减少，物价水平下降。

从长期看，确实存在着由于技术进步、生产率提高等供给因素作用下发生的物价下降现象。但是在短期内的通货紧缩更多地被认为是由需求因素引起的；而引起总需求减少的诸多因素中，货币供给量的减少被认为是引发通货紧缩的最主要原因。在货币学派中，物价的变化即通货膨胀和通货紧缩都被认为是货币现象，货币中立性意味着货币供给量的变化只影响物价这样的名义变量而不影响实际变量。

费雪的货币数量方程可以表示为：$MV = PY$。其中，M 表示货币供给量，V 表示货币交易流通速度，P 为一般物价，Y 为总交易量。当用实际 GDP 取代 Y 时，则 V 变为货币的收入流通速度，于是上式应表示为：$M = P \times Y/V$（Y 表示实际 GDP）。该式右侧是货币数量论中的货币需求，左侧为货币供给。

假设：（1）货币收入流通速度是比较稳定的，可视为保持一定不变；（2）实际 GDP 是由一国可以利用的生产要素和技术水平决定的，所以它不受货币供给量变化的影响。在这两个假定条件下，物价变化与货币供给量的变化是成比例的。

货币数量论以古典假设为前提，比较直观地说明了货币量与物价之间的联动关系。该理论的核心观点之一——实际 GDP 不受物价变化的影响，是以市场价格机制的调节是充分的这一假设条件为基础的。由于价格和工资具有充分弹性，当短期的需求量低于潜在总产出水平时，由于名义工资下调引起实际工资减少、企业人力成本下降，所以企业会增加雇佣、扩大产出，最终均衡量恢复到了潜在总产出水平上。实际 GDP 的变化具有稳定性，它不受货币量及物价的影响，其道理就在于此。在上述的古典假设下，货币供给量变化引起总需求的变动只影响物价水平，而不影响实际总产出。也就是说，这时货币具有中立性，它只影响物价等名义变量，而不影响实际产出。

凯恩斯学派认为市场价格机制调节不是充分弹性的，特别是对劳动市场起调节作用的名义工资具有黏性或向下刚性。当需求不足、存在失业时，名义工资不能很快下调使失业率降低到自然失业率的水平，在名义工资不变的情况下，均衡产出沿着短期总供给曲线变动，导致实际 GDP 减少和物价下降。只有名义工资调整到位，经济才能恢复到潜在总产出水平上。

上述两个学派在不同假设下货币供给量、物价及实际国内总产出的关系，分别表示为图 5-2 和图 5-3。由于对市场价格调整机制的认识不同，由货币量变化引起的总需求变化，对物价及实际总产出的影响是有差异的。从长期来看，两者则殊途同归。

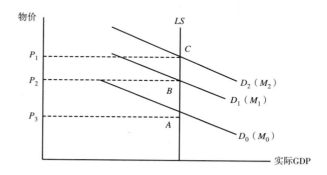

图 5-2　"货币数量论"中的货币、物价与实际 GDP

注：M 为名义货币供给量，$M_0 < M_1 < M_2$，LS 为长期供给曲线。

以弗里德曼为代表的美国货币主义学派更是倾向于认为货币供给变化对物价及宏观经济波动产生影响。弗里德曼等人对美国经济史的研究表明，在

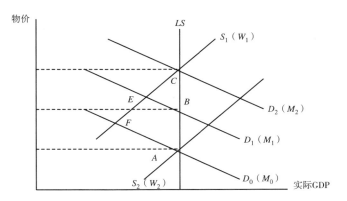

图 5 - 3 凯恩斯模型中的货币、物价与实际 GDP

注：$S_i(w_i)$ ($i = 1, 2$) 为短期供给曲线，w_i 表示实际工资。

19 世纪中叶到 20 世纪中叶的 100 年中，美国发生的通货紧缩都是伴随着货币存量的下降；20 世纪 30 年代的大危机，更是由于美联储实施的紧缩政策及金融危机引发了货币供给量的急剧减少，因此导致了严重的经济衰退和持续的通货紧缩。

二 日本通货紧缩发生原因的相关研究

在 20 世纪 90 年代的中后期，日本经济都呈现为准通缩状态。90 年代末随着消费者物价的下降，最终日本政府不得已承认经济进入了通货紧缩状态。通货紧缩作为日本长期经济停滞时期较为独特的经济现象，也是日本各界特别是政府及民间学者热烈讨论的重要课题之一。不同学者之间展开的所谓"物价下降是好是坏"的争论，表明了通货紧缩现象发生机制的复杂性。

在日本的经济学者中，很多人是从供给角度来认识通货紧缩的产生机制的，认为来自中国等发展中国家大量的廉价商品进口、技术进步导致的生产率提高、结构改革增进了市场竞争等因素，导致了物价的下降。这使得日本的高物价向国外的低物价水平收敛，是"好的物价下降"。野口悠纪雄就是力主"好的物价下降"的学者之一。他在一篇文章中指出：引起物价下降的基本因素是东亚各国的工业化，尤为重要的是中国的工业化发展。这些国家产品质量的提高，增加了向日本的出口，认为"物价下降表明日本正向国际标准的物价体系靠近"。① 这种认为国外廉价商品的大量进口导致了日本物价下降的观点，又被称为"进口通货紧缩论"。与"进口通货紧缩论"相似的一种观点，被称为"结构通货紧缩论"。持这一观点的人认为，日本发生的技术进步、结构改革和流通革命等，是产生通货紧缩的原因。技术进步使生产率提高，因而降低了产品的价格，因此使得广大消费者能够以较低的价格获得技术进步带来的利益，所以这一观点也是"好的物价下降论"的一种。

同上述的"源于供给因素的通货紧缩论"相对立的，更多的学者是从需求角度来分析通货紧缩的原因的。如前面理论总结所揭示的那样，总需求的减少不仅会导致物价的下降，即通货紧缩现象的产生，而且也会导致总产出减少引发经济衰退。但是影响需求的因素很多，包括货币供给量的减少、收入下降、对未来的预期变坏等。在 20 世纪 90 年代的日本，泡沫经济破灭后出现的长期经济停滞使得很多因素纠合在一起，如泡沫崩溃引起的经济下滑，会减少企业和个人收入，收入的下降会减少投资、消费即总需求，进而导致经济衰退的严重化，进一步减少收入和总需求。多种复杂因素形成了连锁性循环，难以区分何者为因，何者为果。尽管如此，人们还是努力地试图从源头来寻找通货紧缩发生的基础性原因。如有人认为经济停滞、人口老龄化、社会保障制度存在危机等使得人们的未来预期恶化，为了将来或老年后的生活，不得不减少支出增加储蓄，这是导致总需求下降的主要原因。

另一种更为鲜明的、接近于货币主义的主张认为，通货紧缩与通货膨胀一样是货币现象，其产生原因在于货币供给量的紧缩。货币供给量的紧缩导致了总需求的减少，最终引发了物价的持续下降。可以将持有这一主张的学者们称为"通货派"，也就是前文所说的"通货再膨胀派"。

"通货派"一方面通过大量的理论和实证分析，揭示通货紧缩的产生机制及其对宏观经济产生的恶劣影响，旗帜鲜明地主张通货紧缩导致了日本经济的长期停滞；另一方面还大力批判"好的物价下降论"，认为持有这一观点的人缺乏经济学的常识。通常而言，技术进步等正面的供给冲击，确实会因生产率的提高而导致物价下降，但是同时也会扩大国民生产总值的规模。

---

① 野口悠紀雄「デフレは止めるべきか」、『週刊ダイヤモンド』2001 年 10 月 20 日号。

这显然与日本经济长期停滞期的情况是不相符的。尤为重要的是，必须从宏观的、综合的角度来衡量通货紧缩的影响。对于有固定工作、固定收入的人来说，通货紧缩确实是好事，诸如退休老人那样，拥有存款等固定名义价值的资产的人确是如此。但是，菲利普斯曲线表明，低通货膨胀会导致失业率提高，即失业人数增加。资产通货紧缩导致股票价格下降，从而会增加股票所有者的负担。通货紧缩会给价格下降的资产持有者带来困难。

尽管关于通货紧缩的原因在理论上并没有取得一致的意见，但是从大量的关于通货紧缩问题的研究成果看，主导的意见仍然倾向于认为通货紧缩是一种货币现象；或者说不论是通货膨胀还是通货紧缩，物价的波动与货币之间存在着更为密切的关系，货币供给量的扩充和收缩，在影响物价变动方面占据着主导作用。

三 货币供给量对物价的影响

众所周知，当代主流经济学两大流派即凯恩斯主义和货币主义之间，对于货币与实体经济之间关系的认识上存在着较大的分歧。前者继承了传统的银行主义的观点，趋向于认为货币是由经济活动所内生的，货币量的变化是经济活动的影子。但是，凯恩斯模型却肯定了货币变动通过影响利息率，进而影响投资、消费等总需求的主要构成，因此，货币政策在调节有效需求方面是有效的。与此相对应的是，货币主义继承了古典经济学的"两分法"及货币中性的观点，并将理性预期作为其分析方法，认为被预期到的货币供给的增加，只能影响物价变动；只有没有被预期到的货币供给，才能对实际国民产出、失业等实际变量产生影响。两者的分歧在于货币存量与实体经济之间的关系；而在货币量和物价变化方面则表现了一致性，都认为货币量变化会引起物价的变动。

尽管货币数量论是以严格的假设为基础的，其假设前提在现实中可能是不成立的，但是它给我们提供了非常简明的分析货币数量与物价之间关系的框架。如前所述，"收入版的货币数量方程"可以表述为：

$$MV = PY \qquad\qquad\qquad (公式\ 5-1)$$

其中 Y 表示实际GDP，于是，各变量的变化速度可以表示为：

$$\triangle M/M + \triangle V/V = \triangle P/P + \triangle Y/Y \qquad (公式 5-2)$$

因此：

$$\triangle P/P = \triangle M/M + \triangle V/V - \triangle Y/Y \qquad (公式 5-3)$$

公式 5 - 3 表明物价的变化率等于货币供给量变化率加上货币收入流通速度变化率，再减去实际经济增长率。"货币数量论"假定货币流通速度和实际国内生产总值的增长率，都是稳定的，所以货币的供给量的变化都表现为物价的变化。但是实际情况是，前两个因素都是发生变化的，所以必须以综合的角度来分析物价变化的原因，以及货币供给量与物价变化之间的关系。

不仅在理论上可以推导出物价变化与货币供给量变化之间存在着密切的关系，而且在实际中即经验层面上同样可以观察到这一现象。

首先，从 30 多年来日本经济的实际情况看，物价的变动与货币供给量之间是存在着密不可分的关系的。如图 5 - 4 所示，在 20 世纪 80 年代，日本的 M_2 货币量的增长率一直维持在较高的水平上，特别是 80 年代后期的泡沫经济时期，货币供给量的增长率在 10% 以上。虽然这一时期并没有发生严重的通货膨胀现象，但是众所周知，以房地产和股票为代表的资产价格持

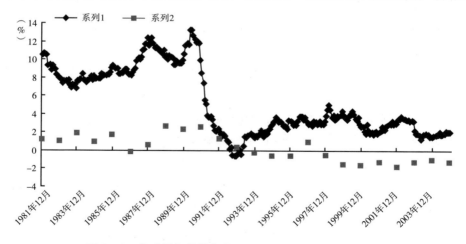

图 5 - 4　货币量与价格指数（GDP 平减指数）的变化率

注：系列 1 为 M_2 货币供给量的变动率，系列 2 为 GDP 平减指数变动率。

资料来源：根据日本银行及内阁府统计数据绘制。

续高涨，产生了罕见的严重泡沫经济现象。进入 90 年代泡沫破灭之后，从图 5 – 4 中可以看到日本的货币供给量变化率出现了大幅度的下降，由此前的高于 10% 下降到 4% 以下。整个 90 年代物价变化率都处于低迷状态，特别是 90 年代后半期，物价水平开始下降，发生了通货紧缩现象。这时货币供给量的变动率进一步降低。因此，可以看出，货币供给量的变化率与物价水平的变化率之间存在着较强的相关性。货币供给量的减少与物价水平的低迷、经济停滞是联系在一起的。

其次，严格的货币数量论假设认为由交易习惯及物价决定的货币流通速度是稳定的，加上国内生产总值保持在自然率水平上的假设，可以得出物价变动率与货币供给量的变动率是成正比的。但是由于在现实经济中上述假设并不成立，所以两者的关系并不是严格成正比的。货币量紧缩的同时，可能还伴随着货币流通速度的下降，它同样是影响物价水平变动的一个重要因素。这一点，在日本经济中也得到了证实。根据日本名义 GDP 值和各期末 M_2 货币余额，计算出各年度货币收入流通速度，如图 5 – 5 所示。在 20 世纪 80 年代中期，货币流通速度出现了一定幅度的下降，这可以解释为日本金融自由化改革，提高了金融交易系统的效率。这一时期货币流通速度的下降并没有对物价波动产生影响，可以认为是这一时期经济的高增长率抵消了

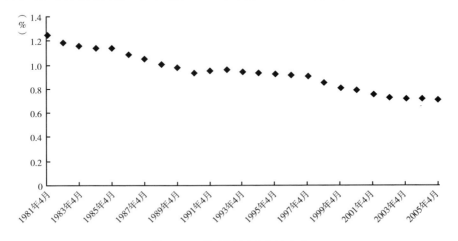

图 5 – 5 货币流通速度的变化

资料来源：根据内阁府“国民经济统计”名义 GDP 年度值、日本银行 M_2 货币期末余额计算。

其作用。但是，到 1997 年以后，货币流通速度再次出现了一定幅度的下降，这同金融危机背景下出现的信用紧缩相关，这一时期货币流通速度的下降，对物价产生了影响。可以说，它同货币供给量的紧缩一起作用到了物价上面，导致了通货紧缩。

第三节　通货紧缩的经济影响

如前所述，由于对通货紧缩产生原因的认识不同，在日本甚至出现了围绕"好的物价下降论"展开的学术争论，这自然是与关于通货紧缩经济影响的认识联系在一起的，进而影响关于货币政策的目标及其内容的主张。从近现代资本主义经济发展历程看，20 世纪 30 年代是一个重大的转折点。以往历史上发生的经济衰退与通货紧缩、失业等现象都是相伴而生的，30 年代的大危机达到了极致。在其后的经济中，尽管在很长时期没有发生通货紧缩性萧条，但是实际上并没有能从根本上消除多种经济现象相互影响进而引发深度经济衰退的深层机制。20 世纪末期日本的长期经济停滞，通货紧缩萧条现象的再生，就是其例证之一。那么如何从理论上认识通货紧缩的经济影响，并且从实际层面上加以实证分析，可以说是研究这一时期日本经济所面临的重要课题之一。

一　通货紧缩影响宏观经济的理论分析

二战结束以来，在现实经济中通货紧缩已经不再是主要经济矛盾，所以也不构成经济理论研究的重点问题。尽管如此，人们仍然能够在现有的经济理论中，寻找到可以解释通货紧缩与宏观经济变动之间关系的分析框架和非常有影响力的理论观点。主要包括两个方面：一是关于通货紧缩与总需求的螺旋下降的理论；二是以菲利普斯曲线为代表的表示物价变动与失业、工资水平、经济增长之间关系的理论观点。下面对这两个方面的理论进行简要的总结。

（一）通货紧缩旋涡

通货紧缩对宏观经济的影响主要表现在物价下降引起总需求减少，由此导致物价的进一步下降，这一物价与总需求之间相互影响呈现的螺旋式下降通道，形成了通货紧缩的自我强化机制，称为通货紧缩旋涡。范从来用庇古、凯恩斯等人的理论对此进行了初步的阐述。[①] 所谓的"庇古效应"是指当物价下降而名义工资不变时，由于实际工资上涨使得实际货币余额增加，消费者拥有的实际财富增加，从而会刺激消费，又称为财富效应。但是，如果物价下降不是短期的而是持续一段时期，那么就会发生庇古效应的反转。当物价下降持续一段时间，会导致企业销售收入减少和实际工资提高引起的人力成本上升，因此企业会调整工资使就业者收入减少，从而减少消费，对总需求产生紧缩效应。而总需求的减少，会引发市场供给过剩，导致价格水平进一步下降。通货紧缩对另一个总需求的重要构成即企业投资的影响，则表现在凯恩斯效应的逆转上面。在凯恩斯理论中，货币供求的变化是通过利率的变化影响总需求和总供给的。在物价水平下降的初期，货币需求减少而货币供给增加，导致利率水平下降，会刺激投资需求，从而产生对需求的扩张效应，这被称为凯恩斯效应。但是当物价下跌持续一段时间时，名义利率下降迟缓，会导致实际利率上升，因此发生了凯恩斯效应的逆转，即价格水平下降引起了实际利率水平的提高，所以借贷成本提高导致了投资需求减少，总需求的减少会进一步引起价格水平的下降。蒙代尔—弗莱明汇率效应则是指物价变动引起利率、汇率的变动，进而影响进出口这一海外需求变化的机制。

　　实际上，通货紧缩与总需求之间的螺旋式下降，主要表现在两条路线上：一是物价下降与名义工资的下调刚性，影响了企业的经营，导致就业者收入减少和企业投资缩减，引起总需求减少；二是在通货紧缩条件下名义利率调整的迟缓，使得实际利率上升、企业融资成本提高和债务负担加重，产生不良债权和破产，引起金融不稳，因此导致企业资金需求减少和金融机构的"惜贷"行为，使总需求减少。

　　图 5-6 揭示了通货紧缩旋涡的机制。从图 5-6 中可以发现，使物价下降与总需求减少形成螺旋式运动有两个重要的外部条件，其中之一是与物价下降同时存在的名义工资的下调刚性。以岩田规久男为代表的部分日本经济学者非常重视这一条件，认为通货紧缩是借助于名义工资的下调刚性这一条

---

① 参见范从来《通货紧缩时期货币政策研究》，南京大学出版社 2001 年版，第 66—74 页。

件，形成了与总需求减少的螺旋式运动，因而导致了宏观经济的停滞和衰退深化。[1]

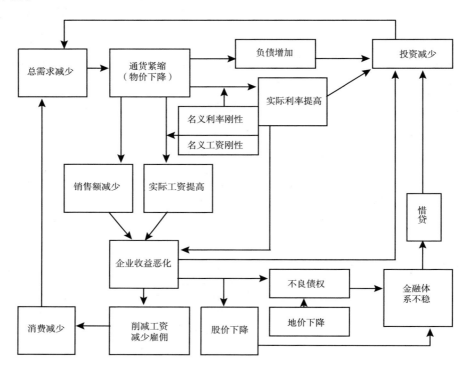

图 5 - 6　通货紧缩旋涡的机制

古典经济学认为市场价格机制的有效作用，是以肯定价格和工资具有充分弹性为前提的。在价格和工资的调节下，实现商品和劳动市场的供求均衡，并使现实总产出恒等于与自然失业率相对应的潜在总产出。比如，当企业成本上升、雇佣过剩时，企业就下调名义工资使其雇佣成本下降，保持原有的雇佣水平及产出水平。这可以推及整个宏观经济。但是，凯恩斯并不认为工资具有充分弹性，提出了名义工资黏性的观点，认为名义工资并不能在短期内有效下调，来降低雇佣成本和维持原有雇佣水平与产出水平。不仅如

① 相关的观点阐述参见岩田规久男『デフレの経済学』、東洋経済新報社、2001 年 12 月出版、第139—175 頁。此外，原田泰等人还对此进行了实证分析，参见原田泰、岩田规久男编集『デフレ不況の实证分析　日本経済の停滞と再生』、東京経済新報社、2002 年出版、第75—94 頁。

此，很多学者甚至认为名义工资存在向下调整的刚性。现代经济学理论认为，二战后最低工资制度、失业保险制度、劳动保护制度等多项制度的发展和完善，劳资双方的斗争及工会组织力量的增强等因素，导致了更强的名义工资下调刚性。

在名义工资存在下调刚性的情况下，物价下降导致企业销售收入减少而实际工资提高，其结果是：一方面减少了企业的利润收入，企业减少投资；另一方面，迫使企业调整雇佣，减少劳动者工资收入，从而使其消费支出减少。这样使得总需求减少，并导致物价进一步下降。显然，名义工资下调刚性在通货紧缩与总需求减少的螺旋机制中是非常重要的一个因素。不仅如此，名义工资下调刚性的增强，在通货紧缩的条件下延长了工资调节的时间，会引起失业增加和经济衰退现象的长期化。[①]

导致通货紧缩自我螺旋式运动的另一个外部条件是名义利率的下调刚性。众所周知，物价、工资分别是调节商品市场、劳动市场供求关系的，而利率则是调节金融市场资金供求的。同工资被分为名义工资和实际工资一样，利率也有名义利率和实际利率之分，而且同样也存在着名义利率下调刚性的问题。在通货紧缩的情况下，如果存在名义利率下调刚性，那么就会随着物价下降而导致实际利率升高或居高不下，因此会导致总需求减少，这一影响主要表现为债务—通货紧缩效应。

其一，通货紧缩会加重债务人的债务负担，使财富从债务人向债权人转移。债务人和债权人的支出倾向是不同的，前者大于后者，所以通货紧缩使债务人的负担加重，会减小经济整体的支出倾向，减少设备投资和消费需求。其二，信贷紧缩情况的发生。在信息不对称情况下的借贷行为，是以借债人的资金流量及土地担保价值的资产负债表状况为依据的。在通货紧缩的情况下借方的资产负债表恶化时，贷方提高利率反而会增大不履行债务的风险，所以就会不贷款给这样的借款人。因此，资产负债表恶化的企业就会筹资困难，不得不减少投资和缩小生产规模。家庭也一样，由于名义收入的减

---

① 岩田规久男认为，货币供给量在长期是不影响实际工资的。但是当货币供给量变化时，名义工资调整缓慢，这时就会因为物价下降导致实际工资提高，引起雇佣调整。这一效应在名义工资调整到位后消失。但是如果名义工资调整大幅度推迟，会相应延长货币量变化对雇佣的影响。参见岩田规久男『デフレの経済学』、東洋経済新報社、2001 年 12 月出版、第 156—175 页。

少，会导致借贷困难，影响其对耐用消费品及住宅的支出。因此，名义利率的下调刚性与通货紧缩同时发生时，同样会导致另一路径的通货紧缩自我螺旋的形成（见图 5 - 6）。

（二）菲利普斯曲线：物价变动与宏观经济关系的另一种表征

在讨论物价、工资变动与失业（就业）、经济增长之间的关系时，人们首先想到的是菲利普斯曲线。英国经济学家菲利普斯在 1958 年发表的论文，分析了 1861—1957 年英国失业率与名义工资的变化率之间的关系，发现了两者之间存在着负相关关系。后来称两者的关系曲线为菲利普斯曲线。该曲线表明失业率下降、名义工资率提高，对工人来说是有利的情形；反之，失业率提高、名义工资率下降，对工人则是不利的。原始的菲利普斯曲线又被称为"工资版菲利普斯曲线"。

在 20 世纪 60 年代，萨缪尔森等人从经济政策研究的角度，发展了菲利普斯曲线，用物价变动率代替了原曲线中的名义工资变动率，新曲线表明失业率和物价变动率之间存在负相关关系：失业率下降，物价变动率提高；失业率上升，物价变动率下降。这一曲线被称为"通货膨胀版菲利普斯曲线"。做出上述代替是基于这样一个假定，即认为产品的价格形成是遵循平均劳动成本加成法的定价准则，实际观测也表明工资和物价的变动是较为一致的。

第三种菲利普斯曲线是用经济增长率代替了前面的"通货膨胀版菲利普斯曲线"中的失业率，表示物价变动率与经济增长率之间关系的曲线，可以称之为"物价 - 产出版菲利普斯曲线"。依据奥肯定律，失业与经济增长之间存在着负向替代的关系，即失业率下降，经济增长率上升，反之亦然。而失业率与物价变动率之间也存在着反向关系，因此，经济增长率与物价变动率之间就表现为正相关关系。

二　日本的实际情况

由于通货紧缩与宏观经济之间存在着错综复杂的关系，尽管在理论上可以推断存在着通货紧缩旋涡现象，但是在现实中判断是否形成了通货紧缩旋涡状态是比较复杂的。尽管在 20 世纪 90 年代中期以后，日本经济开始了慢性通货紧缩的状态，这几乎是一个不争的事实，但是在 90 年代末期日本通货紧缩状态更为明确后，关于是否发生了通货紧缩与总需求减少这样一个恶性循环的螺旋式下降，在认识上还是有较大的分歧的。但是，正如前文在论及日本长期经济停滞成因之争时曾提到的"需求派"特别是其中被称作"通货再膨胀派"的经济学者，通过较为系统的实证分析，论证通货紧缩与90年代以后日本经济停滞之间存在着密切的关系，认为货币政策的失误所引发的通货紧缩是日本经济长期停滞的主要原因。

（一）名义工资下调刚性的存在与通货紧缩、失业率及经济停滞

从前述的理论分析中可以看出，能否形成通货紧缩旋涡，关键问题之一是"名义工资下调刚性"的假设是否成立。如果这一假设成立，那么它与通货紧缩共同作用，就可以形成物价与总需求的螺旋式下降。对此，一些日本学者的研究已经给出了证明。如原田泰、江川晓夫[1]运用菲利普斯曲线和VAR模型，分析了90年代日本实际工资居高不下的原因和工资刚性与货币政策之间的关系。结果表明，在1992—1997年，日本的名义工资变动率任由失业率提高而停滞在1%的水平，表现了明显的刚性。在90年代之前，名义工资都是随着货币量和生产的增加而提高的，而1991—2000年却出现了货币量增加、名义工资反而下降的情况（实际情况是货币量停滞，名义工资上升）。失业对名义工资的影响也是不正常的，失业率对名义工资没有显著性影响，这期间物价变动对名义工资的影响很小，显著性降低。实际数据表明，尽管物价下降，但是名义工资没有减少。这些都是有违以前的经验的。一方面货币政策紧缩导致的货币供给量的减少，导致了总需求曲线左移；另一方面是在名义工资下调刚性和通货紧缩作用下实际工资的提高，导致了总供求曲线的左移。于是出现总需求、物价不断减少的情况，这同理论推理是一致的。

岩田规久男分别对名义工资变化率、消费者物价变动率与失业率进行回归分析，得出了不同的菲利普斯曲线。[2] 结果表明，20世纪90年代与80年代相比，工资版菲利普斯曲线的斜率变小，表现为失业率提高而名义工资下降幅度减少，即存在名义工资的下调刚性。物价版的菲利普斯曲线则表明，

---

① 原田泰、江川晓夫「賃金の硬直性と金融政策の衝突」、原田泰、岩田規久男編『デフレ不況の実証分析　日本経済の停滞と再生』、東京経済新報社、2002年出版、第75—94頁。

② 岩田規久男『デフレの経済学』、東洋経済新報社、2001年12月出版、第164—170頁。

80 年代的曲线接近于平均失业率 2.5% 或自然失业率的垂直的长期菲利普斯曲线状况；而 90 年代后物价版菲利普斯曲线再度复活，特别是在失业率水平提高的阶段与物价变动率之间的关系是较为平稳的，意味着只需要较小幅度地提高物价（摆脱通货紧缩），就可以减低失业率，从而走出停滞、实现经济复苏。

（二）通货紧缩通过金融通道产生的经济影响

通货紧缩通过金融通道产生的经济影响，更多地表现为信贷紧缩方面。一方面是实际利率提高对负债方负担的加重，会减少借债；另一方面是土地担保价值的下降和股价下降导致负债者的资产负债表恶化，使金融机构面对更大的贷款风险而出现"惜贷"。这种情况表现为资产价格下降即存量通货紧缩与流量通货紧缩共同作用，进一步加剧了总需求的萎缩。

20 世纪 90 年代日本实际利率的变动（以实际贷款利率为指标），无论是短期利率还是长期利率，在 90 年代中前期都出现了较大幅度的下降。除 1997 年出现暂时上升之外，之后又继续出现了较大幅度的下降。因此，很多人否认实际利率影响企业的观点。但是，岩田规久男认为，影响企业或家庭的投资—储蓄行为的实际利率，不是事后的实际利率（名义利率减去实际发生的通货膨胀率），而是他们做出决策时预想的预期实际利率，它是名义利率与企业或家庭的预期通货膨胀率之差。安达诚司计算了事后的实际利率和预期实际利率，结果表明，在 90 年代末期通货紧缩加剧期间，两者发生了很大幅度的乖离，预期实际利率高于事后的实际利率 2—3 个百分点。[①]

关于资产价格的下降产生的经济影响有两种不同的认识。一种观点认为资产价格下降导致了银行"惜贷"。资产价格下降加之贷款担保品的贬值，使银行的资产负债表恶化；银行不良债权的增多、股价下降导致的账外红利的减少，使得银行自有资本减少；土地价格下降导致的企业银行之间委托代理成本提高，抑制了银行贷款。对这一影响的实证研究成果也是比较多的。但是对此还存在着争议。另一种与其相对立的观点则认为，90 年代中后期企业设备投资的减少不是因为担保价值下降形成的银行"惜贷"造成的，

---

① 安達誠司「期待インフレ率の推計とそのインプリケーション」、『日本経済ウィークリー』、58 号、クレデスイスフォースボストン証券、2001 年 7 月 19 日。

这期间企业设备投资主要依靠企业内部资金而不是外部融资，所以不受"惜贷"的影响。设备投资的下降主要是由于企业自身资产负债表恶化因而投资谨慎造成的。[①] 小川一夫、北坂真一的研究表明，在泡沫经济时期，担保价值增加远大于设备投资，这一增值已成为多余价值，不对银行贷款产生决定性影响；反之，90年代设备投资的大幅度减少很可能并不是因为受到担保价值变动的影响。[②] 这一观点实际上是值得怀疑的，因为资产价格的变动对设备投资的影响并不是与其变动幅度完全无关，可能它只是在一定的变动幅度内对设备投资产生影响。

在20世纪90年代末日本经济停滞深化期间，无论是流量方面的通货紧缩还是存量方面的通货紧缩，都对经济产生了非常深刻的影响，这一点是无可质疑的。上述的关于资产价格下降影响的两种不同观点，表面上似乎是对立的；实际上仔细分析一下，两者可能并非是相互矛盾的。如在前一方面所做的分析那样，通货紧缩导致了实际利率即投资成本的提高，影响了企业的设备投资以及家庭的住宅投资。实际利率的升高固然是名义利率和通货紧缩作用的结果，但是同时也不应该忽视资产价格下降导致的担保价值减少和银行资产负债表恶化、自有资本限制形成的"惜贷"及利率升高的影响。企业设备投资需求的大幅度减少，可能正是在这一外部因素和企业自身因素的双重影响下，才下降到其自有资金范围内的。如果没有外部因素作用就不可能出现这一结果。

小　结

通货紧缩是表述20世纪90年代日本经济的又一个关键词。二战后由于凯恩斯主义经济政策的广泛实施，世界经济似乎已经告别了20世纪早期伴随物价下跌的经济萧条现象，经济发展不再受到通货紧缩的困扰。但是这一现象在20世纪最后的近十年内，又在日本发生了。保罗·克鲁格曼甚至宣

---

① 杉原茂、太田智之「資産価格の下落と企業のバランスシートの調整」、原田泰、岩田規久男編『デフレ不況の実証分析 日本経済の停滞と再生』、東京経済新報社、2002年出版、第93—120頁。
② 小川一夫、北坂真一『資産市場の下落と景気変動』、日本経済新聞社、1998年出版、第45—89頁。

布 "萧条经济学回归"。[①] 通货紧缩的定义有数种，笔者倾向于持续的物价下跌这一含义；但是其外延则作为一种货币现象，同货币供给之间存在着密不可分的关系。日本的经验分析表明，90 年代的慢性通货紧缩现象是在货币供给收缩的背景下出现的。通货紧缩的经济影响表现为持续的物价下降导致总需求的减少，而且相互反馈形成了两者的螺旋式下降通道。很多实证分析的结果表明，在 20 世纪末期日本金融危机爆发后，通货紧缩现象愈加严重，接近了通货紧缩旋涡的入口。因此，制止通货紧缩成为日本摆脱长期停滞、实现经济复苏的重要政策内容。

---

① 〔美〕保罗·克鲁格曼：《萧条经济学的回归和 2008 年经济危机》，刘波译，中信出版社 2009 年版，第 VI 页。

第 六 章
财政政策调控及其政策效果

传统凯恩斯经济学认为，财政政策是政府影响国家经济运行、进行宏观经济调控的重要手段之一。所谓财政政策是指政府对税收和公共支出进行规划，抑制商业周期波动，以期保持经济持续增长和高就业率，避免过高或剧烈的通货膨胀。[1] 在从 20 世纪 90 年代初开始的日本经济长期停滞期间，日本政府实施了怎样的财政政策对长期经济低迷进行宏观调控？作为主要的宏观经济调控手段的财政政策，其经济调节的作用和效果如何？如果效果不甚理想，是什么原因限制了日本财政政策的有效实施？本章主要探讨日本平成时期以来财政政策的主要内容、特点、效果等问题。

第一节　作为经济刺激手段的
财政政策

20 世纪 90 年代初，日本泡沫经济崩溃，随之经济陷入困境。为扭转经济衰退局面，日本自 1991 年下半年开始实施扩张性的财政政策，特别是自 1992 年 8 月宫泽内阁上台以来，多次实施追加公共投资政策，公共投资不断增加。

一　经济长期低迷背景下的财政扩张政策

20 世纪 80 年代末到 90 年代初，日本经济出现了大幅的震荡。1989 年

---

① 〔美〕萨缪尔森、诺斯豪斯：《经济学》，华夏出版社 1999 年版，第 522 页。

和 1990 年的实际 GDP 增长率分别为 4.6% 和 6.2%，1991—1994 年的实际 GDP 增长率大幅下降为 1%。[①] 与经济波动相对应的是财政政策发生的转变。1989 年财政政策的动向表现为：（1）在年度财政支出方面，预算超过 1988 年度；（2）预期租税增加；（3）公债依存度从 1988 年度预算的 15.6% 降至 11.8%。这一年日本关于财政政策的讨论主要集中于财政再分配、公平性、区域间差异和区域再分配等方面。[②] 1990 年日本经济处于景气状态，当年制定财政预算的主要内容被确定为"充实社会资本的公共投资"，如将公共投资重点放在与生活相关的基础设施方面。与 1989 年公共投资相比，下水道建设投资增加 6.2%，环境卫生投资增加 6.1%，公园建设投资增加 7.1%，政府对外开发援助费（ODA）预算也比 1989 年增加了 8.0%。[③] 当时日本政府讨论最多的是关于"资产价格的变动和景气循环"问题。

1991—1992 年，日本实体经济伴随泡沫经济的崩溃而急剧下降。当时，日本政府对经济还普遍保持着乐观的态度，认为经济下跌只是普通的经济周期。政府相关机构仅仅从景气循环视角分析和讨论财政政策，强调"调整过程中的日本经济""日本景气循环的原因和此次循环的特征"等。随着经济景气衰退的深化，从 1992 年 3 月开始，日本政府将财政政策刺激经济实现景气复苏作为首要任务，采取了明确的凯恩斯主义财政政策，增加公共投资，采取一系列措施促进私人企业投资和个人消费支出的扩大。如促进电力、通信等民间设备投资，缩减劳动时间，促进住宅金融公库融资等个人消费，促进住宅投资，促进中小企业发展，完善资本市场灵活性的融资环境，等等。直到 1994 年 4 月，日本政府共制定、实施了五次"紧急经济对策"或"综合经济对策"，总计投入 45.2 万亿日元的公共事业费（见表 6 - 1）。除增加政府公共投资外，日本政府还于 1994 年实行了针对个人所得税的"特别减税"政策，一次性减税 5.5 万亿日元。

---

① 日本内閣府『危機の克服と持続的回復への展望（平成 21 年度年次経済財政報告）』，http：//www5. cao. go. jp/j-j/wp/wp-je09/09p00000. html，2009 - 07 - 01/2010 - 05 - 20。

② 日本経済企画庁『持続的拡大への道（平成 2 年年次経済報告）』，http：//www5. cao. go. jp/j-j/wp/wp-je09/09p00000. html，1990 - 08 - 07/2010 - 05 - 20。

③ 日本経済企画庁『長期拡大の条件と国際社会における役割（平成 3 年年次経済報告）』，http：//www5. cao. go. jp/j-j/wp/wp-je09/09p00000. html，1991 - 08 - 09/2010 - 05 - 20。

表 6-1　20 世纪 90 年代前期日本主要的财政政策

年度	财政政策（投入资金）	内阁与主要事件	公共事业费
1990	—	海部内阁	—
1991	—	宫泽内阁	—
1992	3 月：紧急经济对策 8 月：综合经济对策（10.7 万亿日元）	宫泽内阁	8.6 万亿日元
1993	4 月：综合经济对策（13.2 万亿日元） 9 月：紧急经济对策（6 万亿日元）	细川内阁	10.6 万亿日元 1.0 万亿日元
1994	2 月：综合经济对策（15.3 万亿日元）	羽田内阁 村山内阁	7.2 万亿日元

资料来源：根据相关文献制成。参见貞廣彰『戦後日本のマクロ経済分析』、東洋経済新報社、2005 年出版、第 19 頁。川北力『図説日本の財政（平成 15 年版）』、東洋経済新報社、1993 年出版、第 156 頁。

　　1995 年日元大幅升值，美国经济增长减速，导致日本出口压力骤增，股市动荡、股价进一步下跌，日本经济面临着严峻的困难，名义 GDP 增长率仅为 1.7%。在此背景下，日美两国经过多次协商达成了 1 美元兑换 110 日元汇率目标的协议。但是日本为此付出的代价是必须接受美国所谓"三剂特效药"的政策建议，其中之一即为要求日本进一步增加财政支出。[1] 1995 年 4 月日本出台了应对日元升值的紧急经济对策（4.6 万亿日元），9 月又出台了包括大规模公共投资在内的经济对策（14.2 万亿日元）（见表 6-2）。如此大幅度持续扩大财政支出使得日本财政状况急剧恶化。加之当年还出台了永久减税 3.5 万亿日元和每年 2 万亿日元的"特别减税"政策，由此"财政赤字"问题开始被人关注。

　　在扩张性财政政策刺激下，日本经济开始有了一定的恢复。1996 年的经济增长率达到 2.3%。但是，日本为扭转经济持续下滑局面的代价却是日本财政赤字的扩大和社会保障基金黑字的缩小。1996 年末，日本长期政府债务余额达到 445 万亿日元，占 GDP 的 88%。面对如此严峻的财政困境，

---

　　① 另外两剂"特效药"分别为日本要进一步下调贴现率和加紧处理住宅金融专门公司的不良债权。

表 6 - 2   20 世纪 90 年代后期日本主要的财政政策

年度	财政政策（投入资金）	内阁与主要事件	公共事业费
1995	4 月：紧急经济对策(4.6 万亿日元) 9 月：当前经济对策(14.2 万亿日元)	村山内阁 阪神、淡路大地震	3.9 万亿日元 12.8 万亿日元
1996	6 月：上调消费税	桥本内阁	
1997	11 月：紧急经济对策（缓和规制）	金融危机	
1998	4 月：综合经济对策(16 万亿日元) 11 月：紧急经济对策(24 万亿日元)	桥本内阁 小渊内阁	8.1 万亿日元
1999	11 月：经济新生对策(18 万亿日元)	小渊内阁	6.8 万亿日元
2000	10 月：新发展经济对策(11 万亿日元)	森喜朗内阁	4.7 万亿日元

资料来源：根据相关文献制成。参见貞廣彰『戦後日本のマクロ経済分析』、東洋経済新報社、2005 年出版、第 19 頁。川北力『図説日本の財政（平成 15 年版）』、東洋経済新報社、1993 年出版、第 156 頁。

桥本内阁执政以后，从三个方面大力重整日本财政：（1）紧缩 1997 年的财政预算支出。（2）将消费税率由 3% 上调至 5%，取消特别减税项目，提高医疗费个人负担部分。（3）确定财政改革五项原则：一是确立财政改革目标，即到 2003 年将国家财政赤字控制在占国内生产总值的 3% 以内，停止发行赤字国债；到 2005 年实现财政收支平衡；二是确定 1997 年以后的三年期间实行紧缩财政政策，减少政府支出；三是确定 1998 财年财政支出预算总额要低于 1997 财年的水平，支出减少金额达到 5705 亿日元；四是大幅度削减公共投资计划，不出台与支出有关的长期计划；五是降低国民负担率和债务负担率。

从 1997 财年开始，日本虽然通过取消特别减税、增加医疗个人负担部分以及增加消费税率等手段，使日本政府增加了 9 万亿日元的财政收入；但是桥本内阁实施的紧缩财政政策也导致消费者未来消费预期的恶化；加上 1997 年山一证券、北海道拓殖银行等大型金融机构破产以及亚洲出现金融危机，结果日本经济在 1997 年再度急剧恶化，并出现了全国范围的通货紧缩。

1998 年 4 月，日本政府实施了规模更大的达 16 万亿日元的财政"综合经济政策"，这标志着日本开始由紧缩性财政政策向扩张性财政政策转换。尽管如此，日本经济仍然继续恶化，在"日本最大的景气对策就是桥本下台"的民众呼声中，桥本内阁下台。1998 年 7 月小渊政权组阁，面对经济增长率的进一步下降、失业率和不良债权大幅度增加以及金融机构破产增多等严重问题，小渊内阁继续启用凯恩斯主义的扩张性财政政策，于1998年11月通过了有史以来更大规模（24万亿日元）的"紧急经济对策"，实行永久性减税政策，将个人所得税的最高税率由65%降低到50%，法人税（公司税）的税率由46%降低到40%。1999年再度实施18万亿日元的经济新生对策。这些积极的财政政策在一定程度上恢复了国民信心，促进了公共投资增长，刺激了经济的复苏与增长，当年名义GDP增长率由1998年的－2.0%回升至1999年的－0.8%。尽管小渊内阁财政规模空前巨大，政策实施极为迅速，但是日本经济仍然面临着国内外需求不足和金融机构背负巨额不良资产的困境。

2000年7月，森喜朗出任首相。森内阁在经济政策上可以说基本是延续了小渊内阁时期的积极财政政策，只是因日本国内征税困难重重、征税受阻导致税收严重不足，影响了日本政府财政的支出规模。2000年的日本新发展经济政策的总支出规模为11万亿日元，远低于1998年实施的24万亿日元经济对策和1999年的18万亿日元经济对策的水平。税收和财政支出的困境最终也未能使森内阁将日本经济形势扭转过来。

2001年经济处于平稳的通货紧缩状态，景气恢复乏力，主要表现为：（1）消费持续低迷，消费水平指数比上年下降了2.1%；[1]（2）不良债权仍是一个问题；（3）银行作为金融中介机构的机能下降。这段时期，日本财政赤字问题越来越严重。主要表现为：（1）财政赤字和国债余额大幅度扩大；（2）很多财政赤字转为即使恢复景气也无法消除的结构性财政赤字；（3）若政府债务余额继续增加，日本财政将走向崩溃。[2]

面对严峻的形势，2001年4月上台的小泉内阁在两难处境中被迫推行结构改革。小泉认为，极端恶化的财政状况决定了依靠扩张性财政政策刺激景气的做法已经难以为继。为此，小泉内阁实行紧缩性财政政策，推行了大胆的改革与调整政策。首先，改革财政结构，大幅削减公共事业支出，严格控制预算支出规模，确立2006财政年度末以前，一般财政支出与GDP之比

---

[1]　日本银行调查统计局『金融经济统计月报』2009年9月号。
[2]　日本内阁府『2001年度经济财政报告』，http：//www5.cao.go.jp/j-j/wp/wp-je01/wp－je01－000i1.html，2001－12－01/2010－06－06。

不能超过 2002 年水平的财政目标。此后，日本开始调整预算支出结构，连年减少公共事业投资、地方转移支付、国库补助等项目的数量。其次，压缩国债规模以减少财政赤字，从 2002 年起将国债发行额控制在每年 30 万亿日元以内，并且政府将努力保持将国债发行量限制在未偿还债务的水平之上。最后，为了促进产业结构升级，培育新的经济增长点，日本政府对税收制度进行了大胆的改革，制定和实施了许多制度或非制度性的新举措，如 2003 年小泉内阁将用于研究开发和投资的费用列为减税对象。

除上述的扩大公共支出的政策措施之外，日本政府实施的扩张性财政政策还包括减税措施。从 20 世纪 90 年代初到 2002 年前后日本经济暂时摆脱了长期经济停滞为止，除了桥本内阁在推行结构改革期间实施了增加税收的政策之外，日本的税收政策也是以减免税收为基调的（具体内容将在下一小节详细阐述）。

二　财政政策的特点分析

从上面对 20 世纪 90 年代日本财政政策的主要内容进行的简要总结，可以看出，虽然日本对宏观经济不断进行财政政策和货币政策等多方面的调整，但总体来看，并未能够在短时间内使经济摆脱衰退或长期停滞，相反却出现了更严重的衰退。下面根据前述内容对这一时期日本财政政策的特点进行简要的分析。

（一）　以扩张为主要基调的财政政策

从 20 世纪 90 年代初泡沫经济破灭、日本经济出现景气衰退开始，直到 21 世纪初的十余年间，尽管日本曾经出现过财政政策方向的短暂变化，表面上看似乎是经历了扩张、紧缩、扩张交替的过程，但是总体上这十余年间日本财政政策的主要基调仍可概括为坚持扩大政府支出、增加公共投资力度、减少税收，即刺激经济实现景气复苏的扩张性财政政策。

泡沫经济破灭之后日本经济开始出现急速的经济衰退，直到 21 世纪初，除个别年份即桥本内阁时期曾经实施了相对紧缩性的财政政策之外，可以说在十余年内都是使用财政扩张政策来刺激经济、促进景气复苏的。特别是在 90 年代前期，临时性经济刺激政策更是主要的经济刺激手段。从 1992 年起，宫泽、细川、羽田和村山等各届内阁先后实施了两次紧急经济对策、三次综合经济对策，共增加财政投入 45.2 万亿日元。临时景气刺激政策的出台频度和规模可以说是前所未有的。

1996 年下半年桥本内阁执政以后，根据 1995 年和 1996 年两年的经济相对复苏（经济增长率在发达资本主义国家中最高），认为日本经济已走出衰退阶段，于是将连续四年多增加政府开支的扩张性财政政策转变为紧缩性财政政策。但是，日本经济这两年的连续增长主要依靠的是政府公共支出的增加，[①] 并未实现真正的恢复。在此情况下的紧缩财政使日本经济重新跌入低谷。因此，桥本内阁实施的紧缩性财政政策不合时宜，它使日本经济进一步恶化，日本财政状况的改善变得越来越艰难。

桥本内阁因政策实施不当导致日本经济出现金融危机及严重的经济衰退，被迫下台。1998 年小渊首相临危受命后，抑制经济衰退、实现经济稳定成为最紧迫的任务。因此将紧缩性财政政策的 "指针" 再次拨回到扩张性财政政策，新一轮的扩张性财政政策仍以增加政府财政支出为主要手段。1999 年小渊内阁通过了 "经济新生对策"，2000 年森喜朗内阁出台的 "新发展经济对策"，均延续了扩张性财政政策的政策方向。

（二）持续的赤字财政政策使得日本财政一直受到危机的困扰

20 世纪 80 年代，由于日本经济长期保持较高的增长水平，所以政府财政一直呈现出较为健全的状态。但是从 90 年代初泡沫经济破灭，经济出现急速的下滑并呈现长期低迷状态，这时扩大公共支出刺激经济成为宏观经济调节的主要手段。在 90 年代前期持续实施了扩张性财政政策，财政支出规模不断扩大。同时由于经济增长处于停滞状态，财政收入下降，因此，日本的财政赤字不断增加，使财政陷入了不健康的甚至是难以为继的危机状态。表 6 – 3、表 6 – 4 比较了主要发达国家的财政状况，从中可以明显看出，20 世纪 90 年代之后日本的财政状况开始出现赤字并且呈现出不断恶化的趋势，其程度在发达国家中也是处于较高的水平的。首先，财政赤字快速增加。在 1995 年日本的财政赤字余额与 GDP 之比已经达到了 5.1% 的水平，1999 年进一步增加至 7.4%，高于同期的其他发达国家。财政赤字增加的同时，政府的债务余额也不断累积，到 90 年代末中央政府的债务余额已经超过了年

---

① 王连臣：《90 年代以来日本财政政策的实施与刺激经济效果》，《世界经济》2001 年第 3 期。

度国内生产总值。2000 年日本政府债务余额占 GDP 的比例为 122.9%，超过了意大利的 110.8%，成为发达国家中财政状况最为恶化的国家。

表 6-3　政府债务余额占 GDP 比例的国际比较

单位：%

年度	日本	美国	英国	德国	法国	意大利	加拿大
1990	64.6	66.6	44.5	42.0	39.5	103.7	93.3
1995	80.4	74.5	61.1	57.1	59.3	123.1	120.6
1999	115.3	65.2	57.0	60.6	64.8	115.7	111.6
2000	122.9	58.8	54.4	59.7	64.4	110.8	104.9

资料来源：*OECD Economic Outlook* 69。

表 6-4　一般政府财政赤字状况的国际比较

单位：%

年度	日本	美国	英国	德国	法国	意大利	加拿大
1992	0.8	-5.8	-6.5	-2.5	-4.5	-10.4	-9.1
1995	-5.1	-3.1	-5.8	-9.7	-5.5	-7.4	-5.3
1999	-7.4	0.9	0.9	-1.5	-1.8	-1.8	1.6
2000	-7.6	1.6	3.7	1.3	-1.5	-0.9	2.9
2001	-6.3	-0.4	0.6	-2.8	-1.6	-3.1	0.7
2002	-8.0	-3.8	-2.0	-3.6	-3.2	-3.0	-0.1
2003	-7.9	-4.8	-3.7	-4.0	-4.1	-3.5	-0.1
2004	-6.2	-4.4	-3.7	-3.8	-3.6	-3.6	0.9
2005	-6.7	-3.3	-3.3	-3.3	-3.0	-4.4	1.5
2006	-1.4	-2.2	-2.7	-1.5	-2.4	-3.4	1.3
2007	-2.4	-2.9	-2.8	0.1	-2.7	-1.5	1.4

注：表中数据均为一般政府财政收支占名义 GDP 之比。

资料来源：*OECD Economic Outlook* 84，转引自日本财务省财务综合政策研究所编「一般政府财政収支」、『財政金融統計月報』2009 年第 6 期、第 80—81 頁。

日本降低利率挤占了货币政策的调控空间，加之不良债权问题严重，导致日本不得不依赖扩张性财政政策。但是，由于日本政府过度举债，公共支出膨胀过快，终于使得扩张性财政政策演变为赤字财政政策。日益严峻的财政赤字问题限制了日本政府进一步利用积极财政政策刺激经济增长的余地，财政风险高度聚集。

（三）公共支出政策未能达到预期的宏观调控效果

关于 20 世纪 90 年代日本经济长期停滞期间的财政政策的作用，存在着很大的争论。一些学者认为，从 20 世纪 90 年代末到 21 世纪初即日本银行实施零利率货币政策时期，日本经济陷入了"流动性陷阱"。[①] 对此，也有学者持有不同的看法，认为尽管在 20 世纪 90 年代日本利率水平达到了历史最低点，金融危机造成的经济不稳定加剧，财政赤字巨幅扩大；但是日本的利率变动风险和经济不稳定性增加并未导致货币需求无限扩大的超常变动，即日本并没有发生凯恩斯所说的"流动性陷阱"现象。[②]

不论存在何种看法，有一点可以肯定的是，自 1991 年 7 月起日本银行就不断降低贴现率，实行扩张性货币政策。但它对经济的刺激作用却越来越小，[③] 20 世纪 90 年代末日本确实面临着"流动性陷阱"的高风险。泡沫经济崩溃后，在日本相关部门推进金融货币改革的同时，政府为了扩大内需，以扩大公共投资为核心，共实施了八次综合景气对策，是典型的凯恩斯主义的扩张性财政政策。扩张性财政政策是应对"流动性陷阱"的传统手段，也是日本应对"流动性陷阱"的必要手段，这一点得到了一些学者的学术肯定。克鲁格曼在 20 世纪 90 年代末就日本经济面临"流动性陷阱"的巨大风险问题开出了处方，即建议日本政府增加政府支出以及扩大预算赤字。[④]

尽管很多学者坚持肯定财政政策对经济发挥的宏观调控作用，但是具体而言，这一时期实施的以扩大公共支出为主的扩张性财政政策未能产生预期的经济调控效果。这一点已经被很多的实证研究所证明。

公共支出是政府在宏观上调整经济运行的主要政策工具。根据凯恩斯理论，政府在经济萧条时扩大公共支出规模，在经济过热时缩小公共支出规

---

①　虞吉海、王劲松：《流动性陷阱与日本的经济萧条》，《世界经济》2000 年第 7 期。

②　陈作章：《日本货币政策问题研究》，复旦大学出版社 2005 年版，第 158 页。

③　王洛林、余永定、李薇：《日本的通货紧缩》，《世界经济》1999 年第 2 期。

④　Krugman, P., "It's baaack: Japan's Slump and the Return of the Liquidity Trap," *Brookings Papers on Economic Activity* 2 (1998): 137 – 205.

模，从需求角度看，可以达到在短期内调节经济运行的目的。而从经济增长的角度看，政府的公共支出同样可以通过影响总供给来影响经济的增长。巴罗（Barro，1990）在内生经济理论框架下从政府生产性公共支出和消费性公共支出的角度所进行的研究表明：政府公共支出对经济增长具有长期的正效应。[①]

日本经济企划厅经济研究所所长小峰隆夫认为，日本1992—1994年通过公共投资形成的固定资本分别增加17.6%、13.13%和2.4%。对经济增长贡献度分别为1.2%、1%和0.2%。这期间实际增长率分别为0.3%、-0.2%和0.6%。从表面看公共投资似乎没有任何效果，实际上并非如此。如果没有此期间的政府公共投资，日本的经济增长率应为-0.9%、-1.2%和-0.4%，即经济形势可能更为恶化。[②] 因此，日本公共支出有一定效果，只是没有达到政府预期的效果。另外，日本以基础设施建设为核心的公共投资始终未能有效带动民间企业投资的扩大。1991—1996年的公共基础设施投资与企业设备投资几乎没有形成任何正相关关系，而且占国内总支出比例高达60%的民间最终消费仍处于停滞状态。[③]

日本公共支出未能达到预期目标还有一个指标，即公共支出乘数。据日本经济企划厅计算，日本于平成时期的公共支出乘数逐年下降，1951—1971年公共投资乘数为2.27，1955—1965年为1.75，1966—1982年为1.47，1983—1992年为1.32，1993—1994年为1.2，1995—1997年为0.76，1998—1999年为0.54。其他相关研究也得出了与日本企划厅相近的研究结论（见表6-5）。这表明公共支出对民间需求的刺激能力越来越弱。

（四）有限度地推进局部的税收减免政策

美国学者汉森在继承凯恩斯强调财政投资作用的观点的基础上，区分了"汲水政策"（Pumppriming policy）和"补偿政策"（Compensatory fiscal policy）。他认为只借助公共投资的"汲水政策"，只能是一种短期诱导景气

①　Barro, "Government Spending in a Simple Model of Endogenous Growth," *Journal of Economics* 98: 103 - 125.
②　小峰隆夫等『最新日本経済入門』、日本評論社、1997年出版、第150頁。
③　唐煌：《日本扩大内需的经验教训及其借鉴》，《外国经济与管理》1999年第1期。

表 6 − 5　基于宏观计量模型的实际公共投资乘数

计量模型名称	发表时间	第一年	第二年	第三年
世界经济模型（第 1 版）	1981 年	1.19	1.99	2.51
世界经济模型（第 2 版）	1985 年	1.11	1.62	1.84
世界经济模型（第 3 版）	1987 年	1.16	1.56	1.65
世界经济模型（第 4 版）	1991 年	1.33	1.57	1.63
世界经济模型（第 5 版）	1994 年	1.24	1.40	1.40
短期日本经济宏观计量模型	1998 年	1.21	1.31	1.24
短期日本经济宏观计量模型	2001 年	1.12	1.31	1.10
短期日本经济宏观计量模型	2003 年	1.14	1.13	1.01
短期日本经济宏观计量模型	2004 年	1.13	1.11	0.91

资料来源：貞廣彰『戦後日本のマクロ経済分析』、東洋経済新報社、2005 年出版、第205 頁。

复苏的政策。[①] 汉森从"长期停滞理论"出发，认为中长期内扩张性财政政策的运作应是"补偿政策"，其载体不仅包括公共投资，还包括诸如赋税政策等的其他工具。他认为，减税政策是刺激私人投资，增加有效需求，进而在中长期内促使经济持续繁荣的主要杠杆。总而言之，汉森在继承凯恩斯"需求管理"理论的基础上，提出了在中长期内要实施减税政策的主张。

日本政府在 20 世纪 90 年代以后，为了尽快摆脱泡沫经济破灭带来的经济增长停滞，采取多种手段对经济进行调整，减免税收政策也是扩张性财政政策的主要构成。除 1997 年桥本内阁将消费税由 3% 提高到 5% 的增税政策之外，总体来看，日本的税收政策是以减税政策为主（见表 6 − 6）。

在长期经济停滞期间以减税为主要内容的日本税收政策，一个显著的特点是：没有采取全面减税政策，而是在增加税收收入的前提下，采取有增有减的结构性减税调整。"减税"是指每年税制变化的结果反映在税收数额上均是净减收。相比减税措施，取消的税收优惠和增税所涉及的范围更加狭窄。如 1998 年小渊内阁面对国内严峻的经济形势和东南亚金融危机的冲击，将个人所得税的最高税率由 65% 降到了 50%，法人税率由 46% 降到了 40%。为推动产业结构调整和升级，日本政府还注重对某些特定产业实行减

---

① 郭庆旺等：《现代西方财政政策概论》，中国财政经济出版社 1993 年版，第 21—22 页。

表 6 - 6 20 世纪 90 年代以来修订的主要税制

年度	主要增税项目	主要减税项目
1990	控制限制消费的采购税	扩大消费税的非课税范围,创设商品进口促进税制
1991	租税特别措施（20 亿日元）	
1992	创设法人特别税（5000 亿日元）	
1993	实施企业租税特别措施,提高挥发油税的税率（1000 亿日元）	
1994	上调酒税税率	所得税特别减税（－5.5 万亿日元）,减轻遗产继承税,废除法人特别税
1995	整顿租税特别措施	所得税制度减税（－3.5 万亿日元）,所得税特别减税（－2.0 万亿日元）
1996		所得税特别减税（－2.2 万亿日元）,下调地价税税率
1997	提高消费税率,由 3% 提高到 5%	修订住宅土地关系
1998		所得税特别减税（－4.4 万亿日元）,下调法人税率（由 49.98% 降到 46.36%）,下调有价证券交易税,废除地价税
1999		所得税制度减税（－4.1 万亿日元）,下调法人税税率（－2.5 万亿日元,由 46.36% 下调至 40.87%）,下调住宅贷款税制（－1.2 万亿日元）,促进投资税制（－3370 亿日元）,废除有价证券交易税（－1680 亿日元）,废除特别法人税（－2000 亿日元）
2000	重新制定抚养控制制度（2030 亿日元）	下调住宅贷款税（－2800 亿日元）,特定信息机器偿还制度（－2360 亿日元）,促进中小企业投资税（－1450 亿日元）
2001		住宅税制（－150 亿日元）,促进中小企业投资税（－960 亿日元）
2002	引入连结附加税（2400 亿日元）,废除退职抵押金制度（3070 亿日元）	创设连结纳税制度（－5680 亿日元）,中小企业关系税制（－100 亿日元）

注: 所得税制度减税指通过制度变更而实现的永久性减税, 特别减税指限于一定期限的临时性减税。

资料来源: 笔者根据相关文献制成。参见财务省バンフレット「税のはなしをしよう」、财务省主税局「税制改正の要綱」; 日本内閣府「経済危機対策」、http://www5.cao.go.jp/keizail/mitoshi-taisaku.html, 2009 - 04 - 10/2010 - 06 - 15。

税、免税和退税等优惠政策。再如, 2008 年 12 月日本麻生内阁公布了税制改革大纲, 其主旨是为刺激日本内需进行大胆且温和的减税措施。除减少住宅贷款、中小企业法人税等税收外，还要进行土地税制和证券税制等时限性的减税措施。这样一来，2009 年因修改税制带来的减税规模达到了 1.1 万亿日元。[①]

对于日本平成时期实施的以减税为主的税收政策的效果，大多数研究都持否定的态度。邵学峰认为日本泡沫经济崩溃后的税收政策始终处于调控政策的配角地位，没有很好地发挥自动稳定器的杠杆作用；而且从效果上看，对经济造成的政策影响也不明显。这是因为日本政府的财政政策无法贯彻始终，最终影响了税收的结构性调整，社会保障税的缺失也造成了税收功能的发挥和调节力度微弱。日本学者桥本恭之通过运用世代交叠模型进行了模拟分析，研究结果表明，减税政策只能略微提高人均消费，在国债负担较大的情况下，实施进一步的减税政策将引致未来政策失效，即使减税政策与缩减支出也只不过是在延缓政策失效。因此，日本解决问题的根本办法是实行增税政策。[②] 由此可见，对于日本减税政策带来的政策效果有必要进一步深入研究。

第二节　日本财政政策效果分析

一　日本财政政策效果相关研究成果综述

人们对财政政策的关注点主要集中在其究竟取得了怎样的实际效果，财政政策效应是否达到了决策预期目标及决策预期的实现程度，以便判断乘数作用的机制是否畅通。以往的相关研究，主要集中于财政政策的传导途径、经济效果和扩张性财政政策的重建问题等方面。相比国内学者的规范研究，日本学者更注重实证研究，而且实证分析方法比较多样。因此，本小节对日本学者关于财政政策效果的实证研究文献进行概要综述。

（一）日本财政支出的凯恩斯效应

众所周知，在凯恩斯模型中，政府支出增加和减税会刺激需求增加，进

---

① 近藤俊之「財政金融をめぐる政策課題」、『立法と調査』2009 年第 1 号。
② 橋本恭之「財政政策の有効性に関するシミュレーション分析」、『経済論集』2004 年第 11 月号。

而增加国民收入，这种效应被称为"乘数效应"。根据乘数效应大小可以评价财政政策的有效性，乘数效应越大，则认为财政政策越有效；越小特别是越接近于零，则认为财政政策基本无效。

日本学者对 20 世纪 80 年代和 90 年代的凯恩斯乘数效应的研究结果分为两种。一种认为 20 世纪 90 年代以后乘数效应在下降。如日本经济企划厅（1998）选择消费倾向和进口倾向两个影响乘数效应的因素，考察了日本 20 世纪 80 年代和 90 年代的乘数效应。研究发现 1985—1986 年日本财政政策的乘数效应为 0.83，1986—1991 年为 1，1991—1993 年为 0.53，1993—1997 年为 0.73。也就是说，20 世纪 80 年代后泡沫经济时期财政支出乘数较高，而在泡沫经济崩溃后则降至 0.5，20 世纪 90 年代中期后回升至 0.7。[①] 井堀等日本学者（2002）将所收集的 1960 年第一季度—1989 年第四季度数据作为前期数据，1990 年第一季度—1999 年第一季度数据作为后期数据，运用非限制性向量自回归模型（unrestricted VAR），采用民间最终消费支出、民间固定资本形成、公共固定资本形成、租税收入额和进出口额等变量进行实证分析，认为 20 世纪 90 年代前期财政政策具有凯恩斯效应，而之前并未显示具有凯恩斯效应，但是 90 年代的财政政策效果在下降。[②] 北浦和南云（2004）考察了 1981 年第二季度—2003 年第三季度日本财政支出对实际民间最终消费支出、实际民间企业设备投资、实际民间住宅投资、实际政府支出、实际进口额和实际出口额 6 个变量的影响。结果显示，财政政策支出乘数由 20 世纪 80 年代的 0.88 下降到了 90 年代的 0.37。[③]

（二）日本财政支出的非凯恩斯效应

戈瓦兹和帕伽依（Giavazzi and Pagano，1990）提出了"非凯恩斯效应"（Non-Keynesian effects）假说，即大规模增加政府支出会产生未来税收负担加重的预期，由此可能会导致消费减少，进而对经济景气产生负面影响。伊藤和渡边（2004）利用 1955—2001 年日本 47 个都道府县的数据，在考虑地

---

① 经済企画庁『1998 年度経済財政報告』、大蔵省印刷局、1998 年出版。

② 井堀利宏、中里透、川出真清「90 年代の財政運営：評価と課題」、財務省財務総合政策研究所『フィナンシャル・レビュー』、2002 年第 7 号、第 36—68 頁。

③ 北浦修敏、南雲紀良「財政政策の短期的効果についての一考察：無制約 VAR による分析」、財務総合政策研究所ディスカッションペーパー、2004 年 8 月期、第 1—33 頁。

价、雇佣情况等因素的基础上，进行了实证研究。结果发现财政状况恶化时期，地方租税负担高的地区，个人消费水平相对下降，从而在一定程度上验证了"非凯恩斯效应"。①

福田和计聪追踪日本政府典型财政政策出台并被报道后的股价、长期利息、汇率变动等情况，得到了如下结论：20 世纪 90 年代前期和后期在财政支出效果方面存在很大差异，90 年代前期财政支出扩大的报道导致了股价大幅度上涨，日元迅速升值，市场反应显著。而 90 年代后期，即使出台了大规模的财政支出政策，也很少会引起股价上涨和日元升值，这表明通过 20 世纪 90 年代积累起来的财政赤字问题越来越显著，市场已认识到扩张财政的负面影响，因而扩张财政的冲击效果会大幅下降，这种情形与"非凯恩斯效应"相吻合。②

中里透运用结构向量自回归模型（Structural Vector Auto-Regression，SVAR），研究了 1958—1998 年日本财政政策效果问题，引入财政恶化虚拟变量后的检验结果表明，财政支出的"非凯恩斯效应"，通过了 10% 显著水平的检验，由此认为日本若持续进行财政改革，则有可能会产生"非凯恩斯效应"。③

（三）日本财政政策效果的其他研究

对于日本财政政策效果的其他研究还包括关于日本财政政策效果下降的根源探讨、中央政府和地方政府公共投资效应的差别，以及减税效果的影响。

内田（2006）归纳了关于日本 20 世纪 90 年代财政政策乘数效应下降存在的三种假说：一是国际化加深，收入增加的原因不在于内需而在于进口倾向增加；二是蒙代尔—弗莱明模型效应；三是李嘉图等价定理成立。在此基础上，内田进一步认为研究乘数效应仅仅从流量观点分析是不够充分的，还必须从存量视角进行研究，20 世纪 90 年代以后的乘数效应在波及过程中被

---

① 伊藤新、渡辺努「財政政策の非ケインジアン効果」、『経済研究』2004 年第 10 月号。

② 福田慎一、計聰「日本における財政政策のインパクト——1990 年代イベント・スタディー」、『金融研究』2002 年 9 月号。

③ 中里透「財政再建と景気回復の両立可能性：財政再建の非ケインズ効果をめぐる論点整理」、『経済分析』2002 年第 163 号。

庞大的存量调整吸收了一部分，而且近年家庭收入差距的扩大也是乘数效应降低的原因之一。①

瑞玛斯瓦伊和仁杜（Rzmaswamy and Rendu，2000）选择了 8 个内生变量（即民间消费支出、民间住宅投资、民间非住宅投资、公共固定资本形成、政府消费支出、在库投资、进口额、出口额）和 3 个外生变量（实际利率、政府收支和家庭纯资产等）的 VAR 模型进行实证研究，结果认为未采取扩张财政并不是 20 世纪 90 年代日本经济停滞的主要原因，日本 20 世纪 90 年代景气低迷的主要原因是财政政策对住宅投资和民间设备投资产生了负面影响。② 三田等（2005）实证研究 20 世纪 80—90 年代日本财政重建对宏观经济产生的效果，发现财政重建没有对 GDP 增长率产生很大影响，增加税收显著抑制了 GDP 的增长率。③

龟田（2009）收集了 1980 年第一季度—2004 年第一季度数据，采用阈值非线性多元向量自回归模型（Threshold VAR）的研究方法，设定了生产设备、银行贷款态度、日经平均股价、产业业绩、财政赤字对 GDP 占比和政府债务对 GDP 占比 6 个变量，探讨了影响宏观经济结构调整的因素。研究结果显示，作为过剩设备投资的存量调整和资本效率下降的代理变量生产设备和日经平均股价指数不具有统计意义，而作为期望增长率的下降、平衡账户调整、与非凯恩斯效应相对应的产业业绩、银行贷款态度、财政收支对 GDP 占比则具有统计意义。另外，公共债务对 GDP 占比也不具有统计意义。④

（四）日本财政政策效果研究述评

日本学者关于财政政策效果研究的主要结论，可以总结为如下三个方面：第一，从 20 世纪 90 年代以后，日本财政政策效果出现了较明显的下降；第二，20 世纪 90 年代，日本财政政策发生了"非凯恩斯效应"，对民

---

① 内田和男「90 年代以降の所得乗数低下について（推論）」、『經濟學研究』2006 年第 3 号。

② Ramaswamy, " Ramana and Christel Rendu. Japan's Stagnant Nineties: A Vector Autoregression Retrospective," *IMF Staff Papers* 47（2000）: 259 – 277.

③ 三田瑤子、廣井直樹、飛鳥雅久「各国の財政政策と日本の財政再建」日本政策学生会議 2005 中間報告書、2005 年 6 月。

④ 亀田啓悟「財政支出の需要創出効果——閾値多変量自己相関モデル（Threshold VAR）を用いた分析」Working papers series、2009 年 11 月、第 1—34 頁。

间企业设备投资、民间消费产生了短期的负面影响；第三，财政政策效果下降的原因，主要表现在中央政府和地方政府公共投资效应的差别、减税效果的影响，以及赤字财政政策的效率等方面。

二　基于 VAR 模型的财政政策效果检验

从前文概要性的综述可以看出，日本学者的研究成果非常丰富，所采用的实证方法除 VAR 模型外，还有 SVAR 和 TVAR 模型。但是已有研究多以 20 世纪 90 年代数据为研究样本，缺乏新时期的数据检验。而进入 21 世纪以后，自小泉结构改革以来，日本经过多次财政改革，这种财政改革是否有效？以往的研究都是通过比较分析 20 世纪 80 年代和 90 年代的财政政策效果，来说明后一时期政策效果的变化。那么，如果对 90 年代与后一个十年进行比较，又会得出什么样的结论？如何对这一时期的财政政策效果进行综合评价？为了回答这些问题，下面对上述时期日本财政政策的效果进行分析。

本书采用不受内生变量和外生变量所左右的 VAR 模型对平成时期日本财政政策效果进行实证研究。

（一）模型构建与数据来源

作为分析处理多个相关经济指标模型之一的 VAR 模型（Vector Autoregression，VAR），将系统中每个内生变量作为系统中所有内生变量滞后值的函数来构造模型，从而将单变量自回归模型推广到由多元时间序列变量组成的向量自回归模型，极为适合研究财政政策效果。因此，本书拟通过 VAR 模型分析日本财政政策对总需求各项目的影响，即分析不同时期财政政策的政策效果。构建 VAR 模型的简化式如公式 6 - 1 所示：

$$y_t = c + \sum_{i=1}^{p} A_i y_{t-i} + u_t \qquad\qquad (公式 6 - 1)$$

其中，y_t 是一个包含 6 个内生变量的列向量：实际政府支出（CIG）、实际民间最终消费支出（$CONS$）、实际民间企业设备投资（IPE）、实际民间住宅投资（IPH）、实际出口额（EX）和实际进口额（IM）（见表 6 - 7）。$c = (c_1, c_2, \cdots, c_6)^T$ 是 VAR 模型的截距向量，A_i 为各阶滞后项的参数矩阵。u_t 为简化式残差项向量，是服从均值为 0、方差为 σ_y^2 的白噪音，其方差协方差矩阵为 Ω。

表 6 – 7　VAR 模型变量的选取

替代变量	变量	数据来源
实际政府支出	CIG	内阁府
实际民间最终消费支出	CONS	内阁府
实际民间企业设备投资	IPE	内阁府
实际民间住宅投资	IPH	内阁府
实际出口额	EX	内阁府
实际进口额	IM	内阁府

如表 6 – 7 所示，本书利用日本内阁府统计信息网站，[①] 收集 1989 年第一季度—2009 年第四季度数据，运用 EViews 6.0 软件进行实证分析。为了能够对不同时期的财政政策进行比较分析，这里运用 VAR 模型进行三个时期的分析：一是全部时期，即 1989 年第一季度到 2009 年第四季；二是前期，即 1989 年第一季度到 2002 年第四季度；三是后期，即 2003 年第一季度到 2009 年第四季度。由于 2002 年之后，日本经济开始走出深度萧条，逐渐回到正常增长的轨道上来，所以以 2002 年年底为界限，将分析期间一分为二，比较前期、后期和整个时期财政政策的效果。

（二）预先准备与模型估计

预先准备：（1）由于数据较大，使用了各变量的对数值。（2）对各变量进行单位根检验，使用了比较常用的 ADF 检验。研究结果表明，各变量的原始值（对数值）均未通过 ADF 检验，是不稳定的。但是各个变量的一阶方差均通过了显著性水平为 5% 的 ADF 检验，表明它们是一阶平稳的。（3）常用的确定最佳滞后阶数的方法有 LR 检验、AIC 信息准则和 SC 准则。这里选用 SC 准则的结果，选择滞后阶数为 2。（4）由于无约束 VAR 模型的估计结果与变量的顺序存在密切的关系，所以，按照变量的外生性由强到弱

---

① 日本内阁府：《1980 年（昭和 55 年）1—3 月期—2010 年（平成 22 年）1—3 月期 2 次速报》，http：//www.esri.cao.go.jp/jp/sna/qe101 – 2/gdemenu_ ja.html，最后访问日期：2010 年 8 月 4 日。

排序为：政府支出（CIG）、出口（EX）、民间企业设备投资（IPE）、民间住宅投资（IPH）、民间最终消费支出（CONS）和进口（IM）。

模型估计结果：

第一，从模型方程看变量之间的关系。

表6-8、表6-9和表6-10分别表示全时期、前期和后期VAR模型的估计结果。首先，看各说明变量的自相关关系。在三个分析时期，政府支出都不是持续同一个方向的，前一期支出对下一期的影响都是负的。出口的自相关则表现为存在滞后的正向影响，在全部分析时期和后期，前两期出口的增加对当期出口的影响都是正的，这表明在后半期出口的扩大可能存在持续性，但是在90年代只有前一期对当期的影响是正的，而前两期的影响则为负（但是这一影响是不显著的）。在三个时期的分析中，都表明民间企业设备投资的自相关关系是不稳定的或是前期变量对当期的影响是不显著的。民间住宅投资的自相关关系，从系数的符号看在三个时期都是相同的，即滞后一期的影响是正的，而滞后二期的自我影响则是负的。但是全部时期和前期的影响系数都较大且是显著的，而后期这一变量的自相关关系则是不显著的。消费支出的自相关关系在三个分析时期都是不显著的，这同消费习惯的稳定性的经验准则是相符合的。在不同的分析期间，进口的自相关关系发生了结构性的变化。在全部分析期间和前期，滞后二期的影响是正的，而且是显著的；而滞后一期的影响则是不显著的。这说明进口存在着较大的波动性。但是在后期即2003年以来，进口的前期影响则变得不再显著，可以说是不存在自相关关系了。

其次，变量之间的波及关系。在前期和后期，滞后期的政府支出对出口的影响都是负的，表明财政政策的持续性较差或对出口的刺激作用不明显。在前期，出口受到消费和进口的影响相对显著，设备投资对出口的拉动作用则是不显著的；而在后期滞后一期设备投资的影响增大了。在前期政府支出对民间企业设备投资的影响是不显著的，但是在后期则变得显著了，这说明后期的财政政策的效果增强了。不仅如此，在后期消费支出对设备投资的影响有所增强。在前期，住宅投资主要受到早期政府支出的影响；但是在后期近期政府支出的影响增强了，尽管没有通过显著性检验，但是系数增大了，这表明财政政策产生了短期效果。在各个分析时期，各变量对民间消费支出的

表 6 - 8　VAR 模型的估计结果 （全时期）

	D(LNCIG)	D(LNEX)	D(LNIPE)	D(LNIPH)	D(LNCONS)	D(LNIM)
D (LNCIG(-1))	-0.295924 (0.11348) [-2.60782]	-0.452690 (0.22055) [-2.05251]	0.118572 (0.24196) [0.49004]	0.009683 (0.19712) [0.04912]	-0.026496 (0.07783) [-0.34044]	-0.321022 (0.15392) [-2.08567]
D (LNCIG(-2))	-0.680917 (0.08317) [-8.18716]	-0.038046 (0.16165) [-0.23536]	-0.331762 (0.17734) [-1.87077]	0.457010 (0.14447) [3.16326]	-0.322619 (0.05704) [-5.65575]	0.009097 (0.11281) [0.08064]
D (LNEX(-1))	-0.113688 (0.08357) [-1.36047]	0.591718 (0.16242) [3.64315]	0.255377 (0.17819) [1.43321]	0.226801 (0.14516) [1.56239]	0.120012 (0.05731) [2.09393]	0.526613 (0.11335) [4.64603]
D (LNEX(-2))	-0.174116 (0.08571) [-2.03144]	-0.134380 (0.16659) [-0.80665]	0.181935 (0.18276) [0.99549]	-0.179093 (0.14889) [-1.20286]	-0.184540 (0.05879) [-3.13918]	-0.240307 (0.11626) [-2.06703]
D (LNIPE(-1))	-0.112260 (0.04919) [-2.28202]	0.163701 (0.09561) [1.71211]	-0.628160 (0.10489) [-5.98849]	-0.022261 (0.08545) [-0.26050]	-0.000700 (0.03374) [-0.02073]	0.015160 (0.06673) [0.22720]
D (LNIPE(-2))	-0.106511 (0.04714) [-2.25936]	0.020170 (0.09163) [0.22013]	0.207281 (0.10052) [2.06209]	0.019212 (0.08189) [0.23460]	-0.042932 (0.03233) [-1.32780]	-0.071034 (0.06394) [-1.11089]
D (LNIPH(-1))	-0.030125 (0.06827) [-0.44130]	-0.052850 (0.13268) [-0.39832]	-0.457394 (0.14556) [-3.14228]	0.415808 (0.11859) [3.50641]	0.115128 (0.04682) [2.45891]	0.033389 (0.09259) [0.36059]
D (LNIPH(-2))	-0.054507 (0.06662) [-0.81818]	-0.021645 (0.12949) [-0.16716]	0.396715 (0.14205) [2.79271]	-0.329478 (0.11573) [-2.84702]	-0.133019 (0.04569) [-2.91117]	-0.080407 (0.09036) [-0.88982]
D (LNCONS(-1))	0.668656 (0.17432) [3.83570]	0.562907 (0.33882) [1.66137]	0.575103 (0.37171) [1.54718]	-0.735529 (0.30282) [-2.42891]	-0.544868 (0.11956) [-4.55715]	0.175750 (0.23645) [0.74328]
D (LNCONS(-2))	0.351397 (0.19266) [1.82394]	-0.116725 (0.37446) [-0.31172]	-0.242951 (0.41080) [-0.59140]	-0.908522 (0.33467) [-2.71467]	-0.225290 (0.13214) [-1.70496]	0.028751 (0.26132) [0.11002]
D (LNIM(-1))	0.247116 (0.11784) [2.09710]	-0.776449 (0.22903) [-3.39015]	0.589709 (0.25126) [2.34698]	0.238471 (0.20470) [1.16500]	-0.042589 (0.08082) [-0.52696]	-0.247244 (0.15983) [-1.54689]
D (LNIM(-2))	0.126795 (0.13511) [0.93848]	0.096158 (0.26260) [0.36618]	0.200155 (0.28809) [0.69477]	0.369523 (0.23470) [1.57446]	0.203393 (0.09267) [2.19491]	0.317729 (0.18326) [1.73378]
C	0.003279 (0.00297) [1.10400]	0.009939 (0.00577) [1.72180]	-0.011153 (0.00633) [-1.76119]	-0.008042 (0.00516) [-1.55874]	0.006891 (0.00204) [3.38290]	0.003435 (0.00403) [0.85260]

注：表中的数据分别表示参变量的系数、标准误（ ）和 t 检验值 [ ]。

表 6 – 9　VAR 模型的估计结果（前期）

	D（LNCIG）	D（LNEX）	D（LNIPE）	D（LNIPH）	D（LNCONS）	D（LNIM）
D（LNCIG（ –1））	– 0.266601	– 0.220980	0.047251	0.005575	0.012323	– 0.252537
	(0.13505)	(0.17825)	(0.33415)	(0.24765)	(0.09488)	(0.16205)
	[– 1.97411]	[– 1.23972]	[0.14141]	[0.02251]	[0.12988]	[– 1.55843]
D（LNCIG（ –2））	– 0.646494	– 0.037449	– 0.366442	0.530260	– 0.347886	– 0.048671
	(0.09067)	(0.11967)	(0.22434)	(0.16627)	(0.06370)	(0.10879)
	[– 7.13028]	[– 0.31293]	[– 1.63339]	[3.18924]	[– 5.46142]	[– 0.44737]
D（LNEX（ –1））	– 0.001680	0.137053	0.117913	0.129745	0.123107	0.187877
	(0.12666)	(0.16717)	(0.31339)	(0.23226)	(0.08898)	(0.15198)
	[– 0.01326]	[0.81982]	[0.37625]	[0.55862]	[1.38350]	[1.23622]
D（LNEX（ –2））	– 0.215848	0.101534	0.470313	– 0.521372	– 0.149828	– 0.096348
	(0.12301)	(0.16236)	(0.30436)	(0.22557)	(0.08642)	(0.14760)
	[– 1.75475]	[0.62537]	[1.54525]	[– 2.31138]	[– 1.73375]	[– 0.65278]
D（LNIPE（ –1））	– 0.087644	0.092165	– 0.666432	– 0.096365	– 0.020931	– 0.093476
	(0.06045)	(0.07979)	(0.14957)	(0.11085)	(0.04247)	(0.07253)
	[– 1.44985]	[1.15512]	[– 4.45552]	[– 0.86931]	[– 0.49284]	[– 1.28871]
D（LNIPE（ –2））	– 0.126631	0.023089	0.192293	– 0.083101	– 0.069794	– 0.121441
	(0.05535)	(0.07306)	(0.13697)	(0.10151)	(0.03889)	(0.06642)
	[– 2.28763]	[0.31601]	[1.40396]	[– 0.81867]	[– 1.79470]	[– 1.82837]
D（LNIPH（ –1））	0.016036	0.163501	– 0.364260	0.334402	0.153939	0.049247
	(0.07617)	(0.10053)	(0.18846)	(0.13967)	(0.05351)	(0.09139)
	[0.21053]	[1.62633]	[– 1.93279]	[2.39416]	[2.87676]	[0.53884]
D（LNIPH（ –2））	– 0.182245	0.084887	0.339667	– 0.383693	– 0.163552	– 0.113109
	(0.07847)	(0.10357)	(0.19415)	(0.14389)	(0.05513)	(0.09415)
	[– 2.32255]	[0.81962]	[1.74948]	[– 2.66656]	[– 2.96683]	[– 1.20132]
D（LNCONS（ –1））	0.687651	– 0.068954	0.536772	– 0.573701	– 0.670526	0.006021
	(0.19938)	(0.26316)	(0.49333)	(0.36562)	(0.14007)	(0.23924)
	[3.44893]	[– 0.26202]	[1.08805]	[– 1.56913]	[– 4.78694]	[0.02517]
D（LNCONS（ –2））	0.465151	– 0.281689	– 0.088534	– 0.743145	– 0.164904	0.102851
	(0.22431)	(0.29606)	(0.55501)	(0.41133)	(0.15759)	(0.26915)
	[2.07372]	[– 0.95145]	[– 0.15952]	[– 1.80670]	[– 1.04644]	[0.38214]
D（LNIM（ –1））	0.238051	– 0.028314	0.642586	0.441779	0.106524	0.177443
	(0.13479)	(0.17791)	(0.33352)	(0.24718)	(0.09470)	(0.16174)
	[1.76604]	[– 0.15915]	[1.92667]	[1.78728]	[1.12488]	[1.09709]
D（LNIM（ –2））	– 0.089596	– 0.104159	0.149077	0.517801	0.139393	0.470436
	(0.14557)	(0.19214)	(0.36019)	(0.26694)	(0.10227)	(0.17467)
	[– 0.61548]	[– 0.54211]	[0.41389]	[1.93975]	[1.36300]	[2.69328]
C	0.006242	0.013618	– 0.014273	– 0.007823	0.007895	0.003285
	(0.00376)	(0.00496)	(0.00930)	(0.00690)	(0.00264)	(0.00451)
	[1.66006]	[2.74386]	[– 1.53404]	[– 1.13449]	[2.98833]	[0.72811]

注：表中的数据分别表示参变量的系数、标准误（ ）和 t 检验值 [ ]。

表 6 – 10　VAR 模型的估计结果（后期）

	D（LNCIG）	D（LNEX）	D（LNIPE）	D（LNIPH）	D（LNCONS）	D（LNIM）
D（LNCIG（ – 1））	– 0. 462278 （0. 21660） [– 2. 13422]	– 1. 324792 （0. 64843） [– 2. 04308]	1. 322391 （0. 63973） [2. 06710]	0. 269395 （0. 56722） [0. 47494]	– 0. 338905 （0. 14390） [– 2. 35515]	– 0. 610116 （0. 35071） [– 1. 73967]
D（LNCIG（ – 2））	– 0. 320023 （0. 17742） [– 1. 80374]	– 0. 810331 （0. 53113） [– 1. 52566]	0. 381774 （0. 52401） [0. 72856]	– 0. 357305 （0. 46462） [– 0. 76903]	– 0. 228775 （0. 11787） [– 1. 94091]	– 0. 629980 （0. 28727） [– 2. 19300]
D（LNEX（ – 1））	– 0. 034401 （0. 11762） [– 0. 29247]	0. 870656 （0. 35212） [2. 47261]	0. 785649 （0. 34740） [2. 26151]	0. 242668 （0. 30802） [0. 78782]	0. 059362 （0. 07814） [0. 75966]	0. 753803 （0. 19045） [3. 95806]
D（LNEX（ – 2））	– 0. 077024 （0. 12545） [– 0. 61398]	0. 248939 （0. 37555） [0. 66286]	0. 167638 （0. 37052） [0. 45244]	0. 395868 （0. 32852） [1. 20500]	0. 068156 （0. 08334） [0. 81778]	0. 114156 （0. 20312） [0. 56201]
D（LNIPE（ – 1））	– 0. 167795 （0. 07029） [– 2. 38721]	0. 369188 （0. 21042） [1. 75454]	– 0. 701169 （0. 20760） [– 3. 37753]	0. 190723 （0. 18407） [1. 03616]	0. 050833 （0. 04670） [1. 08859]	0. 250844 （0. 11381） [2. 20411]
D（LNIPE（ – 2））	– 0. 173156 （0. 07204） [– 2. 40376]	0. 194553 （0. 21565） [0. 90218]	0. 053501 （0. 21276） [0. 25147]	0. 348574 （0. 18864） [1. 84781]	– 0. 019307 （0. 04786） [– 0. 40343]	0. 123005 （0. 11663） [1. 05461]
D（LNIPH（ – 1））	– 0. 074803 （0. 09830） [– 0. 76100]	– 0. 588671 （0. 29426） [– 2. 00051]	– 0. 286888 （0. 29031） [– 0. 98820]	0. 248993 （0. 25741） [0. 96730]	– 0. 031975 （0. 06530） [– 0. 48964]	– 0. 238608 （0. 15915） [– 1. 49924]
D（LNIPH（ – 2））	0. 100963 （0. 09670） [1. 04411]	0. 020378 （0. 28948） [0. 07040]	0. 196585 （0. 28560） [0. 68833]	– 0. 102758 （0. 25323） [– 0. 40580]	0. 015424 （0. 06424） [0. 24009]	0. 289305 （0. 15657） [1. 84781]
D（LNCONS（ – 1））	1. 424433 （0. 35502） [4. 01228]	2. 007060 （1. 06279） [1. 88848]	1. 962822 （1. 04854） [1. 87195]	– 2. 056868 （0. 92970） [– 2. 21240]	– 0. 074818 （0. 23586） [– 0. 31722]	– 0. 210023 （0. 57482） [– 0. 36537]
D（LNCONS（ – 2））	0. 370484 （0. 48614） [0. 76209]	1. 199084 （1. 45532） [0. 82393]	– 3. 042702 （1. 43581） [– 2. 11915]	– 1. 870342 （1. 27307） [– 1. 46916]	– 0. 102073 （0. 32297） [– 0. 31605]	– 0. 313353 （0. 78713） [– 0. 39810]
D（LNIM（ – 1））	0. 032404 （0. 18498） [0. 17517]	– 2. 049806 （0. 55377） [– 3. 70153]	– 0. 313077 （0. 54635） [– 0. 57304]	– 0. 051586 （0. 48442） [– 0. 10649]	– 0. 198046 （0. 12289） [– 1. 61152]	– 0. 861575 （0. 29951） [– 2. 87659]
D（LNIM（ – 2））	0. 207904 （0. 21723） [0. 95706]	– 0. 131597 （0. 65031） [– 0. 20236]	1. 057485 （0. 64159） [1. 64822]	– 0. 431496 （0. 56887） [– 0. 75851]	– 0. 119010 （0. 14432） [– 0. 82464]	– 0. 235464 （0. 35173） [– 0. 66945]
C	– 0. 003637 （0. 00328） [– 1. 10991]	– 0. 010362 （0. 00981） [– 1. 05637]	– 0006375 （0. 00968） [– 0. 65871]	– 0. 009187 （0. 00858） [– 1. 07064]	0. 001129 （0. 00218） [0. 51875]	– 0. 003188 （0. 00531） [– 0. 60084]

注：表中的数据分别表示参变量的系数、标准误（）和 t 检验值 [ ]。

影响都是比较弱的。在后期，滞后期的政府支出对民间消费支出的影响还显著为负。在前期，进口并没有受到其他需求项目的显著影响，但是进口与民间消费之间还存在着微弱的正相关关系。在后期，两者之间的正相关关系甚至发生了逆转。

第二，脉冲响应函数。

图 6 - 1、图 6 - 2 和图 6 - 3 是 VAR 模型估计结果产生的脉冲响应函数，分别分析三个期间构成模型的各个经济变量对来自政府支出冲击出现的反应。横轴表示冲击作用的滞后期间数，单位为季度；纵轴表示各需求项目的变化。按照图的顺序依次分别表示政府支出（CIG）、出口（EX）、民间企业设备投资（IPE）、民间住宅投资（IPH）、民间消费支出（CONS）、进口额（IM）。实线表示脉冲响应函数，虚线表示正负两倍标准差偏离带。

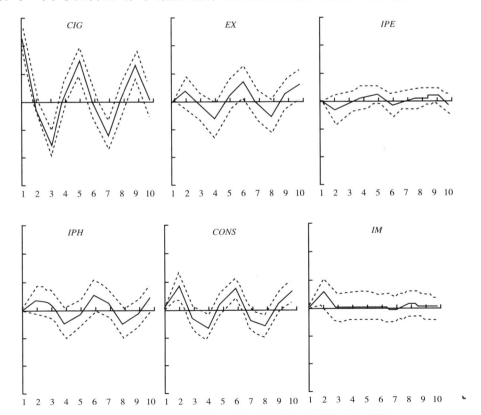

图 6 - 1 各需求项目对财政支出冲击的响应函数（全时期）

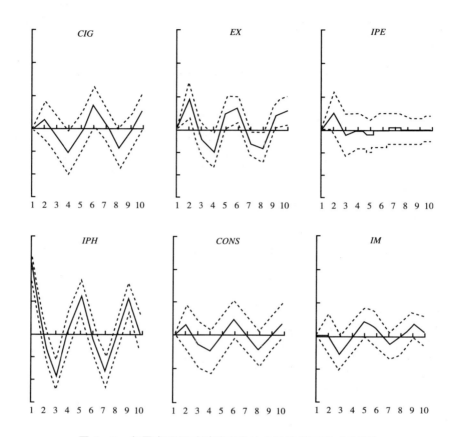

图 6－2　各需求项目对财政支出冲击的响应函数（前期）

在前期和后期，出口对来自政府支出冲击的反应是基本一致的。这种冲击会导致出口在短期内的增长，增长幅度在第二季度就达到了最大值，在第三季度即衰减为零，其后显示出不稳定的状况。民间企业设备投资对政府支出冲击的反应在前期的幅度较小，而后期则更不明显，在第四季度之后才出现正的反应。住宅投资和民间消费支出的反应是不稳定的或者微弱的。进口的反应也是非常不明显的。

综合上述两个方面的模型估计结果，可以得出以下基本结论：第一，从模型各变量方程的估计结果看，模型的总体说明力较弱，在各个方程中说明变量对被说明变量具有显著性影响的并不多。第二，在 90 年代即分析的前期，变量之间的联系较弱。这可以认为经济停滞期间各需求项目变化比较

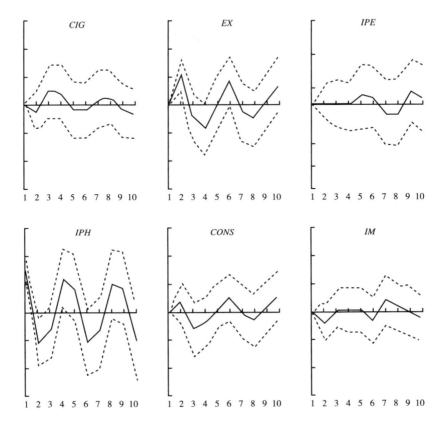

图 6 - 3　各需求项目对财政支出冲击的响应函数（后期）

弱，外生冲击产生的影响是比较小的。政府支出的经济刺激作用或者说财政政策的效果是比较弱的。第三，在 2003 年后日本经济摆脱了长期低迷状态，实现了恢复，变量之间的联系有所增强，民间企业投资受到政府支出的正向影响，表明财政政策的效果出现了好转。第四，就系统性变化而言，财政政策效果的变化并不是很明显，这表现在投资、消费等主要需求项目对来自于政府支出的冲击的反应是不明显的，而且前期和后期并没有出现明显的结构变化。第五，从上述的计量分析结果看，还不能说 90 年代日本财政政策是完全失效的，但是可以得出效果很弱这一结论。其后财政政策效果尽管出现了一定的好转，但是并不明显。这表明财政政策的实施是受到很多因素制约的。

小　结

　　财政政策作为现代经济中的主要宏观经济政策，在政府的宏观经济调控中发挥着重要的作用。本章研究了日本自 20 世纪 90 年代初期以来实施的财政政策及其政策效果。在 90 年代初期泡沫经济破灭之后，日本经济出现了急速的景气下滑。于是，政府开始实施扩张性的财政政策，频繁使用规模不断扩大的公共投资对策，以试图阻止经济下滑和实现景气复苏。在整个 90 年代，除了桥本内阁时期试图推进财政改革实施了紧缩政策之外，基本上是以扩张性政策为基调的。可以说，在 90 年代日本经济长期停滞期间，日本政府坚持用凯恩斯主义的财政政策作为调控宏观经济的主要政策手段。但是，由于受到各种因素的制约，财政政策的宏观调控没有达到预期的政策目标。财政政策的效果是本章分析的又一个重点内容。以往很多的实证研究基本上认为 90 年代财政政策的效果降低了，所以导致该政策未能实现经济调控的目标。本章使用了向量自回归（VAR）模型，对 20 世纪 80 年代末至 2009 年财政政策的效果进行了实证分析，分析结果也是支持上述的观点的。虽然不能说 90 年代财政政策完全失效，但是其效果是很弱的。

　　日本财政政策效果的下降，存在很多结构性的原因。如公共投资效率下降，对民间投资和民间消费的拉动减少，甚至有人认为公共支出对民间投资产生了挤出效应。更主要的是随着扩张性财政支出的不断扩大，经济低迷导致的税收减少，使得日本财政越发不健全并形成潜在的财政危机。这一点不仅会由于赤字财政政策无法改善人们的未来预期，从而降低财政政策的宏观调控效果，而且还会使财政政策的实施受到严重的制约。

第 七 章

货币政策调控及其政策效果

　　20世纪90年代，日本经济陷入了长期停滞状态，从泡沫经济的产生到崩溃，以及其后发生的经济衰退、经济停滞的长期化，都与政府的宏观经济政策密切相关，而对政府实施的各种政策，特别是日本银行负责实施的货币政策，存在着较多的争议甚至是批评意见，"政策失败论"就是其中的代表。特别是在90年代后期，日本经济停滞的长期化和一贯放宽的货币政策，使得传统的货币政策的实施空间几近消失。因此，日本出现了关于开发货币政策的新领域、实施更为宽松的货币政策的讨论。最终在90年代末日本央行出台了零利率政策和量化宽松货币政策等历史上少有的超宽松货币政策。从泡沫经济的产生到90年代的长期停滞，日本货币政策的实际状况究竟是什么样的？是否存在着重大的货币政策失误？货币政策的效果如何，其原因何在？超宽松的货币政策的机理与政策效果怎样？这一系列问题构成了本章的主要研究内容。本章试图对这一时期日本货币政策进行较为系统的研究，分析在特殊的经济条件下货币政策的内容、作用机理和政策效果等方面发生的变化，对其经验教训做一总结。

第一节　日本货币政策的一般性分析

　　货币政策作为当代经济政策体系中主要构成之一的宏观经济政策，是现代经济学及经济政策学研究的主要内容。在二战结束以来60多年的时间里经过不断的探索，不论是在理论上还是在实践中都得到了较为成熟的发展。但是，由于世界经济在20世纪70年代发生了重大的结构性变化，国际经济体系存在的结构性矛盾不断加深，世界各国经济发展面临着更为复杂的经济环境。因此，仅就宏观经济目标和货币政策而言，同样也发生了重大的转折：不仅在理论上存在着重大的争议，而且各国面对新的国际经济环境和本国自身的主要经济问题，在货币政策的实践方面也产生了重大的差异。日本作为世界发达国家，其货币政策理论及实践都是非常有特色的。

一　日本的货币金融管理体制与货币政策

中央银行作为国家货币管理当局，在本国货币、金融领域承担着重要的管理和开展日常业务职能，并且负责制定和实施货币政策。因此，一般的经济学或货币银行学教科书中，通常是先阐述中央银行的主要职能，然后再解释货币政策的内容、原理及主要实施方法。

中央银行不同于普通商业银行，它作为国家货币管理机构，不是以经营收益作为目标，而是以其特定的业务内容实现货币、金融的管理职能，稳定金融体系，实现更广泛的宏观经济目标。中央银行的职能和目的主要包括以下几个方面：第一，通过日常业务为商业银行提供服务，中央银行的准备金存款账户持有商业银行的大部分存款准备金，以此为基础为商业银行提供结算业务，为商业银行清算支票。中央银行还作为政府的银行，为国库收支及政府发行债券提供服务。第二，作为"银行的银行"，承担商业银行的"最后贷款人"职能。发行央行通货固然是中央银行的主要职责，但是在现行的货币体系中，货币由央行货币和商业银行存款构成，后者因商业银行的经营危机而存在不稳定性。因此，中央银行负有维持金融秩序稳定的职责，当发生金融危机或其他银行无力或不愿对陷入困境的商业银行发放贷款时，为防止银行倒闭引发大规模的金融动荡，中央银行作为最后贷款人向陷于经营困境的银行发放贷款。第三，通过调控利率和控制货币供给，实现物价的稳定。在信用货币体制下商业银行的货币创造主要受制于准备金。有人认为只要获得准备金，每一家商业银行都会扩大它的贷款。因此，通过调控存款准备金进而控制货币供给，是中央银行早期的重要职能。随着货币政策的实施，这一职能则进一步表现为通过利率调控这一操作手段和控制货币供给量的中介目标，实现稳定物价及其他宏观经济目标。第四，各国央行还利用其与商业银行之间的业务关系，不同程度地承担着对商业银行业务行为的监管职能。

应该说，无论是中央银行的日常业务，还是其特有的职能，都同货币政策的实施存在着密切的关系。从政策角度看，中央银行的政策职能主要表现在两个方面。一是维护货币金融秩序的稳定，防止货币或一般性金融体系成为导致经济活动不稳定的因素。在现代经济体系中，金融系统作为社会经济的重要基础设施，货币及金融的稳定对经济发展有着重要的影响。而在稳定货币金融方面，中央银行被赋予重要的职责。二是通过央行拥有的政策手段，采取措施实现调控货币供给和稳定物价的目标。显然，当今的货币政策更主要地表现在后一种意义上。

日本早在 1882 年就设立了中央银行（日本银行），最初是以整理西南战争后不兑换纸币为契机成立的，但是当时政府已经明确地意识到建立中央银行的重要目的，即通过设立中央银行形成全国性的金融市场和有效率的金融体制。在 20 世纪 50 年代到 70 年代初的高速增长时期，日本银行为配合经济发展目标，实施了一系列有效的货币金融政策，为经济的持续高速增长和产业结构升级做出了积极的贡献。但是，日本的货币金融管理体制是比较独特的：其一，日本银行作为中央银行其独立地位在较长时期内是相对较弱的，在金融体制的监督和规制方面，政府金融管理当局（原大藏省）一直发挥着重要的作用。其二，长期以来，日本的货币金融管理当局对金融系统实施严格的规制和保护扶持政策。如日本银行在高速增长时期实施的低利率政策，以及为维护金融秩序和保护弱小金融机构的"护送舰队体制"，等等。

在货币政策方面，尽管弗里德曼将上述的两个方面含义都纳入了货币政策之中，[①] 但是很显然，货币政策更重要的是在实现稳定物价、促进经济增长等宏观经济政策目标的意义上被使用的。但是在日本，通常不使用货币政策一词，而是使用金融政策来表述日本银行实施的货币调控行为的。关于中央银行实施的维护货币金融秩序的政策内容，有人称其为信用秩序维持政策

---

① Friedman Milton "The Role of Monetary Policy," *American Economic Review*58：1（1968）：1－17.

（prudence policy）或预防政策（banking policy）。显然，金融政策称谓可能比货币政策包含了更广的含义。[①]

二　不同时期日本货币政策的简要回顾

通常而言，所谓的货币政策就是中央银行通过货币金融调节手段，实现稳定物价、经济增长、国际收支平衡及扩大就业等宏观经济目标的政策。其中，物价变动作为一种货币现象，被认为与货币政策的关系最为密切。所以实现货币价值的稳定成为中央银行的使命，也就是货币政策的最主要目标。各国央行通过不同政策手段对操作对象进行调控，影响中期目标，最后通过货币政策传递达到预期的最终目标。这是经济学教科书中对货币政策理论的一般总结。但是，实际上不同国家在不同时期、不同的经济条件及金融体制下，货币政策的目标设定、操作手段的选择等方面都存在着很大的差异，这一点在日本的货币政策上是反映得非常突出的。近几十年来，世界主要国家采用的货币政策调控模式是经过长期发展形成的。

20世纪50年代中期到70年代初期的高速经济增长时期，是日本二战后经济发展的黄金期。为实现经济增长的潜力，日本政府确立了"高速增长，赶超欧美"的战略目标。经济增长是宏观经济的核心目标，而在较高的经济增长速度下，就业、物价等问题成为次要的问题，因此包括货币政策在内的经济政策都是围绕着经济增长这一主要宏观经济政策目标而展开的。这一时期，货币政策一方面是通过低利率限制为产业发展和出口提供低成本资金，另一方面是逆经济周期的调节。以"人为的低利率政策"和"护卫舰队体制"为代表的这一时期的日本金融体制，具有极强的行政管理色彩，这也表现在日本银行的货币政策手段上。日本银行的货币政策手段在利率限制条件下，主要是以控制基础货币供给为中心，并通过"窗口指导"直接

[①]　白川方明认为，将"monetary policy"翻译为金融政策显然是不合适的，翻译为货币政策则更为适当。将"信用秩序维持政策"用于日本银行的政策也是不恰当的，因为它是指与金融机构的规制、监管相关的政策概念。现实中也有中央银行不负责这一职权的情况。中央银行固有的信用秩序维持政策，只有结算系统、"最后的贷款者"等相关政策。参见白川方明『現代金融政策：理論と実際』、日本経済新聞出版社、2008年3月、第22頁。

或间接管理商业银行的贷款。从 20 世纪 50 年代末开始,日本银行的再贷款利率成为货币政策的主要操作对象,长期以来发挥着传递货币政策信号的重要作用。

高速增长阶段的大部分时间,日本国内投资需求的高涨往往受到国际收支的制约。由于投资扩大导致了进口增加,因此出现国际收支逆差,这时必须采取紧缩的货币政策,减少投资,扩大出口。因此这一时期的货币政策的模式被称为"停—走政策",具体表现为:国内投资高涨—进口增加—国际收支赤字—紧缩货币政策—减少进口,投资—国际收支平衡—放宽货币政策——紧缩货币政策。这期间的货币政策主要为调控受到国际收支限制的国内需求和经济周期变动,而物价目标则被放置在一旁。尽管高速增长时期消费者物价出现较大幅度的上涨,但是政府当局认为只要经济增长率较高,国民生活仍会改善,所以稳定物价变动被置于次要地位。70 年代初期为应对"尼克松冲击",货币政策仍然以调控经济周期为主,导致了严重的流动性过剩和通货膨胀。[①]

第一次石油危机以后,日本经济进入了低速增长时期。货币政策的模式发生了很大的变化。这些变化被铃木淑夫总结为三个方面:一是优先稳定物价成为货币政策的最终目标;二是将"货币供给量"作为中间目标;三是在"利率自由化"背景下市场的调节机制在政策效果的波及路径上发挥了作用。[②]

第一次石油危机之后,西方国家大都陷入了"滞涨"和"国际收支逆差"的困境,特别是通货膨胀与景气低迷的并存使传统的宏观经济政策受到了挑战,在低增长及景气萧条的情况下,物价的高增长率使经济政策面临两难的局面。这时,日本、美国等国家采取了积极的通货膨胀对策,通过紧缩货币政策阻止进口成本通胀的蔓延,首先稳定物价,然后谋求景气和国际

---

① 尼克松新政与史密斯协定向浮动汇率的转变,引起了日元升值,导致了日本人的心理不安。日本银行对日元升值的紧缩效应反应过度,实施了错误的过度宽松的货币政策,发生了流动性过剩。很多人认为这是石油危机以后发生"奔腾"的通货膨胀的原因。参见伊藤史朗编著『日本経済と金融』、晃洋書房、1997 年 3 月出版、第 23 页。

② 〔日〕铃木淑夫:《日本的金融政策》(中译本),张云方等译,中国发展出版社 1993 年版,第 35 页。

竞争力的恢复。第二次石油危机后，日本仍采用了以优先稳定物价的政策，取得了很好的效果。

由于货币政策的实施到其最终目标之间存在着较长的路程，需要很长时间才能见效，很难依靠观测最终目标来适时变换政策，因此，通常需要选择诸如长期利率、货币供给量、银行贷款乃至名义 GDP 等相对易于调控的变量作为中间目标。如前面所说，铃木淑夫认为在物价变动的情况下，实际利率与名义利率不一定同步变化，难以把握，因此，货币供给量就取代了利率，被日本银行设定为货币政策的中间目标。但是，对此说法也存在不同的观点。翁邦雄曾指出："日本银行无论是正式的还是在行内部，并没有将预期货币供给量作为中间目标。最能明显地反映日本银行正式观点的历代日本银行总裁的国会答辩，在回答货币供给量的定位这一问题时，尽管总是指出它的重要性，但是也曾反复讲并没有将其定位为中间目标。"[①] 对此问题尽管存在着不同的意见，但是 70 年代中期到 90 年代中期，日本的货币供给量是非常稳定的，这对稳定物价这一政策目标的实现起到了积极的作用。

1985 年广场协议签订之后，由于担心日元升值导致的经济衰退，日本银行实施了宽松的货币政策，在 1986 年 4 次下调再贷款利率：1 月由 5.0% 下调到 4.5%，3 月下调为 4%，4 月下调为 3.5%，11 月再下调为 3.0%；1987 年 2 月再贷款利率下调到了 2.5% 的水平。[②] 到 1987 年中期，日本经济已经摆脱了"日元升值萧条"，经济开始好转，这时日本银行开始转变货币政策的方向，促成利率的提高。但是当年 10 月 19 日发生了美国纽约股市的暴跌（所谓的"黑色星期一"），在此影响下，日本银行放弃了促使市场利率上升的政策，并在后来几年错过了上调利率的机会，一直持续执行宽松的货币政策。这一长期持续的宽松货币政策，为泡沫经济的形成创造了条件。这一点在前文中已经做了较为详细的论述。

---

　　① 　翁邦雄『金融政策——中央銀行の視点と選択』、東洋経済新報社、1993 年出版、第 158—159 頁。

　　② 　黒田東彦「プラザ合意」後の大幅な財政金融緩和、THE KEIZI SEMENAR OCTOBER、2004 年。

第二节　宽松的利率调控货币政策及其效果

20 世纪 90 年代初泡沫经济崩溃后，日本经济出现了急剧的衰退并陷入到长期停滞状态。由于货币政策是主要的宏观经济政策构成之一，政府长时间持续实施了宽松的货币政策，为摆脱经济停滞做了很大的努力。本节主要分析从 1990 年直到 1998 年零利率政策实施之前，日本银行实施的利率调控货币政策的主要内容及其政策效果。

一　90 年代宽松的利率调控货币政策

如前所述，在 80 年代前期，金融自由化改革导致了利率自由化和金融市场化的进一步完备，日本的货币政策由传统的市场手段和非市场手段相结合的模式转向了更多利用市场手段的新模式。在政策手段方面，公开市场操作取代了原来占据主导地位的再贷款利率操作；高速增长时期日本银行以"窗口指导"方式干预商业银行贷款的作用也大幅度下降乃至完全消失，其采用了新的货币政策模式即通过调控短期利率影响长期利率进而实现最终政策目标，这种以短期利率为操作目标、以长期利率为中间目标的利率调控货币政策成为主导的货币政策模式。在 90 年代末期金融危机和经济停滞深化之前，一直实施这一货币政策。

90 年代日本经济长期停滞期间，除个别场合之外，日本的货币政策一直表现为不断放松的倾向，被称为"单方向的宽松政策"[①]，具体的政策措施可见表 7 - 1。

日本经济从 1991 年春天开始减速，到该年中期经济增长速度的下降已经非常明显。于是，日本银行于 1991 年 7 月将再贷款利率由 6.0% 下调到 5.5%，后来到 1993 年 2 月连续 5 次下调再贷款利率，降到了 2.5% 的水平。随着资产通货紧缩的严重化，不良债权问题逐渐显露，经济萧条日趋深化，于是在 1993 年 9 月日本银行再度下调再贷款利率，由 2.5% 下调到 1.75% 的历史低水平。这一时期日本面临的主要问题是资产价格下降引起的企业及

---

① 田中隆之『失われた十五年と金融政策』、日本経済新聞出版社、2008 年 11 月出版、第 2 頁。

表 7 - 1　20 世纪 90 年代日本利率调控货币政策

日　　期	内容:(1)再贷款利率的调整 (2)变更拆借利率诱导目标水平
1991 年 7 月 1 日	(1)第一次下调再贷款利率(6.0%—5.5%)
1991 年 11 月 14 日	(1)第二次(5.5%—5.0%)
1991 年 12 月 30 日	(1)第三次(5.0%—4.5%)
1992 年 4 月 1 日	(1)第四次(4.5%—3.75%)
1992 年 7 月 27 日	(1)第五次(3.75%—3.25%)
1993 年 2 月 4 日	(1)第六次(3.25%—2.5%)
1993 年 9 月 21 日	(1)第七次(2.5%—1.75%)
1995 年 3 月 21 日	(2)促进短期市场利率下降 (事实上下调无担保隔夜拆借利率 2.25%—1.75%)
1995 年 4 月 14 日	(1)第八次下调再贷款利率(1.75%—1.0%)
1995 年 7 月 7 日	(2)促使无担保隔夜拆借利率降低 (再贷款利率低于 1%)
1995 年 9 月 8 日	(1)第九次下调再贷款利率(1.0%—0.5%)
1998 年 9 月 9 日	(2)促使无担保隔夜拆借利率降低(0.5%—0.25%)

资料来源：根据《日本银行月报》整理。

家庭资产负债表的恶化，这导致了需求不足和因不良债权的发生而导致的银行贷款的谨慎化。宏观政策的调控以财政政策为主。金融机构不良债权问题的存在成为弱化货币政策效果的因素。而且，这一时期货币政策也被认为是围绕着经济状况的变化而被动反应，政策放宽不够充分。财政政策大幅度扩张，而货币政策没有同步放松，其结果是导致了后来日元汇率的大幅度升值。1993 年 2 月日元兑换美元的汇率为 1 美元 = 125 日元，1994 年 7 月突破了 100 日元，最高达到了 1 美元 = 80 日元的水平。

　　1995 年年初日本发生了阪神大地震，与此同时发生了急剧的大幅度日元升值，对经济产生了极大的冲击。在 1995 年 4 月，政府出台了"日元升值紧急经济对策"，与此相配合，日本银行也再次下调再贷款利率，由 1.75% 下调到 1%。其后，七国集团及日本对外汇市场进行了频繁的协调干预，但是日元汇率仍在高位运行。在这一情况下，1995 年 8 月、9 月日本政府实施了前所未有的巨额的外汇市场干预，同时日本银行也将再贷款利率下调到了 0.5% 的历史最低水平。此后，日元汇率出现了下降，在 9 月 12 日回调到了 1 美元 = 100 日元的水平。由于这一时期再贷款利率已经低于银行间拆借市场的短期利率，极低水平的再贷款利率进一步下调空间很小，丧失了作为货币政策转换信号的机能和调节的机能，因此这时日本银行将银行间拆借市场短期利率作为政策诱导利率。此后，银行间资金拆借市场的无担保隔夜拆借利率作为主要的政策利率，成为货币政策重要的操作目标。

1996 年，日本出现了自泡沫经济崩溃以来的经济高涨。这使得政府认为经济已经摆脱了低迷，不良债权问题等已经得到了有效解决，因此开始实施结构改革政策。这时日本银行甚至改变了以前的宽松的货币政策，上调了再贷款利率。1997 年实施的提高消费税和财政结构改革政策，使尚未真正摆脱困境的日本经济再次受到打击。加上东亚金融危机的冲击，1997 年年底日本国内发生了严重的金融危机和通货紧缩，不得已在 1998 年后，日本政府再次转变宏观经济政策方向，极大幅度地扩张财政政策和对东亚国家实施金融援助。但是这一时期日本银行的政策行为再次遭到了批判。1998 年 4 月新《日本银行法》生效，日本银行实现了更强的独立性。尽管新《日本银行法》的第 2 条就明确了日本银行的主要目标是实现物价稳定，但是面对金融危机和通货紧缩导致的经济动荡局面，日本银行并没有出台积极政策来制止物价下降，反而主张"好的通货紧缩论"，结果导致了通货紧缩的深化。

二　短期利率调控货币政策的有效性

关于货币政策的作用，从古典经济学到现代经济学都存在着很大的争议乃至根本性的分歧。凯恩斯主义和货币主义作为现代经济学的两大主流学派，尽管在关于货币及货币政策的理论方面存在着很大的分歧，但是作为当代经济学理论的重要构成，在指导现实经济实践方面发挥着重要的作用。对于货币及相关政策的研究，人们基本上不再执着于货币的中立性这一传统观念，而是认为短期内货币政策对实体经济存在影响，研究的重点也超越了理论模型的分析，进入了对货币政策效果的实证分析的层面上。

如前所述，从 20 世纪 90 年代初，日本银行开始实施单向的宽松货币政策，直到 1999 年"零利率政策"出台为止。那么这种单向放松的货币政策的持续实施，其政策是否有效即它是否实现了宏观经济政策的预期目标？如果是否定的话，那么原因何在以及政策的作用机理发生了什么样的变化？本小节试图对以上问题进行分析。

（一）货币政策的有效性与传递机制：理论与先行研究

经济政策的有效性是指政策实施与政策目标实现之间的关系，即对政策的实际效果的衡量。具体到货币政策，则是看货币政策的实施对稳定物价和经济增长等宏观经济目标产生的影响。同时，由于货币政策的发动到影响最终目标的变化存在较长的传递路径，因此政策效果的分析也包括时滞等动态因素在内。由于在市场经济条件下货币政策对宏观经济的调控是以各种市场价格的变动为基础的，其传递过程从运用货币政策工具对操作目标产生影响开始，通过中介目标的变化作用于货币政策的最终目标，是一个受复杂的多因素影响的过程。这一传递过程又称为"货币政策传导机制"。显然，货币政策的有效性取决于货币政策传导机制的健康与否。如果货币政策的传导路径在某些环节受阻因而货币政策的传导机制不能正常发挥作用，那么，货币政策的有效性就会受到影响。

关于货币政策传导机制问题的研究，在 20 世纪 80 年代后期以来成为货币政策研究的重点内容。因此，很多人从不同的角度对货币政策的传导机制做了理论总结。[①] 在诸多货币政策的传递路径中，占据主导地位的有两种，即货币路径和信用路径。

货币路径（monetary channel）又称为利率路径，它是以凯恩斯主义理论为基础的。在凯恩斯主义的 IS – LM 模型中，假定只有货币和债券两种资产，利率作为重要变量对总支出水平具有重要影响。因此，货币政策对实体经济的影响是以利率为中介，通过利率和货币量的变化来调控总需求，进而实现稳定宏观经济的目标。具体到短期利率调控政策，货币政策当局首先是设定短期利率目标，通过政策手段改变短期资金市场上的货币供给，影响操作目标，并通过短期利率影响不同期限结构的利率，实现长期利率的变化，从而改变经济主体的资产选择，最终影响投资和消费支出。很显然，这一理论是以利率作为金融体系中的重要变量，能够有效发挥信号作用和市场调节

---

① 刘传哲、聂学峰以传统货币理论和现代货币理论为基础，较为系统地总结了货币政策的传导路径：传统的货币传递途径、利率传递途径、信用传递途径、非货币资产传递途径、汇率传递途径、证券传递途径等。参见刘传哲、聂学峰《我国货币政策的传递途径——理论与实证研究》，经济管理出版社 2007 年版，第 50—90 页。

作用作为假设前提的，其中很关键的是货币供给与短期利率变动能否影响不同期限结构的利率变动。

货币政策传导的货币路径在逻辑上是比较清晰的，即通过货币政策工具引起利率变化，而利率变化又引起投资和消费的变化，最终影响总需求及总产出的变化。但是，这一传导机制发挥作用存在着三个重要影响条件：首先，是货币需求的利率弹性，它表示货币量变动对利率产生的影响效果。该弹性越大，越需要更多的货币来改变既定的利率变化幅度，影响效果越小；反之亦然。其次，是短期利率的变化能否有效传达到长期利率上，因为最终影响支出水平的是长期利率而不是短期利率。再次，是支出特别是投资的利率弹性的大小。投资的利率弹性越大，利率变化对投资的影响也越大，因而货币政策的效果就越大。

与重视利率在货币政策传导路径中发挥作用的货币传导路径不同，另一种观点则重视以银行贷款为代表的信用水平在货币政策传导过程中的作用，因此这一传导路径被称为信用路径（credit channel）。前述的以凯恩斯主义为基础的货币传导路径，是以资本市场具有完全信息、各种金融资产可以完全替代及金融市场的利率出清为假设条件的。由于信息经济学的发展，金融市场中存在的不完全信息的影响机制在理论分析和实证研究中都得到了深入的揭示。货币政策的信贷传导机制研究正是以此为基础发展起来的。

信用传导路径是着眼于资本市场的不完全性，将凯恩斯的不同资产之间的完全替代性假设放宽，即认为债券与银行贷款是不可以完全替代的，而后者在货币创造中占据重要的地位。同时，银行贷款较大程度上受借贷双方存在的信息不对称的影响，借贷双方存在的信息不对称导致的代理成本，对贷款的供求双方的借贷行为产生重要的影响。因此，从对借贷双方影响的分析出发，信用传导路径又可细分为"资产负债表路径"（balance sheet channel）和"银行信贷路径"（bank lending channel）。

由于在资金的借贷双方存在着信息不对称，所以会发生作为贷方的银行对借方的审查费用和监督其行为的费用，这构成了外部筹集资金的升水。借方的净资产作为贷款担保，可以降低倒贷风险，所以会减少外部资金升水。因此，导致借方净资产增加的因素会使其外部融资升水下降，从而增加借款，使得企业及家庭扩大支出。货币政策引发的市场利率的变化，会影响资产价格并使借贷方重新配置资产，从而使其资产负债表结构发生变化，然后通过外部融资升水的变化影响其实体经济行为。所以这一经由借款方的资产负债表的变化发挥作用的货币政策传递过程，被称为"资产负债表路径"。当然，这一路径对于不同的主体由于信息不对称的程度不同，其影响效果也是不同的。大企业的供求往往依靠其主银行，而由于相互之间存在长期的客户关系，银行较为充分地掌握了企业的信息，所以大企业和银行相互之间的信息不对称程度较低，因此借贷受资产负债表的影响就较小。相反，中小企业外部融资主要来自银行贷款并且与银行之间存在着较高程度的信息不对称，担保品价值的高低对借款有非常重要的影响。此时企业的资产负债结构对其筹资而言就是比较重要的。当股票和土地价格上升，企业的资产负债状况改善，企业就能顺利地实现外部融资；相反，则会导致外部融资困难，甚至会出现过度负债状况。

货币政策同样会通过利率的变化而改变银行的资产负债表，影响银行的放贷行为，从而影响信贷供给，并进一步影响借款方外部融资和支出行为。比如，短期利率提高，会提高银行在短期金融市场上的融资成本，需要出售债券或流动性资产来改善资金状况，资产负债结构比较脆弱的银行会提高存款利率筹措资金，无法筹资的金融机构就会削减其贷款。这样由银行信贷的减少影响借款方的行为，货币政策的这一传导路程被称为"银行信贷路径"。这一路径发挥作用也是有条件的：首先对于借款方而言，银行贷款与债券是不可完全替代的，即当银行信贷因为货币政策而收紧时，借款方没有其他的筹资渠道；其次对于银行和其他金融机构而言，不存在与准备金相替代的其他资产，当准备金紧缩时银行贷款就会相应收缩。

信用传导路径就其本质而言是对 IS－LM 模型的扩充，就是将原来由两种资产"货币"和"债券"构成的 IS－LM 模型扩充为增加了"银行信贷"的三资产模型。据此，吉川洋认为，重视信用传导的理论并非什么新的理论范式，它与传统的 IS－LM 模型之间的差异大小，取决于财富需求的贷款利率弹性：该弹性越小，两模型的差别就越小。[①]

---

　　①　Beranke 与 Blinder 首先指出了信用路径与货币路径之间的关系，Bernanke，A. Blinder，"Credit money and Aggregate Demand，" *Ameican Economic Reviw Mag*（1988）。吉川洋对此进行了进一步的阐述。参见吉川洋『金融政策と日本経済』、日本経済新聞社、1996 年出版、第 83—120 頁。

受到美国经济学界研究的影响，日本学者较早地开始了关于货币政策效果和传导机制的实证分析。特别是 20 世纪 90 年代日本经济的长期停滞，货币政策更是成为长期停滞成因之争的焦点。持有不同观点的人从不同的角度，采用不同的模型对货币政策的效果和传导机制进行了大量的实证研究。不同研究者在不同时期的研究结论存在着很大的差异，表现为对不同的传导路径的肯定。

小川一夫在 2003 年对日本有关货币政策传导路径的实证研究的主要成果进行了总结，其概要如下[①]：

> 早期的研究倾向于支持货币传导路径。如 1980 年发表的岩渊纯一的论文，最早将反映实体经济和金融市场结构的结构型 VAR（Structural VAR）模型应用于日本。其研究表明，货币供给量、银行信贷都对生产产生影响，尽管 M_2 对生产存在影响，但是银行贷款的效果并没有远远超过货币供给量。也就是说这一研究肯定了银行间拆借利率的变化首先引起了货币市场的变化，进而波及长期利率、影响实体经济的这一货币传导路径。

但是，20 世纪 90 年代中期以后的研究就不再支持货币传导路径了。这一时期的研究在方法上一方面是继续使用结构型 VAR 模型进行研究，另一方面是对货币传导机制发挥作用的两个条件进行检验。如桂原藏等人研究了短期利率向长期利率的传导机制，结论是短期利率不影响超过 3 年期的长期利率，对长期利率的效果是有限的。小川一夫等人的研究表明，货币传导路径机制发挥作用的条件之一——需求的长期利率弹性并没有那么大，不能满足该前提条件。

相反，小川认为 90 年代中期以后几乎所有的研究都支持信用传导路径。如上田（Ueda）模仿 Bernanke and Blinder 的方法，估计了包括货币供给量、基础货币、银行信贷、银行间拆借市场利率等主要金融指标和生产在内的

---

① 小川一夫『大不況の経済分析—日本経済長期低迷の解明』、日本経済新聞社、2003 年出版、第 164—169 頁。

VAR 模型，并运用方差分解方法分析了货币政策的哪个指标对生产水平最具解释力。其结论是：在几乎所有的情形下，银行信贷的解释力最强，表明银行信贷在货币政策传导路径中具有重要性。相似的研究是很多的。此外，还有研究注意到了土地在货币政策传导路径中发挥的作用，对信用传导路径中的资产负债表路径进行了实证分析。

尽管在 90 年代由于日本金融相关领域发生的一系列深刻问题，影响了货币政策的传导机制，但大量的实证研究都注意到这一点，并对信用传导路径给予了支持，包括做出以上综述的小川一夫本人。小川一夫在其专著《大萧条的经济分析》[①] 中，对货币政策的传递路径做了深入的分析。他所建立的 VAR（向量自回归）模型中，注意到了资产价格变动对货币政策和金融机构行为产生的影响，将这一因素引进模型中。为了使模型能够检验两种可能的货币政策传递路径，模型包容了"货币路径"和"信用路径"的传递要素，并使用不同行业和不同规模的企业数据进行分析。VAR 模型以银行间拆借利率作为货币政策的操作变量，其他变量包括通货膨胀率、销售额、土地存量、银行贷款余额、设备投资。设备投资是有效需求中变动最大的项目，而分析货币政策变动是通过何种途径、在何种程度上影响设备投资是具有重要意义的；而土地存量、借款余额表示了企业资产负债的状况，在信用路径中具有重要的影响。

从小川分析的 VAR 模型的脉冲响应函数的结果看，来自货币政策即银行间拆借利率的冲击对制造业和非制造业的各类企业（大企业、中坚骨干企业和中小企业）的设备投资，都存在较显著的影响。但是，进一步的分析表明，土地存量的冲击对中小企业和中坚骨干企业的银行资金借入有显著的影响，如在制造业，土地存量发生 1 个标准差的冲击，则中小企业的银行借款将增加 2.65%，非制造业将增加 3.33%；设备投资的增长比例则分别达到了 5.71% 和 6.14%。在将土地存量作为外生变量处理（即不考虑土地存量的作用）时，与其作为内生变量时相比，设备投资对拆借利率变动的脉冲响应大幅度降低。因此，小川的结论是：货币政策对中小企业及中坚骨

---

①   参见小川一夫『大不况の経済分析：日本経済長期低迷の解明』、日本経済新聞社、2003 年出版、第 155—192 頁。

干企业的设备投资及银行借款有重要的影响，对于中等规模的企业而言，货币政策的"信用路径"是发挥重要作用的。

当然，实际情况并非像小川一夫所讲的那样是一边倒地支持信用传导路径的。前述的货币派学者的研究则倾向于肯定货币传导路径，否定信用传导路径。

所谓的"通货派"的研究更侧重于货币供给在经济中的作用。这一派的学者对日本银行的货币政策给予严厉的批评，认为长期经济停滞主要是由于日本银行货币政策的失误造成的。导致经济停滞深化的通货紧缩现象其本质是货币问题，货币政策应在宏观经济调控中发挥主导作用。关于货币政策的作用机制，他们也通过实证分析对"结构派"的观点给予反驳。浜田宏一、原田泰等主编的《长期萧条的理论和实证——日本经济的停滞和金融政策》一书，就集中了这一派别的研究成果。其中由原田泰、冈本慎一撰写的《银行贷款、货币、其他资金筹措手段的优势》一文，运用实证分析手段，分析了银行贷款、货币供给和企业间信用等非银行资金筹措手段对宏观经济的影响。[①]

原田、冈本同样使用 VAR 模型分析了各经济变量之间的影响。三组模型的构成分别为：（1）GDP 模型。被解释变量：实际民间企业设备投资或实际 GDP；解释变量：实际货币供给量（M_2＋CD）、实际民间银行贷款、除民间银行贷款之外的实际总资金筹措（不包括来自公立金融机构的资金）、银行间拆借市场利率。（2）中小企业附加价值模型。被解释变量：实际中小企业设备投资或实际中小企业附加价值；解释变量：在（1）组模型的解释变量中用企业间信用替换了总资金筹措。（3）中小企业附加价值、面向中小企业贷款模型。被解释变量：用面向中小企业贷款替代前两组模型中的实际民间银行贷款。

综合几组模型的分析结果，原田、冈本得出了如下结论：企业的资金筹措不仅仅限于银行贷款，还存在着企业间信用、发行债券、股票等手段。对于中小企业来说，也还存在企业间信用的通道，企业的资金筹措未必受到银

①　参见原田泰、冈本慎一「銀行貸出、マネー、その他の資金調達手段の優位性」、浜田賓一、原田泰、内閣府経済社会総合研究所編『長期不況の理論と実証－日本経済の停滞と金融政策』、东洋经济新报社、2004 年 7 月出版、第 101—123 頁。

行的制约。从宏观上看，货币供给量、银行以外的资金筹措和银行贷款对经济活动的影响依次由强变弱。即使在中小企业的附加价值上，货币供给量的影响也超过了银行贷款。

（二）短期利率调控货币政策有效性的实证分析

日本银行长期实施的短期利率调控货币政策，是以再贷款利率或银行间拆借市场的隔夜拆借利率作为操作目标，日本银行不定期公布上述利率的诱导目标，通过公开市场操作调整准备金存款的供给数量，使市场利率接近或达到诱导利率（操作目标利率）的水平；并通过市场间的套利交易影响长期利率，引起长期利率的变化；长期利率变化又引起具有高利率弹性的投资及耐用消费品的消费支出等需求项目的变化，最终会使经济景气发生变化。

从对已有研究成果的综述中可以看到，日本经济学界关于货币政策有效性的研究，主要是围绕什么样的货币政策传递路径是有效的这一思路展开的，与此相关的则是货币政策或金融政策重点设定的问题。如认为货币政策的货币波及路径是有效的学者，主张应进一步实施更加宽松的货币政策，只有消除通货紧缩，才能使日本经济摆脱长期停滞；相反，研究结果表明，认为信用波及路径有效的学者，则主张政策的重点应放在处理不良债权、实现金融体制的稳定上面。这些研究在逻辑上似乎存在一些问题。90 年代日本长期经济停滞期间日本银行实施了一贯的宽松货币政策，但是并没有产生明显的调节经济周期变动或促使经济摆脱低速增长的政策效果。其原因可能是多方面的，即表现为多条传递路径受阻上面。如果单单强调某一传递路径有效而忽视日本银行货币政策存在失误或整体效果下降，似乎有些极端或是不公允的。本书对这一时期日本货币政策有效性的实证研究的基本思路是：首先，分析 90 年代日本经济中金融变量与实体经济变量之间是否存在稳定的关系，或者出现了结构性的变化，这关系到货币政策的总体效果，也就是说在总体上对货币政策效果进行评估；其次，采用货币政策传递路径的思路，对影响货币政策有效性的主要因素进行分析。

货币政策的有效与否，很大程度上取决于货币变量与实体经济变量之间是否存在稳定的关系，即实际货币余额与总收入、利率、物价等变量之间的函数关系（货币需求函数）是否稳定。这是传统货币政策研究的重点内容。

但是，自 20 世纪 80 年代以来金融自由化导致了国际金融结构出现了巨大变化，引起了货币供求的不稳定；另外，计量经济学的新发展为货币需求稳定性研究提出了新要求和新方法。近 20 年来，应用时间序列计量经济学的分析方法，对时间序列经济变量进行诸如单整、协整分析等，以此分析货币变量与实体经济变量之间是否存在稳定关系，从而进一步证明货币政策的有效性，成为研究货币政策的主导方法。计量经济学研究表明，在时间序列变量不稳定时，对它们进行传统的回归分析，会导致"虚假回归"。但是同时，协整理论又表明，同阶单整变量之间可能存在协整关系，单整变量之间可能因为各自的干扰作用相互抵消，从而构成稳定的体系，即它们之间存在着稳定的统计关系。这为我们分析货币量与实体经济变量之间是否存在稳定关系提供了新的分析方法。[①] 基本的分析过程是：首先对如货币量（M_2）、利率（i）、总收入水平（GDP）和物价等变量进行单整检验；然后对它们进行协整检验，验证它们之间是否存在协整关系，即是否存在稳定关系，或稳定关系是否发生变化。如果变量之间不存在稳定关系，那么就表明货币需求是不稳定的，货币与实体经济之间的相互影响也是不稳定的，因此政府当局试图以货币政策手段影响实体经济的效果也是有限的。

下面以上述理论为基础，运用时间序列方法分析日本 20 世纪 80 年代到 90 年代货币需求函数即货币与 GDP 之间的关系；并以两个年代为时间分割点，分析前后两个年代之间的货币与 GDP 之间的关系是否发生了变化，从而检验货币政策有效性的变化。选择的变量是：货币量（$M_2 + CD$）、国内生产总值（GDP），物价变量为 GDP 平减指数，利率变量为银行间有担保隔夜拆借利率（i）（均为季度值）。分析期间为：｜1981：1—1999：4｝，｜1981：1—1990：4｝，｜1991：1—1999：4｝。货币供给量（$M_2 + CD$）和有担保隔夜拆借利率（i）数据来自日本银行的相关统计，国内生产总值（GDP）和 GDP 平减指数来自内阁府国民经济计算报告。

1. 单位根检验

时间序列的平稳性检验主要是检验是否存在单位根，即从单位根过程开

[①]　日本学者金能斗在其一篇论文中总结了这一新的研究货币需求稳定性及货币政策有效性的研究方法及美日两国学者的研究成果。金能斗「貨幣需要関数の安定性について」、愛知大学院大学『商学研究』第 46 卷、第 3 号。

始的：

$$Y_t = \rho Y_t - 1 + u_t, \ -1 \leqslant \rho \leqslant 1 \qquad （公式 7 - 1）$$

其中，u_t 为白噪音误差项。

公式 7 - 1 又可以改写为：

$$\triangle Y_t = \delta Y_t - 1 + u_t, \delta = \rho - 1 \qquad （公式 7 - 2）$$

DF 检验正是对后一方程做 $\delta = 0$ 的假设检验。

DF 检验是假定误差项 u_t 是不相关的，增广的迪基—富勒检验（ADF 检验），在回归方程中引入 Y_t 的滞后差分项，可以不要求误差项的是不相关的：

$$\triangle Y_t = \beta_1 + \beta_{2t} + \delta Y_t - 1 + \alpha i \sum \ln Y_t - I + \varepsilon_t \qquad （公式 7 - 3）$$

同样是做 $\delta = 0$ 即数据不稳定的假设检验。若原假设被拒绝，则数据是稳定的，相反则说明数据是不稳定的。

进行 ADF 检验时，还有两个问题需要注意：一是差分滞后项数的选择，这通常使用赤池—信息准则来确定。二是对不同的差分过程的选择，有三种情况：（1）假定 Y_t 是一个随机步游；（2）假定 Y_t 是一个带漂移的随机步游；（3）假定 Y_t 是一个带漂移和确定性趋势的随机步游。何种假设是正确的，需要进行对比分析。使用统计软件 Eviews 5.0 对前述的统计数据所做的 ADF 检验，结果表明，4 个变量都不是稳定的，但是是一阶单整的。经过比较，使用了第三种假设，即用差分和趋势平稳过程，实现数据的平稳性变换。

2. 协整检验

非平稳序列之间进行回归分析，会导致虚假回归问题。但是并非都是如此。时间序列的协整理论认为，同阶的单整序列的线性组合，可能是平稳的，即导致各序列的不平稳因素可能相互抵消，使得它们在整体上形成一个稳定的关系。多个时间序列间的稳定关系及其变化表明，稳定结构的形成及变化对于经济预测和宏观经济政策的有效性极为重要。前面对四个经济时间序列的单整分析表明，它们都是一阶单整 ［I（1）］ 的，即原序列是非平稳的，而一阶差分则是平稳的。这样，我们就可以对它们进行协整分析，看它们的线性组合是否稳定，特别是不同期间内是否存在着稳定关系的变化，即分析是否出现了结构性的变化。下面的分析，是以货币供给量作为被说明变量，分析它与实体经济变量（GDP）、货币政策工具（利率）及货币政策目标变量（物价）之间的稳定性关系。如果出现了稳定性关系的变化，则表明这些变量之间出现了结构性问题，货币政策的有效性将会受到结构变化的影响而发生变化。

鉴于协整理论的重要性，其检验方法也逐渐得到发展和丰富。最基本的检验方法仍然基于单整检验，即对回归方程的残差序列进行单整检验，看其是否稳定。因为在回归分析中，残差序列可以表示为经济时间序列的线性组合，残差序列如果是平稳的，那么后者也将是平稳的。这里，将使用这一基本的协整检验方法，对残差进行单位根检验。

模型设定如下：

$$\ln M_t = \beta_1 \ln GDP_t + \beta_2 \ln P_t + \beta_3 i_t + u_t \qquad （公式 7-4）$$

模型估计的残差为：

$$\hat{u}_t = \ln M_t - \hat{\beta}_1 \ln GDP_t - \hat{\beta}_2 \ln P_t - \hat{\beta}_3 i_t \qquad （公式 7-5）$$

仍以前面的分析为基础，即对 M（货币供给量 $M_2 + CD$）、GDP、P（GDP 平减指数）的对数值和利率（有担保隔夜拆借利率）四个变量做协整分析。分析期间还是分为三个时期：{1981：1—1999：4}、{1981：1—1990：4} 和 {1991：1—1999：4}。分析方法是对回归方程（1）的方差的稳定性分析。前面的分析已经证明，四个变量都是一阶单整 [I（1）] 的，所以它们的线性组合可能存在稳定关系。表 7-2 到表 7-4 列出了 Eviews 5.0 协整分析的结果。

表 7-2　1981—1999 年协整检验结果 [ln(m₂) ln(GDP) lnPi]

		t-Statistic	Prob. *
Augmented Dickey-Fuller test statistic		− 1.722753	0.0804
Test critical values：	1% level	− 2.597025	
	5% level	− 1.945324	
	10% level	− 1.613876	

表 7 - 3　1981—1990 年协整检验结果

			t-Statistic	Prob. *
Augmented Dickey-Fuller test statistic			− 2.134887	0.0331
Test critical values:	1% level		− 2.627238	
	5% level		− 1.949856	
	10% level		− 1.611469	

表 7 - 4　1991—1999 年协整检验结果

			t-Statistic	Prob. *
Augmented Dickey-Fuller test statistic			− 1.495034	0.1242
Test critical values:	1% level		− 2.634731	
	5% level		− 1.951000	
	10% level		− 1.610907	

从表 7 - 2 到表 7 - 4 中协整检验的分析结果看，在全部样本期间即 1981 年第一季度—1999 年第四季度，t 值为 − 1.722753，其绝对值大于 − 1.613876 的绝对值，即通过了 10% 显著性水平的协整检验，这说明四个变量之间存在着稳定性关系。在第二个分析期间即 1981 年第一季度—1990 年第四季度，协整检验通过了显著性水平为 5% 的标准。就是说在 20 世纪 80 年代，货币供给量、利率及实体经济变量之间的稳定性关系较强。在第三个分析期间，即 1991 年第一季度—1999 年第四季度，协整检验没有通过，即四个变量的线性组合是不稳定的这一假设不能被拒绝。因此也可以说在 20 世纪 90 年代，在货币领域与实体经济领域之间丧失了稳定的关系。

协整分析为我们提供了分析经济变量之间是否存在稳定性关系或是否发生结构性变化的新方法。从上面的协整分析结果看，从 20 世纪 80 年代到 90 年代末期，在日本宏观经济体系中，金融经济与实体经济之间出现了一定程度的结构性变化，因此金融变量和实体经济变量之间的稳定性关系出现了较大程度的弱化或丧失，这与货币政策的有效性存在着直接的联系。正是由于两者之间的稳定性出现了变化，包括货币供给量及利率在内的主要货币政策变量的变化对 GDP 和物价的宏观调控目标产生的系统性影响减弱了，导致了该政策宏观经济调节效果的下降或失效。

　　20 世纪 90 年代日本货币政策有效性的弱化不仅仅表现在整体分析上面，具体的结构分析也更清楚地表现这一点。前文提到的货币政策的传导路径理论及其实证分析，实际上就是从机制上或结构方面进一步分析货币政策有效性。如前所述，已有的实证分析主要围绕着在不同时期，日本货币政策到底是哪一条传递路径在发挥主要作用展开争论，其背后的含义当然是为其特定的货币政策主张寻找依据。如认为信用传递路径起主要作用的人，就主张应积极实施处理不良贷款、推进金融稳定化改革等政策，从而消除阻碍信用传递路径的因素，相反，认为货币路径发挥作用的人，则否定结构改革的主张，倡导用更为积极的货币政策促进宏观经济的复苏和物价的稳定。

　　大量的实证分析表明，整个 90 年代特别是 90 年代后期，日本货币政策的有效性出现的问题不是单一路径受阻的问题，而是总体上或者说多个传导路径出现了问题。图 7 - 1 显示了日本货币政策的两条主要传导路径及其受阻情况。图 7 - 1 中的粗箭头表示的是两条主要货币政策传导路径：一是货币通道，即以短期市场利率调控为始点，经由中长期利率变动，最后影响货币供给及与利率相关的总需求项目，从而实现稳定宏观经济的最终政策目标；二是信用通道，也是以下调短期市场利率及银行间拆借市场利率为始点，以此降低银行的筹资成本、增加自有资本及扩大利差等，使银行增加贷款，进而扩大货币供给和扩大总需求。

　　从图 7 - 1 中可以看出，两条通道都存在受阻的因素。

　　首先，在货币通道中，从短期利率变化到中长期利率及实际长期利率的变化，存在着较为复杂的机制。在很多情况下，短期市场利率的调整并不能对中长期利率和实际长期利率产生有效影响。第一，中长期利率的变化要受到多种金融风险的影响，包括流动性风险、信用风险和利率风险，这里称之为"综合风险"。在金融体系不稳定和经济长期低迷的情况下，企业的周转资金紧张，资金筹措困难，因此使得企业及家庭增加了预防性动机的流动性需求，相应减少了对债权和股票等低流动性资产的需求并使其价格下降，从而导致长期利率的提高。在经济低迷的情况下，投资者回避信用风险而减少投资企业债券，即使短期利率和国债利率降低，但是企业不得不以高利率债券筹集资金。利率风险是对未来利率升高的担心。利率的期限结构是指不同期限的金融商品利率即短期利率和长期利率之间的关系。是否存在稳定的利

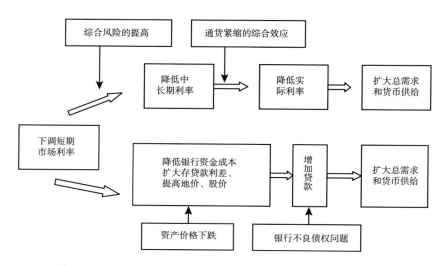

图 7 – 1　20 世纪 90 年代短期利率调控政策的传递路径及其阻碍

率期限结构，对于通过调控短期利率影响长期利率及实体经济的货币政策而言，是极为重要的。细野薫等人利用利率期限结构理论对 90 年代日本经济进行了实证分析，结果表明，拆借利率对未来短期利率预期的影响集中于 3—4 年的短期范围内，日本银行现实政策行为对超过 5 年的长期范围的预期利率不产生影响。也就是说，下调短期利率主要是引起了短期范围内的预期利率的改变，而对长期年限的预期利率产生的影响是有限的，所以它所引发的长期利率的下降也是有限的。[①] 第二，名义利率的变化对实际利率的影响，在很大程度上受到物价变化的影响。由于 90 年代后期日本出现的长期的通货紧缩倾向，使得实际利率居高不下。这一点前文已经进行了较为详细的分析，在此不再赘述。

其次，在信用通道中，资产价格的下降和银行不良债权的长期存在，构成了阻碍该传递路径的主要因素。日本泡沫经济破灭后，以股票和房地产为代表的资产价格表现为长期的下降趋势。土地作为贷款抵押品，对于降低借贷双方之间的信息成本、消除信息不对称具有重要的作用。土地价格的大幅

---

①　細野薫、杉原茂、三平剛『金融政策の有効性と限界——90 年代日本の実証分析』、東洋経済新報社、2001 年出版、第 63—86 頁。

度下降使得这一作用被极大地削弱了。此外，关于银行不良债权以及金融体系不稳产生的信用紧缩问题，前文已经在多处阐述。也就是说，特定时期银行形成的不良债权对银行的货币供给产生了重要影响。

第三节　应对经济困境的非传统货币政策

1997 年是日本经济再度遭受重大冲击而发生变化的重要年份，首先，国内财政、税收政策的调整产生了紧缩效果。该年 4 月实施了提高消费税率政策，由于此前出现了为减少纳税提前消费现象的反作用，消费税率提高之后日本的居民消费支出迅速趋冷。其次，1997 年夏天发生了发端于泰国后波及东亚大部分国家和地区的东亚货币金融危机。受东亚金融危机的影响，日本向东亚地区的出口大幅度减少。再次，在 1997 年年底日本爆发了金融危机。山一证券公司、北海道拓殖银行等大型金融机构相继破产，引发了日本金融体系的动荡和经济衰退。面对激烈的金融动荡和经济停滞深化的局面，在 1998 年夏天成立的小渊内阁，实施了一系列空前的积极财政税收政策；同时日本银行也进一步实施了更加宽松的货币政策，即所谓的"零利率政策"，继"零利率政策"之后，又实施了"量化宽松货币政策"（见表 7 - 5）。这些政策超越了以往传统货币政策的实施范围和政策模式，可以说在二战后的历史中是前所未有的，是日本银行应对金融危机、经济负增长和长期的通货紧缩等现象构成的经济停滞深化而实施的特殊政策。

一　"零利率政策"的实施与关于进一步放宽货币政策的讨论

1998 年 4 月，新修订的《日本银行法》开始生效，与此同时组建了日本银行新的领导班子和货币政策决策机构——金融政策委员会。新《日本银行法》赋予了日本银行更强的独立性及决策民主性和公开透明性。在原来的《日本银行法》下，货币政策决定实际上是由日本银行的干部会议做出的，只是由金融政策委员会加以认可。在新法下，由各界人士组成的金融政策委员会，成为讨论和决定政策的实际组织机构，而且政策通过后会很快地对外公开讨论概要和投票结果，形成了高效率的决策机制。

表 7-5　日本银行的新型货币政策

日　　期	内容:(2)变更拆借利率诱导目标水平 (3)日本银行账户存款余额的变化 *其他事项的变更
1999 年 2 月 12 日	(2)促使无担保隔夜拆借利率降低(0.25% —0.15%), 此后逐渐进一步促使其下降("零利率政策"的开始)
2000 年 8 月 11 日	(2)促使无担保隔夜拆借利率提高(0—0.25%), 解除"零利率政策"
2001 年 2 月 9 日	(1)第十次下调再贷款利率(0.5% —0.35%) *引入央行对商业银行的证券抵押贷款
2001 年 2 月 28 日	(1)第十一次下调再贷款利率(0.35% —0.25%) (2)促使无担保隔夜拆借利率降低(0.25% —0.15%)
2001 年 3 月 19 日	操作目标转为日本银行账户存款余额(4 兆—5 兆日元), 开始实施数量化宽松政策 *确定购买长期国债的增加额(月购买 4000 亿日元)
2001 年 8 月 14 日	(3)增加日本银行账户存款余额(5 兆—6 兆日元) 增加购买长期国债的数额(月购买 4000 亿日元增加为 6000 亿日元)
2001 年 9 月 18 日	(2)第 12 次下调再贷款利率(0.25% —0.10%) (3)增加日本银行账户存款余额(6 兆日元以上)
2001 年 12 月 19 日	(3)增加日本银行账户存款余额(6 兆日元以上到 10 兆—15 兆日元) *增加购买长期国债数额(月购买 6000 亿日元增加为 8000 亿日元)
(2002 年 2 月 28 日)	*增加购买长期国债数额(月购买 8000 亿日元增加为 1 兆日元)
2002 年 10 月 30 日	(3)增加日本银行账户存款余额(10 兆—15 兆日元→15 兆—20 兆日元) *增加购买长期国债数额(月购买 1 兆—1.2 兆日元)
(2003 年 3 月 5 日)	(3)增加日本银行账户存款余额(17 兆—22 兆日元)
2003 年 4 月 30 日	(3)增加日本银行账户存款余额(17 兆—22 兆日元→22 兆—27 兆日元)
2003 年 5 月 20 日	(3)增加日本银行账户存款余额(22 兆—27 兆日元→27 兆—30 兆日元)
2003 年 10 月 10 日	(3)增加日本银行账户存款余额(27 兆—30 兆日元→27 兆—32 兆日元)
2004 年 1 月 20 日	(3)增加日本银行账户存款余额(27 兆—32 兆日元→30 兆—35 兆日元)
2006 年 3 月 9 日	操作目标变为无担保隔夜拆借利率(0),解除"量化宽松政策",转向"零利率政策"
2006 年 7 月 14 日	(1)提高再贷款利率(0.1% —0.4%) (2)促使无担保隔夜拆借利率提高(0% —0.25%),解除"零利率政策"

注:(1)调整再贷款利率;(2)调整隔夜拆借利率的诱导目标;(3)调整日本银行账户存款余额;*其他调整事项。

资料来源:根据《日本银行月报》整理。

　　日本银行在新的法律实施之后具有了更强独立性并形成了新的决策机制，这时恰逢日本经济发生深度衰退。如前所述，1997 年夏发生的东亚货币金融危机，引发了整个东亚地区的经济动荡，日本的金融危机也因此愈加严重。当时日本银行的再贷款利率为 0.5%，银行间隔日拆借利率约为 0.4%—0.5%。1998 年夏天日本的经济状况进一步恶化。于是在该年 9 月 9 日日本银行做出决定，在保持再贷款利率水平不变的情况下，将隔夜拆借利率的诱导目标下调为 0.25%。

　　由于 1998 年后期日本经济面临多重恶劣条件，日本银行在 1999 年 2 月 12 日决定采取追加的货币政策，金融政策决定会议做出决定，立即将银行间隔夜拆借利率目标下调为 0.15%，并且尽可能地促使其向下调整。隔夜拆借利率在 3 月末已经接近零了。著名的"零利率政策"就是由此开始实施的。进入 4 月后，日本银行速水行长表示："零利率政策"的实施将一直持续到"对通货紧缩的担忧消除时为止"。这种公开宣布的政策约定，对于改变人们的通货膨胀预期是有作用的。

　　从表面上看，"零利率政策"是传统的短期利率调控政策的延伸和强化，即将短期名义利率目标下调到了其下限值。但是仅就此点来说，它也是极为罕见的、特殊的货币政策。不仅如此，"零利率政策"之下所发生的银行存款准备金的超额供给，具备了后来实施的量化宽松型货币政策的特征。因此，有学者认为"零利率政策"已经与传统的短期利率调控货币政策有了很大的区别，或者说它是介于传统政策与新型货币政策之间的过渡政策形态。[1]

　　从 1999 年中期到 2000 年，日本经济出现了复苏的征兆。日经平均股价从 1999 年初的 13000 日元上升到 2000 年春的 20000 日元。2000 年的经济增长率也超过了 3%。在经济出现良好复苏的情况下，尽管在 2000 年夏消费者价格指数变化率仍为负值，但是日本银行认为已经出现可以预期消除通货紧缩担忧的经济形势，决定解除"零利率政策"，于当年 8 月将隔夜拆借利率目标由 0.01% 上调为 0.25%。日本政府强烈反对日本银行解除"零利率政策"，并依据法律规定的程序，要求金融政策决定会议延期决定。但是这

---

　　① 田中隆之『失われた十五年と金融政策』、日本経済新聞社、2008 年 11 月出版、第 19 頁。

一要求没有被采纳。众多的经济学家都认为提高利率决定为时尚早，对日本银行解除"零利率政策"给予了严厉的批判。随后不久日本经济受到美国IT泡沫破灭的影响再次出现衰退，日本银行不得不再次放宽货币政策。这表明在这一时期解除"零利率政策"是不恰当的。

"零利率政策"包括两大要素：一是将隔夜拆借利率诱导目标定为零；二是约定该政策一直实施到"对通货紧缩的担忧消除时为止"。与此相应的，零利率政策的实施效果也表现为两个方面：一是货币供给数量的扩大；二是随着政策实施时间的推移，政策影响从短期市场利率向长期金融商品利率的扩展，从而起到降低长期利率的政策效果，这就是所谓的"时间轴效果"。对于零利率政策的实际效果，翁邦雄等人从上述两个方面做了分析。[①]

首先，从零利率政策的数量扩张方面看，1999年春季之后日本银行每天约供给超额法定存款准备金1万亿日元。如此的大量资金供给使得隔夜拆借利率降低为零。但是这1万亿日元的超额存款准备金约七成由不必要拥有存款准备金的短期资金公司所持有，也就是说金融机构持有的超额存款准备金的动机下降，多供给的资金的大部分留在短期资金市场。

其次，从零利率政策的时间坐标方向考虑，其效果主要表现为对政策实施条件的约定，能够改变未来的短期利率预期，从而使该政策从降低短期利率开始并最终达到降低长期利率的目的。根据决定利率的"预期理论"，长期利率等于未来的短期利率预期值。因此通过零利率政策实施条件的约定（而不是对具体期限的约定），在通货膨胀预期未改变时一直保持低水平的短期利率，从而促使未来的短期利率预期和长期利率降低。实际政策实施的结果表明，零利率政策有效地降低了1年期以内的短期利率。短期利率的下降，通过以上述的预期理论为前提的市场间套期机制的作用，进一步影响了中长期利率。因此，包含政策解除条件的政策约定的零利率政策，在时间维度上的政策效果是可以给予好评的。

20世纪80年代后期以来，日本的货币政策一直成为政策讨论的热点。到90年代末零利率政策实施前后，关于货币政策的争论达到了空前的程度。

---

① 参见翁邦雄、白塚重典、藤木裕「ゼロ金利政策：现状と将来展望——中央银行エコノミストの视点」、深尾光洋、吉川洋编『ゼロ金利と日本経済』、日本経済新聞社、2000年出版。

对于经济停滞深化和持续的通货紧缩，货币政策应该承担什么样的责任和发挥何种作用？在政策利率接近于零的状况下，货币政策今后的方向是什么？进一步放宽的货币政策的内容和作用机理是怎样的？这些问题构成了货币政策议论的焦点。围绕货币政策的方向与作用，以日本银行和金融市场的相关人士为一方，以主张积极货币政策的经济学者为另一方，展开了激烈的争论。

以日本银行的决策层及研究人员为核心的一派，主要以传统的货币政策效果的有限性特别是政策利率没有进一步下降的空间即"零利率制约论"为基础，主张货币政策的作用是有限的，反对在零利率政策基础上进一步采取追加的宽松货币政策措施，并且积极倡导通过结构改革而不是宽松货币政策来消除通货紧缩的"结构改革论"。在实施零利率政策的前后，日本银行的主要决策人物从各种角度提出了自己的政策观点，并批驳民间学者提出的政策意见。对此，安达诚司根据日本银行网站登载的讲演记录做了总结。日本银行对实施更为宽松的货币政策一直持有消极的态度，其主要观点被概括为以下几个方面。[①]

第一，认为趋近于零的政策利率丧失了进一步下调的空间，使货币政策的作用达到了边界。所谓的"零利率界限论"主要认为零利率下货币与国债具有完全替代性，日本经济陷入了"流动性陷阱"，货币需求无限增大。

第二，主张通过结构改革政策来消除通货紧缩，认为结构性问题构成了物价下降的压力。如银行不良结构问题的存在阻碍了银行贷款的货币创造渠道，日本经济中存在"设备过剩、雇佣过剩和债务过剩"等结构问题，对通货紧缩形成了极大的压力。

第三，反对在零利率政策的基础上进一步实施更加宽松的货币政策。这主要表现在以下几个方面。一是对非冲销外汇市场干预主张的批评，认为以往实施的外汇干预，尽管采取了对冲方针，但是在其他方面却供给了大量的充裕资金。二是认为日本银行货币政策应以短期利率作为操作目标而不应该对长期利率施加影响。三是担心风险升水的提高和日本银行资产负债表

---

① 安达诚司根据日本银行网站讲演记录整理，转引自野口旭『経済論戦—いまここにある危機の虚像と実像』、日本評論社、2003 年出版、第 108—109 頁。

的恶化。四是反对实施量化宽松货币政策。

此外，在解除零利率政策时日本银行领导人提出的观点，不仅表明了他们对货币政策方向的不同认识，而且表明他们对经济现实的不同理解。所谓的"好的通货紧缩论"认为，物价下降是日本流通革命、效率提高和国际大竞争的结果，对消费者是有益的。"道德风险论"则认为持续的低利率会增加经济主体的道德风险，延缓企业或金融机构的结构改革。

上述日本银行相关人士持有的观点，被称为"日银理论"或"消极的货币政策论"。而站在相对立的立场上的众多人士包括民间学者、政府机构研究者甚至也包括少数的日本金融政策委员会成员，他们倡导更积极的货币政策论，主张用超越传统货币政策框架的新型货币政策，消除通货紧缩这一主要经济矛盾，实现日本经济的真正复苏。这些人士对上述的"日银理论"的主要观点进行了批判，并提出了实施"量化宽松货币政策"的主张。

由于名义利率不能为负，而且在通货紧缩和名义利率为零的条件的制约下，传统的短期利率调控政策确实达到了其作用边界。名义利率的下调刚性与通货紧缩导致了实际利率的居高不下，加之对未来通货紧缩的预期，导致投资和消费支出减少，GDP 缺口扩大，使价格进一步下降，此即为"通货紧缩旋涡"。另外，通货紧缩导致了负债者的债务负担增加，而负债者为偿还债务出售资产，引发了资产紧缩和负债者破产倒闭，此即费雪提出的债务—通货紧缩理论。在零利率约束及"流动性陷阱"情况下，传统的货币政策难以有所作为。因此，很多学者认为必须采取能够冲破零利率限制的非传统框架的货币政策，以此摆脱所谓的"通货紧缩陷阱"。[①]

前文数次提到的浜田宏一、原田泰等曾就职于内阁府经济社会综合研究所等政府及民间研究机构的学者认为，通货紧缩是日本经济难以摆脱长期停滞的症结所在，消除通货紧缩是实施经济复苏的当务之急。而通货紧缩作为一种货币现象只有依靠货币政策来加以解决。因此，这些学者又被称为"货币派"或"通货再膨胀派"。这些学者在他们发表的大量著述中，对前

---

① 伊藤敏隆、弗雷德里克·明斯基（Frederic Mishkin）在其论文中，以此观点为基础分析了日本经济面临的传统货币的障碍，提出了实施量化宽松货币政策的主张。伊藤隆敏、H. パトリック、D. ワインシュタイン編、祝迫得夫監訳『ポスト平成不況の日本経済』、日本経済新聞社、2005 年出版、第103—138 頁。

述消极的货币政策观点进行了系统的分析，反驳了诸如"好的通货紧缩论""通货紧缩不是货币现象""货币政策无法消除通货紧缩"等观点，并提出了通过量化宽松货币政策摆脱通货紧缩周期循环的主张。

需要说明的是，所谓的"日银理论"并不意味着参与日本银行政策决策的所有人士都持消极的货币政策论。日本货币政策从零利率政策到量化宽松型货币政策的演变，是关于货币政策大讨论推动的结果。而参与货币政策决策的日本银行相关人士的积极主张也起到了直接的作用，其代表人物之一就是日本银行审议委员会委员中原伸之。[①] 在参与制定日本银行货币政策的过程中，中原积极主张实施新型的宽松货币政策，其从宽松的数量型货币政策，到通货膨胀目标政策、购买外债等，一贯寻求新的货币政策手段，并不断推出与总裁议案相对立的政策议案。中原提出的与前述的日本银行高层决策者意见相左的议案大多数在后来都得到了实施。

二　量化宽松货币政策：理论与实践

量化宽松货币政策是日本银行在经济停滞深化、通货紧缩和传统的利率调控货币政策遭遇零利率制约的情况下实施的一种特殊的超越传统政策框架的新型政策。要搞清楚这一政策的意义，首先必须从理论方面分析什么是数量型货币政策？它与通用的利率调控货币政策之间有哪些联系和区别？其作用机理是怎样的？

在货币政策调控中，包含对利率变化的调控和货币数量的调控，这两者是同一事物的两个方面，两者之间存在着必然的联系。前述的目前世界各国中央银行广泛使用的短期利率调控货币政策，以短期利率作为操作目标，通过调控这一目标及货币政策效果的传递，最后实现对最终政策目标的调控。该政策的主要作用过程是：上调或下调短期利率—通过利率的期限结构影响长期利率变化—改变银行的贷款或购买债券行为—实现稳定物价、调节宏观经济波动的目标。在上述传递过程中利率变化似乎占据了主线，实际上这一过程中也包含了货币数量的变化。为了实现短期利率的调控目标，操作手段

---

① 中原伸之关于新型货币政策的主张，因为受到篇幅的限制在此不做更多的介绍，详情可参见中原伸之『デフレ下の日本経済と金融政策』、東洋経済新報社、2002 年 3 月出版。

就是通过公开市场操作改变准备存款的供给量即基础货币供给量；而长期利率的变化对银行及企业借贷行为的影响，会改变存款数量及货币供给量。

各国央行出于便于统计和易于控制的目的，普遍实施以短期利率调控为出发点的货币政策。与此不同，经济学教材中阐述的货币政策都是以基础货币或高效货币为初始点，分析以信用乘数机制为中介实现的中央银行与商业银行的货币创造过程，从而建立起基础货币与货币供给量之间的关系：基础货币量×信用乘数＝货币供给量。这一着眼于货币数量变化的政策调控可以理解为数量型货币政策或数量调控型货币政策。与前述的分析相同，以基础货币供给量作为操作目标的数量型货币政策，其作用过程中同样也会发生利率的变化。

当今各国中央银行普遍放弃货币数量调控型货币政策，而采用短期利率调控货币政策，一方面是由于基础货币供给的目标难以控制，货币供给量难以统计等技术性原因；另一方面也是更主要的，是基础货币与货币供应量之间的关系存在着较大的不稳定性。按照信用乘数理论，两者间是以信用乘数为倍数的。但是，信用乘数并非是固定不变的，当信用乘数缩小时，增加基础货币数量并不必然导致货币供给量的扩大，这就会影响货币政策目标的实现。

2000年8月，日本银行不顾政府及学界的反对，解除了零利率政策。但是随后日本经济受到美国IT泡沫破灭的影响，再次进入周期性的衰退阶段。2001年3月，日本银行最终开始实施宽松的数量型货币政策，即所谓的量化宽松货币政策，该政策一直持续到2006年3月。量化宽松货币政策以商业银行在日本银行的准备金账户存款余额取代了传统政策中的拆借市场利率，以此作为操作目标。日本银行公布增加日银账户存款余额的目标值，通过购买长期国债的市场操作手段实现该操作目标，并约定该政策的实施将一直持续到消费者价格指数变化稳定为正的情况出现。

商业银行在中央银行准备金账户的存款是基础货币的主要构成部分（此外为流通中的现金），而这一存款又是日本银行准备金账户存款金额的主要部分。因此，通过政策调控，增加日本银行准备金账户的存款余额就相当于增加基础货币供给。商业银行增加的存款准备金，可以用于增加贷款或购买债券，于是会导致存款及货币供给量的增加。这就是这一政策被称为量化宽松货币政策的原因以及其基础性作用原理。但是，实际上由于"零利率约束"的存在，这一基础性作用无法发挥，其政策效果更多地寄希望于其他衍生的作用上面。

如前所述，货币政策调控不论是以货币（基础货币）数量为起点还是以短期利率为起点，都会发生两个方面的变化。以短期利率为起点的政策经由拆借利率下降进而使银行贷款利率及债券利率下降，刺激了企业增加投资，改变了景气状况，显然短期利率下降构成了货币政策传递路径的关键。但是在拆借利率为零的情况下，增加的日本银行准备金账户存款，会因为拆借市场利率为零而不被运用到市场中，只是增加了基础货币数量，而不能增加货币供给量，这时的信用乘数减小了。在日本在该政策的实践过程中确实出现了这一情况。在实施这一政策的期间，尽管基础货币量大幅度增加，但货币供给量增长率却一直低速，信用乘数出现了明显的减小。

如果单纯从量化宽松货币政策的基础性作用原理，或者仅从传统货币政策作用框架看，这一政策仍然无法避开"零利率限制"，从而难以达到放松金融的政策目的。但是，这一政策设计的最基本的构想，就是绕开短期利率调控所面临的零利率限制。短期名义利率受到零下限的约束而无法下调；但是长期利率则存在较大的下调空间，并且对经济行为影响更大。因此，量化宽松货币政策的基本设想是通过购买长期资产来促使长期利率下降，这样既避开了"零利率限制"，同时又可以直接达到调控经济景气的目标。下面，以日本银行实施的量化宽松货币政策的主要政策构成为依据，分析这一政策在理论上可能具有的效果。[①]

第一，增加日本银行准备金账户存款余额与投资组合的再调整效果。

量化宽松货币政策最核心的内容就是确定增加日本银行准备金账户存款余额的目标值，通过市场操作手段实现这一操作目标。准备金账户存款余额的增加，会产生和扩大超额准备，即增加基础货币的供给。但是前面已经讲过，由于受到"零利率限制"，它不能经由利率通道降低长期利率和增加货

[①]　从理论层面上对量化宽松货币政策效果的总结，参考了较多的文献。主要包括：白川方明『现代金融政策：理論と実際』、日本経済新聞社、2008 年出版；田中隆之『失われた十五年と金融政策』、日本経済新聞社、2008 年 11 月出版；伊藤隆敏、H. パトリック、D. ワインシュタイン編、祝迫得夫監訳『ポスト平成不況の日本経済』、日本経済新聞社、2005 年出版。

币供给量，实现放宽金融和刺激经济景气的目的。但是充裕的超额准备金作为商业银行的资产，是无利息的，而且也不是有义务必须持有的。因此，理性的银行家，会将其一部分用于贷款或购买有价证券以获取利息。商业银行的这一行为将增加贷款并创造存款货币，进而增加货币供给量。这种放宽金融的作用就称为投资组合再调整效果。

第二，购买特定的资产及市场操作期间的长期化产生的降低长期利率的效果。

量化宽松货币政策将日本银行准备金账户存款余额取代银行间拆借利率作为操作目标，而且在操作手段上也不再继续沿用买卖短期债券的传统市场操作手法，而是运用了买断长期国债的非传统市场操作。由于短期利率为零，通常的以短期债券为对象的公开市场操作已经没有意义，而长期利率尚有下调空间，所以通过买入长期国债，改变市场中长短期国债的数量结构，提高长期国债价格即可促使长期利率下降。当然，这一政策效果预期，是以利率的期限结构理论中的市场分断假说为前提的。不同期限的金融商品市场由于存在市场的分断，不同期限金融商品之间无法套利。因此短期利率的低下无法影响长期利率，需要直接对长期利率进行调控。而购买长期国债，可促使长期利率下降。[1]

第三，政策公约与"时间轴效果"。

量化宽松货币政策的一个重要内容，是规定了解除该政策的条件，即约定该政策一直持续实施到"消费者价格指数（除生鲜食品之外）的变化率稳定为正"，表明消除通货紧缩的目标是该政策的终极目的。这就是所谓的"政策公约"。这一公约并不像其他政策内容那样具有实质性，但是将其作为政策的重要构成推出，并非只具有表面的、形式上的意义，其背后也存在着特定的作用机理和政策含义。

对政策实施的持续性条件做出约定，其作用效果被称为"时间轴效果"，即随着政策实施时间的延长，政策效果逐渐渗透并实现最终政策目标。其内在的作用机理在于政策公约对预期的改变，这一作用是以利率期限

---

[1] 对于购买长期国债这一市场操作的放宽金融效果，也有人从不同的角度给予了解释。岩田规久男认为，传统的公开市场操作供给的是短期基础货币，不久就会被收回，而购买长期国债操作则供给不需要返还的长期基础货币，会增加货币供给量。对此观点，小宫隆太郎持反对意见。

结构理论中的预期假说为前提的。这一理论认为，在市场套利机制的作用下，长期利率等于现实的短期利率与未来各时点预期短期利率的平均值，也就是说人们的未来短期利率预期决定了长期利率的走向。对政策的持续实施条件做出约定，尽管不能改变现在的短期利率，但是寄希望于它能够降低人们对将来短期利率的预期值，从而降低现实的长期利率。量化宽松货币政策中的政策公约，并不是对政策实施时间做出明确的约定，而是以消除通货紧缩作为约定条件，实际上就是意味着向人们宣告，如果通货紧缩严重，那么距离解除该政策的时间也会较长，因此预期未来短期利率为零的时间也相应延长，于是导致短期利率下降。反之，若通货紧缩很快会被克服，那么未来短期利率预期为零的时间会缩短，长期利率将提高。

第四，量化宽松货币政策的日元贬值效果。

通常而言，宽松的货币政策除了具有影响国内投资、消费的直接扩张效果之外，还有另外一种间接的扩张效果。在货币政策影响下，国内金融市场利率降低会使本国货币需求减少，因而使本币贬值，因此产生扩大出口、刺激经济的积极效果。在讨论日本量化宽松货币政策的效果时，并没有将经由日元贬值刺激景气复苏这一作用纳入其范围之内，但是作为被认为理论上存在的这一影响途径，在实际上是否发挥作用，还是成为人们讨论的重要话题。通常称这一作用为"日元贬值效果"，其作用机理和效果的大小往往是与日本政府实施的外汇市场干预方式联系在一起的。

政府为了实现调整货币汇率的目标，通常实施买卖外汇干预外汇市场的外汇干预政策。在干预外汇市场买卖外币时会发生本币供给的变化。当货币当局为保持货币供给不发生变化而采用其他操作手段冲销因外汇干预引起的货币供给量变化时，这种外汇干预被称为"冲销干预"；相反，任由货币量变化而不进行冲销的外汇干预被称为"非冲销干预"。很多学者认为"非冲销干预"比"冲销干预"在促进本币贬值、放宽金融等方面有更好的效果，主张在实施量化宽松货币政策的同时，采取"非冲销外汇干预"。

关于"非冲销外汇干预"政策的效果，存在着很大的争议。浜田宏一在《东洋经济周刊》杂志上撰文，最先提出了实施"非冲销外汇干预"的主张。随即，小宫隆太郎和日本银行研究员翁邦雄等人相继发表文章，对浜田的观点给予反驳。日本银行的相关人士认为，教科书中对"冲销外汇干预"和"非冲销外汇干预"所做的区分，与中央银行货币政策的现实模式是不兼容的。在既定的货币政策目标下，外汇干预处于从属地位，是服从于货币政策目标的。在不对货币政策做出变更时，实施的外汇干预必然是"冲销干预"，对两者做出区别是没有意义的。要想实施"非冲销干预"，必须要调整货币政策的操作目标。对此，其对立派则认为，在"零利率约束"条件下"非冲销式外汇干预"具有放松金融的政策效果，并不对货币政策的操作目标构成冲击。而且超宽松的货币政策和外汇干预政策的相互配合，可以实现诱导日元贬值、进一步放宽金融进而刺激经济的政策效果。

本节的表 7 - 5 总结了 1999—2006 年日本银行实施的非传统货币政策的具体政策措施。在 2001 年 3 月以前，全部金融机构在日本银行账户的存款额在 4 万亿日元的水平上变化，这一数额是与法定的必要存款准备金额相吻合的。2001 年 3 月以后，将日本银行账户存款余额目标提高到大幅度超过法定存款准备金额以上的水平，实施了通过公开市场操作供给充裕资金的货币政策。最初设定的日本银行账户存款余额目标是 5 万亿日元，但是其后不断提高，到 2004 年 1 月 20 日已经增加到 30 万亿—35 万亿日元，扩大了 6—7 倍。在供给资金市场操作方面，买入长期国债成为对日本银行账户资金长期而且稳定的供给手段。2001 年 3 月，长期国债的买入规模仅为 4000 亿日元（月额），以后逐渐提高，2002 年 11 月以后，达到了月额 1.2 万亿日元的水平。尽管政府和很多学者、研究者要求进一步增加长期国债的买入额，但是日本银行认为再增加是不合适的，并设置了以日本银行券余额为上限的长期国债余额这一约束条件。

2008 年秋美国金融危机快速在全球蔓延，多国央行都采取了积极的货币政策对策，日本银行也迅速地采取紧急应对措施。2010 年日本银行出台了总括性的货币宽松政策，具体内容包括：一是实施了将利率诱导目标下调为 0—0.1% 的实际零利率政策；明确宣布实际零利率政策将一直实施到物价稳定为止，即明确的时间轴效果政策。二是新建立了资产购置基金，不断增加基金额度。

2013 年 3 月，日本政府任命了积极主张实施上述政策的人选——原财务省官员黑田东彦为新一届央行行长，"通货再膨胀派"的代表人物岩田规久男为副行长，从而开始实施超幅度的量化宽松政策。同前一期量化宽松政策相比较，首先，这一次日本银行首度明确设定了 2% 的通货膨胀目标及 2 年达成的期限，改变了原来模糊的不确定的目标设定，这意味着日本银行正式引入了通货膨胀目标政策。其次，以基础货币作为政策操作对象，大幅度增加基础货币供给。在 2013 年和 2014 年基础货币量每年增加 60 万亿—70 万亿日元，到 2014 年年末基础货币量比 2012 年增加近 1 倍。再次，在增加基础货币供给的手段上除增加了长期国债的购买额度和期限更长的品种之外，还开始购入非国债资产（ETF 和 J - REIT）等。大量购入其他资产使得央行持有的资产结构发生变化，这一政策也被称为"质化宽松政策"。所以新的政策成为包括量化和质化的"双化宽松政策"①。

三 量化宽松货币政策的效果分析

量化宽松货币政策是在金融危机及其引发的经济停滞、通货紧缩等特殊条件下实施的特殊的货币政策。日本从 2001 年开始实施这一政策，一直持续到 2006 年政策实施公约实现之后才宣告结束。这期间，日本宏观经济、物价等都发生了很多变化。那么，如何认识或评价作为特殊货币政策的量化宽松政策的经济效果呢？货币政策对于总产出和物价等宏观经济指标，产生了什么样的或者起了多大的作用？对于日本经济摆脱长达十余年之久的长期经济停滞，起到了什么样的积极作用？更为重要的是，在理论上被肯定或者受到支持的关于量化宽松政策的作用机制，实际上是否能够得以认可？这些问题应该说都是关于量化宽松政策实证分析需要回答的。下面对日本这一时期实施的量化宽松政策进行实证分析，以揭示其实际的政策效果。

（一）已有研究成果综述

正是由于对量化宽松货币政策的作用存在着较大的争议，所以该政策实施不久，政策效果的实证分析就成为该项政策相关研究的热点。特别是在 2008 年美国次贷危机引发了全球性金融危机，使得欧美国家也实施了特殊的非传统的货币政策，这再次引起了对日本量化宽松货币政策实践的关注与研究。应该说，对于量化宽松货币政策的实证研究，已经有很多成果。但是，不同的研究侧重点不同，采用的方法也不同。更为重要的是，不同研究

---

① 郭可为：《黑田东彦的"双化宽松"政策的特点与效果考量》，《日本研究》2013 年第 2 期。

所得出的结论也是不同的，也就是说不同学者的研究对于该政策的实际效果是存在不同的认识的。鉴于此，下面对主要的相关研究文献做以简要的综述，一方面是介绍相关研究的现状、研究方法，另一方面是为下面展开的进一步分析提供基础。日本学界的相关研究可以主要总结为以下四个方面。

第一，关于量化宽松货币政策效果早期实证研究成果的调查。

由于日本国内外学术界对日本货币政策的极大关注，在量化宽松货币政策的实施过程中，国内外学者就从微观和宏观等不同层面，对该政策进行了很多的实证分析。在 2006 年日本银行结束第一期量化宽松政策时，出于对政策效果的总结和研究的需要，日本银行研究员鹈饲博史撰文，对相对早期的关于量化宽松政策的实证研究成果进行了文献综述。这里将其要点介绍给大家。① 鹈饲将以往的研究分为两大类，分别是对量化宽松政策的效果机制的研究和该政策通过不同的路径对宏观经济产生的影响。量化宽松政策的效果机制，包括三个方面：一是持续实施量化宽松政策的政策公约在未来短期利率预期路径上的作用，其中所谓的"时间轴效果"和下调以中短期为中心的收益率曲线效果，在很多研究中明显地得到了确认。二是日本银行账户存款供给增加导致的日银资产平衡表的扩大（基础货币扩张）效果，包括两个方面：其一是资产配置再平衡效果；其二是通过短期利率路径对民间预期产生影响的信号效果。对于前者的认识存在着分歧，一些研究表明，即使这一效果存在，但是与前面的政策公约的效果相比也是很小的。后者的作用得到了肯定，主要表现为增强了金融宽松可以持续的预期。三是日本银行增加长期国债操作导致的日本银行资产构成变化的效果，也是分为资产配置再平衡效果和与将来短期利率路径相关的信号效果。对于前者在不同研究中存在分歧，而后者则被认为暂时导致了通货膨胀和升水的提高。针对量化宽松货币政策传递路径对政策效果的分析，表明量化宽松政策发挥的最大的宽松效果，在于作用于将来短期利率预期的路径上面。这说明在零利率约束的条件下，中央银行货币政策在发挥一般性效果的同时，也发挥了对民间提供货币政策信息的机能。

---

① 鹈饲博史「量的緩和政策の効果——実証研究のサーベイ」、日本銀行ワーキングペーパーシリーズ、2006 年 7 月。

第二，依据上述各种政策传递路径，分析量化宽松政策在整体上对日本宏观经济产生的效果的研究。

多数研究认为，这一政策创造了宽松的金融环境，对企业经营的复苏提供了支持。如有研究表明，在该政策作用下，持有不良债权的金融机构，在市场上筹资的利率升幅，已经缩小到了几乎不反映评级差别的程度。因此，可以将量化宽松政策的效果解释为：回避了金融机构资金运用的不稳定，维持了金融市场的稳定和宽松的金融环境，从而规避了由于企业对未来资产筹措感到不安而导致的景气、物价进一步恶化的情况。尽管如此，大多数研究认为，该政策对于总需求、物价的扩张效果是有限的。这首先表现在基础货币供给增加的效果不显著上面；其次，尽管量化宽松政策总体上实现了超过隔夜拆借利率为零即零利率政策的金融宽松效果，但是它对总需求、物价的拉升效果是有限的。

第三，关于量化宽松货币政策效果的实证分析。

前述的早期有关研究，是以微观角度研究为主，宏观角度的研究相对较少；定性的分析较多，而定量分析相对较少。后期关于量化宽松货币政策的研究则试图弥补这一缺陷，更多地从宏观角度、使用计量分析方法来分析量化宽松货币政策的实际效果。原田泰、权赫旭 2006 年在《经济讲座》杂志上发表的论文《量化宽松政策存在经济效果吗》[1]，是较早开始尝试从宏观和数量分析角度分析量化宽松政策效果的文章。尽管该文使用了较为简单的模型，但是作者认为在简单研究尚未展开之时的这种尝试也是有意义的。该文章使用了向量自回归（VAR）模型，对全产业活动指数、基础货币量、隔夜拆借利率、实际出口、公共事业完成值、汇率和企业物价 7 个变量之间的关系进行了分析，分析期间选取了自零利率政策开始实施的 1999 年 2 月至 2004 年 12 月。分析结果表明，基础货币与全产业活动指数之间存在着明确的统计关系，尽管这并不意味着基础货币量的变化立即会引起全产业活动指数的变化，因为这些变量之间存在着相互的内生关系。但是，2001 年以后的量化宽松政策实施，不能否定其对基础货币发挥了能动作用，可以认为其因果关系是由基础货币指向全产业活动指数的。尽管该文没有充分地分析

---

[1]　原田泰、権赫旭「量的緩和政策に経済効果はあったのか」、『経済セミナ』2006 年 3 月号。

基础货币是经由何种路径导致产出增加的，但是分析表明基础货币的扩大，导致了出口的增加和物价的上涨。

还有很多学者也是运用 VAR 模型及其相关的分析方法，通过对日本银行长期以来的货币政策效果的比较分析，探讨 20 世纪 90 年代初以来所谓的"超宽松货币政策"的经济效果。金能斗试图通过论证不同时期货币领域与实体经济之间发生的结构变化，并在此基础上进一步论证 90 年代以后实施的"超宽松货币政策"失效或者效果很小。[①] 金的研究在方法论上是非常有意义的。但是需要注意的是，他尽管也将"量化宽松政策"的经济效果作为分析的对象，但是从其研究的时期和主题看，并不是以分析量化宽松政策的效果为主，而是以分析 90 年代初以来日本货币政策失效为主的。所以其得出的政策失效的结论尽管涵盖了量化宽松政策实施期间，但是分析的重点并不是这一政策，而是 90 年代初以来一贯的宽松货币政策。

第四，国际金融危机发生以来对量化宽松政策的重新关注。

2008 年下半年美国次贷危机深化，引发了全球性的金融危机和经济衰退。为应对金融危机带来的深度经济衰退，以美国为首的西方主要国家纷纷采用了特殊的政策，救济金融机构和在国家经济中占据重要地位而濒临倒闭的大型企业，谋求宏观经济的稳定和复苏。量化宽松货币政策就是特殊的宏观经济政策的构成之一。早在 21 世纪初日本在金融危机的条件下推出了这一特殊政策，由于危机的影响主要局限在国内，这一特殊政策在国际上并没有受到大的重视。但是这次在波及全球的金融经济危机背景下，美欧国家普遍推出的这一特殊政策，受到了广泛的关注并掀起研究热潮。由于日本已经有了量化宽松政策的实践，所以很多学者是从理论和实践两个方面，对美日量化宽松政策进行比较，剖析这一政策的作用机制和实际效果的。

主要是由于美国政策实施的影响，中国学者很快开始了对量化宽松货币政策的研究。如鄢头等人的文章，对量化宽松货币政策的目标设置、运作模式、退出机制等方面进行了分析，并对其政策效果进行了综合评价。[②] 张晶在题为《定量宽松还是信用宽松？——基于伯南克货币救济政策创新的思

---

① 　金能斗「超金融緩和政策の効果について」、愛知学院大学『商学研究』第 47 巻第 1、2 号。

② 　鄢头等：《"定量宽松"：金融危机中的非常规政策手段》，《西南金融》2009 年第 9 期。

考》的文章中，对美国和日本在不同时期实施的特殊的货币金融政策进行了详细的比较分析。[①]

在国际金融危机爆发初期，一些日本人士就曾经撰文指出日本的金融危机治理实践，为这次国际金融危机治理提供了经验。后来也出现了许多以美国实施的非传统的货币金融政策为参照，对日本量化宽松政策的机理和效果做进一步分析的研究。日本财务省财务综合政策研究所编辑发行的学术期刊《财经评论》，于 2010 年第 1 号编辑出版了题为《通货与短期金融市场》的专辑，收录的几篇论文都是专门研究日本银行实施非传统货币政策时期日本短期金融市场的状态和货币政策的影响的。[②] 如担任上述期刊专辑责任编辑的东京大学福田慎一教授的文章《非传统的金融政策——零利率政策与量化宽松政策》，从零利率政策和量化宽松政策之间的差别的角度，分析了非传统货币政策的作用机制和效果。该文认为量化宽松政策作为极端的货币政策，降低了市场流动性风险及信用风险，其结果作为放宽信用的政策有助于改善整体经济绩效，这种可能性是比较大的。该专辑刊载的本多佑三等人的文章《量化宽松政策——基于 2001—2006 年日本经验的实证分析》，是一篇较为规范的分析量化宽松政策效果的文章。文章选择 2001 年 3 月—2006 年 2 月即日本银行实施量化宽松政策时期的统计数据作为样本，应用标准的 VAR 方法，分析了量化宽松货币政策的效果。

上面对量化宽松政策效果的已有研究成果进行的综述，尽管不很完全，但是从中还是可以看出相关研究的概貌。首先，在政策实施的早期，相关研究大多是以微观层面的和机制分析层面的质的分析为主，数量研究较为薄弱；其次，在后来的研究中，这一弱点得到了加强。但是由于采用的方法不同，选取的研究样本不一，所以在研究结论上出现了较大的差异。这也是迄今为止存在着对政策效果的肯定认识和否定认识的原因。下面笔者借鉴以往的研究，使用向量自回归（VAR）模型和与特定政策实施期间相对应的样本区间，分析量化宽松政策的效果。

---

① 张晶：《定量宽松还是信用宽松？——基于伯南克货币救济政策创新的思考》，《国际金融研究》2009 年第 11 期。

② 财务省财务综合政策研究所『フィナンシャル　レビュー』、2010 年第 1 号（通卷 99 号）。

（二）分析模型及样本选择

分析宏观经济政策效果的传统方法，是使用以凯恩斯主义理论为基础的宏观计量经济模型。但是，这一方法在 20 世纪 70 年代因其分析失效而遭到摒弃。理性预期经济学的创建者之一卢卡斯认为，宏观计量经济模型是建立在政策制度稳定不变的假定之上的，没有考虑到政策制度结构的变化对人们预期及行为的影响。而实际上模型中的参数是随着人们对未来的预期的改变而变化的。这就是所谓的"卢卡斯批判"。时间序列计量经济学的发展，产生了以变量的前期变化来说明当期变量的时间序列模型，多变量时间序列模型即向量自回归（VAR）模型就是其代表。

简化型 VAR 模型可以表示为：

$$y_t = c + A_1 y_{t-1} + \cdots + Ap y_{t-p} + ut \quad \text{或} \quad A(L)y_t = c + u_t \qquad \text{（公式 7-6）}$$

y_t 为 k 维变量向量；p 为滞后阶数；A_i（$i = t-1$，$\cdots$，$t-p$）为 $k \times k$ 矩阵；c 为常数向量；u_t 为 k 维扰动向量，是白噪音向量；A（L）为滞后算子 L 的 $k \times k$ 的参数矩阵。

由于这一模型不含有施加限制的外生变量，所以又称为非限制性向量自回归模型（unrestristed VAR）。显然，这一模型是用变量的滞后值来说明当期值的决定，没有考虑变量当期值之间的关系，而是将当期变量间的关系隐含在干扰项之中，不考虑变量当期值之间的关系，也就是完全脱离了经济理论，单纯用数据来说明。

VAR 模型通常是用脉冲响应函数来考察某一个变量的冲击对经济产生何种影响。如将利率作为货币政策变量分析政策效果时，就是对利率的干扰项给予一定的冲击，分析这一冲击如何通过 VAR 模型中变量之间存在的动态关系，波及各变量。

与前述的研究成果相比，本书对日本非传统货币政策的实证分析，其特点主要在于：第一，比较分析，首先是对 1999—2013 年零利率政策和量化宽松政策实施期间政策效果的总体分析[①]；其次是对 2009—2013 年日本量化宽松政策实施效果的分析。如前所述，国际金融危机之后特别是在安倍经济学

---

① 尽管其中有一段时间日本退出了量化宽松政策，但是这一期间的货币政策并不是非常紧缩的，所以将其包含在内不会对分析结果产生太大影响。

主导下的"超量化宽松政策"，不论是政策结构还是力度同前期相比都有了很大的变化。通过全时期及后期的比较分析，可以显示出不同政策效果存在的差异。第二，是在分析货币政策对宏观经济产生的影响的基础上，加入金融变量分析政策效果的具体传递路径。[①]

关于总体的货币政策效果的分析，采用三变量向量自回归模型［VAR（3）］，使用的是产值、物价这两个宏观经济指标和货币政策变量。以工矿业生产指数（Y）作为产出指标，物价指标采用消费者价格指数（P），基础货币量（M）作为货币政策的代理变量。样本为月度数据，期间为1999年1月至2013年12月。变量的顺序依次是$Y \rightarrow P \rightarrow M$。

为了分析货币政策的传递路径，本书采用四变量VAR模型，即在前面的三变量模型中逐一加入金融变量，选取的变量是汇率［日元对美元实效汇率（E）］、股票价格（PS）和长期利率［十年期国债利率（R）］。[②] 分析基础货币供给冲击对这些金融变量产生的影响及它们对生产和物价的影响。对样本数据进行单位根检验，结果部分序列存在单位根，差分后不再存在单位根，因此采用差分模型。

（三）实证分析结果

1. 全时期（1999年1月—2013年12月）货币政策效果分析

首先不考虑货币政策传递路径，直接分析政策变量冲击对宏观经济变量的影响。估计由工矿业生产指数（Y）、核心消费品价格指数（P）和基础货币（M）构成的三变量向量自回归模型［VAR（3）］，滞后期为12个月。

图7－2是工矿业生产指数、消费者物价和基础货币量构成的三变量VAR模型的脉冲响应函数（三变量VAR模型应有9个脉冲响应函数，受文章篇幅的限制，只报告部分结果，下同）。首先，货币政策冲击对产出存在正的影响，但是影响是不显著的；其次，货币政策冲击对物价的影响尽管不

---

① 在早期完成的国家社科基金最终成果中，只对2001—2006年日本量化宽松货币政策的政策效果进行了实证分析。后来由于日本在2009年再次启动量化宽松政策，并成为日本宏观政策的重点，因此将分析期间扩展到2013年。该研究已在另一篇论文中发表。参见崔岩《日本非传统货币政策的理论机制与效果——基于VAR模型的实证分析》，《日本学刊》2014年第6期。

② 基础货币量、日元兑美元实效汇率、股票价格和十年期国债利率的统计数据均来自日本银行网站，其中汇率为月度平均值，其他为月末值。工矿业生产指数、消费者价格指数的统计数据来自日本总务省统计局网站"长期经济统计"项目。

稳定，但是有较长时间的正影响，货币政策调整经过一段时间的时滞（4期）后开始显现政策效果。对上述结果可以解释为，物价对货币政策正向冲击在第4期之后转为物价提高，应该是货币供给增加导致需求扩大的结果。生产对货币政策冲击的响应不显著，说明日本非传统货币政策主要影响物价，对产出的影响是微弱的。货币政策的主要目标是以稳定物价为主，这与日本银行政策制定的实际是相符合的。

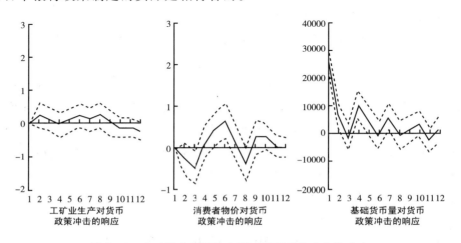

图 7 - 2　全时期宏观经济变量对货币政策冲击的响应

　　在上面的三变量 VAR 模型中逐次加入三个金融变量，分别是日元兑美元实际实效汇率（E）、股价 [日经平均股指（PS）] 和长期利率 [十年期国债收益率（R）]，可以分析这些变量对货币政策冲击的反应。分析结果表明，对货币政策施加的冲击对日元汇率和长期利率的影响都是不显著的。但是货币政策冲击对股价有显著的正向影响，而股价提高在一定程度上促进了产出的增长，而对物价变动的影响是不显著的。这表明，在货币政策的诸多传导路径中，只有股价这一路径发挥了一定的作用。但是这一作用只表现在景气复苏上，而非消除通货紧缩上面。

　　总之，日本是从 20 世纪末开始长期实施非传统货币政策。从总体上看这一政策无论是对促进景气复苏还是提高物价、消除通货紧缩，都有一定的作用。但是从长期看，非传统货币政策冲击的作用路径是比较模糊的，没有呈现出清晰的长期有效的政策传导路径，对股价、长期利率和日元汇率等主要金融变量存在的有限影响，都限于短期。这说明非传统货币政策存在着很大的局限性。

2. 超量化宽松货币政策（2009 年 1 月—2013 年 12 月）的效果分析

这里的模型构造与前面相同，同样做两种模型分析：一是三变量 VRA 模型，分析货币政策的总体经济效果；二是在前一模型的基础上依次加入金融变量，分析货币政策的传递路径。

如图 7 - 3 所示，2009 年以后的量化宽松货币政策实施期间，两个宏观经济变量对基础货币量的脉冲响应函数，大体与前面全时期是相似的，即产出和物价都在一定程度上对于正的基础货币供给产生冲击，有正向的反应。不同的是，后一时期物价对政策冲击的反应更为明显。

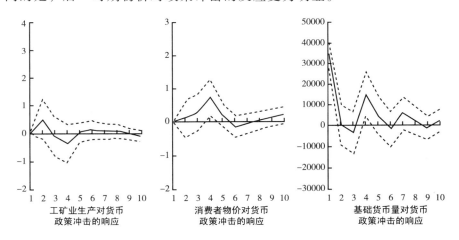

图 7 - 3　后半期宏观经济变量对货币政策冲击的响应

与上述的整体政策效果相对应的，是金融变量对货币政策变量冲击的反应。图 7 - 4 是在前面的三变量 VAR 模型中依次加入金融变量［日元的实效汇率（E）、长期利率（R）和股价（PS）］，构成的四变量 VAR 模型的脉冲响应函数。三列图形分别是三个 VAR 模型的分析结果。首先，第一列的第一图是日元汇率对基础货币量冲击的脉冲响应。可以看出在正的基础货币冲击下，日元汇率上涨说明量化宽松政策具有日元贬值效果。该列的下面两个图是产出和物价对汇率冲击的响应。产出对日元汇率冲击的反应不明显，但是物价的反应是正向的，即日元贬值在短期内可以导致物价上涨。第二列图

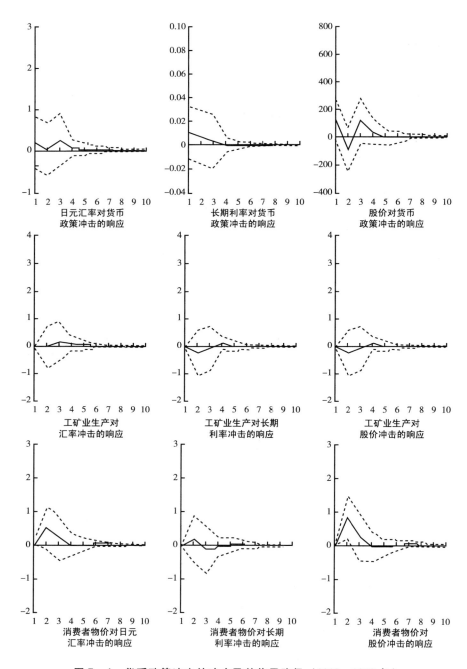

图 7－4　货币政策冲击的响应及其传导路径（2009—2013 年）

表明，长期利率对于货币政策变量的冲击的反应是正向的，说明货币政策没有产生降低长期利率的作用。第三列图是股票价格对基础货币冲击的反应。对货币政策施加正的冲击经过一定的时滞后会导致股价上涨，后者在一定时期内会促使物价上涨。

上述两个方面的分析结果表明，2009—2013 年日本银行实施的量化宽松货币政策，同前面的关于全时期的分析相比，有更为明显的效果。货币政策冲击对产出、物价产生的影响，不仅仅停留在直接作用上面，而且表现为具有较明晰的货币政策作用的路径传递。量化宽松政策一方面通过日元贬值带动出口，促使物价上涨；另一方面导致股价上涨，带动产出增长。

传统货币政策在遭遇"零利率约束"难以为继且出现深度金融危机的情况下，日本银行实施了非传统货币政策。这一政策的主要机制表现在传递路径的扩展上面。本书对货币政策传递路径的实证分析主要集中在货币政策的利率路径、资产路径和汇率路径方面，特别是前两者与非传统货币政策的两个理论效果——"时间轴效果"和"投资组合再平衡效果"相对应。上述的分析结果表明，货币政策冲击对股价的影响是正的，尽管在全时期是不显著的，但是后半期是比较明显的，这同"投资组合再平衡效果"是相符合的。全时期中长期利率对货币政策冲击的响应是不稳定的，后一时期则在短期内出现了上升。这与"时间轴效果"是不一致的。这一点可以用投资者的"投资组合再平衡"行为来解释。包括民间银行在内的机构投资者从央行获得追加货币，在国内金融市场生息资产收益率接近零、股票价格低迷、国内金融资产收益低于海外金融资产收益以及银行有大量不良债权的情况下，投资者会减少持有贷款等生息资产，增加股票及外国资产的持有比例，结果导致股价提高、长期利率上升和日元贬值。

前文的实证分析结果表明，在全部期间内，非传统货币政策对于促进景气复苏、提高物价、消除通货紧缩是有一定效果的，但是其政策效果并不是非常显著。这说明作为在特殊经济条件下实施的特殊货币政策，从长期看其政策机能是存在界限的。对后半期政策效果的分析结果表明，政策效果存在着相似性，但是后期的效果明显地好于全时期，也存在着相对清晰的政策传递路径。这一结果对量化宽松政策的理论效果有部分支持。

对于不同时期政策效果存在的差异，可以做如下解释：自 20 世纪末以来，在是否实施特殊的非传统货币政策方面，日本银行一直都处于中立甚至是消极的立场，在政策的系统化和政策力度上都存在不足。后半期在"安倍经济学"主导下的超量化宽松政策，在政策体系和政策力度上都远远超过前一时期，具体内容在前文已经做了详细的论述。

小　　结

在二战后的经济发展过程中，日本的货币政策随着经济发展阶段的演进发生了很大的变化。在 20 世纪 50—60 年代的赶超发展时期，货币金融政策是为经济增长和产业结构的升级服务的。尽管它在一定程度上也发挥着稳定经济的作用，但更主要的是通过利率限制、贷款管制等手段，影响资源的配置，从而为产业结构的加速升级服务。70 年代中期特别是 80 年代，随着金融自由化的大幅度推进，日本金融市场不断放宽管制，货币政策的发挥余地也不断地扩大，政策的实施得到了很大程度的规范。

直到 20 世纪 90 年代末期，日本银行一直实施以短期利率为调控对象的货币政策。这一政策由于存在着多种较长的传递路径，其效果受到多种因素的影响。对 80 年代和 90 年代的货币政策效果进行的实证分析的结果表明，两个时期的货币政策由于存在结构性的变化，使得后一时期政策效果出现了减弱或失效的可能。这与金融系统的不稳定导致信用紧缩、通货紧缩条件下长期利率难以下降等现实情况是相吻合的。

在金融危机爆发、经济衰退深化的情况下，日本银行实施了零利率政策、量化宽松政策等非传统的货币政策。量化宽松货币政策即以商业银行在日本银行的准备金账户存款余额取代了传统政策中的拆借市场利率，并以此作为操作目标，日本银行公布增加日银账户存款余额的目标值，通过购买长期国债的市场操作手段实现该操作目标，以此增加货币供给，并约定该政策的实施将一直持续到消费者价格指数变化稳定为正的情况出现。它是一种在非常时期实施的强力实现货币扩张的政策。在理论上，量化宽松政策的效果被归纳为几个方面：（1）增加日本银行准备金账户存款余额与投资组合的再调整效果；（2）购买特定的资产及市场操作期间的长期化产生的降低长期利率的效果；（3）政策公约与"时间轴效果"；（4）量化宽松货币政策的日元贬值效果；等等。关于该政策实际实施的效果，在政策实施过程中存在着不同的意见。随着政策实施的结束，各种实证研究进一步使该政策的实际效果明朗化。在借鉴其他研究成果的基础上，本书构建了向量自回归模型（VAR 模型），对日本量化宽松货币政策整个实施过程的经济效果进行了分析。结果表明，尽管该政策以调控总需求实现经济景气复苏和抑制通货紧缩作为主要目标，但是实际的政策效果更多地表现在前一个方面，即对日本经济摆脱长期停滞发挥了积极作用，对抑制物价的下降和影响日元汇率的效果并不明显。总的来说，非传统的货币政策的实施，对日本经济摆脱长期的金融萧条还是起到了积极的作用。正是在该政策的实施期间，日本告别了长期经济停滞，回归了正常的经济增长轨道。日本在 1998 年金融危机发生之际就实施的量化宽松的货币政策，对 2008 年美国在爆发严重的金融危机、经济急速衰退的情况下，采取积极的危机治理对策和非传统的宏观政策调控经济，极具启示意义。

第 八 章

平成日本经济的再审视

本书书名使用了不为国人所熟知的"平成"这一日本特有的纪年，没有对日本经济发展史做以交代，也没有讨论平成时期日本社会经济发生的重大结构变化，可能会给部分读者从整体上了解日本社会经济发展带来困难，因此笔者增补本章，对昭和后期以来日本社会经济发生的重大转型与"失去的 20 年"的真实状况、日本社会经济的主要结构问题、中日经济比较等做一简要的分析。

第一节　日本社会经济的阶段性转型与
"失去的 20 年"

2008 年秋，发端于美国的金融危机，给世界经济特别是发达国家的经济带来了巨大的冲击。在此影响下，欧洲经济发生了欧债危机等一系列问题。日本经济更是遭受了世界经济萧条和东日本大地震的冲击，陷入了"双重危机"状态。自平成泡沫崩溃之后，日本经济陷入了长期低迷，这段时间被称为"失去的 20 年"。以前对日本经济进行研究时特别是对前 10 年即"失去的 10 年"相关问题进行研究时，由于在同一时期世界上没有发生相似的或相近的现象，所以研究者大多将其作为日本特有的问题来看待。本书也是以 20 世纪 90 年代日本经济问题为研究重点，主要研究了 20 世纪 90年代导致日本经济停滞的主要原因，包括泡沫经济崩溃、不良债权与金融危机、通货紧缩与宏观政策失误等。进入 21 世纪之后，尽管日本经济出现了一定程度的恢复，但是与人们的预期还有很大差距，因此有了"失去的 20

年"之说。世界经济危机的爆发及发达国家经济的困难，又引发了从发达经济发展的共性出发对平成时期日本经济的重新讨论。

一　从昭和末期到平成时期日本社会经济的阶段性转型

1989 年 1 月日本裕仁天皇（昭和天皇）去世，新天皇即位，改年号为"平成"。延续了 64 年之久的昭和时代宣告结束，日本进入了平成时代。如前文所述，在平成时期的前几年和平成时期开始后的十几年内，日本经济乃至整个社会发生了转折并出现了长期的经济停滞，这也许是一种机缘巧合，但是社会经济发展的转型却赋予了其特定历史时期的重要意义。

（一）昭和时期日本经济的简要回顾

日本结束明治维新建立现代国家以来，经历了明治、大正、昭和和平成四个以天皇年号为表记的时期。在这 130 多年即日本实现现代化的漫长征程中，每个历史时期都有着不同的发展内容。延续时间最长的昭和时期，经历了日本现代化过程中最大的波动。日本发动的对亚洲国家的侵略战争，不仅给亚洲国家带来了严重的伤害，而且也使日本的现代化进程一度中断。在经济发展方面，昭和时期的日本正是实现重工业、化学工业化的时期，特别是在二战之后，日本通过实现重工业、化学工业化再度崛起，成为世界经济大国。

在第一次世界大战前后，日本还处在典型的轻工业发展阶段。利用第一次世界大战欧洲国家撤出亚洲市场的机会，日本在战争期间大力推动轻工业产品的出口，获得了巨大的收益。到了昭和初年，在前期资本积累的基础上，日本开始进入重工业发展阶段，特别是在 20 世纪 30 年代，在战争准备的带动下，日本的重工业获得了长足的发展。二战失败使日本的工业化发展严重受挫。战败后日本的产业资本遭受了巨大损失。但是经过近十年的战后经济恢复，在 20 世纪 50 年代中前期，日本再次步入重工业、化学工业发展阶段，并实现了持续的高速增长。1970 年前后，日本成为当时的世界第二经济大国和先进的工业化国家。

整个昭和时期是日本近代史上的发展时期，也用"发展主义""产业社会"等词语来概括该时期日本的社会性质。在二战后特定的国内外条件下，日本政府专注于现代产业的发展，大力推进工业化和经济现代化，突出地表现了上述性质。后发国家利用自身的比较优势，通过引进技术实现经济发展，是发展时期的含义，而发展国家还意味着为追求发展目标建立了一整套制度体系。日本作为东亚的发展主义国家，二战后将经济发展作为国家的最高目标，专注于现代产业的发展和通过高资本积累实现高速经济增长，从而使昭和后期的日本又表现为典型的"产业社会"，其特点是：国家致力于产业经济发展和追求高速经济增长，形成了大量生产、大量消费的社会生产生活方式。另外，此时的日本忽视了社会基础和民生条件的改善。与高速发展的产业经济相比，农业、中小企业发展滞后，生活基础设施建设欠缺，国民难以获得经济增长的利益，这些被视为产业社会或发展社会的主要特征。

随着工业化和富裕国家目标的实现，出现了新的社会需求，这也促使社会发展朝着更高级的目标迈进，从此日本开始向成熟化阶段转变，即社会经济发展从原来的差别社会、非均衡发展向公平、平等和均衡发展的方向转变。

（二）转型准备期：20 世纪 70—80 年代

日本作为后发资本主义国家，早期的工业化发展落后于先进资本主义国家。但是在二战后高速增长阶段，日本大力吸收、消化西方先进技术并努力实现自主创新，使得其工业技术达到了世界先进水平，其社会经济发展也逐步实现了与欧美国家的同步。20 世纪 70 年代，先进国家普遍通过二战后的黄金增长期，实现了高度的工业现代化，而现代工业发展积累的各种社会矛盾，使西方国家出现了进入后工业化时代的共同趋势。

20 世纪 70 年代初，英国诺贝尔物理学奖获得者、著名的未来学家丹尼斯·加博尔（Dennis Gabor）提出了"成熟社会"理论。他认为：所谓的成熟社会，就是即使人口及物质消费停止增长，生活质量也可以得到改善的高水平的物质文明的和平社会。其后众多西方学者相继提出了后工业化社会、信息化社会等社会发展理论，系统分析了西方社会面临的重要发展阶段的转变。这些理论也被日本学者陆续吸收，并据此对日本社会的转型进行了研究。日本学者从各个角度对日本社会的成熟化进行了研究，他们认为 80 年代中期的日本已经开始向成熟化转变。[1]

如表 8 - 1 所示，笔者总结并比较了"成熟社会"和"产业社会"的主要

---

[1]　参见王晓东《日本的成熟社会研究》，《国外社会科学》2011 年第 3 期。

特征，与前者相近的概念是"后工业化社会""信息社会"等，"发展社会""企业社会""发展型国家"等则与"产业社会"相近。两个不同的社会发展阶段在物质生产和社会制度方面存在巨大的差距。

表 8 - 1 不同社会发展阶段的特征

产业社会的特征	成熟社会的目标
以增长为前提	建立重视环境、可持续发展的制度
自然的改变、丧失	保护自然、再生、创新
巨大化、扩展	与需求相适应的集约型
经济效率、生产量的提高	生活质量的提高
划一的、标准的	多样化、个性化
生产者的角度	消费者、生活者的角度
不关心地方，以自我为中心	人与人建立感情纽带

实际上，从 20 世纪 60 年代末开始，日本政府就已经着手解决工业增长带来的各种社会问题，如治理环境污染、加强社会保障制度建设、消除不同群体之间的收入差距等，到了 80 年代在很多方面已经取得了很大的成绩。但是，向成熟社会的转型不是个自然的过程，而是一个艰难、长期的新型社会的构建过程，面临着"成熟社会病"等诸多风险。80 年代新自由主义的兴起和日本自身急速的老龄化带来了新的社会问题，加上产业社会观念的改变滞后，阻碍了日本的社会转型并产生了严重的问题。所以，这一时期应为日本社会经济发展转型的准备期。由此，日本开始了艰难的社会发展阶段的转型。

二 社会经济转型视野下的"失去的 20 年"

平成时代的开始恰逢日本经济处于泡沫状态的高峰期，并很快迎来了泡沫的破灭。1990 年前后泡沫经济的破灭，成为日本经济进入长期超低增长的转折点和重要契机。其后，整个 90 年代，日本经济经历了二战后以来未曾有过的经济困境：泡沫经济破灭导致了严重的经济衰退，不良债权难以处理并不断累积，爆发了金融危机并陷入通货紧缩状态，等等。不仅是媒体甚至包括很多学者，往往用"大萧条""大危机""失去的 10 年""长期通缩"等极为少用的词来概括这一时期的日本经济。尽管 2002—2007 年日本经济完成了不良债权的处理，并大力推进结构改革，曾一度出现了长期的景气上升，但是在这一期间经济增长率仍然较低，因此从"失去的 10 年"演变为"失去的 20 年"。怎样正确看待及理解平成时期日本的经济社会发展？在长达 20 年的时间里，日本经济究竟失去了什么？这些无疑是研究平成时期日本经济的核心课题之一。下面将从以下几个方面对此加以分析。

首先，"失去的 20 年"的真实性及其严重程度。

中国学者张季风曾撰文批驳"失去的 20 年"论，认为它是一个伪命题，他甚至认为这一论调是日本陷于发展劣势时"祭出"的"哀兵之策"。[①]对此笔者有不同的看法。第一，长期低增长是一个不争的事实；第二，平成时期以来，日本确实出现了二战后西方世界从未有过的多种特殊经济现象，其代表就是长期持续的通货紧缩现象，这成为日本经济难以克服的痼疾。这些在一定时期内存在的特有的经济现象，是学术界共同承认的并成为重要的研究对象，它们构成了"失去的 20 年"论的依据。这可能也是国际学术界对这一提法没有太多反驳的原因。

那么，"失去的 20 年"是否就意味着日本的社会经济发展在 20 多年的时间里完全处于停滞状态？答案是否定的。通过比较日本与发达国家的经济增长情况可以看出，日本的低增长只是相对的，是在发达经济体普遍低增长的大背景下出现的相对较低的增长。如图 8-1 所示，从名义 GDP 增长率来看，日本在 20 世纪 90 年代以后确实与其他发达国家有很大的差距。但是由于这一时期日本出现了通货紧缩，所以实际 GDP 增长率尽管低于七国集团（G7）的平均值，但是其差距要小很多。日本较大的增长差距主要表现在 90 年代的后半期。

其次，增长机会的丧失与社会经济结构的变化。

20 世纪 80 年代，可以说是近代以来日本经济发展的顶峰。虽然日本经济经历了 70 年代的两次石油危机的冲击，但其很快摆脱了困难局面，并取得了良好的经济增长绩效。日本产业竞争力大幅度增强，并同美国之间出现了巨额的贸易顺差。日本经济一度被认为将很快超过美国。但是以泡沫经济

---

① 张季风：《重新审视日本"失去的二十年"》，《日本学刊》2013 年第 3 期。

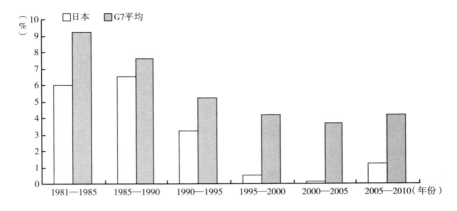

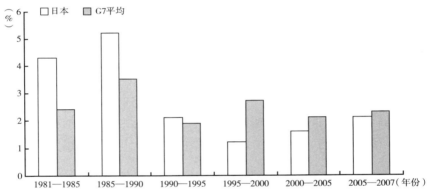

图 8－1 日本与其他发达国家名义 GDP 增长率、实际 GDP 增长率比较

注：G7 包括日、加、法、德、意、英、美 7 国，G7 平均为 7 国增长率简单平均值。

资料来源：根据 IMF，*Word Economic Outlook*（WEO）绘制，转引自片冈刚士『日本
の失われた20 年 デフレを超える経済政策に向けて』、藤原书店、2010 年出版。

破灭为转折点，日本经济陷入了长期的超低增长状态，上述情况很快成为幻
影。与日本的经济停滞或超低增长相比较，美国在 90 年代发生了被冠以
"新经济"名称的 IT 产业技术创新和制度创新，实现了持续的较高增长，因
此其很快拉大了与日本的距离。从这一角度上看，日本经济的停滞和长期超
低增长，首先应该是丧失了重要的发展机遇。

不仅如此，长期的超低增长还导致了日本社会向成熟化转型的滞后，这
不仅使其难以有效应对各种新型社会问题，而且还因为在低增长条件下雇佣
结构的变化，导致了收入分配差距的扩大和社会阶层结构的分离。

最后，长期停滞的原因之争与日本的深层结构矛盾。

随着经济长期低迷，日本各界围绕着长期经济停滞的原因展开了多场大论战，不同学派或从不同的理论角度出发，或将不同的经济现象作为分析的焦点，提出了非常多的甚至截然对立的观点。前文已经对"需求派"和"结构派"的观点及其争论做了较为系统的分析。

如果分别从供给和需求两个方面看，两大学派的研究并无错误，各自有各自的道理。日本经济增长率的长期低下，确实是既有需求不足的原因，也受到了创新不足、供给效率下降的影响，不能偏执于其中一方。现代经济中现实产出的实现，确实受到供给、需求两个方面的制约，但是两者并非是独立的，而是相互关联的。因此，必须将两者结合起来进行综合分析。凯恩斯的有效需求理论是指在没有发生技术进步等结构变化的条件下，国民总产出是由总需求决定的。也就是说，需求管理是经济学中的短期问题，而新古典经济学是研究长期问题的，"供给会自己创造需求"的萨伊定律构成了其理论基础。在长期的经济过程中，产出不受需求制约而是受供给制约。但是，当今现实的情况与新古典经济理论流行时期相比发生了极大的变化，无论是需求还是供给，都受到了很多结构性因素的影响，两者依靠结构问题联系起来。

自20世纪50年代以来，日本经济经历了高速增长阶段、稳定增长阶段和低速增长阶段，经济增长率出现了梯次型的大幅度下降（见图0-1）。其主要的原因在于社会经济发展的阶段性转变。如前所述，20世纪70—80年代，日本一方面开始向成熟社会转型，劳动力、资本等要素投入及其效率增长到达极限，必然导致潜在经济增长率大幅度下降，另一方面其又延续了产业社会的发展模式，在电子信息产业实现了创新，两者结合使其保持了相对较高的增长率。进入90年代之后，表面上是泡沫崩溃导致了大幅度衰退和超低增长，但是但其深层次原因在于社会经济发展的阶段性结构转变，即由产业社会向成熟社会转型的深化。成熟化的深入——这一社会经济发展的结构变化，不是促进增长率提高，而是使增长率降低。一方面，80年代日本发生的产业新发展在90年代不再继续，另一方面，因受到国内外各种因素包括结构因素和需求因素的影响，经济增长率下降。这可以视为日本增长率长期低于先进国家平均水平的原因。需求不足在很大程度上是由结构问题决定的,这不是短期的现象，其典型代表就是快速的人口老龄化，老龄化一方面导致消费的减少，另一方面对社会保障及国家财政造成了沉重的压力。

第二节 日本社会经济的主要结构问题

日本社会经济发展的阶段性转折，其本身就意味着发生了重大的结构性变化。在日本经济长期超低增长的过程中，有的结构问题是蕴含在上述发展阶段的转型之中的，有的则外生于阶段转型。笔者认为主要有两个问题需专门进行讨论：一是人口规模与结构发生的重大变化对社会经济产生的影响；二是由技术创新决定的生产率提高的问题。

一 日本人口变化对社会经济产生的影响

从德川幕府末期开始，日本人口除了由于二战影响出现过暂时减少之外，一直是持续增长的。但是，自 20 世纪 70 年代以来，日本进入了老龄化阶段，近年来人口又结束了持续 100 多年的增长局面，转向人口持续减少。前文分析了日本自 20 世纪 70 年代开始的向成熟化社会的阶段性转型，由于产业发展高峰的结束降低了经济增长率，社会经济发展目标从追求高增长转向了追求低增长条件下的高生活质量。恰在这一时期，日本人口数量和结构出现了重大变化，成为影响社会经济发展的重大结构性问题。

二战后，日本人口出现了两次高增长：一个是 20 世纪 50 年代的第一次生育高峰（"婴儿潮世代"）；一个是 70 年代"婴儿潮世代"进入生育期的第二次生育高峰。之后日本人口没有再出现大规模的增长，相反却出现了增长率的下降。进入 21 世纪之后，人口增长率出现了明显的下降，在 2007 年至 2010 年出现了基本持平即零增长的状态。从 2011 年到 2014 年，连续 4 年出现负增长（见图 8 - 2）。多家机构的预测表明，日本已经进入了人口减少的时代。

在总人口增速减慢乃至开始负增长的过程中，日本人口变动的最主要特征是"少子老龄化"。二战结束时，日本的老龄化率只有 5%。1970 年超过 7%，开始进入老龄化社会。之后老龄化率迅速升高，2005 年超过了 20%，2014 年达到 26%。预计日本的老龄化率将会持续升高，到 2040 年将达到

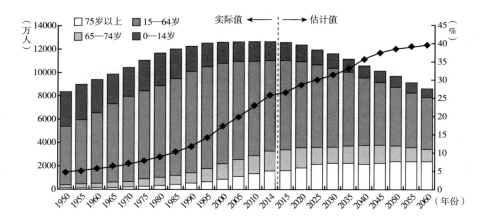

图 8 − 2   日本人口的长期变化

注：1950—2010 年人口总数中包含年龄不详者，在计算老龄化率时从分母中排除了年龄不详人数。

资料来源：2010 年まで総務省『国勢調査』、2014 年総務省『人口統計』（2014 年 10 月）、2015 年以降国立社会保障、人口問題研究所『日本の将来推計人口（平成 24 年 1 月推計）』の出生中位、死亡中位仮定による推計結果。

36%，即每 3 个人中就有 1 个是 65 岁以上的老人。由于日本人寿命的延长，老龄人口中 75 岁以上超高龄人口的比例出现了快速的增长，2014 年日本 65—74 岁人口所占比例为 12.5%，75 岁以上的老人所占比例更高，为 13.4%。

一方面是老龄人口的快速增加，另一方面则是幼儿人口的减少。从图 8 −2 可以看出，在战后的 1955 年即第一次生育高峰之后，0—14 岁人口数达到了最多，到 1975—1980 年第二次生育高峰再次增加，1985 年之后就出现了急剧的下降，日本进入了"少子化社会"。其原因：一是生育年龄人口减少；二是生育率下降。幼儿人口的减少导致了一个直接的后果，即劳动力人口（15—65 岁）的减少。90 年代中期，日本劳动力人口达到峰值，其后开始快速减少。1995 年劳动力人口数量为 8716 万人，到 2014 年已经减少到 7786 万人，在总人口中占比为 61.3%。

鉴于人口结构的上述变化，日本自称其为"人口减少·少子老龄化社会"。无疑，人口减少和快速的老龄化，使其丧失了 100 多年以来人口增长产生的"人口红利"，而二战后日本实现的高速经济增长，在一定程度上也是源于资本和劳动力的较高投入。更为重要的是，人口变化将对经济产生全面影响，从消费与投资、劳动力供给到储蓄与资本、创新等，都将受到重大的影响。这一问题虽较早就受到日本研究界的重视并得到了系统的研究，但是由于人口减少是近年来才发生的事情，且是一个长期缓慢的过程，其效果不可能很快显现，所以对人口减少产生的经济影响的研究，大多还停留在逻辑推理或理论研究的层面上。但是，人口问题无疑是日本今后面临的一个重要以结构性问题，是短期内无法改变的，只有采取适当的、有效的对策，才能避免其带来的不利影响。

与人口减少不同，日本的"少子老龄化"问题已经出现较长时间了。由于老龄化是一个综合性的社会问题，老年人的养老问题涉及医疗、养老金等社会保障和国家财政方面，其影响已经表现得非常明显，且将不断深化。下面以 2013 年日本政府推出的"社会保障与税制一体化改革"为例，对老龄化对社会保障和国家财政的影响做概要性的分析。

2012 年 1 月 6 日，日本内阁就提出了社会保障、税收一体化改革草案，并向国会正式提出了相关法案。最后经民主党、自民党和公明党三党协商修订提出了《社会保障与税制一体化改革相关法案》（以下简称《一体化改革相关法案》或"一体化改革政策"），于 2012 年 6 月 26 日、8 月 10 日分别在众议院、参议院以多数票通过。

民主党获得执政地位实现政权交替以来，面临着颇多的重大冲击：首相频繁变换导致的政局不稳，东日本大地震及核泄漏事件对社会经济产生的深刻影响，欧洲债务危机导致的世界经济不稳，等等。在面临灾区重建、复兴和摆脱长期持续的通货紧缩和不景气状态实现经济振兴等多项重要任务的情况下，日本执政党及政府为什么将当前的政策重点转向财政重建和社会保障制度改革？这主要是由日本面临的潜在财政危机和社会保障结构矛盾决定的。

20 世纪 90 年代初泡沫经济破灭之后，日本经济开始陷入长期相对停滞状态，这导致了日本财政一改 80 年代后期的良好状况，进入了恶化期。到 90 年代末期，日本金融危机导致经济衰退深化，并使财政收支进一步恶化。2002 年以后日本经济开始了新一轮的经济周期，摆脱了深度衰退局面，走向复苏。同时，小泉内阁积极推进财政、行政改革，压缩财政支出，使日本

　　财政收支状况得以好转，年度财政赤字逐渐减少。但是，2008 年成为日本财政的又一个转折点，国际金融危机对复苏乏力的日本经济产生了深刻的影响——经济衰退、失业增加、收入差距扩大等，其影响不仅停留在社会经济领域，而且通过民意反映到国家政治层面上。2009 年日本众议院大选，民主党取得选举胜利，取代了自 20 世纪 50 年代以来长期执政的自民党，日本政治史上第一次以国会选举方式实现了"政权更替"①。民主党之所以能够击败长期执政的自民党，是因为其在竞选中一反自民党实施的自由主义政策，大力倡导以建设安心社会为目标的福利社会政策，赢得了选民的支持。但是，民主党上台后具体实施的加强社会保障建设的政策，与前述的经济因素叠加在一起，进一步加剧了政府财政状况的恶化。2009 年日本的财政赤字与 GDP 之比从 2008 年的 3.8% 增至 10.5%，其后一直在接近 10% 的水平。

　　从财政收支的流量变动情况看，西方主要国家似乎都表现出了大致相同的趋势。近 10 年来日本同其他西方主要国家的差别似乎比较小。但是，90 年代日本经济经历了长期的相对停滞，经济及政策的原因使其长期存在较大的财政缺口。因此，日本债务存量即国债余额是比较多的。20 世纪末期以来，日本的债务率一直以较快的速度上升，2005—2007 年间有过放缓，2009 年之后再次加速增大。2009 年日本政府债务率就已经达到了 194.1% 的高水平，2010 年上升为 200%，2011 年达到了 211.7% 的高水平。西方主要国家这一比值大都维持在 100% 以下，只有意大利近年来保持在 126%—127%。即使是深陷债务危机的希腊，其债务率也不到 170%，其他面临金融及债务困境国家的债务率都低于意大利。目前，日本的债务率即使同战争时期以及第二次世界大战结束后等特殊时期相比，也处于畸高的水平，因此有人称之为"史上最为恶化的债务率"②。

　　从日本政府预算收支结构可以看出导致巨额财政赤字的主要原因。表 8 - 2 是 2011 年日本财政预算的收支结构。在总收入 92.4 万亿日元中，税收额为 40.9 万亿日元，在总额中所占比例为 44.3%；而发行国债筹集的资金

---

① 　毎日新聞政治部『完全ドキュメント 民主党政権』、毎日新聞社、2009 年 10 月出版、第 10 頁。
② 　鈴木亘『財政危機と社会保障』、講談社、2010 年 9 月出版、第 28 頁。

高达 44.3 万亿日元，占比达到了 47.9%。也就是说，接近一半的财政资金
是靠发行国债筹集的。日本之所以存在这么高的国债依存度，是由其支出结
构决定的。在预算支出中，用于国债还本付息的国债费每年高达 21.5 万亿
日元，占比为 23.3%。这是由于国债累计额过高所致。在总支出中占比最
高的是社会保障相关费用，支出额达 28.7 万亿日元，占比为 31.1%。地方
支付税、交付金为 16.8 万亿日元，占比为 18.2%。公共事业费和防卫相关
费用的支出占比是比较低的。从表 8－2 可以看出，国家负担高额的社会保
障相关费用是产生财政赤字的重要原因。

表 8－2　日本财政收支结构（2011 财年预算）

单位：万亿日元，%

预算收入			预算支出		
项目	金额	占比	项目	金额	占比
租税及印花税	40.9	44.3	国债费	21.5	23.3
其他收入	7.2	7.8	社会保障相关费用	28.7	31.1
国债收入	44.3	47.9	地方交付税、交付金等	16.8	18.2
			公共事业费	5.0	5.4
			防卫相关费用	4.8	5.2
			其他合计	15.6	16.8
合计	92.4	100	合计	92.4	100

资料来源：根据日本财务省『わが国の財政状況』数据整理。

　　20 世纪 60 年代后期，日本建立了覆盖全民的非常完备的社会保障体
系，并且随着社会发展水平的提高和实际需要逐步加以完善。但是，日本社
会保障制度存在着重大的内在结构矛盾。一方面，快速的老龄化、少子化等
人口结构的变化和雇佣结构的变化等，要求继续提高社会保障水平和完善结
构；另一方面，快速增加的社保支出，极大地增加了国家的财政负担，导致
了存在潜在危机的财政结构。[①] 日本财政依靠发行国债进行筹资，不仅因为
存在着数量限制而不可持续，而且因为将现代人应有的负担推给了后代
人，造成了严重的代际受益与负担的不平衡。近十年来政府负担的社会

---

　　① 阎莉：《从高龄化视角看日本社会保障与财政》，《日本研究》2006 年第 4 期。

保障支出在一般财政支出中所占的比例一直呈现出稳定上升的趋势，特别是自 2009 年民主党政权实施增强社会保障的政策以来，政府负担的社会保障支出大幅度增加，占比也有所增加，由此导致了前述的财政赤字的增加和畸高的负债率。显然，为获得民意支持而一味地增强社会保障，是不现实的。上述情况表明，日本面临着财政重建和社会保障改革的双重任务。

社会保障与税制一体化改革法案具体的改革内容包括两大部分。一是社会保障改革，包括以下几大领域：（1）构建少儿养育新体制。（2）在医疗、看护领域，其一是根据各地区情况，实现医疗、看护服务供给体制的效率化、扩大化并增强机能；其二是通过强化保险机能来加强医疗、看护保险制度的安全网机能和支付的重点化，并采取低收入者补偿对策。（3）通过改善现有制度和创设新制度推进养老金制度改革，如设立收入比例养老金方式、设立最低保障养老金制度等。（4）促进就业、实现体面劳动①。具体措施包括实施高龄和年轻劳动者雇佣对策、临时雇佣对策及雇佣保险制度。（5）加强消除贫困、缩小收入差距措施，构建多重安全网。（6）促进医疗创新。（7）加强残疾人保障措施。（8）加强对作为未来社会承担者的儿童、青年的培养。（9）综合整理包括地方单独事业在内的社会保障支付的整体状况及费用估计。

二是税收体制的根本改革。社会保障制度改革一方面是应对迅速发展的少子化、老龄化的需要，另一方面要解决现有的代际受益和负担不公平等问题。"法案"提出了建立"全世代对应型"社会保障制度，就是要求当代人增加对社会保障的负担，其手段就是通过增加国民普遍负担的税收，来保证社会保障资金的来源。而且，改革税收制度还能够消除发生财政危机的风险。《一体化改革相关法案》称税收体制改革为"向同时实现确保社会保障的稳定财源和财政健全化目标迈出的第一步"。税收体制根本改革的方向包括两个方面：第一，也是最主要的，是分阶段提高消费税率。"社会保障与税制一体化改革"大纲强调提高消费税率是出于确保社会保障的财源这一

---

①　体面劳动是国际劳工组织在 1999 年第 87 届国际劳工大会上提出的概念，意指通过促进就业、加强社会保障、维护劳动者基本权益，以及开展政府、企业组织和工会三方的协商对话，来促进劳动者在自由、公正、安全和有尊严的条件下工作。

目的，增加的税收将用于社会保障支出。具体是在 2014 年 4 月 1 日将消费税率提高至 8% ，2015 年提高至 10% 。鉴于消费税率的提高会给低收入者带来较大负担，也设定了相应的对策。第二，是对税制整体的改革。改革对包括个人所得税、法人税、资产税及地方税等在内在税制，提出了基本的改革方向和具体措施。

日本民主党内阁确定的《一体化改革相关法案》，其关键点还是在于通过增加消费税来缓解财政困境，但是日本财政问题的不断深化与人口老龄化导致的社会保障支出大幅度增加相关，而且为获得民意的支持，政府将提高税收和社会保障改革联系在一起。从这一改革政策的出台背景和改革内容看，人口老龄化已经对日本经济社会产生了比较深刻的影响。

二　经济持续超低增长的供给侧分析

本书从需求角度分析了 20 世纪 90 年代以来的日本宏观经济，且在第一章对"需求派"和"结构派"（供给派）的争论做了评析，但这并不意味着不存在供给因素对经济停滞产生的影响。相反，在社会经济结构发生重大变化的条件下，如何通过提高生产率来带动宏观经济增长率的提高，是日本实现适度经济增长面临的根本性问题。下面仍以日本学者的实证研究为例对影响经济增长的供给因素进行分析。

供给侧的增长分析，主要是通过对生产函数的估计，将经济增长率分解为生产要素投入增加和全要素生产率增长率，进而分析经济增长率变化的原因，而且这些研究不仅仅停留在宏观经济层面上，还深入到产业和企业等微观层面。深尾京司等人的一系列研究表明，在日本经济长期停滞期间，劳动力投入、资本积累和全要素生产率（TFP）的增长率均陷于停滞状态。TFP 增长率和生产要素投入增长率下降的部分原因，可以归结为泡沫经济崩溃后长期的需求不足。如在经济萧条期由于没有充分考虑资本利用率的低下和存在过剩劳动等，可能对 TFP 增长率过低评价。而且，经济萧条导致的失业率上升和设备投资的低迷，也影响了生产要素投入的增长。与此同时，从供给侧观察到的增长源泉枯竭的背后，也有一些更为长期的结构性因素在起作用。如 TFP 增长率的大幅下降，仅用需求不足是不能全部解释的。在劳动供给方面，少子老龄化、劳动时间的缩短等，都导致了单位劳动投入的减少。深尾等在题为《生产率，资源配置与日本的增长》① 一文中，通过实证研究得出了清楚的结论，对反对意见和从一般性逻辑推理得出的假说做出了否定。

文章首先从供给侧对日本与其他发达国家的经济增长进行了比较分析。依据 "JIP 数据库 2008" 的数据对日本经济的增长进行分析，其结果是：在市场经济领域，在 1970—1990 年和 1990—2005 年，年均经济增长率（实际附加价值增长率）从 4.5% 下降到了 1.0%。从供给角度看，增长减速的最主要原因是 TFP 增长率的下降。TFP 增长率在上述两个期间，平均年增长率从 2.0% 下降到了 0.6%。同时，生产要素投入的增长对经济增长的贡献也大幅度下降。尽管可能存在对 TFP 增长率的过低评价，但是仅用需求不足难以解释 TFP 增长率下降和要素投资减少的幅度。劳动方面，在少子化、老龄化的背景下，产生了劳动时间缩短等导致的单位劳动投入的减少，以及对高学历追求的弱化、熟练劳动力大规模的退休，等等。在资本积累方面，由于资本收益率大幅下降，可能预示着以往的资本积累依赖性的增长模式已经达到了界限。

在 TFP 增长率方面，实证研究的结果表明 TFP 增长率的大幅度下降，不能单纯用经济萧条和需求不足来解释。如研究开发投资和资本陈旧的影响等推断都不能成立。尤为重要的是，在主要发达国家中，除美国在 90 年代中期以后由于 ICT 革命出现了 TFP 增长率提高之外，其他国家与日本一样，都经历了 TFP 增长率的大幅度下降。经济增长率的差异在于要素投入增长的不同。

关于 TFP 增长率下降的原因，有观点认为是日本市场机制作用弱化造成的资源配置的非效率性。对此，深尾等人对产业间和企业间的生产率和结构进行了研究，结果表明：资源从高生产率部门向低生产率部门转换，只在较低程度上降低了 TFP 增长率，但不是主要原因。因此，产业内部、企业内部的 TFP 增长率的下降，才是宏观经济整体和产业整体 TFP 增长率下降的主要原因。

---

① 相关内容参见深尾京司等「生产性、资源配分と日本の成长」、深尾京司编『マクロ経済と産業構造』、慶応義塾大学出版会、2009 年出版、第 323—358 页。

第三节　国家竞争力视角下的中日经济比较

2010 年中国 GDP 超过日本，中国上升为世界第二经济大国，日本则从维持数十年之久的占世界第二的经济大国下降到了第三位。近来中国的 GDP 已接近日本的两倍。长期以来，日本在社会经济发展方面取得的成功一直是中国学习和追赶的对象。两个大国经济地位的变化，当然是在双方国家竞争力作用下发生的。但是国家总体经济规模并不等同于国家竞争力，两国由于所处发展阶段存在着重大的差异，竞争力结构也有着各自的优劣。近年来，在中国关于日本社会经济的前景和中日经济存在各种各样的观点，如有人认为日本经济长期停滞、一蹶不振，认为中国经济已经超过日本；还有人直接比较中日经济，认为中国正面临 20 世纪 80 年代末日本的泡沫经济，泡沫经济破灭将使中国经济陷入日本那样的长期停滞；等等。本节以国家竞争力比较为切入点，通过对中日两国竞争力的分析来寻找两国发展阶段的差异和它们在各个方面存在的优势与劣势。

一　日本国家竞争力状况

（一）科研、产业与社会——日本核心竞争优势解读

日本作为世界发达大国，其总体竞争力水平居世界前列，但是从竞争力指数的变化看，近年来出现了一些弱化的趋势。世界经济论坛每年发布的《世界竞争力报告》，从三个大方面（包括 12 个竞争要素），来综合分析竞争力的变化。从近年来该报告对各国的国际竞争力排名的情况看，日本从名列前茅曾一度下降到第 10 位，近两年又上升至第 6 位。中国同以往相比有了巨大的进步，近几年一直维持在前 30 名以内。日本学者小针泰介根据上述报告的分析结果，比较了在各个要素上两国竞争力的差异。如图 8 - 3 所示，在宏观经济方面日本存在着较大的问题，而在市场规模方面中国已经超过日本，在其他方面中国与日本还存在着不同程度的差距。各种不同的竞争力分析系统有着不同的指标分析体系和各自不同的侧重点，下面笔者根据自己的理解，从三个综合因素分析日本的核心竞争优势。

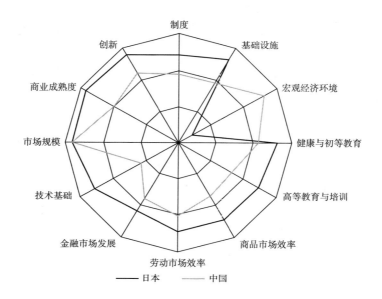

图 8 - 3　中日竞争力比较

资料来源：根据世界经济论坛《2012—2013 年全球竞争力报告》制作，转引自小針泰介『国際競争力ランキングから見たわが国と主要国の強みと弱み』、国立国会図書館調査及び立法局、レファランス、2013 年 1 月。

1. 处于世界先进水平的科技与完善的教育体系

早在 20 世纪 70 年代，日本政府就提出了"科技立国战略"，并一直采取各种具体政策推进这一战略。高水平的科学技术和教育，是日本核心竞争力的主要构成。

日本注重科学研究的发展，注重对基础研究的支持，这使其基础研究水平提升到了世界较高水平。日本 21 世纪以来的科技发展与 20 世纪 80 年代以前以技术为主体的科技发展相比，已经发生了很大的变化，这一点最显著地表现在日本研究者获诺贝尔奖人数增多上面。自 1946 年汤川秀树首获诺贝尔物理学奖以来，20 世纪仅有 5 名日本科学家获奖，但是 2000 年以后，日本获奖人数急剧增加，到目前为止有 13 人获诺贝尔自然科学奖，这反映了长期积累下日本科学研究水平的提高（见表 8 - 3）。

表 8 - 3　2000 年以来日本科学家获诺贝尔奖情况

姓名	获奖时间,奖项	学术贡献
白川英树	2000,化学奖	导电性高分子的发现与发展
野依良治	2001,化学奖	不对称合成方面的研究
田中耕一	2002,化学奖	生物高分子同定及结构解析手法的开发
小柴昌俊	2002,物理学奖	天体物理特别是在发现宇宙微粒子和探测 X 射线源方面做出的贡献
小林诚 利川敏英	2008,物理学	提出小林、川益理论及解释电荷宇称不守恒的现象
南部阳一郎*	2008,物理学奖	发现了亚原子物理学中的自发对称性破缺机制,提出了南部·约纳·拉西尼奥模型
下村修	2008,化学奖	发现绿色荧光蛋白质及其对生命科学的贡献
铃木章 根岸英一	2010,化学奖	有机合成中的钯催化交叉偶联反应
山中伸弥	2012,生物医学奖	ISP 细胞的研制

注：＊该学者获奖时为美国国籍，获得研究成果时为日本国籍。

日本的科学技术研究体制或者说科学技术创新体制，是由政府的公共科研机构和大学、企业等民间研发机构构成的。无论在研究经费投入、科研人员数量还是设施等方面，民间研究机构的力量都远远强于前者。也可以说，大学、企业等民间研究开发机构主导的应用研究和开发研究，既是支撑日本科学技术创新体制的主要力量，也是提升日本科技竞争力的主体。以大学、企业等民间开发研究机构为主体的科学技术创新体制，历来都被认为是支撑日本竞争力的核心力量，从政府到民间都对其给予了高度重视。政府通过实施科技创新政策来积极整合各种科技研究力量，推进研究开发活动。高水平的科技创新及应用与开发研究，也是日本核心竞争力的另一"项目"即产业竞争力的重要构成。

与高水准的科学技术研究相关联并为国家竞争力提供人才支持作用的，是日本完善且较高水平的教育体系。日本作为发达国家，有着高度完备的教育体系，国民教育高度普及，各层次教育都有世界高水平的入学率。

2. 高效率的经济体系与高度的产业竞争力

日本经济自 20 世纪 90 年代泡沫崩溃后，陷入了长期停滞状态。长期的经济超低增长，是否意味着日本经济已经进入了停滞不前的状态，完全丧失了竞争力呢？如前所述，导致近年来日本竞争力评价降低的主要原因是宏观经济环境的恶化，还有来自自然灾害等外部冲击的影响。从总体上看，日本经济仍然保持着较高的效率和高度的竞争力，不论是总的经济规模、人均GDP、经常收支等经济指标，还是日本国内庞大的市场规模、完善的市场制度和高度的供给能力，都可以证明这一点。

直到 2009 年，日本的名义 GDP 排名一直在世界第二位。由于早期日本的经济规模较大，尽管经历了长期超低增长，但是仍然维持着位居世界前列的巨大经济规模。近年来，日本的人均实际 GDP 有所提高，特别是由于日元升值的影响，使得以美元计算的日本人均 GDP 在世界上的排名也提前了。如 2011 年日本的人均 GDP 为 45869.72 美元，世界排名由 2008 年的第 23 位提升为第 17 位。日本作为发达国家，是成熟的消费型社会，在 GDP 构成中居民消费支出占比近 2/3，由此可见日本消费市场的巨大规模。相反，日本经济的出口依赖度相对较低，产出主要用来满足国内市场的需求。从产业结构上看，日本一、二、三次产业的附加值比例大致是 2∶28∶70，这是发达国家高效率的产出结构。长期以来，尽管日本多次面临严重的经济衰退局面，但是在很长时期内日本的经常收支都是盈余的，这也从另一个层面表明了日本产业具有较强的国际竞争力。

狭义的国家竞争力也可以说是一国产业的国际竞争力。日本一直将产业竞争力作为本国核心竞争力乃至立国的生命线。产业竞争力的核心构成要素应该包括两个方面：一是企业层面的，即企业依靠其研发创新能力累积的知识产权形成的生产差别化产品的能力；二是产业层面的，包括产业分工体系和要素供给体系。

首先，持续的大规模研究开发投入形成的技术能力和知识产权积累，构成了日本企业较强的国际竞争力。长期以来，日本企业注重内部开发研究，这不仅表现在其巨大的研究开发经费的投入上，还表现为研究成果的专利的积累及技术贸易收入等方面。从 20 世纪 80 年代开始，日本企业的研究开发投资迅速扩大，1991 年增加到 97161 万日元，是 1981 年的 2.76 倍；90 年代以后再次增加，2008 年达到了 136173 万日元，为 1994 年的 1.52 倍。在公共机构及大学研发投入增长缓慢的情况下，企业的投资比例大幅增加，由 1980 年的 60.1% 增加为 2008 年的 72.5%。持续的高额研究开发投入，使得日本的专利申请数量增加，专利使用收入也大幅度增加。据世界知识产权机构（WIPO）发表的基于专利合作协议的专利申请数量的排名，2010 年（估计值）日本的专利申请项目为 32156 项，仅次于美国（44855 项），居世界第二位。美国的申请数量在 2007 年达到顶峰后出现略微下降，与此相反，日本的申请数量则保持增势。

其次，通过国际直接投资积极构建全球化的生产网络，提高企业间生产率，既是日本产业国际竞争力的有效运用，也是进一步大幅增强竞争力的战略构成。从 20 世纪 80 年代中期开始，日本企业为回避贸易摩擦、消除日元升值导致的国内生产成本提高等的影响，开始进行大规模的国外直接投资。90 年代以后，经济全球化和信息通信技术的革命性发展，使得日本企业的海外直接投资发生了重大的变化，即由此前的被动型、战术型投资转变为主动型、战略型投资。导致这一变化的背景，一是全球的市场化和各类国家对外开放深化等制度性原因；二是自动化设计、生产和电子通信技术的大发展，消除了以前国际投资的诸多制约并降低了投资成本。日本企业实施的战略性国外直接投资，其表现是多方面的。如灵活运用以研究开发活动为基础积累的知识资产获取收益。更为重要的表现是，日本企业在亚洲地区大力构筑国际生产网络这一战略行为。这一行为不仅是要占领市场，而且在形成地区产业经济秩序和区域经济合作规则方面，更可能发挥重要作用。

3. 稳健的社会体系与有效的社会治理

日本核心竞争力在社会领域表现得更为突出，高度的社会秩序性和稳健的社会体系对于提升国家竞争力的作用不亚于日本产业经济方面具有的优势。稳健的社会基础在平时可以提高生产和社会运营的效率，在特殊时期可以有效地应对自然灾害、战争等的冲击。日本作为发达国家，具有完备的公共基础设施和高水平的社会福利体系，这些都是稳健的社会体系的重要构成要素。这里阐述的重点不是这些硬件设施，而是以高素质国民的规则、秩序意识为基础的高度的社会秩序性，多元参与体制下有效的社会治理体系下形成的社会运营的高效性及其对提升竞争力发挥的作用。

平时，社会的稳健性只是表现为良好的社会秩序和社会安全等，但是在遭遇自然灾害、战争等重大社会冲击时，才更真实地表现出社会运行的牢固基础。2011 年日本遭受了大地震、海啸和核泄漏等人类罕见的重大灾害，日本社会的表现得到了国际社会的一致好评。在经济受到毁灭性打击，交通中断，水、食品、生活用品极度缺乏的灾区，没有发生乘机涨价、囤积居奇的事情。作为"新生活基础"的便利店与电、自来水、交通、通信服务一同，以惊人的速度恢复，10 万名志愿者进入灾区，为灾民提供食品、水、生活用品及其他社会服务。在灾区，没有发生过一起强抢事件。日本政府动员了 10 万名自卫队员参与救灾，他们的任务完全是救助、救援，没有任何维持社会治安的责任。

在传统社会发展时期，社会治理完全是由政府承担的。但是近几十年来西方国家出现了市民组织等社会组织多元参与的社会治理模式。一方面是地方分权，实现治理权力由中央集权向地方转移；另一方面是社会组织多元参与地方政府的政策过程，实现有效的地方治理。在这种治理模式下，形成了不只依靠中央政府的治理，而由社会治理和政府治理相互补充、相互协调的治理机制，甚至在解决区域问题的层面上社会承担了更多的责任，这就是所谓的"小政府、大社会"体制。它同传统的只依靠政府的治理体制相比，不但减轻了政府的负担，而且更为有效地增加了社会基础的稳固性。

（二）日本竞争力的弱点

日本也存在着各种各样的问题，这些问题构成了影响其国家竞争力的负面因素。有一些是其固有的问题，如自然资源的限制；有一些是社会发展过程中形成的结构性矛盾，是现代化发展的结果，这需要进行深刻的结构改革和谋求更进一步的发展才能解决。

少子化、老龄化和人口减少导致公共财政负担不断加重，社会保障制度也因此潜藏着危机，这是日本面临的一项重大的结构矛盾，具体内容前文已经做了较为详细的分析。

影响日本社会经济发展的另一个重要因素是"成熟社会病"与制度僵化现象。日本自 20 世纪 70 年代起实现了高水准的物质生活，从追求物质条件改善转向了追求包括精神生活在内的生活质量的提高，此后逐渐向成熟社会转型。成熟社会发展阶段固然有非常好的方面，但是也存在着严重的问题。很多学者甚至更强调这一社会形态的负面影响，有日本学者将这种社会称作"各领域的成熟和显现出来的与之相应的病态发展的社会"。从绝对水平上看，日本的产业竞争力仍然在世界上居于前列，但是社会创新力的不足和企业组织存在的"大企业病"，也对其发展基础不断地进行着侵蚀。自20世纪90年代初以来，日本经历了所谓的"失去的20年"的长期经济停滞，有人就将其原因归结为"制度僵化"。

二　中日竞争力比较

（一）总体比较：中日发展阶段的差异

2010年，中国的GDP超过了日本，成为世界第二经济大国。近两年来，经济增长率的差异以及两国货币汇率的变动使中国的GDP接近日本的两倍的水平。由于中日关系恶化波及两国的经济关系，一些人认为中国经济规模已经超过日本，日本经济对中国依赖程度高于中国对日本的依赖程度，主张用经济手段制裁日本。实际上，由于中日两国处于不同的发展阶段，客观地评估两国的竞争力和实际发展水平，不能仅仅着眼于经济规模的比较以及表面上的双边贸易关系。对此，下面从社会发展阶段论的角度，对两国所处的发展阶段及发展特点进行比较分析，以此作为比较两国竞争力的基础（见表8-4）。

表8-4　中日社会经济发展的阶段性差异

	中国：产业社会	日本：成熟社会
社会经济发展重心	经济发展、经济增长	高质量社会生活的综合发展
经济特征	物质生活水平有待提高	高度的物质生活
	工业化目标尚在推进	以创新为基础的低增长（高附加值生产）
	以要素投入为基础的高增长（低附加值生产）	
	市场竞争充分、高经济活力	公共规制限制了市场竞争，经济活力相对低下
社会结构特征	社会分配差距较大	社会分配相对平等
	社会基础设施有待完善	社会基础设施高度完善
	社会保障处于低水平阶段	高水平的社会保障
社会治理	政府治理为主	政府与民间治理相结合
	以社会组织间的相互信赖和相互合作为基础的软性社会	相对较高水平的社会治理和高度的社会稳定性
	资本尚未建立，社会基础脆弱，法治体制尚在发展中	高度的法治体制和成熟的社会规则意识

（二） 中日竞争力的核心优势与劣势

由于国家竞争力强调的是发展的动力或活力，所以发展阶段的差别并不是绝对地决定国家竞争力的因素。处于不同发展阶段的国家会在不同方面有各自的竞争优势与劣势。

1. 理性看待两国的经济规模与经济增长

首先，从动态看，中国实现了持续的高速增长，并将继续维持这种增长。日本则恰好相反，持续了长期的超低增长。结果中国经济规模超过了日本，并继续扩大。中国作为发展中国家，存在巨大的经济发展空间和市场改革带来的经济发展活力，以及国内需求的快速增长，这是中国经济增长和竞争力增强的核心优势。相反，日本作为成熟国家，国内市场饱和、总需求不足，导致长期超低增长，发展活力不足。这也是导致日本竞争力下降的主要因素。但是，不能仅仅从市场规模和国内增长就简单得出结论。必须看到，日本在产业竞争力方面存在的优势，具体表现是：日本企业在海外投资和国际市场的扩张导致了日本海外资产大幅度增加和生产力的提高。日本是当今世界上的海外资产和净国际资产大国，日本企业在海外的产值已达到了国内产值五成以上的规模。考虑到日本经济的海外因素，日本的经济规模应该是其国内规模的 1.5 倍以上。可以说从市场规模看，两国各有优势。

其次，经济增长模式和技术创新方面，中国面临更大的困难。包括日本在内的发达国家，其经济增长进入了以技术创新和效率提高为基础的增长阶段，而中国作为发展中国家其经济增长仍然处于以要素投入为基础的增长阶段，在产品生产方面两者就表现为附加价值的高低差异。中国被称为"世界工厂"，向国际市场提供大量廉价商品，但是仍处于中国制造阶段；而日本企业具有的依靠技术创新提高生产差异性产品的能力，决定了其产品的高附加值。由于要素投入受到要素供给的制约，所以依靠前者的增长是有限度的。中国的进一步发展面临的艰巨任务是如何实现向创新型发展阶段的转变。

最后，尽管中国的 GDP 已经超过日本且中国将会不断拉大与日本的距离，但是在人均 GDP 这一表示社会经济效率的指标上，中国与日本还有较大的差距。这表明在生产率方面中国的竞争力还很弱。与此相关的是两国产业结构存在差异。日本第三产业比重很高，产业结构实现了高度的服务化，这也是生产率高的表现。

在经济规模决定的综合竞争力方面，由于中国尚处于工业化和城市化发展过程中，投资拉动的高速经济增长将会继续维持，在未来 20 年中国的经济规模将进一步提高，逐渐拉大与日本的距离。较大的经济发展潜力和发展空间，是支撑中国竞争力的主要因素之一。

2. 产业竞争力方面存在的较大的差距及各自的优劣

从现有的组织化程度和技术创新及经营能力方面来看，日本有较大的领先优势。日本企业正是依靠这些优势，积极推进其科学技术创新战略和全球化经营战略。但是日本也面临着包括中国在内的新兴国家的追赶和竞争。中国的现代企业制度和大规模经营起步晚，实践经验严重不足，技术与经营人力资源缺乏。但是在产业及企业制度变革方面，中国显现了极强的活力和探索精神。在市场竞争环境下，企业根据市场需要调整组织形式和经营战略，表现了灵活高效的特点。与此相反，日本企业和整体的产业体制受到了来自内外部环境变化的巨大冲击，但是由于制度成熟度高，出现了制度创新活力低、人们难以适应重大制度变革的倾向。近年来，日本国内市场需求不足、经济停滞，大企业转向海外，给日本式企业制度造成了严重的冲击。以往构成日本式经营的制度要素曾被看作日本成功的基础，现在却面临着崩溃或重大重构的局面。这是日本竞争力背后隐藏的重大的不确定因素。

在产业竞争力方面，在相对长期内中国还将弱于日本。具体表现为：其一，中国将面临从技术模仿阶段向技术创新阶段的转变、从"中国制造"到"中国创造"阶段的转变的艰巨任务。日本在高端工业产品方面保持着世界优势地位，实现持续的技术创新是日本今后保持和增强竞争力的最核心的手段。其二，在包括品牌在内的企业经营和制度培育方面，中国与日本还存在着很大的差距。由于组织成熟度、技术高度化、经营诀窍和品牌的培养都需要很长的时间，所以在企业竞争力方面中国在比较长的时间内还将落后于日本。

3. 社会经济结构问题的解决与制度创新

首先，经济增长和发展活力的重要基础还包括制度创新。中国改革开放以来实现的高速增长，可以说在很大程度上是源于制度的变革。大力推进体制改革和制度创新，是中国实现持续增长和增强竞争力的主要基础，也是中国竞争力的核心优势。相反，日本进入社会成熟化发展阶段，人们习惯了既有的制度、秩序和稳定的社会环境，对社会改革承受力弱，制度创新的阻力巨大，使得制度改革难以推进。与社会经济结构变化相背离的制度体系机能下降导致的"制度疲劳"现象以及制度改革受到的严重的阻碍，可以说是日本竞争力的致命弱点之一。

其次，中日两国存在着诸多与各自发展阶段相对应的社会经济矛盾，这也是影响各自竞争力的重要因素。从中国看，在经济发展过程中出现了较严重的发展差距和收入差距问题，这个问题拖延下去将会严重影响今后的发展。因此，随着经济发展水平提高，解决过大的收入分配差距问题，将成为重要的政策和制度建设课题。日本也存在这方面的问题，但是他们的问题是收入分配实现了较高程度平等化基础上的问题。与收入分配相关的是社会保障问题。中日两国在社会保障方面存在的巨大差距也是由两国发展阶段的差异造成的。中国的问题是如何在经济发展过程中健全社会保障制度和提高保障水平，日本则是要通过改革实现公平分配和在社会保障需求大幅度增加的情况下实现社会保障可持续发展。

4. 资源、环境、人口与社会治理

中日两国在人口、资源、环境等方面面临着很多共性问题，这些因素都会对今后各自竞争力的变化产生重要的影响。在社会治理方面，日本作为发达国家有比较成熟的体制和经验。

首先，在资源方面，两国都面临着深刻的资源制约问题。日本是自然资源匮乏的国家，其工业发展所需要的主要自然资源绝大部分都来自国外。东日本大地震引发的核泄漏事件，对日本现有的能源政策造成了极大的冲击。这也是今后日本竞争力面临的主要困境之一。中国的问题是资源利用效率低，同时随着经济规模的进一步扩大，对外部资源的依赖增加。

其次，在环境方面，日本已经解决了工业化发展对自然环境产生的影响，同时积极治理社会环境，形成了较高水平的、良好的自然及社会生活环境。中国还处在工业化和城市化发展过程中，产业发展和城市人口增加对环境造成的破坏还非常严重。

再次，中日两国都面临着严重的人口老龄化问题，但相对而言日本的老龄化程度及速度居世界首位，老龄化引发的一系列社会问题已经显现出来，如养老、看护、医疗等问题。人口结构的老龄化对社会需求和供给都会产生重要的影响，而且日本已经开始进入人口减少阶段，今后其人力资源的供给也会受到制约。中国现在处于还能够享受人口红利的末期，也有观点说人口红利已经消失，但是与日本相比，中国人口基数大，老龄化的高峰还未到来，还有一定的回旋余地。

最后，在社会治理方面，如前所述，日本的社会建设更为成熟和成功。中国的社会治理主要依靠政府，日本则是各种社会力量多元参与，并建成了服务型政府体制。

从未来的社会发展看，尽管中日两国各自面临不同的问题，但是从相对长期的角度看，中国的回旋余地更大，积极因素也相对较多。日本未来受到的资源制约将更为严重，其中人口资源受到的制约显得尤为重要。以往日本的发展是依靠较高水平的人力资本实现的技术创新，但是今后在人口老龄化和人口减少的情况下，特别是面对来自新兴国家的竞争，日本能否继续通过创新来克服资源供给限制，成为未来日本在竞争力方面面临的最主要的问题。中国在不远的未来会同样面临资源与人口的严重制约，但是中国国土面积大、人口众多，回旋的余地比日本相对大，而且中国节约人力的机械化、自动化工业等还有很大的发展空间。

三　中日竞争力发展的未来走势

近十多年来，中日两国的综合国力已经发生了此消彼长的变化，这应该说是竞争力变化作用的结果。从今后的长期发展看，中日两国的竞争力将会发生很大的变化，总体上是朝着中国增强、日本减弱并逐步走向相互抗衡的方向发展。但是中国真正成为世界强国还需要走很长的路，将面临很多非常艰巨的困难。

2012年是中日邦交正常化40周年，本应以此为契机推进两国关系朝着健康的方向深入发展，但是日本政府实施的"国家购买"钓鱼岛举措，引起了中国政府和人民的强烈反对，由此导致了40年来两国关系最为恶化的状况的出现。实际上，中日关系出现这种状况，并非是"购岛"这一孤立事件引起的，也不是短时间内突然发生的，而是有着深刻的两国国力变化的背景和长时间的发展演变过程的。20多年来特别是进入21世纪以来国际政治经济及中日发展格局的变化，是引发中日两国关系变化的基础。

自 20 世纪 90 年代日本泡沫经济破灭后，日本经济陷入了停滞或超低增长的状态。尽管这种超低经济增长并没有从根本上动摇日本经济的根基，但还是引发了一系列社会经济问题。与日本经济的超低增长相反，中国经济则实现了长期的高速增长。尽管两国经济竞争不是零和博弈，但还是出现了此消彼长的格局。2010 年中国 GDP 超过日本，取代日本成为世界第二经济大国。尽管中国作为发展中国家，在以人均 GDP 为主要衡量指标的社会经济发展水平上，与日本仍存在很大的差距，但是不可否认的是，两国在发展活力方面存在着巨大反差，以及中国作为新兴大国其崛起在国际上产生了重要影响。

冷战结束后日本政治发生了很大的变化，总体上表现为右倾化的倾向。20 世纪 90 年代中期一直持续的"1955 年体制"宣告终结后，出现了新党林立、不同政见的政治势力重整组合的局面，但是原有的左派政党不再存在，各种新的政治势力都偏向右倾。尤为重要的是，由于日本政府长期抵制对年轻人进行正确的历史教育，使得年青一代缺乏正确的历史认识，表现为国民右倾化意识的增强，从而产生了容纳极端右倾政治主张的社会基础。一方面是各政党为了自身的政治利益，不断提倡民族主义；另一方面是得到增强的右倾化民族主义为右派政治势力提供了存在基础。这种现象自 20 世纪 90 年代以来越来越突出。右倾化在内政和外交政策方面有诸多的表现，如对历史反省的倒退、主张修改和平宪法、组建军队、对领土争端实施强硬的政策等。在与中国关系方面，在本国经济低迷而中国充满活力且国力不断增强的情况下，日本一些政治家以及部分国民产生了一种焦虑的情绪，一方面要借助中国经济增长获取利益，另一方面又对中国国力的增强充满戒备心理，试图极力遏制。

种种情况表明，自 21 世纪以来中日关系进入了一个新的发展阶段，其特征是"战略竞争与合作关系"。2006 年中日两国政府签署协议，确定了两国的"战略互惠关系"，主要强调两国相互合作、相互受益的战略合作关系。但是在中国成为世界经济大国的情况下，中日作为亚洲的两个大国，在很多方面都存在着为本国利益而进行相互竞争的情况，因此必须从战略性竞争与合作来理解双方的关系。一方面，两国不仅在领土等双边问题上存在着利益冲突，更为重要的是在国际和地区关系上也存在着利益冲突和相互竞争。比如，在确立地区国际秩序及主导权方面，两国的竞争将会加剧。另一方面，在全球化不断深化的今天，两国的相互依赖、相互融合关系将进一步加深，发展中的互补关系决定了两者将不断深化相互合作的战略关系。

小　结

在日本，通常用"失去的 20 年"来概括 20 世纪 90 年代以来日本经济的发展状况，但是近年来也有不同的意见，认为 20 多年来日本经济并非出现了完全不同于其他发达国家的经济状况，其经济增长率的低下只是程度上的差异，而非质的不同。本书前面主要是从需求角度分析了平成时期日本宏观经济的发展，但是在日本还存在着许多结构性问题，也对经济增长产生了重要的影响。为使读者在一定程度上了解这些问题，作为本书的最后一章，通过对日本不同发展时期的比较、日本与其他发达国家的比较以及与中国这一新兴国家的比较，即通过多角度的比较，对日本存在的结构性问题做了概要性的分析。

第一节分析了日本昭和时期的发展特征，论证了在昭和末期开始的由"产业社会"到"成熟社会"的阶段性转型。这一社会发展阶段的转型，是经济增长率下降和经济运行模式转变的决定性因素。可以将这一因素看作经济社会发展内生性的结构问题。在总的结构转型背景下，在其他结构问题和需求不足的影响下，日本经济出现了较其他发达国家更低的增长。

第二节分析了人口老龄化、人口减少和生产要素供给及生产效率这两大外生性结构问题对社会经济发展及经济增长产生的影响。日本自 20 世纪 70 年代以来开始进入老龄化社会，其后老龄化快速发展，在总人口达到高峰之后，结束了 100 多年的人口长期增长阶段，转入了人口减少阶段。目前仍在加重的人口老龄化已经对社会经济产生了重大的影响，主要表现在：老龄化导致了社会保障制度的困境和政府财政体制潜在的危机，使得日本面临着提振经济和重建财政与社会保障制度这两个相互矛盾的任务。供给侧的分析表明，经济停滞期间资本、劳动投入和全要素生产率增长率都陷入停滞状态，需求对它们的影响仅可以解释下降的部分，不能解释的只能归因于结构问题。TFP 增长率的下降作为影响经济增长率降低的主要供给因素，并非仅表现为结构效率的低下，更主要的在于较低的运营效率。

第三节以竞争力比较作为切入点，比较分析了两个不同类型国家的代表——中国和日本发展阶段的差异、竞争力的优劣以及影响因素。由于两国处在不同的发展阶段，面临的经济问题可能看起来是相似的，但是实际上存在着很大的差别。

参考文献

一　中文文献

〔美〕H. 钱纳里等：《工业化和经济增长的比较研究》，上海三联书店、上海人民出版社 1995 年版。

〔美〕查默斯·约翰逊：《通产省与日本奇迹》，中译本，中央党校出版社 1992 年版。

崔岩：《日本非传统货币政策的理论机制与效果——基于 VAR 模型的实证分析》，《日本学刊》2014 年第 6 期。

崔岩：《日本经济体制变革研究》，辽宁大学出版社 2004 年版。

〔美〕达摩达尔·N. 古扎拉蒂：《计量经济学基础》（第四版），中国人民大学出版社 2005 年版。

〔日〕大野健一：《从江户到平成：解密日本经济发展之路》，臧馨等译，中信出版社 2006 年版。

范从来：《通货紧缩时期货币政策研究》，南京大学出版社 2001 年版。

范从来、汴志村：《日本通货紧缩问题研究》，《世界经济》2003 年第 4 期。

高柏：《日本经济的悖论》，刘耳译，商务印书馆 2004 年版。

高铁梅主编《计量经济分析方法与建模—Evews 应用及实例》，清华大学出版社 2006 年版。

〔日〕宫崎义一：《泡沫经济的经济对策——复合萧条论》，陆华生译，中国人民大学出版社 2006 年版。

〔美〕杰弗里·萨克斯、费利普·拉雷恩：《全球视角的宏观经济学》，费方域等译，上海三联书店、上海人民出版社 2004 年版。

〔日〕今井贤一、小宫隆太郎主编《现代日本企业制度》，中译本，经济科学出版社 1995 年版。

金明善：《日本经济：昨天、今天、明天》，辽宁民族出版社 1992 年版。

金明善：《现代日本经济论》，辽宁大学出版社 1996 年版。

瞿强：《资产价格波动与宏观经济》，中国人民大学出版社 2005 年版。

林毅夫等：《中国的奇迹：发展战略与经济改革》，上海三联书店、上海人民出版社 1999 年版。

刘崇仪等：《经济周期理论》，人民出版社 2006 年版。

刘传哲、聂学峰：《我国货币政策的传递途径——理论与实证研究》，经济管理出版社 2007 年版。

〔日〕鹿野嘉昭：《日本的金融制度》，余熳宁译，中国金融出版社 2003 年版。

莽景石：《日本国民经济现代化的战略模式与政策选择》，载金明善主编《日本现代化研究》，辽宁大学出版社 1993 年版。

莽景石：《日本市场复归中的政府规制改革》，《日本学刊》2000 年第 6 期。

〔日〕南亮进：《日本的经济发展》，毕志恒、关权译，经济管理出版社 1992 年版。

〔日〕青木昌彦：《比较制度分析》，周黎安译，上海远东出版社 2001 年版。

〔日〕青木昌彦：《日本经济中的信息、激励与谈判》，朱泱、汪同三译，商务印书馆 1994 年版。

〔日〕青木昌彦、〔美〕休·帕特里克主编《日本的主银行体制及其与发展中国家经济转轨中的相关性研究》，张橹等译，中国金融出版社 1998 年版。

〔日〕青木昌彦等编著《市场的作用、国家的作用》，林家彬等译，中国发展出版社 2002 年版。

〔日〕青木昌彦等主编《政府在东亚经济发展中的作用——比较制度分析》，赵辰宁等译，中国经济出版社 1998 年版。

〔日〕三木谷良一：《日本泡沫经济的产生、崩溃与金融改革》，《金融研究》1998 年第 6 期。

〔美〕斯蒂格利茨：《政府为什么干预经济——政府在市场经济中的角色》，中译本，中国物资出版社 1998 年版。

〔日〕寺西重郎：《日本型经济体系的转机与金融》，载童适平编《战后日本金融体制及其变革》，上海财经大学出版社 1998 年版。

宋承先：《现代西方经济学（宏观经济学）》，复旦大学出版社 1997 年版。

王洛林主编《日本经济与中日经贸关系发展报告（2008）》，社会科学文献出版社 2008 年版。

王洛林主编《日本经济与中日经贸关系发展报告（2009）》，社会科学文献出版社 2009 年版。

王洛林主编《日本经济与中日经贸关系发展报告（2010）》，社会科学文献出版社 2010 年版。

〔日〕小林义雄：《战后日本经济史》，商务印书馆 1985 年版。

〔日〕小野进：《日本的多层式经济发展模式（MMED）：东亚模式的原型（上）》，《日本研究》2007 年第 1 期。

〔美〕休·帕特里克等主编《亚洲新巨人》上册，上海译文出版社 1980 年版。

徐滇庆等：《泡沫经济与金融危机》，中国人民大学出版社 2008 年版。

许荣：《资产定价与宏观经济波动》，中国经济出版社 2007 年版。

鄢头等：《"定量宽松"：金融危机中的非常规政策手段》，《西南金融》2009 年第 9 期。

张季风：《挣脱萧条 1990—2006 年的日本经济》，社会科学文献出版社 2006 年版。

张晶：《定量宽松还是信用宽松？——基于伯南克货币救济政策创新的思考》，《国际金融研究》2009 年第 11 期。

〔日〕植草益等：《日本的产业组织：理论与实证的前沿》，中译本，经济管理出版社 2000 年版。

二 外文文献

岸真清『経済発展と金融政策』、東洋経済新報社、1990 年出版。

白川方明「金融政策は構造政策までは代替できない」、『ダイヤモンド週刊』2000 年 1 月 29 号。

白川方明『現代金融政策：理論と実際』、日本経済新聞出版社、2008 年出版。

浜田宏一、堀内昭義　内閣府経済社会総合研究所編『論争　日本の経済危機』、日本経済新聞社、2004 年出版。

浜田宏一、原田泰、内閣府経済社会総合研究所『長期不況の理論と実証：日本経済の停滞と金融政策』、東洋経済新報社、2004 年出版。

北浦修敏、南雲紀良『財政政策の短期的効果についての一考察：無制約 VARによる分析』、財務総合政策研究所ディスカッションペーパー、2004 年第 8 号。

貝塚啓明等編『再訪　日本型経済システム』、有斐閣、2002 年出版。

倉澤資成等編著『構造変化と企業行動』、日本評論社、1995 年出版。

村松岐夫、奥野正寛編『平成バブルの研究（上）バベルの発生とその背景構造』、東洋経済新聞社、2002 年出版。

村松岐夫、奥野正寛編『平成バブルの研究（下）崩壊後の不況と不良債権処理』、東洋経済新聞社、2002 年出版。

第一生命経済研究所編『資産デフレで読み解く日本経済』、日本経済新聞社、2003 年出版。

渡辺健一『日本経済とその長期波動』、多賀出版株式会社、2003 年出版。

宮川努『長期停滞の経済学——グローバル化と産業構造の変容』、東京大学出版会、2005 年出版。

黒瀬浩一「米国経済政策はデフレ防止を視野に経済システムの一体再生」、『りそな信託銀行』、2008 年 10 月 31 日。

花崎正晴、寺西重郎編『コーポレートガバナンスの経済分析 – 変革期の日本と金融危機後の東アジア』、東京大学出版会、2003 年出版。

吉川洋『構造改革と日本経済』、岩波書店、2003 年出版。

吉川洋『金融政策と日本経済』、日本経済新聞社、1996 年出版。

金能斗「超金融緩和政策の効果について」、愛知学院大学『商学研究』第 47 巻第 1、2 号。

鈴木多加史『日本経済分析：高度成長から1990 年代へ』、東洋経済新報社、1990 年出版。

鈴木淑夫『現代日本金融論』、東洋経済新報社、1984 年出版。

ポールクルーグマン：「流動性のわなと日本のマクロ経済政策―問題提起」、吉川洋、通商産業研究所編集委員会編著『マクロ経済政策の課題と争点』、東洋経済新報社、2001 年出版。

末広昭『キャッチアップ型工業化論：アジア経済の軌跡と展望』、名古屋大学出版会、2002 年出版。

浅子和美、宮川努編『日本経済の構造変化と景気循環』、東京大学出版会、2007 年 7 月出版。

橋本恭之「財政政策の有効性に関するシミュレーション分析」、『経済論集』2004 年 11 月号。

青木昌彦『経済システムの進化と多元性 – 比較制度分析序説』、東洋経済新報社、1995 年出版。

日本内閣府：『経済財政年度報告』、各年度版。

森田洋二『日本のデフレと金融』、晃洋書房、2007 年出版。

杉原茂、笛田郁子「不良債権と追い貸し」、『日本経済研究』2002 年 2 号。

深尾光洋、吉川洋編『ゼロ金利と日本経済』、日本経済新聞社、2000 年出版。

松浦克己、コリン・マッケンジー『Eviewaによる計量経済分析―実践的活用法と日本経済の実証分析』、東洋経済新報社、2001 年出版。

鵜飼博史「量的緩和政策の効果――実証研究のサーベイ」、日本銀行ワーキングペーパーシリーズ、2006 年 7 月。

田原昭四『景気変動と日本経済』、東洋経済新報社、1983 年出版、第 40 頁。

田中敦「貸し渋りについての考察―貸出市場の不均衡分析」、関西学院大学『経済学研究』58 巻 2 号、2004 年。

田中隆之『失われた十五年と金融政策』、日本経済新聞出版社、2008

年 11 月出版。

　　田中隆之『現代日本経済　バブルとポストバブルの軌跡』、日本評論社、2002 年版。

　　翁邦雄、白川方明、白塚重典「資産価格バブルと金融政策 – 1980 年代後半の日本の経験と教訓」、『金融研究』2002 年 12 月号。

　　翁邦雄『金融政策──中央銀行の視点と選択』、東洋経済新報社、1993 年出版。

　　細野薫、杉原茂、三平剛『金融政策の有効性と限界──90 年代日本の実証分析』、東洋経済新報社、2001 年出版。

　　相沢幸悦『平成金融恐慌史─バブル崩壊後の金融再編』、ミネルウア書房、2006 年 12 月。

　　小川一夫、北坂真一『資産市場の下落と景気変動』、日本経済新聞社、1998 年出版。

　　小川一夫『大不況の経済分析─日本長期低迷の解明』、日本経済新聞社、2003 年。

　　小川一夫、得津一郎『日本経済：実証分析のすすめ』、有斐閣、2002 年出版。

　　小川一夫『「失われた十年」の真実』、東洋経済新報社、2009 年出版。

　　小宮隆太郎『現代日本経済研究』、東京大学出版会、1975 年出版。

　　小宮隆太郎『現代日本経済：マクロの展開と国際経済関係』、東京大学出版会、1988 年出版。

　　小谷範人「q 理論と q 型投資関数による設備投資分析：金融要因に注目して」、『尾道大学経済情報集 4（1）』。

　　小関広洋「金融危機への対応──日本の経験から何を学ぶか」、PIMCO 2008 年 8 月号。

　　小林慶一郎、加藤創太『日本経済の罠：なぜ日本は長期低迷を抜け出せないのか』、日本経済新聞社、2001 年出版。

　　篠原哲「サブプライム問題と日本のバブル」、《ニッセイ基礎研》2008 年第 6 期。

星岳雄他『日本金融システムの危機と変貌』、日本経済新聞社、2000年出版。

熊谷亮丸「日米金融危機の既視感」，《大和証券グループ》2008年10月10日。

岩田規久男、宮川努編『失われた10年の真因は何か』、東洋新報社、2003年出版。

岩田規久男『デフレの経済学』、東洋経済新報社、2001年出版。

野村淳一「家計消費とキャピタルゲインの長期的関係と安定性」、国際アジア研究センター Working Paper Series Vol 2001 – 16。

野口旭「バブル経済の貨幣的条件——国際経済協調下の金融政策」、『経済セミナ－』2005年9月。

野口悠紀雄『1940年体制——さらば「戦時経済」』、東洋経済新報社、1995年出版。

野口悠紀雄『日本経済改革の構図』、東洋経済新報社、1993年出版。

野口悠紀雄『日本経済：企業からの革命―大組織から小組織へ』、日本経済新聞社、2002年出版。

伊藤隆敏、H. パトリック、D. ワインシュタイン編、祝迫得夫監訳『ポスト平成不況の日本経済』、日本経済新聞社、2005年出版。

伊藤史朗編著『日本経済と金融』、晃洋書房、1997年出版。

原田泰、権赫旭「量的緩和政策に経済効果はあったのか」、『経済セミナ』2006年3月号。

原田泰、岩田規久男編著『デフレ不況の実証分析：日本経済の停滞と再生』、東洋経済新報社、2002年出版。

斎藤精一郎『10年デフレ　日はまた昇る』、日本経済新聞社、1998年出版。

中原伸之『デフレ下の日本経済と金融政策』、東洋経済新報社、2002年出版。

中澤正彦、大西茂樹、原田泰『90年代の財政金融政策と景気動向：VARモデルによる分析』、財務総合政策研究所ディスカッションペーパー、2002年1月。

佐貫利雄『日本経済　新論』、東洋経済新報社、1993 年出版。

Alexander Gerschenkron. 1962. *Econnomic in Backwardness in Historical perspective.* Hai-vard University press.

Barro. "Government Spending in a Simple Model of Endogenous Growth. " *Journal of Economics* 98.

Bernanke and A. Blinder. 1988. "Credit Money and Aggregate Demand. " *Ameican Economic Reviw Magazine.*

Friedman Milton. 1968. "The Role of Monetary Policy. " *American Economic Review* 58，1.

G. Hondroyiannisa，Swamyb，P. A. V. B. and Tavlasc，G. S. . 2000. "Is the Japanese Economy in a Liquidity Trap?" Economics Letters 66.

P. Krugman. 1998. "It's Baaack：Japan's Slump and the Return of the Liquidity Trap. " Brookings Papers on Economic Activity.

H. P. Minsky. 1986. *Stabilizing an Unstable Economy.* Yalr University Press.

索　引

后　记

　　本书是以中国国家社会科学基金立项课题的最终研究成果为基础，经过修改、扩充而成。众所周知，从 20 世纪 50 年代初中期到 80 年代末，日本经济取得了令其国民骄傲的成绩。经过战后的经济赶超时期，日本从二战后的三流国家一跃成为世界第二经济大国（这一地位一直保持到 2010 年）。但是，从 80 年代末期开始，日本发生了严重的泡沫经济，随着泡沫经济的破灭，日本经济陷入了长期停滞状态。这期间发生了诸如不良债权、通货紧缩、金融危机等在 20 世纪后期以来没有出现过的一系列特殊经济现象，这些现象更多地表现为与经济周期波动相联系的需求因素。为此，本书从需求角度对 20 世纪 90 年代以来的日本经济增长和周期波动进行了系统的研究。日本作为发达国家中的重要一员，其发生的经济问题，也在一定程度上反映了发达经济存在的内在矛盾。宏观经济运行也不仅仅限于需求因素，而是供给与需求共同作用的。在日本经济停滞的长期化过程中，供给和结构问题的影响越发地显现出来。这一现象，为我们今后的研究提出了新的课题，即对日本经济及发达经济的研究，应该以发生了重大的结构变化为基础，从供给和需求多方面进行综合研究。日本经济尚未解决超低增长及停滞的问题，而日本的"平成时期"也尚未结束，以日本经济为案例，深化对发达经济的研究还是一项长期而艰巨的任务。

　　本书从立项到研究，得到了辽宁大学前任书记程伟教授的大力支持。辽宁大学副校长徐平教授（兼任中华日本学会、全国日本经济学会副会长），作为我校日本及东亚经济研究方向的带头人，对课题研究给予了指导和帮助。作为一个集体研究课题，我的同事阎莉副教授、刘红教授、李彬副教授等作为主要成员参与了课题的研究工作。其中刘红教授撰写了本书第五章第二节和第五节的部分内容，李彬撰写了第六章，同时他们在相关研究文献的收集、整理和翻译等方面，做了很多工作。笔者指导的各届研究生也参与了辅助性研究工作，他们是仇继平、曹标、陶立鹏、陈刚、王佰东、卢海峰、张宁、杨洋、苗书辉、侯纪、邢振森。辽宁大学日本研究所的各位同人崔新京、刘立善、李彦学、王铁军、廉静、吴占军、于振冲等从各个方面对课题研究给予了大力支持。对课题研究从学术角度给予帮助的还有刘洪钟、孙丽、杨哲英、曲文轶等世界经济专业的各位老师。在此，一并表示感谢。

社会科学文献出版社的王晓卿女士为本书的出版做了辛勤的工作，对此表示衷心的感谢。

由于学术水平有限，该书仍存在许多问题，一切文责由笔者自负，敬请学术界同人给予批评、指正。

崔　岩
2015 年 12 月于沈阳

图书在版编目(CIP)数据

日本平成时期经济增长与周期波动研究/崔岩著.—北京:社会
科学文献出版社,2016.3
(国家哲学社会科学成果文库)
ISBN 978 - 7 - 5097 - 7311 - 6

Ⅰ.①日…　Ⅱ.①崔…　Ⅲ.①经济发展 - 研究 - 日本 - 现代
Ⅳ.①F131.3

中国版本图书馆 CIP 数据核字(2015)第 063344 号

·国家哲学社会科学成果文库·

日本平成时期经济增长与周期波动研究

著　　者/崔　岩

出 版 人/谢寿光
项目统筹/王晓卿
责任编辑/王晓卿　于占杰　何晋东

出　　版/社会科学文献出版社·当代世界出版分社 (010) 59367004
　　　　　地址:北京市北三环中路甲 29 号院华龙大厦　邮编:100029
　　　　　网址:www.ssap.com.cn
发　　行/市场营销中心 (010) 59367081　59367018
印　　装/北京盛通印刷股份有限公司

规　　格/开　本:787mm × 1092mm　1/16
　　　　　印　张:21.875　插　页:0.375　字　数:344 千字
版　　次/2016 年 3 月第 1 版　2016 年 3 月第 1 次印刷
书　　号/ISBN 978 - 7 - 5097 - 7311 - 6
定　　价/128.00 元

本书如有印装质量问题,请与读者服务中心 (010 - 59367028)联系